KB097149

노동계급 세계사

노동계급 세계사

WORKING CLASS HISTORY

날마다 읽는 저항과 반란의 역사

워킹클래스히스토리 지음
유강은 옮김

오월의봄

추천의 말

지난 30여 년간, 역사가 사라진 자리에 미래학이 번성했다. 지배계급은 역사의 시간을 지워버리고 '미래'만 보라 한다. 그 미래에는 먼저 도착한 승리자들만이 가득하다. 지나간 과거는 새것에 밀려 쓸모없는 고물처럼 인식되다 오락물의 소재로 가공될 때나 잠깐 주목받는다. 그러는 동안 우리도 역사적 사건을 드라마나 영화에서나 가능한 일로 여기게 됐다. 한번 지나간 것은 다시 오지 않으며 한번 실패한 것은 앞으로도 성공할 수 없다 믿는 사람들도 점점 많아졌다.

역사의 폐기는 지배의 기술이다. 언제부턴가 강의 때마다 "저항이 가능할까요?"와 "그런 사례가 있나요?"라는 질문을 받는다. 나는 수없이 많은 사례가 있다 말하고, 그중 몇 가지를 들려준다. 사람들은 눈을 반짝이며 "어디서 그런 이야기를 찾을 수 있나요?" 묻는다. "역사 속에서"라고 나는 대답한다. 이제 이 책을 추천할 수 있겠다. 저항하는 이들에게 노동계급의 역사는 대안의 보고이며 상상력의 씨앗창고다. 이 책을 읽다 보면 지배자들이 무엇을 두려워하는지, 어째서 그토록 노동계급의 역사를 지우려 하는지 그 이유를 알게 된다. 자신들이 저지른 끔찍한 만행과 아무리 죽이려 해도 끈질기게 되살아나는 피억압자들의 저항이 노동계급의 역사 속에 쌓여 있기 때문이다.

싸우는 사람들은 어떻게 이렇게 세계 곳곳에서 계속 나타나는 것일까. 지배계급에겐 악몽일 이 존재들이 우리에겐 용기이자 희망이다. 얼마나 많은 사람이 함께 싸워왔고, 우리 앞에 어떤 사람들이 있었으며, 그들이 누구였는지, 날마다의 역사를 통해 그날과 오늘을 이어주는 이 책이 모든 노동자의 곁에 함께하면 좋겠다.

—채효정, 정치학자·경희대 후마니타스칼리지 해고 강사

임금체불과 차별, 멸시, 끔찍한 억압과 착취에 맞선 평범한 사람들의 저항은 이따금 승리하지만 그보다 더 많은 경우 패배로 끝난다. 대개는 어느 정도 실패했거나 어느 정도만 성공적이어서 정확하게 승리 혹은 패배라고 가름 짓기도 어렵다. 그럴 때마다 갑작스레 밀려드는 불안과 냉소는 희망을 무너뜨리기도 한다. 그럼에도 노동계급의 저항이 지속되는 이유는 자본이 노동계급을 끊임없이 착취한다는 점, 그리고 저항의 궤적과 연결을 통한 '더 많은 단결'이 후대에 영향을 미친다는 점 때문일 것이다. 우리가 외치는 '장시간 노동 반대' 구호는 100여 년 전 노동자들이 피 흘려 투쟁한 자취가 있기에 더 크게 울린다.

승리에 대한 간절함과 패배에 대한 쓰라림을 뼈아프게 경험한 사람들은 안다. 이 승리 혹은 패배가 단지 당대의 우리들만이 아니라 역사 속의 우리에게 속한다는 것을. 한데 투쟁의 자취는 어느새 희미해진 듯하다. 자본주의 역사에서 이름 없는 민중의 피눈물과 저항, 단지 '내'가 아니라 '우리'를 위해 목숨을 바친 그 모든 순간의 기록들은 어째서 이토록 찾아보기 어려운 걸까? 다행히도 《노동계급 세계사》는 그것이 먼지처럼 사라지지 않았다고, 하루하루의 역사에 분명하게 새겨져 있다고 알려준다. 매일 아침, 혹은 이따금씩 불현듯 '우리의 역사'를 되새길 수 있을까? 이 책이 곁에 있다면 가능하다.

— 홍명교, 플랫폼C 활동가

길게 늘인 달력으로 만들어진 이 독창적인 기록에는
유명한 사건뿐만 아니라 작은 사건들도 넘쳐난다. 읽다 보면 노동계급
투쟁의 힘과 분노, 집요함이 빛난다. '노동계급'의 의미는 노동조합과 직장 내
투쟁보다 폭이 넓다. 토지권을 위해 싸우는 원주민, 경찰의 살인에 대규모로
항의하는 아프리카계 미국인, 반식민 해방운동, 분노로 일어선 여성들,
제국주의 전쟁에 맞서 전 세계에서 벌어진 대규모 결집 등 이 책이 말하는
'노동계급'은 노동계급 사람들의 모든 해방적 행동을 아우른다.
마찬가지로 이 책은 국제적 범위를 아우른다. 독자는 매일 책장을 넘기면서
그날 벌어진 일을 되살리고 영감을 받을 것이다
나 또한 정말로 아끼는 이 책을 날마다 펼쳐볼 생각에 마음이 설렌다.

— 록산 던바오티스, 《미국 원주민의 역사An Indigenous Peoples' History of the United States》 저자

전 세계 대다수 사람들—젠더, 인종, 연령, 문화, 계층에 상관없이—의
공통점 중 하나는 다들 먹고살기 위해 일해야 한다는 것, 우리 대부분이 다른
누군가를 위해 일해야 한다는 것이다. 이는 우리가 그들의 뜻에 고분고분
따르거나 저항할 방법을 찾아야 한다는 뜻이다. 이 책은 그런 저항의 목록을
파노라마처럼 펼쳐 보인다. 나는 반세기 넘도록 노동사에 관해 공부하고
글을 썼지만, 세계 곳곳에서 일어난 이 수많은 파업과 봉기, 항의 행동—또는
그런 행동을 억누르기 위해 걸핏하면 행사된 폭력—대부분에 관해 전혀
들어보지 못했다. 이 책은 그런 공백을 메우는 손쉽고 흥미진진한 통로다.

— 제러미 브레처, 《파업!Strike!》 저자

《노동계급 세계사》 프로젝트는 우리가 공유하는 역사를
이제 막 등장하는 새로운 세대의 급진주의자와 노동계급 혁명가에게 전달하는
새로운 방법을 생각해냈다. 쉽게 소화할 수 있는(동시에 끝없이 마음을
사로잡는) 저항의 목록을 담은 이 책은 수백 년간 이어진 연대와 반란을
소개한다. 이 프로젝트가 분명히 보여주는 것처럼, 오늘의 승리는 어제의 투쟁을
기반으로 얻은 것이며 해방된 공정한 미래로 나아가기 위해서는
어디까지 와 있는지를 기억해야 한다─그리고 얼마나 더 가야 하는지를.

─킴 켈리, 언론인·《틴보그》 노동 칼럼니스트

항상 바쁜 활동가들을 위한 안성맞춤 선물. 하루에 몇 분만 투자하면
노동계급의 역사에 관한 매혹적이고 때로는 가슴 아프기도 한 사실을 배울 수
있다. 내가 워킹클래스히스토리에 있는 친구들에게 기대했던 것처럼,
이 책은 전 지구적이고 다양하고 분명하며, 너무도 자주 무시당하거나
방치되거나 잘못 소개되었던 '우리의' 역사에 대한 관심을 불러일으킨다.
당신도 한 권 사야 한다!

─마이크 잭슨, 광부들을지지하는레즈비언게이모임 공동설립자

《노동계급 세계사》를 읽으면서 참으로 많은 걸 배웠다. 이 책은 국제적
계급투쟁에 관한 필수적이고 고무적인 정보의 원천이자 21세기의 탈진실 우파
미디어들이 24시간 내내 우리의 상식에 가하는 공격을 막아주는 결정적인
방어막이다. 미래 저항자들에게 영감을 주는 혁명의 영웅들과 투쟁의 역사를
잃지 않는 것은 중요하다. 《노동계급 세계사》가 오래도록 영감을 주기를!

─보비 길레스피, 프라이멀스크림 리드보컬

《노동계급 세계사》는 더 나은 세상을 만들고자 전개된
여러 시도와 사건을 통해 역사를 만든 사람들을 알아보려는 이들이
반드시 읽어야 할 책이다.

— 존 오브라이언, 스톤월 항쟁 참가자·동성애자해방전선 공동설립자

《노동계급 세계사》를 어떻게 사랑할까? 몇 가지 방법을 알아보자!
이 책 덕분에 우리는 죽은 이들을 기리고 우리의 투쟁을 기념할 수 있다.
또한 혁명과 낭만이 공존하는 데이트도 할 수 있다. 핵심적인 내용으로
하루하루 기운을 북돋울 수도 있다. 이 책은 우리가 용기와 대담함을
잃지 않도록 역사를 상기시키며 황량하기 짝이 없는 시대에도
그런 태도가 언제나 가능함을 일깨워준다. 사랑을 구현한 이 책은
그 모든 앞선 저항자들을 힘껏 끌어안고 싶은 마음이 들게 한다.

— 신디 밀스타인, 《유토피아로 가는 길들Paths Toward Utopia》 저자

평범한 미국인들의 역사의식이 종종 완전한 망각으로 나아가는 것처럼
보이는 시대에 이 책은 너무나도 중요하다. 아무 날이나 골라서
페이지를 펼친 다음, 평범한 사람들이 비범한 투쟁에 뛰어들어
때로 비범한 성과를 얻어내기도 한 역사적 순간의 개요를 한두 개 읽어보라.
핵심만 요약한 편집은 참신할 정도로 실용적이고, 건설적인 변화를
이끌어낸 민중의 힘에 또렷하게 초점을 맞춘 서술은 고무적이다.
항상 곁에 두고 들춰 봐야 하는 책이다.

— 워드 처칠, 원주민 권리운동가·《말을 무기처럼 휘두르다Wielding Words Like Weapons》 저자

모름지기 급진주의자라면 보통 사람들이 과감하게 싸우고
종종 승리하면서 우리가 사는 세계를 개조했음을 상기시키는 이 신나는 책을
쟁여두어야 한다. 이 책을 읽고, 또 읽고, 계속 싸우자.

— 사샤 릴리, 작가·라디오방송 〈어겐스트 더 그레인Against the Grain〉 진행자

계급투쟁의 역사를 일지로 빼곡하게 정리한 이 필독서는 아래로부터의
역사를 담은 보고다. 매일 펼쳐 보면 흔들림 없이 미래를 준비할 수 있다.

— 피터 라인보우, 역사가·《메이데이》 저자

전통적인 역사는 계급투쟁을 현재와 무관하거나
철 지난 유물로 치부한다. 《노동계급 세계사》는 계급투쟁을 전면에 내세운다.
활동가, 연구자, 학생, 언론인, 대중은 수십 년에 걸친 투쟁을 꼼꼼하게
기록하는 일이 더없이 귀중하다는 사실을 발견할 것이다.

— 댄 조자카스, 역사가·《디트로이트: 나는 정말 죽기 싫다Detroit: I Do Mind Dying》 공저자

여러 사건과 단체, 개인을 365일 날짜별로 정리해 보여주는
《노동계급 세계사》는 큰 도움이 된다. 참으로 놀라운 구상이다.
자유와 정의를 위해 싸우는 노동계급 대중의 투쟁에 관심이 있는 사람이라면
특히 유익하게 볼 수 있다.

— 허브 보이드, 혁명적흑인노동자연맹 전 성원·《검은 디트로이트Black Detroit》 저자

정말이지 독특하고 매혹적인 책이다.
노동계급 반란자들의 상상력과 에너지가 듬뿍 담긴
집단적 이야기를 들려줄 뿐만 아니라 노동과 자본의 요구에
저항하고 전복한 노동계급 사람들이 어떤 대가를 치렀는지도 보여준다.

**― 안드레이 그루바치치, 캘리포니아통합연구대학원-샌프란시스코
인류학 교수·《자본주의의 가장자리에 살다**Living at the Edges of Capitalism》 **저자**

자본주의사회는 그 사회가 추구하는 목적에 위배되는 정보나 사고를
장려하지 않는다. 각급 학교에서 노동계급의 역사를 가르치지 않는 것도
그 때문이다. 노동계급의 역사는 종종 사라지거나 잊힌다. 《노동계급 세계사》는
이런 이야기들에 귀 기울이고, 자료를 조사하고 기록했으며, 이제 우리가
그 진실을 목격하고 오늘날의 현실에 비추어 소중히 간직할 수 있도록 보여준다.
우리의 영혼에 연료를 채워주는 지은이들에게 감사한다.

― 앨빈 글랫카우스키, 전쟁에반대하는베트남전참전군인모임 소속·SS 컬럼비아이글호 반란자

이 중요한 책의 지은이들은 하루하루 벌어진 투쟁을
이야기함으로써 사회 진보가 민중이 수백 년간 흘린 피와 땀,
눈물의 유산임을 구체적으로 드러낸다. 오늘날 억만장자들은 인류가 쌓은
거대한 사회적 부의 소유권을 주장하겠지만, 여기서 자세히 서술되는
사건들은 더 나은 미래의 윤곽이 무엇인지 드러낸다.

― 조지 카치아피카스, 정치학자·《아시아의 민중봉기》 저자

세계 곳곳의 권력이 노동자와 환경을 무시한 채 소수를 위해
터무니없이 많은 부를 쌓게 해주는 정책을 추구하는 중대한 시기에 출간된
《노동계급 세계사》는 전 세계 노동자들이 격렬하게 벌인 저항과 반란의
이야기를 모아놓은 멋진 책이다. 이 책은 이른바 자수성가를 말하는 산업계
거물들의 지배적인 역사와 화려한 헤드라인에 이의를 제기하면서,
전 세계에서 착취당한 노동자들의 이야기를 들려준다.
굴종을 거부하는 노동자들은 기본권과 존엄, 궁극적으로 노동자의
집단적 해방을 위해 거대한 역경을 무릅쓰고 싸워왔다.

—스콧 크로, 《검은 깃발과 풍차Black Flags and Windmills》 저자

일러두기

1. 독자의 이해를 돕기 위해 옮긴이가 덧붙인 내용은 '[ ]'로 묶어 표시했다.
2. 본문에 언급되는 도서 중 한국어판이 있는 경우에는 번역 출간된 제목을 쓰고
   원제를 생략하거나, 한국어판 정보를 추가했다.
3. 외국의 인명은 국립국어원 표기 원칙을 바탕으로 하되 현지 발음에 가깝게 표기했다.

출간에 부쳐

노엄 촘스키, 언어학자·정치 활동가

내가 직접 관여한 사회운동은 주로 반전운동이나 라틴아메리카, 아시아, 중동 등 세계 각지에서 벌어진 연대운동이었다. 하지만 이런 운동 외에도 내가 어린 시절부터 참으로 많은 영감을 받은 운동은 노동자들이 벌인 투쟁이다. 대공황 시절에 자란 내게는 섬유공장에서 피케팅picketing[노동조합이나 노동자들이 쟁의행위의 실효성을 확보하기 위해 작업장 출입구에 피켓라인을 설치하고 쟁의 노동자들의 이탈과 대체인력의 진입을 막기 위해 설득하는 행위]을 벌이는 여성을 상대로 군경이 무자비하게 폭력을 휘두른 사건에서부터 (대부분 실업자 신세였던) 우리 대가족의 삶에서 노동조합이 얼마나 중요한 역할을 했는지에 이르기까지 다양한 기억들이 생생하게 남아 있다. 또한 나는 대다수 미국인의 삶을 크게 개선시킨 뉴딜의 각종 프로그램을 만드는 데 전투적인 노동조합 활동가들이 얼마나 주도적인 역할을 했는지를 불과 한 걸음 떨어진 거리에서 지켜보았다. 이 프로그램들은 최근에 격렬한 공격을 받고 있다. 이러한 공격은 계속되며 수많은 극적이고 고무적인 투쟁이 이어진다─로즈타운,[1] 1990년대의 디케이터 파업과 직장 폐쇄,[2] 오늘날 통탄할 정도로 예산이 부족한 공교육체계의 재건을 요구하며 자생적으로 벌어진 교사 파업[3] 등 숱한 사례가 있다.

　최근에 상황이 다소 개선되긴 했지만, 우리의 교육체계는 이런

1　예를 들어 1972년 3월 4일 자를 보라. 이하 주석에서는 관련된 사례의 날짜만 표시한다.

2　1993년 6월 26일 자를 보라.

3　2018년 2월 22일 자를 보라.

보통 사람들의 운동이 역사에 미친 영향을 제대로 반영하지 못하고 있다. 하워드 진의《미국 민중사》와 자매서인《미국 민중사를 만든 목소리들》이 이런 운동을 풍부하게 다룬 주요한 저작이다.[4] 두 책에서 하워드 진은 표준적인 애국 버전의 역사에서 감춰지거나 열외 취급을 받은 역사의 핵심을 가리는 베일을 걷어냈다. 하지만 아직 갈 길이 멀다. 특히 노동사는 교육에서뿐만 아니라 언론에서도 사실상 지워졌다. 얼마 전까지만 해도 신문사에는 노동운동을 다루는 언론인들이 있었다. 하지만 지금은 거의 전무하다시피 하다. 모든 신문에 경제면이 있지만, 대다수 인구의 이해와 관심을 다루는 노동면의 존재는 상상하기도 어렵다. 사회운동은 피상적인 관심을 받고, 그나마도 크게 왜곡되기 일쑤다. 지금까지 가장 많은 관심을 받은 운동은 민권운동이다. 마틴 루서 킹 주니어Martin Luther King Jr.를 기념하는 국경일도 존재한다. 하지만 이날이 어떤 대접을 받는지 보라.

마틴 루서 킹 주니어 기념일에 대한 흔한 이야기는 1963년 8월 워싱턴에 모인 대규모 시위대 앞에서 그가 "나에게는 꿈이 있습니다"라고 연설했다는 것이다. 하지만 킹의 활동은 거기에 그치지 않는다. 그는 계속해서 베트남전쟁의 주요한 비판자를 자처했고, 주거와 노동자 권리를 비롯한 북부의 많은 대중적 요구를 조직하고 지지했다. 그는 1968년 청소 노동자 파업을 지지하던 중 암살당했다.[5] 거의 알려지지 않았지만 우리가 기억할 만한 또 다른 연설을 하고 난 다음 날이었다. 그는 빈민운동을 조직하면서 원주민과 백인 미국인을 비롯한 모든 미국인의 인권과 시민권을 요구하기 위해 다시 워싱턴 행진을 준비하던 중이었다. 하지만 자유주의적 지배층은 이 모든

---

4   Howard Zinn, *A People's History of the United States: 1492-Present*, New York: Harper & Row, 2009(1980)[한국어판: 하워드 진,《미국 민중사》1·2, 유강은 옮김, 이후, 2008]; Howard Zinn and Anthony Arnove, eds., *Voices of a People's History of the United States*, New York: Seven Stories Press, 2004[한국어판: 하워드 진·앤서니 아노브 엮음,《미국 민중사를 만든 목소리들》, 황혜성 옮김, 이후, 2011]

5   1968년 4월 4일 자를 보라.

사실을 견딜 수 없어 했다. 그들은 킹이 길을 잃었다고 맹렬하게 비난했다. 인종차별적인 앨라배마의 보안관들을 비난하는 건 좋다— 하지만 "우리 뒷마당인 워싱턴에서 그러면 안 된다"는 것이었다. 오늘날 학교와 언론에서도 킹이 심혈을 기울인 문제들을 외면한다. 다른 운동들도 비슷한 대접을 받는다.

오늘날 사회운동은 어느 때보다 더 많은 도전에 직면하고 있다. 핵과학자 회보Bulletin of the Atomic Scientists는 1947년 이후 1월마다 자정—종말을 의미한다—을 기준으로 지구종말시계의 분침을 맞춘다. 미국과 소련이 열핵무기를 폭발시키면서 인간의 지능이 모든 것을 파괴하는 수단을 개발했음을 보여준 뒤인 1953년에는 지구종말시계를 자정 2분 전으로 맞췄다. 이후 도널드 트럼프 집권 1년째가 될 때까지 다시 그 암울한 시각에 이른 적은 없었다. 그 무렵 분석가들은 핵전쟁이라는 극단적 위험에 더해 지구온난화라는 어마어마한 위협을 추가했다. 둘 다 인류의 생존 자체를 위협하는 문제다. 2019년 1월, 시계는 다시 자정 2분 전으로 맞춰졌고, 이는 "새로운 비정상"이라는 말로 묘사되었다. 그리고 분석가들은 세 번째 존재론적 위협을 추가했다. 심각한 문제들을 다룰 수 있는 유일한 희망인 민주주의의 잠식이 그것이다. 이런 판단은 설득력이 있으며, 시계를 새로 맞출 때마다 위협은 더욱 커졌다.[6]

로널드 레이건Ronald Reagan과 마거릿 대처Margaret Thatcher 이래 신자유주의가 시민들을 공격하면서 부가 급격하게 집중된 한편, 대다수의 실질임금은 정체하거나 감소하고 복지는 잠식되었다. 각국 정부가 과거 어느 때보다도 한층 더 사적인 부와 대기업 권력의 수중에 들어감에 따라 민주주의는 제대로 기능하지 못했다.[7]

---

6   기존의 핵무기와 기후변화라는 위협에 "사이버공간에서 벌어지는 가짜뉴스 정보전"이 추가되면서 현재 지구종말시계는 자정 100초 전을 가리킨다. Science and Security Board, "Closer Than Ever: It Is Now 100 Seconds to Midnight," *Bulletin of Atomic Scientists*, January 23, 2020.

또 다른 주요한 공세적 정책은 대중의 조직화를 가로막는 것, 특히 전통적으로 그 선두에 자리하는 세력인 노동운동을 훼손하는 것이었다. 조직적이고 전투적인 민중의 행동은 근본적으로 인간다운 생활을 위협하는 도전들에 맞서면서 진보를 이뤄온 역사의 결정적인 요소다. 오늘날에도 희망은 여전히 여기에 있다.

다행히도, 특히 젊은이들 사이에서 이런 행동이 되살아나는 중이다. 포퓰리즘적 선동세력은 신자유주의가 불러일으키는 광범위한 분노와 원한을 추잡한 방식으로 활용하곤 한다. 어디를 둘러보나 너무도 분명한 사실이다. 하지만 대항세력도 존재한다. 무시무시한 모습을 드러내는 임박한 위기의 심각성에 비춰볼 때, 둘 중 어느 세력이 승리하는지에 따라―말 그대로―인류의 운명이 결정될 것이다.

슈퍼리치들은 산꼭대기에 있는 외부인 출입 금지 단지로 도망치거나 화성을 식민지로 삼을 수 있다는 망상에 빠져 있지만, 핵전쟁과 환경 재앙은 누구도 피하지 못한다. 세계 각지의 젊은 활동가들이 이룬 인상적인 성과가 바야흐로 커다란 영향을 미치는 중이다―[국제적 환경운동단체] 절멸반란Extinction Rebellion을 비롯한 성과가 여럿 있다. 미국에서는 [기후변화에 대응하는 정치적 행동을 촉구하는] 선라이즈운동Sunrise Movement을 이끄는 젊은 활동가들이 몇몇 의원(특히 알렉산드리아 오카시오코르테스)의 지원을 받아 그린뉴딜Green New Deal을 입법 의제에 올려놓는 데 성공했다. 어떤 형태로든 인류가 생존하는 데 필수적인 이 과정은 그러나 몇 년 전만 해도 거의 상상조차 할 수 없었던 성과다.

핵심은 과연 신자유주의의 공세에 난타당한 노동운동이 부활할 수 있을지다. 많은 평론가가 노동운동을 남성, 백인, 토박이 블루칼라 노동자들과 연결하면서 종종 '여성의 노동'이 중심인 '무임 노동'을 배제하지만, 사실 세계 각지의 노동자들은 압도적으로 유색인이

---

7   여기서 말하는 '신자유주의'란 민영화 및 공적 사회보장과 사회서비스의 감축을
     비롯한 자유시장경제정책을 가리킨다.

많으며 성별, 이민자 지위, 섹슈얼리티, 분야 등의 측면에서도 무척 다양하다. 노동운동의 부활은 백일몽이 아니다.

1920년대 전투적이고 활발했던 미국의 노동운동은 폭력을 일삼은 국가와 대기업의 억압으로 사실상 파괴되었다. 하지만 몇 년 뒤 새로운 형태로 부상한 노동운동은 뉴딜개혁을 선두에서 이끌었다. 좀더 최근의 사례를 들자면, 1970년대 초반에 크게 성장한 전투적 노동운동은 완전히는 아니더라도 대부분 진압되었다. 토니 마조키Tony Mazzocchi와 그가 이끄는 석유화학원자력노동조합Oil, Chemical and Atomic Workers International Union, OCAW[8] ― 이들은 최전방에서 일하면서 매일같이 환경 파괴를 직면한다 ― 은 산업안전보건법 제정을 주도한 세력으로서 현장에서 일하는 노동자들을 보호했다. 그들은 여기에 만족하지 않았다. 마조키는 헌신적인 환경운동가일 뿐만 아니라 자본주의에 대한 거침없는 비판자였다. 그는 노동자들이 "공장환경을 통제"해야 한다고 주장했으며, 산업 오염에 맞선 싸움에서도 선두에 섰다. 민주당이 노동자 대중을 외면했을 때 마조키는 노동조합에 기반한 노동당을 주창했다. 이 기획은 1990년대에 상당한 진전을 이루었지만, 1920년대를 상기시키는 기업-정부의 가혹한 공격 아래 쇠퇴한 노동운동을 되살리지는 못했다.

이런 격동의 시대에 《노동계급 세계사: 날마다 읽는 저항과 반란의 역사》가 중요한 것은 민주주의가 제대로 작동하려면 시민들이 적극적으로 참여하는 사회정책 수립이 필요하기 때문이다. 나는 최근에 시간이 당겨진 지구종말시계로 돌아가서 지구온난화와 핵전쟁이라는 존재론적 위기를 강조하고 여기에다가 처음으로 민주주의의 잠식도 추가할 수 있다. 우리는 시민 참여가 일터와 지역사회, 그리고 더 큰 규모로 국제적 차원에 이르기까지 직접적 의사 결정의 수단이 되는 날을 기대할 수 있다.

---

8   1974년 11월 13일 자를 보라.

민중의 의식과 인식을 변화시키고, 법을 만들고, 노동자 소유 산업, 협동조합, 그 밖의 민주적 참여 구조를 현실로 만들어내기 위해서는 능동적인 대중운동을 조직하는 일이 시급하다. 우리는 사회정의를 위해 오랫동안 벌어진 과거의 힘든 투쟁들로부터 많은 걸 배울 수 있으며, 그 성과를 바탕으로 전진하면서 그것을 능가할 수 있고 능가해야 한다. 우리가 직면한 여러 위기가 촌각을 다투는 성격임을 감안하면 허비할 시간이 없다.

들어가며

왜 노동계급인가?

언젠가 현명한 사람들이 말했다. "이제까지 존재한 모든 사회의 역사는 계급투쟁의 역사다."[1] 그들과 마찬가지로, 우리 또한 역사적 변화는 주로 계급 사이에 벌어진 투쟁의 결과라고 믿는다. 보통 사람들의 삶이 조금이라도 나아진 것 — 주말의 탄생,[2] 노예제 폐지,[3] 제국의 붕괴 — 은 억압과 착취를 당한 이들이 그러한 체제에 맞서 싸운 결과다.

오늘날과 같은 자본주의사회에서 노동계급은 숫자로 볼 때 가장 다수의 계급이다. 여기서 '노동계급'은 흔히 생각하는 것처럼 문화적 의미보다는 경제적 의미에서 지칭하는 것이다. 좀더 넓게 보자면 공장이나 농장, 사무실, 또는 그것들의 주식('생산수단'이라고도 한다)을 소유하지 않아서 생산수단을 소유한 사람들에게 노동력을 팔아야 하는 사람들을 의미한다.

자본주의는 이런 구조에 바탕을 두는데, 저명한 물리학자 알베르트 아인슈타인Albert Einstein은 이를 아주 간단하게 설명했다.

생산수단을 소유한 사람은 노동자의 노동력을 사는 위치에 있

---

1   Karl Marx and Friedrich Engels, "Manifesto of the Communist Party," in Karl Marx and Frederick Engels, *Selected Works* Vol. 1, Moscow: Progress Publishers, 1969, 99~137. [한국어판: 카를 마르크스·프리드리히 엥겔스, 《공산당선언》, 서석연 옮김, 범우사, 2004 외 다수]
2   1904년 12월 26일 자를 보라.
3   1831년 12월 25일 자를 보라.

다. 노동자는 생산수단을 사용해서 자본가의 재산이 되는 새로운 상품을 만들어낸다. 이 과정에서 핵심은 실질가치로 따진 생산품과 임금의 관계다. …… 노동자가 받는 임금은 그가 생산하는 상품의 실질가치가 아니라 노동자의 최소한의 필요 및 일자리를 놓고 경쟁하는 노동자들의 수와 관련된 자본가의 노동력 수요에 따라 결정된다. 이론상으로도 노동자의 임금이 생산물의 가치에 따라 결정되지 않는다는 점을 이해하는 게 중요하다.[4]

그리하여 우리는 시장 상황에 따라 매일 계속 일하러 나갈 수 있을 정도만큼만 최소한의 임금을 받는다.

우리가 생산하는 가치와 그보다 낮은 우리 임금 사이의 차이('잉여가치'라고 한다)가 기업이 이윤을 얻고 확장하는 비결이다. 이런 착취관계가 자본주의사회의 핵심에 있으며 이것이 갈등의 주원인이다. 즉, 고용주는 노동자가 가장 낮은 임금을 받고 가장 긴 시간 일하기를 바라는 반면, 우리는 더 많은 임금을 받고 더 짧은 시간 일하기를 원한다.[5] 그리하여 모든 노동자는 자본주의에 맞서 싸우는 공통의 경제적 이해를 갖게 된다.

자본주의는 전적으로 우리의 노동에 의지하기 때문에 우리는 또한 잠재적으로 사회에서 가장 강력한 계급이다. 우리가 이런 잠재적 힘을 행사하지 못하는 주된 이유는 무수히 많은 방식으로 우리가 분열되기 때문이다.

- 우리는 노동자와 실업자로 나뉜다. 이에 따라 일하는 사람들은 일자리를 잃을까 두려워해야 하고, 실업 상태인 사람들은 가장 낮은 임금을 받고 일하기 위해 서로 경쟁해야 한다.

---

4 Albert Einstein, "Why Socialism?", *Monthly Review* Vol.1(May 1949), 2020년 4월 20일 접속, https://monthlyreview.org/2009/05/01/why-socialism.
5 1886년 5월 1일 자를 보라.

- 우리는 서로 경쟁하는 각기 다른 기업으로 나뉜다. 이 경쟁에서―흔히 가장 낮은 임금을 주고 환경기준을 무시함으로써―가장 많은 이윤을 벌어들이는 기업은 성공하는 반면 다른 기업들은 파산하거나 인수된다.
- 우리는 젠더 역할에 따라 나뉘고, 이 기준에 따르면 세상의 많은 노동이 '여성의 일'로 간주되어 임금이 전혀 지불되지 않는다. 특히 돌봄노동과 가사노동이 그렇다.
- 우리는 각기 다른 민족국가로 나뉜다. 한 나라의 노동자들이 임금인상과 더 나은 노동조건을 획득하면, 생산은 임금이 낮은 세계의 다른 지역으로 이전될 수 있다.
- 우리는 인종주의에 의해 나뉘며, 이 기준에 따르면 가령 미국의 흑인 같은 일부 인종·종족 집단은 체계적인 불이익과 억압을 받는다. 그리하여 지배적 집단의 노동자들은 현재 상태를 유지하는 한에서 이해관계가 있다는 환상에 빠진다. 이로 인해 고용주와 당국은 각기 다른 노동자 집단끼리 싸우도록 만들 수 있다.[6]
- 우리는 시민권 여부에 따라 나뉘며, 많은 나라에는 훨씬 쉽게 착취할 수 있는 이주 노동력이 존재한다. 이 이주 노동자들은 기본적인 법적 권리를 부정당할 수 있으며, 맞서 싸우려고 하면 추방당할 수 있다.[7]

이런 사례는 우리가 분열되어 서로 경쟁하는 여러 방식 가운데 불과 몇 가지일 뿐이다. 이 때문에 우리는 하나로 단결해서 우리의 집단적 자기 이익을 위해 싸우거나 우리를 착취하는 이들로부터 우리의 '잉여가치'를 더 많이 챙기지 못한다. 이런 분열에 맞서 싸우고 각기 다른 노동자 집단들에 연대하는 것이야말로 노동계급이나 어

---

6   1887년 11월 23일 자를 보라.
7   1936년 6월 29일 자를 보라.

떤 집단의 운명을 개선하려는 모든 운동의 필수적인 부분이 되어야 한다.

사회에 존재하는 모든 유형의 차별과 특권은 계급과 교차한다. 임신중단권과 젠더를 예로 들어보자. 현행 법률이 어떻든 간에 부유층은 언제나 임신중단을 할 수 있는 반면, 저소득층과 노동계급은 쉽지 않다.

인종주의부터 동성애 혐오, 트랜스 혐오, 성차별주의, 장애인 차별—몇 가지 사례만 든 것이다—에 이르기까지 모든 억압체계에서 저소득층은 부유층에 비해 더 나쁜 결과를 경험한다. 따라서 가령 여성[8]이나 미국의 유색인,[9] LGBT+[10] 같은 피억압 집단이 벌이는 투쟁을 단순히 '정체성'과 관련된 것으로 가볍게 무시해서는 안 된다. 이는 본질적으로 계급투쟁이다.

한 노동자 집단이 어떤 승리를 거두든 그것은 우리 모두의 승리다. 예를 들어, 어떤 저임금 이주 노동자 집단이 임금과 노동조건을 개선하는 데 성공하면 고용주들은 마음껏 착취할 수 있는 이주 노동자를 고용하는 식으로 내국인 노동자들을 약화하지 못한다.[11]

마찬가지로, 환경 파괴와 그로 인한 기후 재앙은 특히 식민화된 세계에서 저소득층과 노동계급에 압도적인 영향을 미친다. 이런 현실은 앞으로도 악화되기만 할 텐데, 따라서 우리 지구를 보호하기 위한 싸움은 우리 계급의 존재론적인 문제이기도 하다.[12]

원주민[13]과 농민[14]의 투쟁, 식민 지배에 맞선 투쟁[15] 또한 대체로 착취에 맞선 투쟁이자 애당초—토지 및 생산수단과 단절된 채—노

---

8 1991년 6월 14일 자를 보라.
9 1968년 5월 2일 자를 보라.
10 1969년 6월 28일 자를 보라.
11 2017년 6월 8일 자를 보라.
12 1971년 6월 17일 자를 보라.
13 1878년 6월 25일 자를 보라.
14 1919년 4월 10일 자를 보라.
15 1953년 3월 26일 자를 보라.

동계급으로 전락하는 것에 맞선 투쟁이었다.

이 모든 점을 염두에 두고 우리는 포괄적이고 교차적이며 국제주의적인 계급의 시각으로 착취와 억압에 맞선 모든 종류의 싸움을 생생하게 소개하고자 한다.

왜 역사인가?

'노동계급의 역사Working Class History' 프로젝트는 일찍이 2014년에 수많은 사람이 모여 나눈 대화에서 출발했다. 우리는 모두 노동현장 조직화와 긴축 반대 캠페인, 그리고 그전에는 이라크전쟁 반대운동 등 수많은 활동에 참여한 바 있었다. 하지만 우리의 활동은 과거의 대중적이고 급진적인 노동계급운동과 단절돼 있었다. 우리 세대의 많은 사람(심지어 약간 나이 든 이들도)과 마찬가지로, 우리도 1980년대의 숱한 패배와 뒤이은 노동자조직의 해체 이후에 성장하고 노동 세계에 진입했다. 우리가 정치적 의식을 갖게 되었을 무렵, 이전에 노동계급의 삶을 규정 지은, 누구나 공유하는 투쟁에 관한 지식과 연대의 문화는 많은 곳에서 사라진 상태였다.

이런 지식에 접근하기 위해 우리는 수많은 역사를 읽었는데, 이를 통해 오늘날 우리의 투쟁에 영향을 미칠 수 있는 결정적인 교훈이 무수히 많다는 사실에 깊은 인상을 받았다. 지금까지 세계 곳곳에서 이뤄진 노동계급 투쟁을 다루는 많은 글이 있지만, 대다수 사람은 그런 글들을 쉽게 접할 수 없다. 그 글들은 대개 먼지 쌓인 문서보관소에 묻혀 있거나, 온라인 결제의 장벽 너머에 있거나, 온라인에 무료로 공개되어 있더라도 난해하기 짝이 없는 학술적·정치적 전문용어로 쓰여 있기 때문이다.

따라서 우리는 역사적 사건들의 데이터베이스를 만들기로 결심했다. 더 나은 세상을 만들기 위해 벌인 투쟁과 그 투쟁에 참여한 사람들에 관해 간결하고 알기 쉽게 요약한 데이터베이스를 말이다. 우리는 또한 이런 투쟁을 맞받아치기 위해 부자와 권력자들이 벌인 잔학행위[16]와 때로는 더 나은 세상을 만든다는 미명 아래 벌어진 잔학행위[17]에 관한 정보도 포함했다. 우리는 자본주의와 식민주의의 역사를 깔끔하게 세탁하는 지배적인 서사에 맞설 뿐만 아니라 그에 맞서 싸운 이들의 (성공만이 아니라) 실수로부터 배우는 것도 중요하다고 믿는다.

돈이 없는 사람들에게 소셜미디어는 폭넓은 청중에게 정보를 전달하는 유용한 도구가 될 수 있다. 그래서 우리는 처음부터 이 영역을 우선에 두었다. 우리는 각 사건의 기념일에 맞춰 글을 올리는 게 때로는 수백 년 전에 벌어지기도 한 일들에 관한 내용을 입소문 타게 하는 가장 좋은 방법이라고 생각했다. 1800년대에 벌어진 파업에 관한 정보는 언뜻 현재와 무관해 보이지만, 과거의 오늘에 벌어진 어떤 일로 접근해 읽다 보면 그 사건은 좀더 가시적인 연관성을 지니게 된다.

우리는 이처럼 짧은 입소문용 게시물을 통해 사람들이 역사적 운동과 오늘날과 같은 세상을 만드는 데 일조한 이들에 관한 이야기를 조금이라도 엿보기를 바랐다. 그러고 나면 생활과 노동조건을 지키거나 개선하기 위해 어떻게 스스로 조직할 수 있는지, 그러한 싸움을 통해 어떻게 다른 사람들에게도 영감을 줄 수 있는지에 관해 우리가 알려줄 수 있을 테니까 말이다.

이 프로젝트는 우리가 처음에 품었던 기대를 훌쩍 넘어섰다. 이제 우리는 다양한 온라인 플랫폼에 도합 70만 명이 넘는 팔로워가 있고 한 달에 1100만 명이 넘는 사람들이 우리의 소식을 접한다. 세계 곳곳의 사람들이 자발적으로 힘을 보태고 글을 기고하고 있으며 우리가 다루는 내용의 상당 부분이 아랍어, 프랑스어, 페르시아어, 에스파냐어, 노르웨이어, 튀르키예어로 번역된다.

최근에 우리는 몇몇 쟁점을 좀더 자세하게 다루면서 해당 운동

---

16   1961년 10월 17일 자를 보라.
17   1933년 12월 17일 자를 보라.

의 참여자들 및 사학자들과 대화를 나누기 위해 팟캐스트를 시작했
다. 각 사건을 더 심층적으로 들여다보면서 사람들이 어떤 행동을 했
는지, 이 투쟁들의 교훈을 오늘날 어떻게 적용할 수 있는지를 고찰하
기 위해서다.

이 책을 읽는 법

이 책은 우리의 문서 기록에서 찾아낸 텍스트들 중 일부를 선별
한 것이다. 날마다 두 꼭지를 골랐는데, 대부분 온라인에 전혀 게시
되지 않은 내용이다.

이 작업에서 우리는 개인보다는 역사적 사건에 초점을 맞추었
다. 그리하여 다양한 운동에 참여한 사람들이 태어나고 사망한 날짜
는 생략했다. 암살당한 이들처럼 죽음 자체가 특정한 역사적 의미를
지니지 않는 한은 말이다.

이 책은 모든 사건을 종합한 것이 아니다. 우리는 우리 투쟁의
집단적 역사에서 중요한 모든 운동이나 사건을 서술하지 않는다. 이
책 한 권으로 그런 어마어마한 일을 할 수는 없다.

우리는 광범위한 역사적 사건을 소개하려고 했지만, 주로 영국
과 미국에서 활동한다는 지리적 제약, 우리가 사용하는 언어, 우리가
이용할 수 있는 자료의 성격과 편향 때문에 불가피하면서도 유감스
럽게 영어, 에스파냐어, 프랑스어, 이탈리아어 등을 사용하거나 이런
언어들과 관련된 식민지 경험이 있는 나라들에 사건이 쏠려 있다.

어떤 순서로 읽어도 무방하다. 1월 1일부터 순서대로 읽지 않아
도 된다. 아무 날짜—오늘, 당신의 생일, 기념일—부터 펼쳐서 읽을
수 있고, 마음 내키는 대로 읽어도 된다. 다만 특정한 단체나 개념의
경우 처음 나올 때 한 번만 설명한다는 점을 염두에 두면 된다. 그러
니 순서대로 읽지 않으려면 기본적인 정치용어를 알고 있어야 한다.

오늘날 일반적으로 쓰이는 달력의 날짜를 기준으로 하기 때문
에, 가령 러시아 구력의 날짜는 서양력으로 바꾸었다. 날짜는 해당

사건이 벌어진 나라를 기준으로 한다(시간대가 다른 나라들의 경우 날짜가 하루씩 다르게 서술되기도 한다).

각 꼭지는 더 나은 세상을 만드는 데 기여한 사람과 운동을 간략하게 소개하는 내용이다. 여기서 다루는 역사적 사건들은 그 전모를 서술하지는 않기 때문에, 관심이 있는 이야기에 관해서는 다른 자료를 찾아보기 바란다. 책 뒤쪽의 참고문헌에 해당 날짜의 사건 또는 인물과 관련된 자료와 읽을거리를 밝혀두었다.

팟캐스트 〈노동계급의 역사〉에서 다룬 사건의 경우에는 ◉ 표시와 함께 관련된 방송 회차를 적어두었다.

팟캐스트는 workingclasshistory.com/podcast에서 들을 수 있다. 또는 주요 팟캐스트 앱(애플 팟캐스트, 구글플레이, 스포티파이)에서 Working Class History를 검색해서 들어도 된다.

우리는 최대한 정확하게 서술하기 위해 노력했다. 하지만 여기서 다루는 범위를 감안하면, 사실 확인과 교정 과정의 틈새로 최소한 한 가지 실수가 생겼을 수 있다. 미리 사과드린다. 우리는 또한 새로운 증거가 나타남에 따라 역사적 사건에 관한 이해가 바뀐다는 걸 안다. 따라서 혹시 오류를 발견하거나 새로운 증거 때문에 달라진 사실을 알아낼 경우 우리에게 알려주시면 감사하겠다. 우리가 보관하는 문서자료를 바로잡고 이 책의 개정판을 낼 때 반영할 수 있도록 말이다.

마지막으로, 돈과 권력이 없는 이들, 즉 우리 절대다수의 역사는 흔히 기록으로 남지 않는다. 그러니 들려주고 싶은 이야기가 있거나 저항의 집단적 역사를 기록하고 알리는 데 도움을 주고 싶다면 지체 없이 연락 바란다.

전자우편: info@workingclasshistory.com
인스타그램: @workingclasshistory
트위터: @wrkclasshistory

페이스북: facebook.com/workingclasshistory

내용에 관한 경고: 민중사의 많은 면이 불온한 내용인 탓에 상당수의 꼭지에 폭력과 인종주의, 대학살, 동성애 혐오, 고문, 죽음에 관한 서술이 담겨 있으며 일부 꼭지에는 성폭력에 관한 언급도 있다. 성폭력과 관련된 내용이 있을 경우에는 해당 날짜 앞에 ⚠ 표시를 해두었다. 일부 독자에게는 몇몇 이미지가 불편할 수 있다.

1월

January

1804년 1월 1일 13년 전 노예제와 프랑스의 식민 지배에 맞선 반란으로 시작된 혁명 이후 아이티가 독립 공화국이 되었다.

그전까지 생도맹그라고 불린 아이티는 세계에서 가장 수익성이 좋은 식민지로서 북아메리카대륙의 모든 식민지를 합친 것보다 더 많은 세입을 창출했다. 이 막대한 부는 아프리카인 노예들의 피와 땀으로 만들어졌다. 노예 수만 명이 커피와 사탕수수 플랜테이션 농장에서 죽을 때까지 일했다.

'자유, 평등, 우애'의 이상을 신봉한 프랑스혁명 직후인 1791년 8월 22일, 이런 이상을 실현하고 노예제와 식민 지배를 폐지할 것을 요구하는 노예 반란이 일어났다. 이후 몇 년간 반란자들은 세계 최대 규모의 식민 강국인 프랑스, 에스파냐, 영국의 연합군을 성공적으로 물리쳤다.

1804년의 독립선언은 생도맹그 식민지 체제를 폐지하고 원주민인 타이노족의 이름 아이티를 복원했다. 이 신생 공화국에 유럽과 미국은 곧장 수출입 금지 조치를 내려 극심한 경제적 곤경을 안겨주었다.

1825년, 프랑스는 마침내 아이티의 독립을 승인하는 데 동의했지만 전前 노예주들에게 무려 1억 5000만 금프랑[금본위제하의 프랑. 오늘날 가치로 약 26조 8000억 원]을 배상하라는 조건을 붙였다. 이 몸값 때문에 아이티는 극심한 빈곤에 빠졌고 1947년까지도 상환하지 못했다. 미국은 1862년에야 아이티의 독립을 인정했다. 하지만 독립 인정과 상관없이 1915년에 아이티를 침략해서 점령했다.

1994년 1월 1일 멕시코 치아파스의 원주민들이 들고일어나 지역을 장악하고, 권력을 재분배하고 새롭게 직접민주주의적인 방식으로 사회를 운영하면서 사파티스타 봉기가 시작되었다. 국가의 탄압과 폭력, 학살에도 불구하고 약 30만 명에 이르는 사람들이 참여한 이 운동은 오늘날까지도 자주관리|self-management를 유지하고 있다.

사파티스타 여성들, 2018년

2 **1858년·1904년 1월 2일** 우루과이의 항구도시 몬테비데오에서 혁명이 일어난 동안 미국 소유의 자산을 보호하기 위해 전함 2척에 탄 미군이 우루과이에 상륙했다.

반세기가 채 지나지 않은 1904년 같은 날, 미국과 영국 해군이 도미니카공화국에 개입해 2월 11일까지 남아 있었다. 이번에도 역시 혁명 와중에 미국의 이익을 보호하기 위해서였다.

1920년 1월 2일 2차 파머 일제 단속Palmer Raids이 시작되었다. 이 단속은 미국 법무부가 외국 태생의 급진적 노동자와 좌파, 특히 아나키스트들을 잡아서 국외로 추방하기 위해 벌인 시도였다. 3000명에서 1만 명이 잡혀서 재판 없이 구금됐는데 대부분 미국

엘리스섬에서 국외 추방을 기다리는
급진주의자들, 1920년 1월 3일

시민권자였다. 검거된 사람들 중 다수가 기소 없이 풀려났지만, 500여 명의 외국인은 결국 국외 추방되었다.

3 **1913년 1월 3일** 혁명적 노동조합 연합체인 세계산업노동자연맹Industrial Workers of the World, IWW(일명 워블리Wobblies)으로 조직된, 이

주 여성이 압도적으로 많은 노동자들이 요구사항을 관철하면서 뉴욕주 리틀폴스 섬유 파업이 끝났다. 10월 9일에 파업을 시작한 노동자들은 경찰의 폭력 진압에 맞서 굳건하게 버텼고, 임금삭감 없이 주당 노동시간을 60시간에서 54시간으로 줄이는 데 성공했다. ◉ 6, 16

새미 연지 주니어 징집 사진, 1964년

1966년 1월 3일 재향군인이자 민권운동가인 새미 연지 주니어 Sammy Yonge Jr.가 앨라배마에서 살해되었다. 그는 민권운동에 참여했다는 이유로 살해당한 첫 번째 흑인 학생으로, 메이컨 카운티에서 '백인 전용' 화장실을 사용하려다 주유소 직원이 쏜 총에 맞았다. 대규모 시위가 벌어진 끝에 그해 11월 살인자가 기소됐지만, 전원 백인으로 구성된 배심원단은 그를 무죄방면했다.

4 **1917년 1월 4일** 가이아나의 부두 노동자들이 열흘간의 파업을 시작했다. 1차 세계대전[이하 1차대전]의 여파로 식료품을 비롯한 물가가 상승한 반면 임금은 그대로였다. 생활조건 악화에 따른 노동자 소요를 배경으로 부두 노동자들은 임금인상과 주당 노동시간 단축을 얻어냈고, 전국적인 파업 물결을 일으켰다.

1938년 1월 4일 자메이카 세인트토머스구의 서지아일랜드농장 Serge Island Estate에서 일하는 노동자 400~500명이 전면적인 파업을 밀어붙였다. 노동자들은 작물 수확을 재개하기에 앞서 임금인상을 요구했다. 영국 식민 당국이 보낸 경찰이 파업을 깨뜨리기 위한 조치에 나섰고, 이에 따라 노동자 63명이 연행됐으며 1월 13일을 시작으로 사흘에 걸친 재판이 진행됐다. '주동자' 3명은 1개월 중노동 징역형을, 18명은 벌금형을 받았고 나머지는 풀려났다.

1939년 1월 5일 리투아니아계 유대인 반파시스트이자 에스파냐 내전에서 싸운 투사 사무엘 카플란Samuel Kaplan이 공산당 당국에 의해 바르셀로나 몬주익 감옥으로 이송되었다. 지난해 2월 이래 기소도 되지 않은 채 구금된 상태였다. 카플란은 프란시스코 프랑코Francisco Franco 장군의 민족주의·파시스트세력이 일으킨 쿠데타 시도에 대항하는 공화국세력을 돕기 위해 에스파냐에 와서 활동하고 있었다.

정치 활동을 이유로 소련과 나치 독일에 의해 다하우 강제수용소에 수감됐다가 탈출한 전력이 있는 그는 '같은 편'인 공화국세력에게 그보다 더 나쁜 대우를 받았다고 주장했다. 그는 심지어 다른 반파시스트 수감자 몇 명과 함께 단식투쟁도 벌였다.

1월 21일 민족주의세력이 바르셀로나를 접수한 뒤로 그가 어떻게 되었는지 우리는 전혀 알지 못했다. 그러다 '노동계급의 역사' 페이스북 페이지를 본 그의 아들로부터 연락이 왔다. 그는 사무엘 카플란이 다시 한번 탈출해 결국 멕시코로 도망쳤고 그곳에서 여생을 보냈다고 알려주었다. ◉ 39-40

1960년 1월 5일 반파시스트 게릴라 프란세스크 사바테 요파르트 Francesc Sabaté Llopart ─ 일명 '엘 키코'[프란시스코의 애칭] ─ 가 카탈루냐에서 경찰에 암살당했다. 에스파냐 내전에서 민족주의자들(국민파)에 맞서 싸운 그는 이후 2차 세계대전[이하 2차대전] 중에 프랑스 레지스탕스와 함께 싸운 뒤, 에스파냐의 지하 레지스탕스에 합류해 장기간 복무한 가장 유명한 전사가 됐으나 결국 살해되었다.

1945년 1월 6일 지난해 10월 아우슈비츠 강제수용소에서 일어난 수감자 반란에 가담했다는 이유로 여성 4명이 교수형을 당했다. 알라 게르트네르Ala Gertner는 강제 노동을 하던 탄약공장에서 화약을 훔쳐 지하 레지스탕스 성원 로자 로보타Roza Robota에게 전달했고, 로보타에게서 화약을 제공받은 소련 유대인 수감자들은 반란

알라 게르트네르, 1943년

을 일으키기 위한 폭탄을 만들었다. 이 일에 관여한 에스투시아 바이츠블룸Estusia Wajcblum과 레기나 사피르슈타인Regina Safirsztajn 또한 처형당했다. 다른 여성 수감자들이 지켜보는 가운데 교수형이 집행된 로보타는 교수대에서 동료들에게 이렇게 호소했다. "힘과 용기를 잃지 마십시오."

2005년 1월 6일 남아공 더반 베이뷰의 주민들이 지방정부에서 나온 단수斷水 작업팀과 싸워 이들을 물리쳤다. 이 싸움이 특히 용감한 행동이었던 이유는 지방정부 경비대가 도시의 다른 동네에서 10대 소년 마르셀 킹을 살해한 바 있었기 때문이다. 당시 소년은 단전 작업을 막으려는 어머니를 돕고 있었다. 아프리카민족회의의African National Congress, ANC가 운영하는 지자체는 [단수 작업팀이 쫓겨났다는 소식에] 더 많은 경비대를 다시 보내겠다고 말했다.

1994년 집권한 아프리카민족회의는 신자유주의적 정책을 추진하면서 100만이 넘는 가구의 수도를 끊었다. 매년 수천 명이 깨끗한 물이 없어서 설사로 사망하는 상황에서 강행된 조치였다.

1913년 1월 7일 페루의 노동자들이 고용주들의 제안을 거부한 끝에 하루 최대 8시간 노동을 요구하는 파업이 시작되었다. 엘 카야오에서는 가스 노동자, 공장 노동자, 인쇄공, 제빵사 등 노동조합에 속한 노동자들이 파업에 들어가면서 산업 전체가 마비되었다.

1919년 1월 7일 아르헨티나에서 '비극의 한 주Tragic Week'라고 알려진 일련의 사건이 벌어졌다. 부에노스아이레스항의 해운 노동자들이 임금인상과 노동시간 단축을 요구하는 파업을 위해 투표를 진행하는 동안 인근에 있는 영국인 소유의 바세나공장Vasena plant에 있던 경찰이 파업 중인 금속 노동자들을 습격해 5명이 사망하고 20명이 부상을 입었다. 이후 며칠간 도시 전역으로 파업이 확산되면서 폭력 사태가 발발하자 노동자들은 손에 무기를 쥐었다.

한편, 경찰과 군인이 노동자들과 싸우는 동안 우파 폭도들은 유대인 박해에 나서면서 유대인 지구를 습격해 사람들을 구타하고 죽였다. 이 반유대주의자들은 유대인이 아나키스트, 공산주의자들과 연관되어 있다고 여겼다. 군대는 반란을 진압하는 과정에서 100~700명을 살해했고, 400~2000명에게 부상을 입혔으며, 5만여 명을 투옥했다.

8 **1811년 1월 8일** 미국 역사상 최대 규모로 손꼽히는 노예 봉기가 루이지애나 해안에서 벌어졌다. 노예 수백 명이 주인들을 공격한 뒤 깃발과 북을 들고 농기구를 무기 삼아 쥔 채 뉴올리언스를 향해 행진했다. 들고일어난 노예들은 봉기 도중 플랜테이션 농장에 불을 지르면서 새로운 반란자들을 충원했고, 무기가 부족해도 아랑곳하지 않고 지역 민병대에 맞서 싸웠다. 노예들의 행진은 [미국 중남부의 도시] 배턴루지에서 출동한 제2 민병대가 도착하면서 결국 저지되었다.

1896년 1월 8일 아르헨티나 부에노스아이레스에서 세계 최초로 아나키즘-페미니즘을 공공연하게 표방한 신문 《라보스데라무헤르La Voz de la Mujer》(여성의 목소리)가 출간되었다. 이 신문은 계급투쟁과 여성해방, 성적 자유를 주창했다.

9 **1907년 1월 9일** 멕시코 리오블랑코에서 임금인상, 노동시간 단축, 노동조건 개선을 요구하며 파업 중인 노동자들이 일으킨 노동자 반란이 군대에 진압되었다. 노동자 200명이 살해되고

400명이 체포되었으며, 1500명이 해고되었다.

1973년 1월 9일 남아공 더반에 있는 코로네이션벽돌타일Coronation Brick and Tile 공장 노동자들이 파업에 들어갔다. 3월 말까지 주로 흑인인 10만 명에 가까운 노동자들이 파업을 벌였다. 전체 흑인 노동자의 절반에 육박하는 규모였다. 코로네이션을 비롯한 여러 공장의 노동자들은 마침내 임금인상을 쟁취했다.

1918년 1월 10일 바르셀로나의 가정주부 200명이 노동계급 지구를 행진하며 여성이 대다수인 섬유 노동자들을 향해 높은 생활비에 항의하는 파업을 벌이자고 호소했다. 신임 군정장관이 계엄령을 선포하고 시민의 권리를 일시 중단했으나 파업과 시위, 상점과 석탄저장소에 대한 습격은 계속되었다.

1966년 1월 10일 미시시피에서 KKKKu Klux Klan가 혼혈 투표권 활동가 버넌 다머Vernon Dahmer의 집에 화염병을 투척했다. 다머는 가까스로 아내와 아이를 구했지만, 본인은 중화상과 연기 흡입으로 이튿날 사망했다. 생전에 그는 투표자 등록에 필요한 돈이 없는 이들에게 인두세를 내주겠다고 제안했고, 그 덕분에 더 많은 흑인이 투표할 수 있었다.

1912년 1월 11일 로렌스 파업, 일명 '빵과 장미Bread and Rose' 파업이 발발했다. 뉴잉글랜드 면직공장에서 일하는 폴란드계 여성들은 임금이 삭감된 것을 알아채고 방직기를 멈춰 세운 채 "임금이 적다!"라고 외치며 공장을 나섰다. 대부분 여성과 소녀인 다른 노동자들도 조업을 중단했고, 일주일 만에 2만 명이 파업에 동참했다. 야만적인 탄압에도 불구하고 3월 중순까지 버틴 노동자들은 모든 요구사항을 관철했다. 비슷한 파업을 방지하고자 한 다른 고용주들도 같은 요구를 받아들였다.

대중적으로 알려진 이 파업의 명칭은 사회주의자 로즈 슈나이더먼Rose Schneiderman의 연설 중 한 구절에서 나온 것이다. "노동자에게는

로렌스 파업 노동자들의 도심 행진, 1912년

빵이 필요하지만 장미도 필요합니다." 로렌스의 젊은 여성들은 자신들의 요구를 플래카드에 새겨 넣기 시작했다.

1998년 1월 11일 인도의 한 마을에 사는 주민 2만 4000명이 나르마다강의 댐 건설 예정지를 점거했다. 이들은 댐 건설을 저지하는 데 성공함으로써 32만 명이 이주하는 사태를 막아냈다.

12 **1922년 1월 12일** 운송 회사들이 40퍼센트 임금인상을 거부하자 홍콩과 광저우의 선원들이 파업에 나섰다. 선원노동조합이 이끈 이 파업에 순식간에 3만 명이 참여하면서 홍콩의 일상생활과 식료품 운송에 일대 혼란이 나타났다. 영국 식민 정부는 파업이 불법이라고 선언했지만, 52일 만인 1922년 3월 5일 진행된 교섭에서 고용주들이 굴복하며 15~30퍼센트 임금인상에 동의했다.

1964년 1월 12일 인구의 다수를 이루는 흑인들이 통치자인 술탄을 끌어내리면서 잔지바르혁명이 일어났다. 이 반란으로 인종차별을 일삼은 소수 아랍인의 200년 통치─이 통치는 영국이 잔지바르섬을 점령한 동안에도 유지되고 강화되었다─가 끝났다. 아랍인과 남

아시아인을 겨냥한 종족적 보복이 시작되었고, 근처에 영국군이 주
둔하고 있었는데도 수백 명, 어쩌면 수천 명이 살해되었다. 영국군은
혹시 모를 좌파 정당의 집권을 염두에 둔 대비 태세를 갖추었을 뿐
이다.

1943년 1월 13일 우크라이나의 반나치 레지스탕스 투사 울랴
나 마트비이우나 흐로모바Ulyana Matveevna Gromova가 독일군에 처형
당했다. 사흘 전 체포된 흐로모바는 동지들의 이름을 대라는 나치의
잔인한 고문을 견뎌냈다. 나치 요원들은 흐로모바를 구타하고, 금속
채찍으로 때리고, 뜨겁게 달군 다리미로 지지고, 피부를 벗기고 신체
를 훼손하고, 머리카락을 전부 잡아 뜯고, 상처에 소금을 문질렀지만
그가 동지들을 배신하게 만들지는 못했다. 흐로모바는 시를 암송하
면서 동료 수감자들의 사기를 높여주었다.

1947년 1월 13일 당시 영제국의 일부였던 케냐 몸바사의 노동자 1만
5000명이 흑인과 비흑인 노동자의 임금격차를 비롯한 여러 불만을
제기하면서 총파업을 선언했다. 철도 노동자, 항만 노동자, 가내 하
인, 호텔 노동자 등 여러 직종의 노동자가 파업에 나섰다. 정부는 파
업이 불법이라고 선언했지만, 전체 노동자의 4분의 3이 참여함으로
써 도시는 마비 상태에 빠졌다. 파업은 12일 동안 지속됐고, 결국 심
사위원회가 구성되어 20~40퍼센트에 이르는 임금인상과 함께 잔업
수당, 유급휴가, 주거수당 등 수많은 개선이 이루어졌다.

1929년 1월 14일 오스트레일리아 포트애들레이드에서 파업
중인 노동조합 소속 부두 노동자 600명이 파업파괴자scab
worker(노동조합에 속하지 않은 대체인력)들을 가득 태운 증기선 마리바
호를 습격했다. 파업파괴자와 경찰에 맞선 노동조합 소속 부두 노동
자들은 돌을 던져 파업파괴자 약 30명에게 부상을 입혔다. 한 파업
파괴자가 리볼버를 꺼내 군중에게 사격을 시작했지만 경찰은 그를

체포하지 않았다. 이 사건은 항구의 노동조건과 노동조합 조직화를 둘러싼 기나긴 분쟁의 일부였다.

1930년 1월 14일 독일 공산당의 준準군사조직인 붉은전선투사연맹 Roter Frontkämpferbund 소속 전투원이자 폭력배인 알브레히트 '알리' 횔러 Albrecht "Ali" Höhler가 베를린의 나치 돌격대 지도자 호르스트 베셀Horst Wessel 을 총으로 쏴 죽였다. 나치스는 베셀을 순교자로 만들었고, 횔러는 6년 징역형을 선고받았다. 그러나 이후 집권한 나치스는 그를 감옥에서 끌어내 살해했다.

15 **1919년 1월 15일** 혁명적 사회주의자 로자 룩셈부르크Rosa Luxemburg와 카를 리프크네히트Karl Liebknecht가 사회민주당Social Democratic Party of Germany, SPD의 지시를 받고 움직인 우파 준군사조직 의용군단Freikorps에 의해 베를린에서 살해되었다. 룩셈부르크와 리프크

로자 룩셈부르크, 1900년 무렵

네히트는 1918년에서 1919년에 걸쳐 일어난 독일혁명에서 중요한 역할을 했다.

1934년 1월 15일 영국의 대중적인 타블로이드 신문 《데일리메일Daily Mail》이 오스왈드 모슬리Oswald Mosley의 파시스트운동을 지지하면서 〈블랙셔츠단 만세!〉라는 기사를 내보냈다. 기사를 쓴 로더미어 자작子爵의 가문은 지금도 《데일리메일》을 소유하고 있다. 이 신문은 줄곧 영국에서 가장 우파적인 타블로이드 신문으로 꼽히며 반파시스트를 비롯한 많은 이에 관한 가짜뉴스를 양산하고 있다.

16 **1973년 1월 16일** 서식스대학교 학생들이 정부의 학자금 지원 삭감 계획에 맞서 [기숙사] 월세 납부 거부운동에 나섰다. 영

국 각지의 학생들이 이 움직임에 가세했고, 2월 말에 이르러 44개 대학이 월세 납부 거부운동에 참여했다.

1997년 1월 16일 인도의 노동조합 지도자 두타 사만트Dutta Samant가 암살당했다. 사만트는 1982년 뭄바이에서 대규모로 벌어진 섬유 노동자 파업의 핵심 조직자로 유명한 인물이었다. 그는 지하 범죄조직과 연결된 청부 살인자로 추정되는 총잡이 4명에게 총탄 17발을 맞았다.

1961년 1월 17일 1960년 벨기에로부터 독립한 콩고에서 최초의 민주 선거로 선출된 총리 파트리스 루뭄바Patrice Lumumba가 미국과 벨기에가 지원한 쿠데타가 벌어진 뒤 살해되었다. 처음에는 CIA가 사회주의자인 이 독립 지도자를 암살하려 했지만, 쿠데타 세력이 루뭄바와 그의 동료 2명을 체포한 뒤 잔인하게 구타, 고문한 다음 총으로 쏴 죽였다. 이후 벨기에 군대는 이 3명의 주검을 파내서 조각낸 뒤 황산에 넣어 녹이고 그 나머지를 고운 가루로 만들어 뿌려버렸다.

브뤼셀에서 파트리스 루뭄바, 1960년

1969년 1월 17일 혁명조직 블랙 팬서당Black Panther Party 성원인 번치 카터Bunchy Carter와 존 허긴스John Huggins가 흑인 민족주의단체 US기구US Organization의 한 성원에 의해 살해되었다. US기구는 FBI가 치명적 분열을 야기하려는 의도로 계획하고 진행한 코인텔프로COINTELPRO[Counter Intelligence Program의 약자로, FBI가 1956~1971년에 웨더맨Weathermen 등의 급진조직과 민권단체, KKK 등 미국 내부의 저항조직을 조사하고 무력화하기 위해 진행한 프로그램] 과정에서 조종한 단체였다.

1958년 1월 18일 노스캐롤라이나주 맥스턴 근처에서 일어난 헤이스 연못 전투Battle of Hayes Pond로 아메리카 원주민들이 KKK 집회를 무산시켰다. 지역에 사는 럼비족Lumbee tribe을 "반검둥이 튀기"라고 여긴 KKK는 백인 남성이 다른 인종과 연애하는 데 불만을 품고 소수이며 하찮은 지위의 럼비족을 손쉬운 공격 대상으로 삼았다.

KKK 단원들은 백인 남성과 연애하는 럼비족 여성의 집 앞 잔디밭에서 십자가를 태우는 것으로 행동을 개시했다. 점점 도가 심해진 행동은 '인종 혼합'을 완전히 끝장내겠다는 취지로 열린 1월 18일 집회에서 정점에 이르렀다. KKK는 집회에 5000명이 참석할 것이라고 선언했다.

집회 당일, KKK 측에는 성원 50명과 다른 백인우월주의자 100명 정도가 모였는데, 이들에 맞서 2차대전 참전군인들을 선두로 샷건과 몽둥이, 돌멩이로 무장한 럼비족 500명이 나타났다. 아메리카 원주민들은 총을 쏘며 공격에 나서 KKK 단원 4명에게 경상을 입혔다. KKK는 이에 대응하여 총을 쐈지만 1명도 맞추지 못했다. 완패한 KKK는 도망칠 수밖에 없었다. 럼비족은 그들의 오디오 장비를 빼앗

럼비족 주민들이 헤이스 연못에서 백인우월주의자들과 대치 중인 모습

고 즉석에서 모닥불을 피워 KKK의 옷가지와 플래카드를 태웠다. 곧 도착한 경찰은 잔치를 즐기는 원주민들에게 최루탄을 쏘았다.

사건이 벌어진 뒤 KKK에 대한 대중적 분노가 들끓었고, 후에 지역 KKK 지도자는 폭동을 선동한 죄로 2년 징역형을 받았다. 이러한 굴욕으로 지역에서의 KKK 활동은 끝났고, 럼비족은 해마다 이 사건을 기념일로 기린다.

1977년 1월 18일 이집트 전역의 노동자와 빈민들이 생필품에 대한 국가보조금 지급 중단에 항의해 들고일어났다. 수백 명이 정부에 의해 살해되는 와중에도 계속된 파업과 시위, 폭동은 단 이틀 만에 당국을 물러나게 했다.

19 **1915년 1월 19일** 뉴저지에서 비료공장 사장들에게 돈을 받은 보안관보들이 비무장 파업 노동자들에게 발포해 2명이 사망하고 18명이 부상을 입는 루스벨트 학살이 벌어졌다. 노동자들은 20퍼센트 임금삭감을 되돌리기 위해 싸우는 중이었다. 사망자는 28세의 알레산드로 테시토레와 38세의 컬먼 버치로 알려져 있다. 파업을 깨뜨리기 위해 고용된 보안관보들은 흥신소에서 일하는 총잡이들이었다. 살인에도 불구하고 노동자들은 굳게 버텼고, 결국 임금삭감을 뒤집는 데 성공했다. 미국 노동자 학살사건 중에서는 이례적으로 다수의 보안관보가 체포되었고, 9명은 이후 살인 유죄판결을 받고 2년에서 10년 징역형을 살았다.

1984년 1월 19일 국제통화기금International Monetary Fund, IMF이 강요한 구조조정 프로그램에 따라 모로코 공립대학교가 등록금을 받기 시작하자 모로코 북부 리프 지역에서 항의 시위가 시작되었다. 노동자와 실업자들이 가담한 학생 시위는 하산 2세 정권의 야만적인 탄압에 직면했다. 하산 2세 국왕은 리프의 빈민들을 'awbash', 즉 야만인이나 인간쓰레기라고 몰아붙였다. 시위 진압에 나선 군대는 수백 명을 죽이고 감옥에 가뒀다.

1900년 1월 20일 하와이 호놀룰루의 보건 관리들이 페스트를 차단하겠다며 차이나타운의 주택과 상점을 선별해 불태우려다가 불이 삽시간에 번지면서 차이나타운이 순식간에 아수라장이 되었다. 오래된 카우마카필리 교회 목조 지붕에 붙은 불이 17일 동안 확산되면서 일대 38에이커[약 15헥타르] 땅이 폐허가 되었다. 대부분 중국인과 일본인이 사는 주택 4000채가 잿더미로 변했다.

당국은 쥐가 전염병을 퍼뜨린다는 증거를 무시한 채, 중국인 회계 직원 1명의 목숨을 앗아간 선페스트[가래톳페스트] 발병에 대해 아시아계 주민을 희생양으로 삼았다. 과학이 아니라 중국인 주택은 더럽다는 인종차별적 고정관념에 근거해서 방역 통제선을 설치하는 대책을 실행한 것이다. 당국은 사실상 몇 주 동안 도시에 사는 아시아계 주민들을 격리했다.

당국은 아시아계 주민들의 가재도구를 거리에 내놓고, 주택에 석탄산[1864년부터 사용된 세계 최초의 소독약. 페놀]을 살포했으며, 임시로 만든 목욕탕에서 남들이 보는 가운데 강제로 샤워를 하게 했다. 관리들은 이후 중국인과 일본인이 사는 주택을 불태우기 시작했다.

1월에 난 화재가 걷잡을 수 없이 번지기 시작하자 주민들은 목숨을 건지기 위해 도망쳤으나 백인 자경단원들의 지원을 받은 주 방위군이 주민들을 다시 끌고 왔다. 가까스로 방역 통제선에 출구 하나가 열렸고 사람들은 화재를 피해 도망칠 수 있었다.

[당시 하와이주 최대 일간지] 《호놀룰루 애드버타이저》는 "아시아 나라들에서 우리 나라로 넘어온 전염병"과 싸우기 위해 "앵글로색슨식의 지적인 방법"을 활용한다고 선언했다. 또 다른 지역신문은 화재 덕분에 전염병을 근절하는 한편 값비싼 부동산의 도로와 블록을 깔끔하게 정리할 수 있었다며 치켜세웠다. 화재 이후 집을 잃은 많은 주민은 그 지역으로 다시 돌아가지 못했고, 이곳의 인구구성은 영구적으로 바뀌었다.

1964년 1월 20일 1350명 정도로 구성된 탄자니아(당시 이름은 탕가니카)의 한 대대가 2년 전에 독립을 쟁취했는데도 여전히 영국인이 지휘관을 맡고 있다는 사실과 낮은 임금에 항의하며 반란을 일으켰다. 이튿날 반란이 다른 대대로 확산되는 가운데 반란자들은 유럽인 장교들을 인질로 잡고 라디오방송국, 공항, 전신국 등 다르에스살람 [1961년 독립부터 1973년까지 탄자니아의 수도. 1973년 내륙의 도도마로 수도가 이전했으나 지금도 다르에스살람이 사실상의 수도 기능을 한다.]의 주요 시설을 장악했다. 약탈도 벌어졌다.

노동조합들이 1월 26일 총파업을 개시할 계획이었지만, 1월 25일 사회주의 독립운동가 출신 줄리어스 니에레레Julius Nyerere 정부는 영국군에 반란 진압을 도와달라고 요청했다. 다음 날 영국 특공대가 도착해 반란자들을 공격, 군인 3명을 죽이고 수백 명을 체포했으며, 경찰은 노동조합 지도자 몇 명과 탕가니카노동자연맹Tanganyika Federation of Labour, TFL 사무총장을 포함한 200명을 체포했다. 니에레레 정부는 이후 노동자연맹을 해산하면서 국가가 운영하는 '노동조합'으로 이를 대체했다. 이 노동조합의 역할은 정부정책을 뒷받침하는 것이었다.

우간다와 케냐에서도 비슷한 요구를 내건 반란이 일어났는데, 이 나라들의 새로운 반식민 지도자들 역시 영국군에 진압을 도와줄 것을 요청했다.

1921년 1월 21일 아르헨티나 산타크루스의 파업 노동자들이 라아니타와 라프리마베라 목장을 점거하고 목장주들과 경찰 부청장을 인질로 잡았다. 양모 노동자와 농장 노동자가 대다수인 파업 노동자들은 임금인상과 토요일 휴무, 식사 질 개선, 매달 양초 한 묶음 지급 등 처우 개선을 요구했다.

노동자들은 대열을 이루어 작업장에서 작업장으로 행진하면서 식량과 무기를 입수했다. 경찰과 몇 차례 충돌이 벌어졌지만, 군대가 도착한 뒤 노동자들은 대부분의 요구조건을 보장받는 대가로 무기를 반납하고 인질을 풀어주었다.

하지만 1년도 지나지 않아 당국이 노동조합 사무실을 급습했고, 이에 대한 대응으로 노동자들이 총파업을 개시하자 엑토르 베니그노 바렐라Héctor Benigno Varela 대령이 병력 200명을 끌고 달려와서 무력 진압에 나섰다. 1922년 1월까지 무려 1500명의 노동자가 살해당했다.

1946년 1월 21일 2차대전 직후 대규모 파업 물결의 일환으로 철강 노동자 75만 명이 파업에 나서면서 참가자 수로 미국 역사상 최대 규모의 파업이 벌어졌다.

22 **1826년 1월 22일** 칼리포르니아(지금의 캘리포니아) 산후안카피스트라노 선교단의 농장 노동자들인 아사체멘족 원주민들이 작업을 거부하면서 당시 멕시코에 속했던 이 주에서 최초의 농장 노동자 파업이 일어났다. 100여 명의 노동자가 모여 폭동을 일으켰고 지역 신부를 감옥에 가두라고 요구했다. 노동자들은 지역 경비대장을 모욕하면서 신부를 직접 잡아넣지 않으면 그도 가두겠다며 위협했다.

그전까지 아메리카 원주민들이 선교회를 비롯한 식민 지배자들에 맞서 저항한 오랜 역사가 있었기 때문에 이는 단지 처음으로 알려진 파업일 것이다.

1969년 1월 22일 디트로이트에 자리한 엘던 크라이슬러 [자동차]공장에서 일하는 흑인 노동자들이 불만사항을 내걸고 전미자동차노조United Auto Workers, UAW를 향해 행진했다. 그에 앞서 노동자들은 엘던혁명적노동조합운동Eldon Revolutionary Union Movement, ELRUM을 결성하고 다음 날 파업을 선언하면서 노동자의 3분의 2가 공장에 들어가는 것을 막았다. 회사는 수십 명의 투사를 해고하고 징계하는 것으로 보복했다. 하지만 엘던혁명적노동조합운동은 이듬해에 다시 조직을 재건했다. ◉12

23 **1913년 1월 23일** 뉴욕주 로체스터에서 의류 노동자 1만 명이 하루 8시간 노동, 10퍼센트 임금인상, 노동조합 인정, 잔업수

로체스터에서 파업 중인 의류 노동자들, 1913년

당과 휴일 등을 요구하며 파업에 들어갔다. 파업 과정에서 6명이 부상을 당하고 18세의 이다 브라이만Ida Braiman이 하청업자의 총에 맞아 사망했다. 파업은 제조업체들이 노동조합에 가입한 노동자를 차별하지 않겠다고 약속하면서 4월에 끝났다.

1982년 1월 23일 포뮬러원 그랑프리 드라이버 중 2명을 제외한 전원이 새로운 '슈퍼라이센스' 규정에 항의하기 위해 파업에 들어가면서 스스로 방에 갇힌 뒤 바리케이드로 봉쇄했다. 새로운 라이센스 규정은 드라이버들을 3년 계약으로 묶고, 설상가상으로 관할 단체인 국제자동차연맹Fédération Internationale de l'Automobile, FIA을 비판할 수도 없도록 했다. 만약 드라이버가 연맹을 비판하면 평생 출전을 금지당할 수 있었다. [파업에 참여한] 드라이버들은 벌금을 부과받았지만 새로운 라이센스 규정은 철회되었다.

24

1964년 1월 24일 케냐의 독립 지도자이자 총리인 조모 케냐타Jomo Kenyatta가 병사들의 반란을 진압하기 위해 영국 식민 군대를 불러들였다. 병사들은 낮은 임금과 케냐군의 영국인 장교들에 항의하면서 파업 농성을 벌이고 있었다. 미국 구축함 1척도 영국군을 지원하기 위해 서둘러 이동했다. 진압 과정에서 아프리카 군인 1명이 사망하고 군인과 행인 각 1명이 부상을 입었다. 같은 주에 동아프리카에서 세 번째로 벌어진 병사 반란이었다.

1977년 1월 24일 마드리드에서 좌파 변호사 9명이 파시스트들의 총격을 받았다. 일명 아토차 학살Atocha massacre이다. 파시스트들은 공산주의자인 운송 파업 조직자를 찾기 위해 노동자위원회Comisiones Obreras, CCOO 노동조합 사무실에 기관총을 들고 난입했다. 조직자를 찾지 못한 파시스트들은 변호사 1명에게 총을 쏜 뒤 8명을 벽에 일렬로 세우고 역시 총을 쏴서 5명을 죽이고 나머지에게도 중상을 입혔다. 부상자 가운데는 임신부도 1명 있었다.

같은 날 도시의 다른 곳에서는 21세의 대학생 마리아 루스 나헤라 훌리안María Luz Nájera Julián이 시위 도중 경찰에 살해되었다. 전날 정치범 석방을 요구하는 시위에서 좌파 벽돌공 아르투로 루이스Arturo Ruiz가 파시스트에게 살해당한 데 항의하는 시위였다. 경찰은 루이스를 공격한 이들이 도망치게 놔두었고 대신 루이스의 동료 시위자들을 공격했다.

25 ⚠ **1911년 1월 25일** 일본의 아나키스트 페미니스트 간노 스가코가 천황 암살 음모에 가담한 죄로 처형당했다. 스가코는 일본 역사에서 대역죄로 처형당한 유일한 여성이다. 14세에 성폭행을 당한 뒤 급진주의자가 된 스가코는 선구적인 페미니스트이자 일본 최초의 여성 언론인이었으며 소설과 논픽션 등 다작을 남긴 작가다. 그는 러시아 차르 알렉산드르 2세 암살을 도운 소피야 페롭스카야Sophia Perovskaya에게 영감을 받았다.

스가코는 5~6명의 공모자들과 함께 암살을 음모한 죄를 인정했다. 하지만 대부분 무고했던 아나키스트 24명이 사형을 선고받자 격분했다. 스가코는 감옥에서 쓴 일기에 이런 말을 남겼다. "굳이 말하고 싶지 않지만, 나는 사형을 받을 각오가 돼 있었다. 밤낮으로 격

간노 스가코, 1910년 이전

정이 있다면 …… 동료 피고인들이 최대한 목숨을 건졌으면 했다. …… 우리의 희생이 헛되지 않을 것이라 굳게 믿는다. 미래에 결실을 맺을 게다. 내 죽음이 소중한 목적에 이바지할 것이라고 굳게 믿기 때문에 교수대에 오르는 마지막 순간까지 자존감을 유지할 수 있다고 확신한다. 대의를 위해 나 자신을 희생한다는 놀랍도록 편안한 생각에 휩싸여 있다. 두렵거나 괴롭지 않게 고귀한 죽음을 맞을 수 있을 거라 믿는다." 마지막 일기에서는 동료 피고인 12명의 형 집행이 취소되며 그들이 죽음을 면했다는 소식을 듣게 되어 흡족하다고 썼다.

2011년 1월 25일 이집트혁명이 시작되었다. 여러 청년단체가 경찰의 강제 진압에 항의하기 위해 이집트 '경찰의 날'을 개시일로 잡았다. 이후 계속된 항쟁에서 수백만 명의 시위대가 거리로 쏟아져 나왔고

2011년 이집트 타흐리르광장에서 기도하는 시위대

결국 호스니 무바라크 정부를 무너뜨렸다.

26 **1932년 1월 26일** 유대인 세입자가 주축을 이룬 뉴욕 군중 4000명이 세입자 17명을 퇴거시키려 한 경찰 예비대를 공격했다. 시위대를 이끈 여성들은 지붕 위에서 확성기로 방향을 지휘하면서 경찰을 향해 각종 물건을 던졌다.

1952년 1월 26일 전날 발생한 영국 점령군의 이집트 경찰 50명 살해에 항의하는 시위대가 유럽인이 소유한 건물 수백 채에 불을 지르고 물건을 약탈하면서 카이로 화재, 일명 검은 토요일 폭동 Black Saturday riots 이 발생했다. 이 사태는 공항 노동자들이 영국 비행기 4대의 작업을 거부하면서 시작된 것이었다.

27 **1918년 1월 27일** 핀란드의 노동자들이 헬싱키에 이어 며칠간 주요 도시를 다수 장악하면서 혁명이 발발했다. '핀란드 인민공화국'은 여성참정권, 노동자의 생산 통제권, 하루 최대 8시간 노동, 낡은 방식의 토지분배 폐지, 가내 하인과 농장 머슴의 해방 등 수많은 중대한 개혁을 도입했다.

하지만 1차대전에서 동맹국들과 충돌을 끝내기 위해 러시아 볼셰비키 정부는 1918년 3월 브레스트-리토프스크 조약에 따라 핀란드를 다른 영토들과 나란히 독일에 넘겨주었다. 다음 달에 반혁명 백군은 혁명을 피로 물들이면서 노동자와 사회주의자 수천 명을 죽이고 수만 명을 포로수용소에 집어넣었다.

1923년 1월 27일 아나키스트 광부 쿠르트 빌켄스 Kurt Wilckens 가 아르헨티나군 엑토르 베니그노 바렐라 대령을 암살했다. 대령은 1921년에서 1922년까지 파타고니아에서 노동자 1500명이 살해된 사건에서 핵심 인물이었다. 빌켄스는 체포된 뒤 곧바로 교도관들이 몰래 들여보낸 전직 경찰관에 의해 살해되었다. 그의 사망 소식이 알려지자 아르헨티나 전국 각지에서는 무기한 총파업이 벌어졌다.

1917년 1월 28일 미국에서 일하는 17세의 멕시코 하녀 카르멜리타 토레스Carmelita Torres가 국경에서 일용직 노동자들에게 행해진 강제 휘발유 목욕을 거부하고 다른 전차 승객 30명을 설득해 같이 항의했다. 토레스의 항의는 이른바 목욕 폭동 사태로 확산되었다.

토레스는 매일 [멕시코] 후아레스와 [미국] 엘패소 사이 국경을 넘나드는 많은 노동자 가운데 하나였다. 공중보건이라는 미명 아래 멕시코 노동자들은 걸핏하면 수치스럽고 모욕적인 대우를 받았다. 노동자들은 발가벗고 유독한 휘발유 목욕을 하고 옷가지도 증기로 소독해야 했다. 이러한 절차가 내세운 목적은 발진티푸스typhus를 퍼뜨릴 수 있는 이lice를 죽인다는 것이었다. 하지만 국경을 오가는 모든 사람이 아니라 멕시코 노동계급에게만 적용되었다.

휘발유는 독성이 있을 뿐 아니라 치명적인 화재 위험도 있다. 엘패소 교도소에서는 휘발유 목욕을 하던 한 무리의 죄수들이 화재사고로 사망하기도 했으며, 미국 보건 노동자들이 벌거벗은 멕시코 여성들을 몰래 촬영하기도 했다.

마침내 이런 관행에 대한 분노가 폭발했고, 토레스는 몇 시간 만에 여성이 대다수인 수천 명의 시위대를 집결했다. 시위대는 엘패소로 들어가는 모든 교통과 전차를 봉쇄했다. 이민국 관리들이 해산을 시도하자 시위대는 돌멩이와 병을 던졌고, 뒤이어 도착한 미국과 멕시코 군대도 돌멩이와 빈 병 세례를 받았다. 결과적으로 폭동은 군인들에 진압되었고, 토레스가 체포되자 이내 시위가 잠잠해졌다.

멕시코 노동자들을 휘발유, 그리고 나중에는 DDT와 치클론B 같은 유독성 화학물질로 목욕시키고 증기를 쐬게 하던 관행은 1950년대까지 계속되었다. 국경에서 치클론B를 사용하는 것을 본 나치 독일의 과학자들은 1930년대 말 이 화합물을 국경과 강제수용소에서 이를 잡는 데 사용하기 시작했다. 또한 나중에는 홀로코스트에서 수백만 명을 절멸하는 데 사용한 것으로도 악명 높다.

1946년 1월 28일 칠레 산티아고의 불네스광장에서 물가 상승에 항의하는 시위를 벌이는 노동자 수천 명에게 경찰이 발포하면서 6명이 사망하고 몇 명이 부상을 입는 학살이 벌어졌다. 사내 식료품점의 가격 인상에 항의하는 초석硝石[비료, 화약 등의 원료가 되는 광물] 노동자들의 파업이 진압되고 다른 노동자 수천 명이 파업 노동자들에 대한 지지 행진을 벌인 뒤의 일이었다.

29 **1911년 1월 29일** 멕시코 북부에서 이른바 티후아나 항쟁으로 알려진 투쟁의 첫 번째 싸움이 벌어졌다. 아나키즘 정당인 멕시코자유당Partido Liberal de México, PLM의 국제적 지지자들과 세계산업노동자연맹 조합원들이 동트기 전에 멕시칼리시를 습격, 장악하면서 교도소장을 살해했다. 이 항쟁은 비록 심각한 결함이 있었지만 국경 지역으로 퍼져나갔고, 5월에 티후아나시를 장악하면서 정점에 이르렀다.

1935년 1월 29일 세인트키츠섬의 사탕수수공장에서 일하는 노동자들이 전날 임금인상을 요구하며 사탕수수 수확 노동자들이 벌인 파업에 가세했다. 노동자들은 버클리의 플랜테이션 농장 앞마당에 모였다. 이들이 해산을 거부하자 관리자는 총을 쏴 노동자 몇 명에게 부상을 입혔다. 뒤이어 영국 무장 경찰이 도착했지만 노동자들은 끝까지 해산을 거부하면서 관리자를 체포하라고 요구했다. 경찰은 관리자를 체포하는 대신 노동자들에게 발포해 3명을 죽이고 8명에게 부상을 입혔다. 다음 날, 영국 군함이 도착했고 파업을 진압하기 위해 해병대가 상륙했다. 파업 노동자 39명이 체포되어 그중 6명이 2년에서 5년의 징역형을 받았다.

30 **1965년 1월 30일** 전 영국 총리 윈스턴 처칠Winston Churchill의 장례식이 거행되었다. 가장 인상적이라 할 수 있는 장면은 그의 관을 실은 바지선이 지나갈 때 런던 곳곳의 부두에 있던 크레인들이

일제히 고개를 숙이던 모습이다. 그런데 훗날 이러한 장면이 연출된 것이었다는 사실이 밝혀졌다. 처칠을 '좋아하지 않아서' 크레인 숙이기를 거부한 부두 노동자들은 추가로 비용을 받고 크레인을 조종했다.

처칠은 오늘날 국민적 영웅으로 소개되지만 사실 많은 이에게, 특히 노동계급 사람들에게 혐오의 대상이었다. 1945년 선거에서 패배한 것도 그 때문이다. 극렬한 인종주의자였던 처칠은 민간인에 대한 독가스 사용을 지지했고, 파업 노동자들에게 군대를 보냈으며, 최대 400만 명의 벵골인이 기근을 강요당해 사망하도록 방조했다.

1968년 1월 30일 북베트남군과 남부의 민족해방전선National Liberation Front, NLF이 베트남의 설날에 맞춰 구정 공세Tet offensive를 개시했다. 이는 미국과 남베트남군을 상대로 벌인 대규모 작전이었다. 구정 공세는 북베트남군과 민족해방전선에 대규모 사상자가 발생하면서 전술적으로는 실패했다. 하지만 전쟁이 거의 끝났으며 미국의 승리가 눈앞에 있다는 선전이 거짓임을 미국 국민들에게 보여주었다. 그리하여 이는 결국 반식민세력에 정치적 성공을 안겨주었고, 미국의 인도차이나 개입에 대해 미군을 포함한 국민 대중의 반감을 불러일으키는 데 일조했다. ⓐ 10-11, 14

민족해방전선의 게릴라, 1966년

31 **1938년 1월 31일** 텍사스 서던피칸가공사^{Southern Pecan Shelling Company}에서 피칸 껍데기를 벗기는 노동자들이 낮은 임금에 항의하며 파업을 벌였다. 선동가 에마 테나유카^{Emma Tenayuca}가 지휘하는 가운데 라틴계 여성이 주축을 이룬 노동자들은 한 달을 버틴 끝에 승리를 거뒀다.

1957년 1월 31일 뉴욕시의 유대인 베이글 제빵사 350명이 파업에 들어갔다. 베이글을 운반하는 트럭 운전사들은 파업 초반에 동참하지 않았지만, 타이어에 구멍을 내고 트럭을 가로채고 열쇠를 훔치는 제빵사들의 설득 끝에 결국 파업에 동참했다. 펙터제과^{Pechter Baking Company} 노동자 385명도 파업에 가세했다. 제빵사들은 33일 동안 끈질기게 파업을 벌였고, 뉴욕의 제빵업체 34곳이 파업 노동자들의 임금과 복지수당을 인상하는 데 동의했다.

2월

February

1 **1960년 2월 1일** 노스캐롤라이나주 그린즈버러에서 백인 전용 울워스Woolworth 간이식당에 들어간 흑인 대학생 4명이 주문을 거부당하면서도 자리에서 일어서지 않았다. 그해 9월까지 7000여 명이 짐크로 인종차별법에 맞서 앉아 있기 운동sit-ins을 벌였다.

2018년에 촬영한 그린즈버러 울워스 간이식당. 현재는 민권박물관으로 바뀌었다.

2012년 2월 1일 이집트에서 포트사이드 경기장 학살사건이 발생했다. 다수가 돌과 칼로 무장한 알마스리 축구팀 팬들이 알아흘리 팬들을 공격하면서 수십 명이 사망하고 수백 명이 부상을 입었다. 목격자들에 따르면 경찰은 공격을 보고도 수수방관했고, 사람들이 도망치기 위해 출구를 열어달라고 요청하는데도 이를 거부했다. 많은 사람은 이 공격이 2011년 혁명에 적극적으로 참여했으며 사건이 벌어진 당시 집권 중이었던 최고군사평의회에 반대하던 아흘리 팬클럽 울트라스 아흘라위를 겨냥한 보복이었다고 믿는다. 이후 경찰관 9명을 비롯한 많은 사람이 사망사건과 관련해 기소되었다.

2 **1902년 2월 2일** 이사벨로 데 로스 레예스Isabelo de los Reyes가 필리핀 최초의 노동조합 연맹체인 필리핀민주노동조합Unión Obrera

Democrática Filipina, UOD을 창설했다. 이듬해 가맹조합은 150개가 되어 총 2만 명의 조합원을 거느렸다. 노동조합은 독일 공산주의자 카를 마르크스와 이탈리아 아나키스트 에리코 말라테스타Errico Malatesta의 사상에 기반한 원칙을 추구했다. 레예스는 에스파냐에서 활동하던 시절 파업을 선동한 죄로 감옥생활을 했다. 감옥에서 아나키즘과

이사벨로 데 로스 레예스, 일시 미상

마르크스주의를 접한 그는 필리핀으로 돌아올 때 마르크스와 러시아 아나키스트 미하일 바쿠닌Mikhail Bakunin 같은 사상가의 책을 여러 권 가져왔다.

1988년 2월 2일 레즈비언 4명이 5월에 발효되는 동성애 혐오적 내용의 28조 법안 도입에 관한 논의에 항의하기 위해 영국 상원 옥상에서 밧줄을 타고 내려왔다. 1988년 지방정부법 28조는 학교를 포함한 지방 당국이 "이른바 하나의 가족관계로서 동성애를 수용하는 것"을 가르치지 못하도록 금지하는 내용이었다.

2017년 또 다른 레즈비언 4명은 1988년의 행동을 기념하는 파란색 명판을 붙이기 위해 국회의사당을 기어올랐다.

3 **1988년 2월 3일** 영국 각지의 간호사 2500명이 물가 상승률이 5퍼센트에 육박하는 와중에 3퍼센트에 불과한 임금인상안에 반대하며 파업에 들어갔다. 자동차 제조업체 복스홀Vauxhall 노동자들과 일부 광부들도 연대파업을 벌였다. 언론의 공세에도 불구하고 다수의 사람들이 파업을 지지했고, 노동자들은 결국 일정한 양보를 얻어냈다.

1994년 2월 3일 에콰도르의 노동자들이 식스토 두란바옌Sixto Durán-Ballén 대통령이 이끄는 보수 정부의 경제정책, 특히 휘발유 가격이 71퍼센

트 상승한 데 항의하기 위한 전국 총파업을 벌였다. 전날 시작된 학생 총파업에 이어 벌어진 파업이었다.

4 **1899년 2월 4일** 미국이 신생 독립국 필리핀을 지배하기로 결정하면서 미국과 필리핀공화국 사이에 전투가 발발했다. 잔인한 게릴라 진압 작전을 벌인 미국은 1902년에 승리를 선언했지만, 이후로도 많은 시민이 점령자들에 맞서 수년간 전투를 계속했다.

전쟁 첫날 필리핀 사상자들

1924년 2월 4일 미국 메인주 그린빌에서 KKK가 세계산업노동자연맹 활동가들을 위협한 사태가 발생한 뒤 소속 조합원 약 175명이 거리를 순찰하던 중 KKK와 충돌했다. 현지 조합원 밥 피스Bob Pease는 큰소리쳤다. "KKK가 행동에 나서면 우리도 가만 있지 않을 것이다. IWW가 끝장을 내버리겠다." 피스는 또한 KKK가 세계산업노동자연맹이 활동하는 목재 산업으로부터 뒷돈을 받았다고 의심하기도 했다. ◎ 6, 9

5 **1885년 2월 5일** 벨기에 국왕 레오폴 2세가 새로 확보한 식민지를 콩고자유국으로 선포했다. 이후 유럽 식민주의 역사상 가장 소름 끼치는 사태가 벌어졌다. 식민 정부는 현지 주민들을 무자비하게 착취하면서 벨기에로 실어갈 고무를 비롯한 천연자원 추출을 강요했다. 생산 목표를 달성하지 못하는 등의 사소한 잘못 때문에 800만 명에서 1000만 명의 아프리카인이 살해되었고 그보다 훨씬 많은 이의 손발이 잘렸다.

1904년, 은살라라는 콩고인이 다섯 살 난 딸의 잘린 손과 발을 보고 있다. [벨기에 자본으로 설립된 고무 회사 소속] 민병대는 딸의 손발을 자르고 잡아먹었다.

1981년 2월 5일 스코틀랜드 그리녹에 있는 리Lee 청바지공장이 문을 닫고 다른 곳으로 생산을 이전할 예정이라는 소식이 전해지자 여성이 주축을 이룬 노동자 240명이 작업장을 점거했다. 노동자들은 문마다 의자로 바리케이드를 쌓았다. 피시앤칩스와 아이언브루Irn-Bru(스코틀랜드의 대중적인 탄산음료) 240인분을 사기 위해 노동자 2명은 지붕 위로 올라가 배수관을 타고 내려왔다. 7개월간 점거가 이어지자 경영진은 결국 굴복하며 공장 인수에 동의했다. 그때까지 공장을 점거 중이던 노동자 140명은 일자리를 확보했다.

6 **1916년 2월 6일** 스위스 취리히에서 카바레 볼테르Cabaret Voltaire 라는 이름의 나이트클럽이 개업했다. 흔히 "역사상 가장 신나는 나이트클럽"이라고 불리는 이곳은 1차대전이 낳은 자본주의의 학살극에 반감을 품은 급진적 예술가들이 결성한 아나키스트 다다 예술운동의 정신적 고향이었다.

1919년 2월 6일 미국 역사상 가장 눈부신 파업으로 손꼽히는 시애틀 총파업이 시작되었다. 10만 명에 육박하는 노동자들이 파업 중인 조선소 노동자들을 지지하면서 연장을 내려놓았지만, 더욱 중요한 사실은 이후 총파업위원회를 선출하고 도시와 필수 서비스를 직접 운영하기 시작했다는 것이다. 조선소 노동자들이 임금인상을 얻어내지는 못했지만, 5일간 이어진 총파업은 노동자들 스스로 사회를 운영할 수 있음을 보여준 역사적이고 성공적인 실험이었다.

같은 날, 몬태나주 뷰트의 노동자들은 하루에 1달러씩 삭감되는 임금에 자체적으로 총파업에 돌입했다. 노동자들은 분열을 막기 위해 노동자병사평의회를 결성해 파업을 진행했다.

7 **1919년 2월 7일** 뉴저지주 에식스의 7만 5000명 조합원을 대표하는 건설노동조합 활동가들이 예정대로 7월 1일 주류 판매 금지가 발효될 경우 파업을 벌이기로 의결했다. 이틀 뒤 뉴욕시 노동자 20만 명도 파업을 의결했고 이후 2주간 15만 명이 추가로 투표를 진행할 것이라고 보도되었다. 로스앤젤레스, 신시내티, 시애틀, 샌프란시스코, 시카고, 세인트루이스, 캔자스시티, 밀워키 등 여러 도시의 노동조합 지부에서 뉴욕 노동조합들에 응원 편지를 보냈다. 이 운동을 지지하는 노동자들은 "맥주 없이는 노동도 없다"라는 문구가 담긴 배지를 착용했다. 하지만 노동조합 지도자들은 다음 달에 파업 결정을 번복하면서 그러한 파업이 "우스꽝스럽다"고 이유를 밝혔다.

1974년 2월 7일 경찰과 준군사조직의 폭력에 항의하는 전국적인 총파업이 1월 1일부터 지속되며 소란스러운 시민 소요의 시기가 이어 진 끝에 그레나다가 영국으로부터 독립했다.

8 **1517년 2월 8일** 에르난데스 데 코르도바Hernández de Córdoba가 선 박 3척을 끌고 쿠바에서 서쪽으로 항해에 나섰다. 멕시코 남 부 해안을 탐험하는 이 항해는 노예로 삼아 광산에서 강제 노동을 시 킬 원주민을 찾기 위한 것이었다. 그러나 마야족에게 패배한 코르도 바는 후퇴해야 했고, 쿠바로 돌아간 직후 상처가 악화되어 사망했다.

1968년 2월 8일 볼링장의 인종 분리에 항의하는 블랙사우스캐롤라 이나 주립대학교 학생들에게 경찰이 발포하며 3명이 사망하고 27명 이 부상을 입는 오렌지버그 학살Orangeburg massacre이 벌어졌다. 이는 켄 트 주립대학교에서 백인 학생들이 사망한 1970년 5월 5일 사건에 비 해 거의 알려지지 않았다.

9 **1912년 2월 9일** 영국 도싯주 브리지포트에 있는 건드리Gundry 그물·밧줄공장에서 일하는 여성 노동자 한 무리가 임금과 노 동조건을 문제 삼으며 살쾡이파업wildcat strike[노동조합의 승인을 받지 않 은 비공식 파업]을 벌였다. 노동자들은 여성참정권을 주장하는 노래 를 부르고 파업기금을 모금하며 도시를 행진했다. 그들은 지역 하원 의원의 중재를 거부하고, 일주일 뒤 런던 노동조합의 관리가 합류해 분쟁을 해결한 다음에야 작업에 복귀했다.

1995년 2월 9일 멕시코 정부가 미국 체이스맨해튼은행의 고문으로 부터 행동을 취할 것을 요구받은 뒤, 사파티스타 반군과 진행하던 평 화 교섭을 취소하고 치아파스의 근거지를 침공했다.

유출된 체이스은행의 비밀 메모에는 다음과 같은 내용이 있었 다. "우리가 볼 때 치아파스가 멕시코의 정치적 안정에 근본적인 위 협을 가하는 것 같지는 않지만, 투자자들의 다수는 그렇게 생각하고 있다. 멕시코 정부는 국토와 안보정책을 효과적으로 통제하고 있음

을 보여주기 위해 사파티스타를 제거해야 할 것이다." 메모 작성자
는 계속해서 집권당이 "야당이 선거에서 정정당당하게 이기는 경우
에 그 승리를 허용할지 여부를 신중하게 고려해야 한다"고 썼다. 하
지만 자율적인 사파티스타 공동체는 끈질기게 버텼다.

10 **1960년 2월 10일** 노스캐롤라이나주를 휩쓴 앉아 있기 운동이
롤리Raleigh에 당도했다. 흑인 학생들은 도시 전역에 있는 백인
전용 간이식당에서 항의 시위를 벌였다. 간이식당들은 문을 닫는 것
으로 대응했다.

1979년 2월 10일 캘리포니아에서 파업을 벌이던 양상추 재배 노동자
루피노 콘트레라스가 작업반장의 손에 살해되는 사건이 발생했다.
대부분 전미농장노동조합United Farm Workers, UFW에 속한 4300명의 노동자
들은 임페리얼밸리 지역에서 폭력적인 파업에 들어갔다. 당국은 증
거가 부족하다며 살인자 기소를 거부했다.

11 **1967년 2월 11일** 로스앤젤레스에 있는 LGBT+ 선술집 블랙
캣Black Cat 앞에서 경찰의 탄압에 항의하는 시위가 벌어졌다.
경찰의 지나친 단속과 반문화 청년들을 괴롭히는 행태에 항의해 그
날 밤 도시 곳곳에서 동시다발로 벌어진 시위의 일환이었다.

블랙캣이 시위 장소로 선택된 것은 1월 1일 경찰의 폭력적 단속
이 벌어진 현장이었기 때문이다. 경찰은 블랙캣의 손님들을 공격하
면서 동성끼리 키스를 했다는 이유로 14명을 연행했다. 1966년 결성
된 동성애자단체 프라이드Personal Rights in Defense and Education, PRIDE도 시위를 지
지했다. 이 단체명은 LGBT+ 권리운동에서 '프라이드'라는 용어가
사용된 첫 사례일 것이다.

2004년 2월 11일 슬로바키아의 도시 레보차에서 실직 노동자 80명
이 슈퍼마켓을 약탈하면서 롬인Roma people[흔히 '집시'라고 불리는 동유럽
의 유랑민 집단. 역사적으로 '집시'가 비하의 의미로 사용되었기 때문에 이들

은 스스로를 '롬인'이라고 부른다. 서유럽의 '집시'는 '신티인'이라고 한다.]
들이 앞장선 전투적인 항의 시위 물결이 시작되었다. 이들은 광범위
한 복지삭감에 맞섰다. 시위는 실업자 전체를 위한 생활조건 개선을
확보하면서 끝났다.

12 **1920년 2월 12일** 콜롬비아 안티오키아주 벨로에 자리한 섬유
공장에서 최초로 여성들이 조직한 파업이 일어났다. 400여
명의 여성 노동자들이 남성과 동일임금 지급, 관리자의 성추행 중단,
병가에 대한 벌금 폐지, 노동자 감시와 몸수색 축소, 아버지나 남편
이 아니라 여성 노동자 본인에게 임금 지급 등을 요구하면서 일손을
놓았다.

핵심 조직자들은 테레사 타마요를 비롯해 아델리나 곤살레스,
카르멘 아구델로, 테레사 피에드라이타, 마틸데 몬토야, 베트사베 에
스피노사 등이었다. 공장에서 일하는 남성 노동자들은 대부분 여성
들의 파업을 무시한 채 일했고, 경찰은 파업을 깨뜨리기 위해 애썼
다. 하지만 메데인 시민들의 광범위한 지지와 함께 다른 노동자들로
부터 연대기금을 받기도 한 여성 노동자들은 끝까지 버텼다.

3월 4일, 여성 노동자들은 40퍼센트 임금인상과 노동시간 단축,
보건안전 개선, 벌금 폐지뿐만 아니라 노동자를 괴롭히는 관리자들
에 대한 해고 조치 등 요구조건 대부분을 얻어냈다.

1978년 2월 12일 아오테아로아[뉴질랜드를 가리키는 마오리어]/뉴질랜
드에서 마오리 타이누이 아우히로 부족원 250명과 이들의 연대세력
이 라글란골프장을 점거해 경기 진행을 막았다. 1차대전 중 정부가
몰수한 원주민 묘지에 세워진 이 골프장의 토지는 원래 그곳에 살던
부족 거주자들을 쫓아내고 그들의 집과 무덤을 파괴해 민간 개발업
자에게 판매된 것이었다.

골프클럽 회원이자 부족원인 에바 리커드Eva Rickard는 1972년에 시
작된 항의 시위의 핵심 조직자였다. 골프클럽이 골프장을 확장하기

에바 리커드, 1979년

위해 더 넓은 묘지를 파괴하려는 계획을 세우면서 벌어진 시위였다. 점거현장에서 타이누이 아우히로 부족 종교 지도자들은 의식을 열고 전통적인 환영 춤인 하카 haka를 추었다. 오후가 되자 경찰이 연행을 시작했다. 경찰은 리커드를 포함한 총 18명을 무자비하게 연행하면서 리커드의 손목에 영원히 지워지지 않는 상처를 남겼다. 테 마타키테 부족의 유명인사인 벤 매슈스Ben Matthews는 강경 진압에 항의하는 의미로 의회 앞 잔디밭에 방송사 카메라를 모아놓고 골프를 쳤다. 결국 총리가 리커드에게 전화를 걸어 골프장 땅을 부족에게 되팔겠다고 제안했지만, 리커드는 애당초 정부가 땅값을 지불한 적이 없다며 제안을 거부했다.

마오리족의 직접행동은 1983년까지 계속되었고, 결국 굴복한 정부는 땅을 돌려주었다. 현재 이 땅은 누구나 자유롭게 드나드는 공동체 센터 부지로 활용되고 있다.

마더 존스, 1924년

13 **1913년 2월 13일** 웨스트 버지니아주 찰스턴에서 광부들의 파업을 진압하기 위해 계엄령이 선포된 끝에 82세의 노동운동가 마더 존스Mother Jones가 체포되었다. 존스는 폭동을 선동하고―보도에 의하면 그는 독립선언서를 낭독하려 했다―살인을

67

음모한 혐의로 기소되었다. 군사법원에서 재판에 회부된 그는 유죄 판결을 받고 20년 징역형에 처했다. 존스는 이렇게 선언했다. "웨스트버지니아에서든 미국 어디서든 저는 같은 일을 했습니다. 감옥에서 나오면 또다시 똑같이 할 겁니다." 존스는 85일을 복역한 뒤 사면 조치를 받고 석방되었다. 하지만 감옥에서 폐렴을 얻었다.

1951년 2월 13일 부두 노동자들이 잔업거부를 개시하면서 전체 산업 노동자들이 받은 15퍼센트 임금인상을 자신들에게도 적용하라고 요구했을 때 아오테아로아/뉴질랜드 역사상 최대의 노사분쟁이 시작되었다. 그에 앞서 대부분 영국이 소유한 운송 회사들은 항만 노동자들에게 9퍼센트 임금인상을 제안했을 뿐이었다.

고용주들은 직장 폐쇄로 대응했고, 정부는 비상조치를 발동해 육군과 해군을 파업 대체인력으로 배치하고 항만노동자연맹Waterside Workers' Federation, WWF의 등록을 취소하는 식으로 사측을 지원했다. 전국 노동조합 연맹체인 [당시] 노동자연맹Federation of Labour, FL[현 뉴질랜드노동조합협의회New Zealand Council of Trade Unions]은 정부를 지지했고, 야당인 노동당 또한 항만 노동자들을 지지하지 않았다.

모든 세력이 반대편에 가담하는 와중에 2만 명에 이르는 노동자들이 부두 노동자들을 지지하며 연대파업에 들어갔고, 수천 명의 노동자가 대체인력이 운송하는 상품의 취급을 거부했다. 하지만 151일에 걸친 싸움 끝에 노동자들은 패배를 인정할 수밖에 없었다. 분쟁의 여파로 많은 투사가 블랙리스트에 올라 이후 몇 년간 항만에서 일하지 못했다.

14 **1874년 2월 14일** 런던에서 발행된 주간지 《페니일러스트레이티드Penny Illustrated》에 실린 다음의 그림은 1873년에서 1874년에 이르는 비하르 기근Bihar famine을 묘사한다. 지역을 덮친 가뭄으로 식량 공급이 위태로워지자 새로 임명된 영국의 벵골 총독 리처드 템플Richard Temple은 대규모 구호작업을 조직하면서 버마(지금의 미얀마)에서

기근에 시달리는 사람들이 모여 있는 거리 풍경, 1874년

수십만 톤의 쌀을 수입해 300만 개의 구호품 꾸러미를 만들었다 (각 꾸러미는 1인용 하루치였다). 이런 신속한 행동 덕분에 기근으로 죽는 사람이 거의 또는 전혀 없었다.

하지만 영국 정부는 지출 규모가 지나치게 크다며 템플의 조치를 강하게 질책했다. 그리하여 1876년 인도 남부와 서남부에 또 한번 기근이 덮쳤을 때, 템플은 구호작업을 대폭 축소한 한편 수십만 톤의 식량을 잉글랜드로 수출했고, 인도인 약 550만 명이 아사했다.

1939년 2월 14일 화부火夫 10명이 짧은 조업 중단 이후 작업에 복귀한 뒤, 가이아나에 자리한 레오노라 사탕수수 플랜테이션 농장에서 일하는 삽질 작업조 노동자 80~90명이 야외작업에서 한 구역당 9센트를 주겠다는 제안을 거부하면서 소요를 일으켰다. 노동자들은 12센트를 요구했다. 이틀 뒤 영국 경찰은 항의 시위를 벌이는 노동자들을 학살했다.

15 **1851년 2월 15일** 아프리카계 미국인과 노예제 폐지를 주장한 군중들이 보스턴 법원 청사를 습격해 수감 중이던 탈주 노예 샤드락 밍킨스Shadrach Minkins, 일명 프레더릭 젱킨스를 구출한 뒤 캐나다로 몰래 빼냈다.

1913년 2월 15일 오하이오주 애크런에서 세계산업노동자연맹이 조직한 고무 노동자 파업 참가자가 3500명으로 늘어났다. 같은 달 초 대부분이 비조합원인 파이어스톤 [타이어]공장 노동자 300명이 파

업에 들어간 참이었다. 노동자들은 세계산업노동자연맹에 의지했
고, 연맹은 여러 기업에서 최대 2만 명까지 파업에 합류하도록 도왔
다. 경찰의 폭압에 직면한 파업은 실질적 양보를 얻어내지 못한 채
몇 주 뒤 끝났다. 하지만 이로부터 20년 안에 애크런의 고무 노동자
들은 굳건하게 조직화되었고 점거파업으로 대대적인 성과를 얻어낸
다. ◉6

16 **1924년 2월 16일** 20만 명에 육박하는 영국의 부두 노동자들
이 파업에 돌입했다. 당시 영국은 사상 처음으로 노동당이
집권 중이었지만, 램지 맥도널드Ramsay MacDonald 총리는 파업 노동자들
에게 법을 최대한 강제하면서 1920년의 비상대권까지 발동했다. 그
럼에도 노동자들은 끈질기게 버텼고, 일주일 뒤 투표를 통해 하루 2
실링의 임금인상안을 받아들였다.

1937년 2월 16일 폴란드계 여성이 주축을 이룬 디트로이트의 시가
cigar 제조공 한 무리가 10퍼센트 임금인상을 요구하면서 연좌파업에
들어갔다. 이는 도시의 시가 산업계 전반에 전투적인 연좌파업 물결
을 불러일으켰다.

17 **1964년 2월 17일** 가이아나의 설탕 노동자들이 설탕생산자협
회Sugar Producers' Association, SPA에 가이아나농업·일반노동조합Guyana
Agricultural and General Workers Union, GAWU을 인정할 것을 요구하며 전국적인 파업
을 일으켰다. 영국인이 소유한 회사들은 아프리카인 대체인력을 활
용해 동인도계 노동자가 주축을 이루는 파업을 깨뜨리려 했지만, 이
는 전국적으로 인종 간 갈등만을 악화하는 결과를 초래했다. 이후
1년 가까이 아시아계 노동자들이 살해당하는 일들이 벌어지면서 걷
잡을 수 없이 사태가 커졌다.

1977년 2월 17일 이탈리아노동총연맹Confederazione Generale Italiana del Lavoro, CGIL
사무총장이자 공산당원인 루차노 라마Luciano Lama가 로마 라사피엔차

대학교를 점거 중인 학생들과 '합리적인 대화'를 하겠다며 학교를 찾았다. 그는 200명이 넘는 '어깨'들을 경호팀으로 대동했다. 그와 동행한 공장 노동자들은 '파시스트들'과 싸우러 가는 줄 알고 있었지만, 이내 그것이 거짓이라는 사실을 알아채고 다수가 자리를 떴다. 라마는 자신이 발언하기로 한 구역에 이미 메트로폴리탄인디언들 Indiani Metropolitani[1976~1977년 이탈리아에서 활발하게 활동한 극좌파 시위운동가들. 아메리카 인디언 분장을 하고 상징적인 도시 게릴라운동, 대학 및 공장 점거운동 등을 벌였다.]이 다른 연단을 설치해놓은 걸 발견했다. 거기에는 라마의 허수아비 인형에 거대한 발렌타인 하트 조형물, 그리고 그의 이름을 말장난으로 비튼 구호가 적혀 있었다. 'Nessuno L'Ama'('하찮은 라마', 또는 '아무도 너를 사랑하지 않아'라는 뜻이다).

학생들과 깡패들 사이에 물리적 충돌이 벌어지면서 라마와 경호팀의 스피커가 박살 났고 캠퍼스에서도 쫓겨났다. 이 사건이 유명해지면서 이탈리아에서는 의회 외부 좌파가 한층 강해졌다.

메트로폴리탄인디언들은 유머와 조롱을 계급투쟁의 무기로 활용한 이탈리아 급진파 단체였다.

18 **1946년 2월 18일** 봄베이(지금의 뭄바이)항에서 해군 병사들이 식사와 생활조건 개선을 요구하는 파업에 들어가면서 왕립인도해군 반란이 시작되었다. 반란은 군함 66척과 해안시설에 복무하는 해병 1만 명이 가담하면서 삽시간에 인도 전역으로 확산되었고, 광범위한 폭동, 봄베이 1일 총파업, 왕립인도공군과 지역 경찰의 소규모 반란 등이 동시에 벌어졌다. 영국군과 영국 해군 전함이 총출동해서 반란 진압에 나섰다. 반란을 일으킨 선박들은 적기, 인도국민회의Indian National Congress, INC 깃발, 무슬림연맹Muslim League 깃발까지 3가지 깃발을 내걸었다. 하지만 그중 2곳은 공식적으로 항쟁을 비난했고 파업자들이 굴복하도록 압력을 가했다. 이후 당국은 반란자들을 체포해 군사재판에 넘기기 시작했고, 결과적으로 해병 476명을 쫓아냈

다. 불명예 제대한 해병들은 독립 이후에도 인도나 파키스탄 해군에 복귀하지 못했다.

2010년 2월 18일 가나 신문《아크라타임스Accra Times》가 산업·상업노동 조합Industrial and Commercial Workers' Union, ICU으로 조직된 아크라의 성노동자들이 물가 급등에 맞춰 요금을 인상하기 위해 집단적으로 싸우고 있다고 보도했다.

1927년 2월 19일 중국 상하이에서 총파업이 일어났다. 이 총 파업으로 우체국과 전체 면직공장, 대부분의 필수 서비스가 멈췄지만 격렬한 거리투쟁과 유혈 진압 이후 파업은 결국 패배했다. 하지만 노동계급은 이 패배로 무너지지 않았으며 다음 달에 다시 일어섰다.

1951년 2월 19일 당시 영제국의 일부였던 그레나다섬에서 농업 노동 자와 막노동자들이 임금인상과 그레나다육체·정신노동자연합Grenada Manual & Mental Workers Union, GMMWU에 대한 인정을 요구하며 총파업에 들어갔 다. 영국군이 급히 출동하고 카리브해 지역의 다른 곳에서 식민 경찰 이 달려왔으며, 파업을 지지하던 남녀 몇 명이 총에 맞아 사망했다. 폭력 진압에도 불구하고 노동자들은 싸움을 멈추지 않았고, 5월 19 일 50퍼센트 임금인상과 최초의 유급휴가를 얻어냈다. 이 투쟁으로 200일 이상 일하는 노동자는 연간 7일의 유급휴가를 받게 되었다. 이 싸움은 2차대전 이후 카리브해 지역에서 일어난 파업 물결의 일 부였다.

1834년 2월 20일 여성 섬유 노동자 800명이 15퍼센트 임금 삭감에 반대하며 일손을 놓으면서 뉴잉글랜드 지방에서 첫 번째 로웰 '공순이mill girls' 파업이 일어났다. 노동자들은 또한 곧바로 저금을 전액 인출함으로써 지역 은행 2곳에 비상이 걸리도록 했다. 임금삭감을 막는 데는 실패했지만, 이 파업은 지역 여성 노동자들이 더 이상 유순하고 고분고분하게 일만 하지 않을 것임을 보여주는 강력한 메시지였다.

1990년 2월 20일 버지니아주의 피츠턴Pittston 석탄공장에서 열 달 동안 벌어진 파업과 점거 끝에 광산 노동자들이 승리했다. 연좌파업과 사보타주, 그리고 파업 지지자들과 여성 수천 명의 동참이 승리에 결정적으로 기여했다. 미국의 주류 언론은 한 달 동안 이어진 소련의 탄광 파업 소식을 끊임없이 보도했지만, 그보다 더 오래 계속된 피츠턴 파업은 거의 다루지 않았다.

21 **1936년 2월 21일** 조선의 아나키스트 신채호가 옥중에서 사망했다. 신채호와 그의 부인은 일본 경찰에 체포된 적이 있었고, 신채호는 비밀조직에 가입했다는 이유로 10년 징역과 노역형을 선고받았다. 조선의 유명한 언론인이었던 신채호는 기행으로 이름을 날리기도 했다. 가령, 그는 꼿꼿이 선 채로 세수를 해서 항상 사방에 물을 튀겼는데 이는 일제에 절대 고개를 숙이지 않기 위한 행동이었다.

맬컴 엑스, 1964년

1965년 2월 21일 미국 민권운동과 블랙파워운동에서 중요한 연설가이자 활동가였으며, 맬컴 엑스Malcolm X라는 이름으로 더 유명한 엘하지 말리크 엘샤바즈El-Hajj Malik El-Shabazz가 뉴욕에 운집한 지지자들을 대상으로 연설을 준비하던 중 암살당했다. 백인우월주의의 열렬한 반대자였던 맬컴 엑스는 절대적 비폭력 원칙을 비판하며, 비폭력을 고수하느라 흑인해방이 뒤로 미뤄져서는 안 된다고 주장했다. 그는 또한 모든 형태의 착취에 반대했다. 살해되기 한 달 전 인터뷰에서 그는 이렇게 말했다. "나는 평생 동안 흑인 대 백인의 싸움이 근본적인 투쟁이라고 믿었습니다. 이제는 가진 자와 못 가진 자의 싸움이 근본적인 투쟁임을 깨달았습니다."

22 **1927년 2월 22일** 일본에서 일하는 조선인 일용직 노동자들의 첫 번째 노동조합인 조선자유노동자조합이 결성되었다. 조선의 아나키스트 문성훈, 이시우, 오성문 등이 조직했다.

2018년 2월 22일 웨스트버지니아주 전역의 교사 2만 명이 낮은 임금과 열악해진 의료보험에 항의하는 살쾡이파업에 돌입했다. 개별 학교에서, 그리고 페이스북 그룹에서 웨스트버지니아주 전체 카운티에 걸쳐 자발적으로 조직한 평교사들은 기존의 노동조합과 법에 도전하면서 파업을 개시했다. 교사들은 55개 카운티 전체에서 학교 문을 닫았고, 이는 25만 명의 학생에게 영향을 미쳤다.

4일 뒤 노동조합 지도자들이 주지사와 구두 합의를 통해 파업을 취소하려 했지만, 교사들은 다시 뭉쳐 교섭안이 입법부를 통과할 때까지 파업을 계속하기로 결의했다. 결국 3월 6일, 교사를 비롯한 주 공무원들의 임금을 5퍼센트 인상하는 법안이 통과되었다.

이 사례에 고무된 켄터키주와 오클라호마주, 애리조나주의 교사들도 같은 해 비슷한 파업을 벌였고 이듬해에는 덴버와 오클랜드, 로스앤젤레스에서도 파업이 이어졌다.

23 **1910년 2월 23일** 뉴욕의 섬유 노동자들이 임금인상을 얻어내며 5개월간 지속했던 파업, 일명 2만인 봉기를 끝내기로 결정했다. 파업의 중심에는 머지않아 악명을 떨치게 되는 트라이앵글 블라우스Triangle Shirtwaist 공장[1911년 이 공장에서 146명의 노동자가 사망하는 화재 사고가 발생했다]에서 일하는 노동자들이 있었는데, 유대인과 이탈리아계 이주 노동자들이 선두에 섰으며 대부분 여성이었다. 노

동자들은 노동조합을 인정받지 못했지만 작업에 복귀하기로 결정했다.

2004년 2월 23일 슬로바키아 트레비쇼우에서 경찰과 실직 노동자들이 대규모로 충돌했다. 주로 롬인들이었던 실직 노동자들은 복지삭감에 항의했다. 경찰은 최루탄과 물대포로 시위대 400명을 공격했다. 이튿날 시위대가 모여 사는 주택가를 급습한 경찰은 불법수색을 벌이며 경찰봉과 가축 몰이용 전기봉으로 임신부와 장애인을 비롯한 주민들을 찔러댔다. 하지만 시위는 계속되었고, 결국 슬로바키아의 모든 실업자를 위한 방향으로 복지정책이 개선되었다.

24 **1912년 2월 24일** 세계산업노동자연맹에 소속된 여성 중심의 섬유 노동자 2만 명이 '빵과 장미 파업'을 벌이는 동안 경찰이 파업 노동자 및 파업 기간 중 다른 가정에서 지내기 위해 이동하는 자녀들을 경찰봉으로 구타했다. 한 임신부는 구타를 당한 뒤 유산했다.

뉴욕시의 파업 지지자들은 노동자들이 파업 중 생활고를 견딜 수 있도록 이들의 자녀들을 맡아서 돌봐주었다. 이 방법이 효과를 보자 시 당국은 필라델피아로 향하는 어린이 100명을 저지하려고 나

파업 노동자와 그 자녀들을 진압하는 경찰

섰다. 현장에서 체포된 여성과 아이들은 벌금을 거부하고 감옥에 갇히는 쪽을 선택했다. 경찰의 폭력은 역효과를 낳아 전국 각지에서 파업을 지지하는 여론이 강해졌다. ⊙ 6, 16

1932년 2월 24일 우루과이 몬테비데오의 경찰청장 루이스 파르데이로Luis Pardeiro와 그의 운전사가 암살당했다. 파르데이로는 미겔 아르캉헬 로시그노Miguel Arcángel Roscigno를 비롯한 구금 상태의 아나키스트들을 고문한 것으로 악명이 높았다. 로시그노는 에스파냐의 전설적인 혁명가 부에나벤투라 두루티Buenaventura Durruti와 함께 은행을 턴 인물이었다. 암살은 우루과이 아나키스트들의 소행으로 여겨졌다. 그날 밤 파르데이로의 빈소에 마련된 방명록에는 누군가 이렇게 쓴 문장이 있었다. "눈에는 눈, 이에는 이."

25 **1941년 2월 25일** 네덜란드에서 나치 점령 당국의 유대인 탄압 조치에 반대하는 총파업이 벌어졌다. 공산주의자들이 조직한 파업은 이튿날 핵심 활동가들이 강제수용소로 끌려가면서 대부분 진압되었다.

1986년 2월 25일 미국이 지원하는 필리핀의 반공 독재자 페르디난드 마르코스Ferdinand Marcos가 대규모 시위로 쫓겨나 국외로 도피했다. 이 사건은 피플파워혁명People Power Revolution[에드사혁명]이라고 불리게 된다.

26 **1860년 2월 26일** 오늘날 캘리포니아주 유레카의 인디언섬에서 이른바 위요트족 학살Wiyot massacre이 벌어졌다. 백인 정착민들이 툴루와트에서 위요트족을 습격해 원주민 250명을 살해한 사건이다. 백인 정착민들과 충돌한 적이 없었던 위요트족은 미처 공격을 예상하지 못했고, 이에 따라 공격 당일 부족의 젊은 남성들은 대부분 생활 물자를 구하기 위해 섬을 비운 상태였다.

몽둥이, 도끼, 칼, 그리고 총 몇 정으로 무장한 백인 정착민들은 섬에 사는 원주민을 모조리 차근차근 죽이려 했다. 대부분 여성과 어린이, 노인이었다. 이후 며칠간 이 지역에 사는 위요트족 사람들이 더 살해되었다.

많은 백인이 학살을 비판했지만 아무도 살인죄로 처벌받지 않았고, 살인행위를 비난하는 사설을 쓴 한 언론인은 살해 위협으로 지역을 떠났다.

학살 이후 살아남은 위요트족 사람들은 섬으로 돌아가는 일이 금지되었다. 많은 생존자가 인근 백인 정착촌을 습격하며 저항했지만, 결국 원주민 보호구역으로 옮겨졌다.

하지만 위요트족과 그 후손들은 고향을 되찾으려는 싸움을 결코 포기하지 않았다. 2000년에 이르러 후손들은 옛 땅의 한 구역을 매입했고, 2019년에는 나머지 토지 대부분을 시로부터 돌려받았다.

1931년 2월 26일 로스앤젤레스에서 일부는 군복을 입은 이민국 공무원들이 무장한 채 멕시코계 사람들이 밀집한 동네에 자리한 라플라시타공원을 봉쇄하면서 라플라시타 단속사건이 벌어졌다. 공무원들은 공원에 있는 모든 사람에게 신분증을 제시하라고 요구하며 수십 명을 연행하고 그중 다수를 국외 추방했다. 이 단속은 '멕시코인 송환Mexican Repatriation'이라고 알려진 조치의 일환이었다. 이 조치로 180만 명에 이르는 사람들이 불법적인 단속으로 추방되었다. 대부분은 미국에서 태어나고 자란 미국 시민이었다. 앞서 1929년 허버트 후버Herbert Hoover 대통령은 대공황이 한창인 와중에 '외국인Other'—즉, 멕시코인과 멕시코계 미국 시민—으로 간주되는 이들을 제거하는 방법으로 백인 노동자를 위한 '일자리를 창출'하기로 결정했다. 이런 관행은 프랭클린 D. 루스벨트Franklin D. Roosevelt 대통령 시절인 1936년까지 계속되었고, 노동조합들도 이를 지지했다.

27 **1943년 2월 27일** 독일인들이 유대인 국외 추방에 반대하며 유일하게 벌인 대규모 시위인 로젠슈트라세 시위가 시작되었다. 로젠슈트라세에 있는 구금시설 앞에서 벌어진 시위는 3월까지

이어졌다. 베를린 곳곳에서 야만적으로 체포된 유대인 남성들의 비유대인 부인과 친척들이 조직한 시위였다. 여성들이 이혼을 거부하고 유대인 가족을 지키기 위해 목숨까지 바칠 의지를 보이자 나치 당국은 일시적으로 물러설 수밖에 없었다. 대다수 유럽 유대인과 달리, 로젠슈트라세에서 구금된 유대인들은 홀로코스트에서 목숨을 건졌다.

로젠슈트라세 시위 기념 조각상

1973년 2월 27일 무장한 아메리카 원주민 활동가들이 부족의 부패 및 연방 정부가 과거에 원주민들과 체결한 조약을 이행하지 않는 데 항의하며 사우스다코타주 운디드니Wounded Knee를 점거했다. 1890년 미군이 아메리카 원주민을 학살한 장소를 선택한 그들은 71일간 끈질기게 버티면서 정부군과 잦은 총격전을 벌였고, 사상자 또한 발생했다.

결국 진압되긴 했지만 이 점거를 계기로 아메리카 원주민운동을 지지하는 움직임이 크게 일었다. 영화배우 말런 브랜도Marlon Brando는 그해 최우수 남우주연상 후보로 오른 오스카상 시상식 참석을 거부하면서 아파치족 배우인 사신 리틀페더Sacheen Littlefeather를 대신 보내 수상하게 했다. 시상식 무대에서 발언했다는 이유로 체포 위협을 받은 리틀페더는 무대 뒤에 모인 기자들에게 운디드니 학살에 관해 연설했다.

28 **1948년 2월 28일** 가나의 영국 식민 경찰이 비무장 군인들의 행렬에 발포해서 가나인 3명이 사망하고 많은 이가 부상을 입었다. 영국군의 일원으로 참전했던 군인들은 생활비 상승에 대한 조치를 요구하는 청원서를 총독에게 제출하려고 했다. 이후 아프리카인 6명이 체포되어 재판도 없이 국외 추방되었다. 이에 대한 항의로 가나 곳곳에서 폭동이 발발했으나 진압되었다.

1969년 2월 28일 블랙팬서당이 워싱턴주 올림피아에 있는 주 의사당에서 당국의 무장해제 시도에 항의하는 무장 시위를 벌였다. 비무장 흑인을 무수히 살해하는 경찰에 맞서 혁명적 사회주의세력인 블랙팬서당은 무장 요원들이 자위 순찰을 하고 있었다.

주 의원들은 "타인을 위협하려는 의도가 드러나는 방식으로 총기 등의 무기"를 내보이는 행동을 중범죄로 규정하는 법안을 제출했다. 공화당 소속 시애틀 시장이 이미 비슷한 법안을 통과시킨 바 있었다. 의원들은 서둘러 법안을 처리했고, 블랙팬서당이 시위를 준비한다는 소식을 접한 경찰은 지레 겁을 먹고 경찰관 수십 명을 진압대로 선발하는 한편 의사당 지붕에 기관총까지 설치했다.

차량 4대를 타고 온 블랙팬서당 시위대는 경찰의 요청에 따라 장전된 총알을 뺐다. 시위대 중 1명인 에런 딕슨Aaron Dixon이 의사당에 들어가서 의원들을 대상으로 5분간 발언하는 동안, 다른 이들은 문을 막고 관리들이 발언을 듣도록 강제했다. 하지만 이러한 시위에도 불구하고 주지사 댄 에번스Dan Evans는 앞서의 법안에 서명했다.

총기소지권리 옹호단체로 유명한 전미총기협회National Rifle Association, NRA는 블랙팬서당을 지지하지 않았고, 다른 단체들 또한 블랙팬서당의 총기를 압수하려는 공화당의 법적 조치를 지지했다.

29 **1864년 2월 29일** 뉴욕주 트로이의 칼라세탁노동조합Collar Laundry Union, CLU 소속 여성 노동자 300명이 25퍼센트 임금인상을 요구하며 6일간 파업한 끝에 승리했다. 전날 몇몇 고용주가 굴복한 데 이어 대부분의 고용주가 여성들의 요구에 굴복한 날이다.

2004년 2월 29일 아이티의 우익세력이 일으킨 군사 쿠데타로 장베르트랑 아리스티드Jean-Bertrand Aristide 대통령이 실각했다. 아리스티드는 미국이 쿠데타를 지원했다고 주장했는데, 미국 하원의원들의 증언을 포함한 상당수의 증거들이 이 주장을 뒷받침했다. 아리스티드는 그전에 2차례 대통령을 지냈으나 민간이 군을 통제하려고 시도함으로써 군부에서 인기를 잃었고, 국부의 약탈을 막으려는 조치를 도입하면서 부유층에게 인기를 잃었으며, 19세기와 20세기에 갈취당한 노예주 보상금의 반환을 요구함으로써 옛 식민 강국 프랑스에게 외면받았다. 그가 이끈 정부는 최저임금을 2배 인상하고 빈곤층에 식비 보조금을 지급했으며 엄청난 수의 학교와 병원을 짓는 등 다양한 진보적 개혁을 시행했다.

3월

March

1

1919년 3월 1일 조선에서 일본의 식민 지배로부터 독립하기 위한 일련의 항의 시위인 3·1운동이 시작되었다. 이후 6주 동안 전체 인구의 10퍼센트에 이르는 약 200만 명의 조선인이 1500차례의 시위에 참여했다. 일본 경찰과 군대는 이를 무력으로 진압하면서 공개 처형을 비롯해 약 7500명을 살해하고 1만 6000여 명에게 부상을 입혔으며 4만 6000여 명을 체포했다. 이와 대조적으로, 일본 당국은 군경 8명이 살해되었다고 밝혔다. 이런 탄압에도 불구하고 이 시위는 한국 독립운동에 촉매 역할을 했다. 한국은 1949년부터 3월 1일을 국경일로 기념한다.

1968년 3월 1일 이스트 로스앤젤레스에 있는 우드로윌슨고등학교에서 멕시코계 학생들이 학생 연극이 취소된 데 항의하는 파업에 들어갔다. 며칠 뒤인 3월 6일, 동맹파업이 시작되어 7개가 넘는 고등학교에서 약 1만 5000명의 학생들이 참여했다. 학생들이 내건 요구는 라틴계 교사를 늘리는 것과 멕시코계 미국인의 역사를 포함하는 교과서로 변경하는 것이었다.

멕시코계 학생들은 수업에서 에스파냐어를 사용하지 못했고, 진로상담사와 교사들이 대학 진학을 말리는 일도 잦았다. 1967년 한 고등학교에서는 멕시코계 미국인 학생의 자퇴율이 무려 57.5퍼센트에 이르렀다. 경찰과 학교 행정관리들은 학교 문을 봉쇄했고, 평화적으로 시위하는 학생들을 연행하는 식으로 파업을 중단시키려 했지만 학생들은 조금도 물러서지 않았다.

파업에 이어 3월 11일 학생들은 로스앤젤레스 교육위원회와 특별 면담을 갖고 수십 가지 요구사항을 제시했다. 그러나 유감스럽게도 교육위원회는 요구사항의 절대다수에 동의한다면서도 예산이 부족해서 전부 들어줄 수는 없다고 말했다.

비록 완전히 성공하지는 못했지만, 이 파업은 멕시코계 노동계급 청소년들을 한데 모으고 급진화하는 데 기여했다.

2 **1921년 3월 2일** 크로아티아의 도시 라빈에서 약 2000명의 다국적 광부 집단이 봉기를 일으켰다. 전날 이탈리아인 파시스트가 노동조합 투사 중 1명을 공격하자 반란에 나선 것이다. 며칠 뒤 광부들은 공화국을 선포했다. 공화국은 4월까지 지속됐지만, 군인 수천 명이 달려와서 반란을 진압했다.

⚠ **1955년 3월 2일** 앨라배마주 몽고메리에서 15세의 아프리카계 미국인 클로뎃 콜빈Claudette Colvin이 백인 승객을 위해 자리에서 일어나라는 요구에도 아랑곳하지 않고 버텼다. 경찰에 연행된 콜빈은 도시의 인종 분리법을 위반한 여러 죄목으로 기소되었다. 흑인 공동체 지도자들은 민권운동을 위해 이 사건을 유명하고 시범적인 재판으로 만들려고 했지만, 몇몇 지역 활동가들에 따르면 콜빈의 피부색이 검고 그가 노동계급 출신이라는 점이 문제가 되었다. [민권운동가] 그웬 패턴Gwen Patton은 《가디언》 기자 게리 연지에게 이렇게 말했다. "아이의 피부색과 노동빈민 출신이라는 점이 문제가 됐

클로뎃 콜빈, 1953년

습니다. …… '부르주아' 흑인들이 노동계급 흑인들을 깔본 경우죠." 콜빈이 의제강간으로 임신을 하게 되자 지도부는 더 이상 사건을 진행하지 않기로 했다.

　몇 달 뒤 로자 파크스Rosa Parks — 교육수준이 높고, 기혼에, 피부색까지 밝은 — 가 체포되자 민권운동 지도자들은 대표 주자를 갖게 되었다.

3 **1816년 3월 3일** 지금의 볼리비아에서 케추아족계 혼혈로 태어난 후아나 아수르두이Juana Azurduy가 아마조나스Amazonas라는 이름의 여군부대를 비롯한 반식민 전투부대를 이끌고 비야 근처에서 벌인 에스파냐군과의 전투에서 승리했다.

1959년 3월 3일 영국의 케냐인 강제수용소 사령관이 수감자 88명을 몽둥이로 가혹하게 때리면서 홀라 학살이 벌어졌다. 11명이 사망하고 77명은 심각한 부상을 입었다. 식민 지배에 항거하는 마우마우Mau Mau 봉기를 짓밟기 위해 영국 정부는 민간인 약 40만 명을 강제수용소에 집어넣었고, 추가로 100만 명을 군대가 감독하는 마을들에 몰아넣었다. 사실상 감옥인 셈이었다.

홀라 학살 생존자 왐부구 와 니잉이 Wambugu Wa Nyingi, **2018년**

4 **1919년 3월 4일** 웨일스에 자리한 킨멜파크에서 동원 해제(귀국)를 기다리던 영국 육군 소속 캐나다인 병사들이 반란을 일으켰다. 비위생적이고 과밀한 환경의 병영에 묶여 있던 병사 1만 5000명은 한 달이 넘도록 절반뿐인 배급과 지급되지 않는 봉급에 시달리고 있었다. 병사들의 울분은 병영 사령관이 릴Rhyl로 저녁 외출을 나갔을 때 폭발했다. 병사들은 병영 물자와 부사관 식당을 약탈하

고 불을 질렀다. 소총 몇 정을 손에 넣었고, 손잡이에 면도칼을 붙이는 식으로 무기를 급조했다.

　장교와 충성스러운 병사들이 무장을 갖추고 폭동을 진압하면서 20명을 체포했다. 장교들은 총을 쏘았고 오전 4시 30분에 이르러 병영을 다시 장악했다. 이 사건으로 폭동자 3명과 경비병 2명이 사망하고 78명이 체포되었으며, 25명이 반란죄를 선고받고 최대 10년 징역형을 받았다. 이후 군 당국은 병사들의 동원 해제를 대규모로 빠르게 진행했다.

1972년 3월 4일 로즈타운에 있는 제너럴모터스General Motors 자동차공장 노동자 수천 명이 여러 불만사항을 내걸고 파업에 들어갔다. 비공식적인 사보타주와 무단결근이 만연한 상태에서 시작된 파업이었다. 가령 노동자들은 비인간적으로 빠른 생산라인을 늦추기 위해 종종 일부러 지정된 업무를 끝내지 않았다. 공장장은 클리블랜드의 주요 일간지인 《플레인딜러Plain Dealer》에 불만을 토로했다. "엔진 본체를 조립하는 과정에서 40명이 자기가 맡은 일을 하지 않고 넘긴 사례가 있었습니다." 다른 노동자들은 좌석 커버를 난도질하고, 마르지 않은 페인트를 긁고, 금속 부품을 구부렸다. 경영진은 노동자 1200명을 징계하고 정직시켰으며 700명 가까이 정리해고를 단행했다.

　노동자들은 22일 동안 생산라인을 장악함으로써 정리해고와 징계 조치를 대부분 취소시키는 등 양보를 얻어냈다. 경영진은 가장 중요한 문제인 작업 속도와 작업량에 대해 양보하지 않았지만, 전미자동차노조는 완벽한 승리라고 선언했다.

　이후 한 노동자가 털어놓은 푸념에서 조합원들의 일반적인 정서를 엿볼 수 있다. "파업 전 노

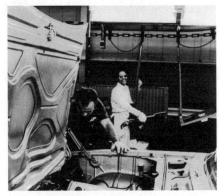

로즈타운 제너럴모터스의 공장 노동자들, 1970년

동조합 지부는 한계를 넘어 빠른 속도로 작업하는 데 문제의식이 있었습니다. 그런데 이제는 일하지 않는 걸 두려워하죠. 노조와 회사는 모든 게 타결됐다고 말합니다."

분쟁은 일부 급진적 노동자들에게 교훈을 남겼다. 노동조합 지도부에 쟁의를 맡기기보다는 파업 노동자들이 직접 처리하는 게 중요하다는 사실을 말이다.

5 **1943년 3월 5일** 금요일 오전 10시, 파시스트 이탈리아의 토리노에 자리한 자동차공장 피아트 미라피오리Fiat Mirafiori에서 소수의 노동자들이 일손을 놓으면서 파업이 시작되었다. 주말 동안 파업 호소가 도시의 노동계급 지구들로 확산되었고, 월요일에 이르러 철도 노동자를 비롯한 공장 노동자들이 행동에 가세했다. 일부 노동자들은 규정에 맞춰 작업을 했다. 작업 규정을 엄격하게 따르자 생산 속도가 현저하게 느려졌다. 일주일 만에 노동자 10만 명이 전쟁 보너스 지급이라는 전반적인 요구 외에도 다양한 요구를 내걸고 파업에 들어갔다. 당국은 노동자 850명을 체포했지만 파업을 깨뜨릴 수는 없었고, 결국 노동자들의 요구를 대부분 수용했다. 분쟁 이후 파시즘에 맞선 저항이 고조되었고, 이 시위는 그해 후반에 무장 레지스탕스가 인기를 얻는 데 이바지했다.

1984년 3월 5일 영국 보수당 정부가 탄광 폐쇄 계획을 발표한 데 대응해 코턴우드Cortonwood 탄광 광부들이 파업을 개시하면서 광부 대파업이 시작되었다. 이미 몇몇 탄광이 다른 분쟁으로 파업 중이었지만, 폐쇄에 항의하는 이 파업은 요크셔주 전역으로 확산되었고, 4일 뒤 전국광산노동조합National Union of Mineworkers, NUM은 전국적 파업을 호소했다. 전국 각지의 대다수 광부들이 호소에 호응했다.

광부 부인들이 주축을 이룬 여성들이 파업 지지에 결정적인 역할을 하면서 1년 가까이 파업을 벌일 수 있도록 도왔다.

총리 마거릿 대처와 보수당 정부는 노동자조직의 힘을 분쇄하고 대규모 민영화와 자유시장 개혁을 밀어붙이려고 마음먹었다. 정부는 앞서 1972년과 1974년 광부 파업에서 패배하면서 배운 교훈을 깊이 새기고 있었다. 석탄을 넉넉히 비축해두어 장기간의 파업에 대응했고, 추운 겨울에 비해 석탄 수요가 적은 봄에 탄광 폐쇄 계획을 발표하는 식으로 일부러 파업을 도발한 것이다. 영국에서 가장 조직력이 강하고 전투적인 노동자 집단인 광부들의 패배는 노동자와 고용주 사이 힘의 균형이 달라지는 결정적인 전환점이 되었다. ◉ 13, 27-29

6 **1922년 3월 6일** 멕시코 베라크루스의 성노동자들이 대여한 매트리스와 의자 등 가구를 이용해 거리에 바리케이드를 치고 거대한 모닥불을 피울 것을 계획하면서 임대료 파업의 물결이 시작되었다. 경찰은 마지막 순간에 이 행동을 진압했지만, 시위 소식이 퍼지면서 도시 전역에서 세입자들의 시위가 촉발되었다.

1974년 3월 6일 영국 석탄 광부들이 35퍼센트 임금인상안을 받아들이면서 예정되었던 4주간의 파업을 철회했다. 이미 보수당 정권을 무너뜨린 거대한 승리 가운데 하나였다.

7 **1860년 3월 7일** 1000명에 이르는 제화 산업의 여성 파업 노동자들이 거센 눈보라와 잔뜩 쌓인 눈더미를 무릅쓰고 매사추세츠주 린에서 벌어진 숙녀대행진Great Ladies Procession에 참여했다. 2주 전에 임금인상을 요구하며 파업을 시작한 남성 노동자 5000명도 이 대열에 합류했고, 그로부터 며칠 뒤 여성 노동자들이 가세했다. 여성 노동자들이 쟁의에 참여하면서 파업은 전국적으로 알려지고 에이브러햄 링컨Abraham Lincoln의 지지까지 받았지만, 남성 노동자들은 여성의 임금인상 요구를 지지하지 않았다. 그들은 여성 노동자들의 요구를 반영할 경우 고용주들이 귀 기울이지 않을 것을 두려워했다. 결국 여성들은 일터로 돌아갔고, 일부 남성들은 10퍼센트 임금인상을 받아

냈지만, 대다수 노동자들에게 파업은 패배로 끝났다.

1932년 3월 7일 디트로이트에서 경찰과 포드Ford 경비원들이 미국 공산당 실업자평의회가 조직한 시위에 발포해 실직 노동자 4명이 사망하고 60명이 부상을 입는 포드기아행진Ford Hunger March 학살사건이 벌어졌다.

8 **1917년·1918년 3월 8일** 러시아 상트페테르부르크에서 가정주부와 여성 노동자 수천 명이 시위를 자제하라는 노동조합 지도자들의 호소를 무시한 채 고물가와 굶주림에 항의하며 거리로 쏟아져 나왔다. 이는 당시 러시아에서 사용하던 구력으로 1917년 2월 23일에 벌어진 2월혁명을 촉발한 행동이었다. 이튿날 20만 명의 노동자가 시위 대열에 합류하면서 차르와 전쟁에 맞서 파업을 벌이고 구호를 외쳤다. 몇몇 군부대도 노동자 대열에 가세했고, 3월 15일 차르 니콜라이 2세Czar Nicholas II는 결국 퇴위했다.

1918년 3월 8일, 오스트리아 여성들은 사상 처음으로 이날을 세

상트페테르부르크에서 시위를 벌이는 러시아 여성들, 1917년 3월 8일

계 여성의 날로 기념하면서 수천 명이 1차대전에 항의하며 거리로 몰려나왔다.

[세계 여성의 날인] 3월 8일이 1857년 뉴욕 여성 노동자 파업 기념일과 1908년 같은 날짜에 벌어진 파업에 기인한 것이라는 인식이 널리 퍼져 있지만 이는 정확한 정보가 아니다.

1926년 3월 8일 뉴욕시에서 국제모피가죽노동조합International Fur & Leather Workers Union, IFLWU 소속으로 여성이 주축을 이룬 파업 노동자 약 600명이 맨해튼을 관통해 행진하던 중 경찰에 구타당했다. 경찰은 파업 노동자들이 자신들을 "모욕"하고 "우우 소리를 내며 야유를 보내서" 대응한 것이라고 주장했다. 《뉴욕타임스New York Times》는 경찰이 노동자들을 해산하기 위해 "거리낌 없이 곤봉을 사용했다"고 보도했다. 노동자들은 굽히지 않고 18주 동안 파업을 이어갔고, 고용주협회는 결국 10퍼센트 임금인상과 주 5일 40시간 노동에 동의했다.

9 **1883년 3월 9일** 파리에서 대규모 실업자 시위가 벌어졌으나 경찰에 의해 해산되었다. 파리 코뮌 일원이었던 루이즈 미셸Louise Michel이 이끄는 군중은 검은 깃발을 휘날리면서 빵집을 약탈하고 경찰과 충돌했다. 미셸과 공동 조직자인 생디칼리스트 에밀 푸제Émile Pouget는 후에 각각 6년과 8년 징역형을 선고받았다.

당시 프랑스 노동운동에서 영향력 있는 조류였던 생디칼리슴은 혁명적 노동조합주의의 이론과 실천으로, 노동자들이 당장의 개선을 위해 조직하고 싸우며 결국 총파업을 일으킴으로써 자본가가 아닌 노동자의 이익에 맞게 사회를 재조직하고자 하는 흐름이었다.

루이즈 미셸, 1871년

1910년 3월 9일 펜실베이니아주에서 대부분 슬로바키아 이민자인 광부 1만 5000명이 일손을 놓으면서 웨스트모얼랜드 카운티 탄광 파업이 시작되었다. 노동자들은 1년이 넘도록 65개 광산을 폐쇄했으나, 경찰의 폭력 진압으로 16명이 사망하는 한편 생활고에 시달리다 굴복했다.

1906년 3월 10일 프랑스에서 쿠리에르 대참사 Catastrophe de Courrières가 발생했다. 20세기 최악의 광산사고인 석탄 분진 폭발로 노동자 1060명이 사망했다. 이후 4만 4000명의 광부가 끔찍한 노동조건에 항의하며 55일간 파업을 벌였다. 정부는 군대를 동원해 파업을 짓밟았다.

1952년 3월 10일 쿠바에서 풀헨시오 바티스타 Fulgencio Batista가 쿠데타를 이끌고 스스로 대통령에 올랐다. 미국과 재계, 부유층 엘리트들의 지지를 받은 바티스타 정부는 반공 숙청으로 수천 명을 살해했다. 바티스타는 1959년 혁명으로 쫓겨났다.

상원의원 존 F. 케네디 John F. Kennedy는 나중에 한 연설에서 바티스타의 통치를 다음과 같이 묘사했다.

> 풀헨시오 바티스타는 7년 동안 쿠바 국민 2만 명을 학살하면서 모든 개인의 자유를 짓밟았습니다. 비율로 따지면 양차대전에서 사망한 미국인의 수보다 많은 이가 사망한 것인데, 이 과정에서 민주적이었던 쿠바는 완전한 경찰국가로 뒤바뀌었습니다.
>
> 하지만 우리가 바티스타 정권을 지원하고 아무런 정책적 제재를 가하지 않은 탓에 바티스타는 미국이 자신의 공포통치를 지지한다고 거리낌 없이 말했습니다.
>
> 바티스타가 수천 명을 살해하면서 마지막 남은 자유의 흔적을 파괴하고 쿠바 국민들의 수억 달러 자산을 가로채던 시기에 행정부 대변인들은 공개적으로 그를 치켜세웠습니다. 확고한 동

맹자이자 좋은 친구라고 칭찬했을 뿐, 자유로운 선거를 보장하라고 압박하지 않았습니다.

11 **1845년 3월 11일** 아오테아로아/뉴질랜드에서 벌어진 플래그스태프전쟁Flagstaff War 중에 코로라레카 전투Battle of Kororareka가 벌어지면서 마오리족 반란자들이 영국군을 물리치고 도시(현지명은 러셀)를 장악했다. 전쟁은 이듬해 초 교착상태로 끝났다.

코로라레카 플래그스태프힐에서 호네 헤케 Hone Heke
[마오리족 반란군 지도자]가 영국 국기를 내리는 장면

1977년 3월 11일 이탈리아 볼로냐에서 원외 극좌파 그룹 로타콘티누아Lotta Continua('투쟁은 계속된다'는 뜻) 활동가인 24세의 프란체스코 로루소Francesco Lorusso를 경찰이 총으로 살해했다. 그의 사망으로 이틀간 극심한 폭동이 벌어지자 내무부 장관은 대학가를 비롯해 전투적 행동이 집중된 도시 구역들에 장갑차를 보냈다.

12 **1912년 3월 12일** 매사추세츠주 로렌스에서 여성 의류 노동자가 대다수인 2만 명이 빵과 장미 파업을 벌이며 내건 요구안을 고용주들이 전부 수용했다. 폴란드계 여성들이 시작한 이 파업은 세계산업노동자연맹이 조직한 행동이었다. 노동자 측은 경찰과 군대의 야만적인 탄압에 직면해 최소 2명이 사망했으며 많은 이가 구타당하고 투옥됐지만, 결국 의류 산업 전반에서 뜻깊은 양보를 얻어냈다. ⓦ 6, 16

1951년 3월 12일 교통비 인상에 항의하는 캠페인이 성공한 뒤, 노동자 30만 명이 바르셀로나와 인근 도시들에서 프랑코 독재에 항의하며 총파업에 참여했다. 경찰과 민간 경비대 수천 명이 동원되는 와중에도 파업 노동자들은 2주 동안 버텼다. 소요가 확산될 가능성에 겁먹은 에스파냐 정부는 연행자 거의 전부를 석방하고 파업을 벌인 노동자들에게도 임금을 전액 지급했다.

13 **1940년 3월 13일** 인도의 혁명가 우담 싱Udham Singh이 런던의 한 회의 석상에서 전 펀자브주 부총독 마이클 오드와이어Michael O'Dwyer를 암살했다. 이는 1919년 오드와이어가 평화 시위에 군대를 파견해 1800명을 살해하고 1200명에게 부상을 입힌 잘리안왈라바그 학살Jallianwala Bagh massacre(암리차르 학살Amritsar massacre이라고도 한다)에 대한 보복이었다. 오드와이어는 학살에 대해 "올바른 대처"였다고 말했다.

싱은 구금된 동안 자신의 이름을 람 모하마드 싱 아자드Ram Mohammad Singh Azad로 바꾸었다. 앞의 세 단어는 펀자브의 3대 종교(힌두교, 이슬람교, 시크교)를 반영한 것이었으며 마지막 '아자드'는 **자유**라는 뜻이었다. 싱은 살인죄로 사형을 선고받았다. 재판정에서 싱은 "그는 죽어 마땅했습니다"라고 설명했다. "그가 진짜 범인입니다. 그가 우리 민족의 정신을 짓밟으려고 했기 때문에 그를 짓밟은 것입니다. 꼬박 21년 동안 복수를 고대했어요. 드디어 복수를 했으니 기쁩니다."

1945년 3월 13일 이탈리아의 노동계급 자매인 베라 아르두이노Vera Arduino와 리베라 아르두이노Libera Arduino가 아버지, 손님 1명, 이웃 몇 명과 함께 파시스트들에게 처형당했다. 지역의 공장 노동자들은 장례식에 대표단을 보냈고 식이 진행되는 동안 작업을 중단했다. 한 소녀는 공장 지붕 위에 붉은 깃발을 걸었고, 어느 전기공은 파시스트들의 지원 요청을 막기 위해 전선줄을 잘라버렸다. 자매는 반파시즘 여성 레지스탕스단체인 Gddd에서 활동한 이들이었다.

14 **1970년 3월 14일** 베트남 주둔 미군이 사용할 네이팜탄 수천 톤을 운반하던 SS 컬럼비아이글호SS Columbia Eagle의 수병 앨빈 글랫카우스키Alvin Glatkowski와 클라이드 매케이Clyde McKay가 전쟁에 항의하기 위한 반란을 일으키며 배를 장악했다. 이들은 곧 네이팜탄을 사용하지 못하도록 당시 중립국이던 캄보디아로 배를 몰고

앨빈 글랫카우스키, 1975년 무렵

갔다. 캄보디아 정부가 둘의 요구를 받아들이고 망명을 허락하면서 반란은 성공한 듯 보였다. 하지만 유감스럽게도, 불과 이틀 뒤 캄보디아에서 군사 쿠데타가 일어나 새로운 친미 정부가 들어섰다.

글랫카우스키와 매케이는 구금되었고, 배는 미군에 반환되었다. 감옥에서 가까스로 탈출한 매케이는 농촌에서 활동하는 크메르 루주Khmer Rouge[캄보디아의 급진적 무장단체] 게릴라에 합류했지만 나중에 그들에게 살해됐다. 글랫카우스키는 결국 미국에 인도되어 10년 징역형을 선고받았다. ◉ 21-24

2018년 3월 14일 리우데자네이루에서 아프리카계 브라질인이며 양성애자이자 사회주의자, 페미니스트인 마리엘리 프랑쿠Marielle Franco가 암살당했다. 도시의 파벨라favela(판자촌)에서 자랐고 11세부터 일을 시작한 프랑쿠는 최저임금을 받고 일하면서 홀로 딸을 키우다가 2016년 시의원에 당선되었다. 암살당하기 전날 그는 경찰과 준군사조직의 법적으로 정당하지 않은 살인에 반대한다는 의견을 공개적으로 밝혔다. 프랑쿠를 죽인 총알은 연방 경찰이 구매한 것으로 밝혀졌다. 공안부 장관은 우체국에서 도난당한 총알이라고 주장했지만, 이에 대해 우체국이 공개적으로 부인하자 발언을 취소했다.

이 글을 쓰는 현재, 살인 혐의로 체포된 용의자 4명은 모두 주 경

찰과 연관된 인물이다. 그중 2명은 우파 대통령 자이르 보우소나루
Jair Bolsonaro의 가족과 관련이 있으며, 또 다른 용의자인 한 전직 경찰관
은 2020년 2월 체포 과정에서 경찰의 총에 맞아 사망했다.

15 **1908년 3월 15일** 뉴욕주 로체스터의 지역신문 《데모크래트
앤드크로니클Democrat and Chronicle》이 다음과 같은 헤드라인으로
아나키스트 여성들을 비난했다. "여성 아나키스트들이 세계 경찰의
두려움의 대상이 되다." 기사는 계속해서 이렇게 말했다. "세계의 수
호자들은 통치자가 살해당할 때면 거의 언제나 연루된 여자를 찾아
낸다—감정적인 여자들은 두려운 게 없기 때문이다."

1917년 3월 15일 2월혁명이 러시아를 휩쓰는 가운데 차르 니콜라이
2세가 퇴위했다. 이미 억압적이고 잔인한 통치로 지지를 잃었던 니
콜라이는 러시아가 1차대전에 휘말리면서 만인에게 미움을 받았다.
전쟁으로 러시아제국에서는 300만 명이 넘는 사망자가 발생했고,
농촌의 노동력 부족으로 식량 공급에 큰 차질이 생기면서 굶주림과
아사가 널리 퍼졌다.

16 **1965년 3월 16일** 앨라배마주 몽고메리에서 기마경찰이 평화
적인 민권 시위에 폭력을 휘둘렀다. 곤봉과 막대기로 무장한
경찰관들은 600명이 모인 시위대로 돌진해 마구잡이로 두들겨 팼
고, 입원자 8명 외에도 다수의 부상자가 발생했다. 이튿날 2배로 늘
어난 시위대가 거리로 쏟아져 나왔다.

1979년 3월 16일 아일랜드 더블린에 최초로 생긴 맥도날드 2곳에서
일하는 노동자들이 임금인상과 노동조합 인정을 요구하면서 파업에
들어갔다. 법원이 피케팅을 금지하고 맥도날드는 감자튀김을 무료
로 준다면서 대체인력을 끌어들였지만 파업 노동자들은 6개월을 버
텼고, 기어이 24퍼센트 임금인상 등의 양보를 받아냈다. 하지만 맥
도날드는 이를 무효로 만들기 위해 노동시간을 줄이는 등 계속해서

노동자를 괴롭혔다. 노동자들이 속한 아일랜드운수일반노동조합Irish Transport and General Workers' Union, ITGWU은 이런 보복에도 아무런 대응을 하지 않았다.

17 **1876년 3월 17일** 미군이 몬태나의 파우더강 전투 기간 중 잠자던 샤이엔족과 오글랄라수족Oglala Sioux을 기습하면서 수족대전쟁Great Sioux War이 시작되었다. 미군은 마을을 파괴하고 약탈했다. 2000발 가까이 총알을 쏜 미군이 1명의 사상자만 낳은 반면, 샤이엔족과 수족 전사들은 200발 정도로 군인 4명을 죽이고 6명에게 중상을 입혔다. 원주민 전사들은 또한 빼앗겼던 말 500마리를 이튿날 아침에 되찾았다.

미군 지휘관 조지프 레이놀즈Joseph Reynolds 대령은 공격이 실패한 뒤 군사법원에 회부되어 정직 처분을 받았다.

이 사건을 계기로 블랙힐스Black Hills에 사는 아메리카 원주민들을 지정 거주지로 강제 이주시키는 정책에 대한 저항이 활발해졌다.

1920년 3월 17일 1918년 독일혁명 이후 이루어진 변화를 되돌리고자

카프 쿠데타 당시 베를린의 해군 여단, 1920년 3월

우익세력이 일으킨 카프 쿠데타Kapp Putsch가 무위로 돌아갔다. 독일 역사상 최대 규모인 1200만 노동자의 총파업으로 나라 전체가 마비되었다. 쿠데타를 돕기 위해 베를린으로 날아간 아돌프 히틀러Adolf Hitler는 비행장에서 파업 노동자들과 맞닥뜨리자 자신의 정체를 감춰야 했다.

18 **1871년·1911년 3월 18일** 노동계급이 사회주의를 건설하기 위해 봉기한 사상 최초의 시도인 파리코뮌이 수립되었다. 파리 노동자들은 반란을 일으킨 국민방위대와 합세해서 도시를 장악하고 노동자평의회를 바탕으로 사회를 재조직하기 시작했다. 코뮈나르communard들은 1871년 5월 말까지 버텼지만, 도시를 탈환한 군대의 유혈 보복으로 3만 명의 노동자가 학살되었다.

1911년 3월 18일 파리코뮌 40주년 기념일에는 유럽에서 여성의 권리와 참정권의 필요성을 널리 알리기 위한 첫 번째 세계 여성의 날 대회가 열렸다. 날짜는 나중에 3월 8일로 바뀌었다.

파리코뮌 당시의 바리케이드

1970년 3월 18일 몇몇 페미니스트단체 활동가들이 뉴욕시에 있는 《레이디스홈저널Ladies' Home Journal》 본사 앞에서 연좌시위를 벌였다. 잡지사의 여성 대표성이 부족한 것과(고위 간부가 전부 남성이었다) 광고와 칼럼에서 여성을 묘사하는 방식에 대한 문제 제기였다. 편집장이 일부 요구를 수용하고 활동가들이 직접 쓰는 칼럼 한 꼭지를 맡기기로 하면서 연좌시위는 끝났다.

19 **1969년 3월 19일** 영국 외교관 1명이 총부리에 위협을 받으며 앵귈라섬에서 쫓겨나다시피 떠난 뒤, 영국 군대와 경찰이 섬을 침공했다. 영국 식민 정부는 앵귈라섬과 네비스섬을 세인트키츠에 있는 정부와 총리 로버트 브래드쇼Robert Bradshaw의 권한 아래 두고 있었다. 브래드쇼는 앵귈라에 대한 혐오를 공공연히 드러내면서 "그 섬을 사막으로 만들어버릴" 작정이라고 말한 바 있었다.

1960년 브래드쇼는 앵귈라섬을 위축시키기 위해 최선을 다하면서 전화 수리공을 보내 전화 시스템을 차단했고 전기 설치 또한 방해했다. 그리하여 앵귈라는 1967년 세인트키츠네비스앵귈라 연방에서 탈퇴하는 한편, 세인트키츠의 경찰을 무장해제시킨 뒤 돌려보냈다.

영국 정부는 불운한 외교관인 윌리엄 휘틀록William Whitlock을 보내 상황을 해결하려 했지만, 고자세를 취하는 휘틀록을 앵귈라 사람들이 섬에서 쫓아냈다. 휘틀록은 이후 기자들에게 "깡패"와 "마피아" 부류가 섬을 장악했으며 섬사람들이 "블랙파워 군복 같은 걸" 입고 있다고 말했다. 사실은 모닝코트에 흰 장갑을 꼈을 뿐이었다.

섬 사람들은 영국 비행기의 착륙을 막기 위해 수많은 '대공對空염소'를 비행장에 풀어놓았다. 해상으로 낙하산 부대원 200명과 런던 경찰을 보낸 노동당 정부는 범죄자 무리 및 흑인 급진주의자들과 대결할 것을 예상했으나 실제로 마주한 것은 염소들뿐이었다. 이 사건이 큰 웃음거리가 되자 영국은 결국 앵귈라가 세인트키츠에서 독립하는 것을 허용했다. 앵귈라는 영국의 해외 영토가 되었고 지금도 영국령이다.

스웨덴 의사당 앞의 그레타 툰베리. 피켓에는 "기후를 위한 학교 파업"이라고 적혀 있다.

2019년 3월 19일 세계 곳곳에서 140만 명에 이르는 청소년들이 정부가 기후변화를 막기 위한 행동에 나설 것을 촉구하는 학교 파업에 참가했다. 자폐증이 있는 스웨덴의 15세 소녀 그레타 툰베리Greta Thunberg가 지난해 8월 혼자서 학교 파업을 벌인 뒤, 128개국 2000개 크고 작은 도시의 학생들이 교실을 박차고 거리로 나왔다.

툰베리는 2주 동안 학교에 가는 대신 스웨덴 의사당 앞에 서서 시위를 벌이며 리플릿을 나눠주었다. "성인인 여러분들이 제 미래에 똥을 누고 있어서 지금 시위 중입니다." 이후 국제적인 학생 파업이 벌어졌다.

20 **1927년 3월 20일** 인도 마하드에서 콜라바 지역 하층계급 회의가 열리는 동안 마하드 사탸그라하Satyagraha운동[간디가 주창한 비폭력 저항운동]이 벌어졌다. 달리트(이른바 '불가촉천민') 사회개혁가 B. R. 암베드카르B.R. Ambedkar가 이끄는 2500명의 달리트 행렬이 공공 급수조를 향해 마하드의 주요 거리를 행진하면서 다른 지역사회 성원들처럼 급수조를 이용할 권리를 주장했다.

법적으로는 카스트에 상관없이 모든 사람이 공공 편의시설을 이용할 권리가 있었지만, 현실은 딴판이었다. 그리하여 암베드카르를 비롯한 많은 이가 급수조에서 물을 받아 마신 뒤 자리를 뜨는 방식으로 평화적 시위를 했다. 이 같은 시위에 대응하여 카스트에 속한 힌두교도 무리는 회의가 끝나고 나오는 달리트들을 습격했다. 폭도는 달리트들을 구타하고, 집을 난장판으로 만들고, 저장해놓은 곡식을 뒤엎었다. 많은 달리트가 무슬림이 사는 집으로 피신했다. 브라만(힌두교도의 최상 카스트)들은 이후 '오염된' 호수를 '정화'해야 한다며 소똥과 오줌, 우유, 커드curd[우유를 응고시킨 것], 기ghee[정제 버터]를 섞은 액체 수십 통을 쏟아부었다.

직접행동은 4년에 걸친 조직화 노력의 정점이었다. 파업을 벌이고, 달리트 참전군인들이 달리트 어린이를 위한 학교를 설립하는 등의 노력이 있었다. 같은 해 12월 1만 명의 달리트가 2차 마하드 사탸그라하에 참여했다. 인도는 1955년 헌법을 통해 불가촉천민에 대한 차별을 금지했지만 뿌리 깊은 차별은 여전히 이어지고 있다.

1975년 3월 20일 아르헨티나의 이사벨 페론Isabel Perón 정부가 전투적인 산업 노동자조직을 깨뜨리기 위해 비야콘스티투시온시에 경찰과 군인 수백 명을 투입하면서 파라나의 '붉은 뱀 작전Operation Red Snake'이 개시되었다. 군경은 노동자 307명을 체포했지만, 반격에 나선 노동계급은 파업을 계속하고 공장을 점거하면서 구금된 동료들의 석방을 요구했다. 점거는 3월 26일까지 계속되다가 경찰의 무력으로 진압되었다.

이후 두 달간 정부는 '국가 전복'에 맞서 싸운다는 미명 아래 계속해서 노동자를 검거하고 블랙리스트를 작성해 살해했다. 군사독재하에서는 이런 종류의 탄압이 비일비재했지만, 대다수 노동조합의 지지를 받은 페론의 탄압은 덜 알려져 있다.

21 **1937년 3월 21일** 푸에르토리코 폰세에서 평화적인 시위대를 습격한 경찰이 19명을 살해하고 수백 명에게 부상을 입혔다. 시위대는 투옥된 분리주의운동 지도자 페드로 알비수 캄포스Pedro Albizu Campos의 석방을 요구하며 행진하던 중이었다. 경찰은 미국이 임명한 총독의 지시를 받고 행동했는데, 사망자가 발생하자 자위적 조처였음을 주장하기 위해 한 사진기자와 함께 사진을 조작했다.

1973년 3월 21일 런던에서 소수의 정신질환자와 지지자들이 모여 정신질환자연합Mental Patients Union, MPU을 창설했다. 그들은 자본주의하의 정신의학이 노동계급을 통제하는 한 형식이며, 노동자들이 자신들의 이익을 내세우기 위해 조직하는 것과 같은 방식으로 정신질환자도 조직을 이루어야 한다고 주장했다.

1986년 3월 22일 필리핀의 미군기지에서 파업 중이던 노동자 수천 명이 마닐라 근교에 있는 미국 해군과 공군의 기지 출입구를 봉쇄했다. 퇴직금 인상을 요구하며 바리케이드를 친 2만여 명의 파업 노동자들이 피켓라인을 넘어 진입하려는 미군들과 충돌하면서 여러 곳에서 폭력 사태가 벌어졌다.

⚠ **2009년 3월 22일** 그리스의 재소자 활동가 카테리나 굴리오니Katerina Goulioni가 3월 18일에 사망한 뒤 교도소 폭동이 시작되었다. 테베의 여성 교도소 수감자들이 감방으로 돌아가기를 거부하며 불을 지르고 기물을 파손하는 동안, 교도소 바깥에 모인 시위대는 전투경찰과 충돌했다. 아테네에서도 수감자 200명이 연대 시위를 벌였다.

굴리오니는 장애인 수감자를 위한 시설 부족과 많은 수감자가 도중에 사망한다고 알려진 교도소 이송 과정, 그 자신이 "비공식적 강간"이라고 규정한 생식기 검사 등에 항의하는 운동을 벌인 유명한 재소자 활동가였다.

굴리오니의 동료 수감자들은 언론에 다음과 같은 추모성명을 보냈다. "너는 평생을 목마름에 시달렸지. 투쟁과 정의를 향한 목마름에. 너는 결과에 아랑곳하지 않고 모든 사람과 모든 것을 위해 싸웠다. 네 투쟁은 결국 최악의 방식으로, 예상치 못한 갑작스럽고 폭력적인 죽음을 안겨주었구나. 하지만 카테리나, 우리는 여전히 여기 있고, 너를 기억하며 네가 시작한 투쟁을 이어갈 것이다. 너는 어디에나 있지. 우리는 네가 보여. 우리를 돌봐줘서 고마워. 우리에게 너는 영원히 살아 있어. 즐거운 여행이 되기를!"

23 **1931년 3월 23일** 영국 식민 당국이 지금의 파키스탄 펀자브 주에서 인도의 혁명적 사회주의자 바가트 싱Bhagat Singh, 수크데 브 타파르Sukhdev Thapar, 시바람 라즈구루Shivaram Rajguru를 처형했다. 이들은 1928년 식민 지배 반대 시위 중 경찰이 랄라 라즈파트 라이Lala Lajpat Rai 를 살해한 데 대한 보복으로 영국인 고위 경찰관을 암살한 죄로 사형 을 선고받고 수감 중이었다. 영국의 식민 지배에 반대한 이들은 협소

한 민족주의가 아닌 영국과 인도 의 자본가들에 두루 맞서는 노동 계급의 혁명을 옹호했다. 셋 다 스물둘에서 스물세 살의 청년들 이었다.

바가트 싱, 1929년

세 사람이 사형선고를 받은 뒤 모한다스 간디Mohandas Gandhi는 인 도 총독에게 이들의 감형을 호소 하면서도, 다른 한편으로는 엄청 나게 운집한 군중을 향해 자신이 당국과 휴전협정을 체결했으므

로 석방을 요구하기 위한 행동에 나서서는 안 된다고 호소했다. 세 사람이 처형되자 간디는 그의 말마따나 "격분한" 군중과 맞닥뜨렸 다. 사람들은 흑기[사형 집행이 끝났음을 알리는 신호]를 흔들며 구호를 외쳤다. "간디는 돌아가라" "간디주의를 타도하자" "간디의 휴전으 로 바가트 싱이 교수대로 끌려갔다" "바가트 싱 만세". 처형 이후 바 가트 싱은 국민적 영웅이 되었다.

1944년 3월 23일 로마의 라셀라 거리에서 이탈리아 파르티잔 레지스 탕스 역사상 나치 점령군에 가한 가장 대규모의 공격이 벌어졌다. 공 산주의자가 이끄는 파르티잔 애국행동그룹Gruppi di Azione Patriottica, GAP 성원 10여 명은 레지스탕스와 싸우는 임무를 띤 독일인 150명으로 이루 어진 나치 친위대Schutzstaffel, SS 중대를 기습했다.

공격 이후 친위대 사상자들의 모습

　　파르티잔들은 사제 폭탄을 터뜨린 뒤 박격포와 수류탄, 총으로 집중사격을 가하고는 순식간에 사라졌다. 레지스탕스부대는 사상자가 전혀 없었던 반면, 친위대는 30여 명이 사망하고 100여 명이 부상을 입었다.

　　격분한 나치스는 책임자를 잡지 못하자 이튿날 335명을 학살했다. 일부는 레지스탕스 활동으로 체포된 이들이었지만 대부분은 아무 관계가 없는 민간인이었다.

24 **1976년 3월 24일** 아르헨티나에서 미국의 지원을 받은 우익 쿠데타가 일어나 포퓰리스트 이사벨 페론을 몰아냈다. 새로 만들어진 군사정부는 급진적 노동자와 공산주의자를 상대로 페론이 벌인 전쟁을 가속화하면서 수만 명을 살해하고 '실종'시켰다. 미국 국무부 장관 헨리 키신저Henry Kissinger는 인권 탄압에 항의하는 목소리가 커지기 전에 신속하게 반대세력을 쓸어버리라고 군사정권에 조언했다.

1987년 3월 24일 새로 설립된 에이즈 환자의 권리를 위한 직접행동 단체 액트업ACT UP 회원 250명이 뉴욕시 월스트리트에서 시위를 벌이며 치료 접근권 확대와 국가적인 에이즈 대응을 요구했다. 시위 참가자 17명이 연행되었다.

25 **1911년 3월 25일** 뉴욕에 자리한 트라이앵글블라우스 공장에 화재가 발생해 노동자 147명이 사망했다. 희생자들은 주로 노동력을 착취당하며 공장에서 일하던 13세에서 23세 여성과 소녀들이었다. 일부는 불에 타 사망했고, 일부는 탈출을 위해 필사적으로 계단 비상구로 몰려가다 밟혀 사망했다. 비상구는 '작업 중단'을 막기 위해 불법적으로 잠겨 있었다. 불길을 피하기 위해 고층에서 뛰어내린 노동자 50명이 사망했다. 회사 소유주들은 7가지 살인죄로 기소됐지만 무죄판결을 받았다.

1969년 3월 25일 10월에 시작된 대규모 반정부 시위가 계속된 끝에 파키스탄의 독재자 모하메드 아유브 칸Mohammad Ayub Khan 장군이 사임했다. 처음에 학생 시위를 무력으로 진압한 정부에 대한 저항은 더욱 커졌다. 농촌에서는 농민들이 지주와 경찰을 살해하는 한편 도시에서는 산업 노동자들이 게라오gherao—공장을 에워싸는 대규모 피케팅—를 벌였다. 이듬해 파키스탄 역사상 최초의 선거가 치러졌다.

26 **1953년 3월 26일** 케냐에서 영국 식민 지배에 맞서 싸우는 마우마우 게릴라들이 나이바샤 경찰서를 습격했다. 게릴라들은 경찰에 굴욕적인 패배를 안기면서 인접한 구치소의 수감자 173명을 풀어주었다. 대부분 마우마우 성원이었다. 봉기는 결국 영국군에 진압됐지만 몇 년 뒤 케냐는 독립을 이루었다.

1978년 3월 26일 일본 나리타 국제공항 개항 4일 전, 공항 건설에 분노한 시위대가 화염병으로 관제탑을 파손해 거의 두 달간 개항이 미뤄졌다.

27 **1942년 3월 27일** 나치 독일에 협력한 프랑스 비시Vichy 정부가 이발소 법령을 반포하며 이발사들이 자른 머리카락을 모아 기부할 것을 강제했다. 머리카락은 전쟁물자로 쓰일 슬리퍼와 스웨터를 만드는 데 필요했다. 이에 반발한 재즈 애호가들Zazous은 머리를 길렀다. 이들은 말쑥한 정장을 입고서 주로 흑인 음악가가 연주하는 재즈와 스윙을 듣는 이들로, 거리에서는 파시스트들과 싸웠다. 경찰은 이들에 대한 일제 단속을 벌였고, 비시의 파시스트 청년단체들이 그들을 추적해 머리를 잘랐다. ◉4

1943년 3월 27일 게이이자 반파시즘 레지스탕스인 빌럼 아론되스 Willem Arondeus가 이끈 집단이 암스테르담 공공 기록청에 폭탄을 터뜨렸

다. 이들은 네덜란드 유대인을 위한 가짜 신분증을 만들었는데, 신분증의 진위를 확인하는 데 사용될 수 있는 기록을 파괴하려고 한 것이다. 실제로 이 공격에 문서철 수천 개가 파손됐지만, 아론되스를 비롯한 성원들은 일주일 만에 체포되었다.

성원 중 1명인 프리다 벨린판터Frieda Belinfante는 음악가이자 레즈비언으로, 가까스로 체포를 피했다. 하지만 아론되스를 비롯한

빌럼 아론되스, 1943년

12명은 그해 7월 총살당했다. 아론되스는 처형 직전 마지막으로 이렇게 말했다. "동성애자가 겁쟁이가 아니라는 사실을 널리 알려주십시오."

28 **1919년 3월 28일** 미국 아칸소주가 다른 다수의 주들과 마찬가지로 아나키즘과 공산주의를 금지하는 법률을 도입했다.

"아나키와 …… 볼셰비즘을 분명히 정의해서 처벌하는" 이 법은 "현재 형태의 아칸소주나 미합중국 정부를 전복하려는 시도"와 "현재 형태의 정부를 전복하려는 의도의 깃발 등을 내거는" 행위를 일절 금지했다. 법을 위반하면 최대 1000달러의 벌금과 최고 6개월 징역형을 받을 수 있었다.

1977년 3월 28일 애틀랜타에서 대부분이 흑인인 청소 노동자 1300여 명이 시급 50센트 인상을 요구하며 파업에 나섰다. 민권운동과 블랙파워운동을 등에 업고 당선된 최초의 흑인 시장은 파업 지지에 대한 노동자들의 기대를 짓밟은 채 전원 해고로 대응했다. 마틴 루서 킹 시니어Martin Luther King Sr.(마틴 루서 킹 주니어와 혼동하지 말 것)를 비롯한 민권운동 지도자들도 시장의 조치를 지지했다. 유색인 대표자가 반드시 유색인 노동계급을 대변하지는 않는다는 사실을 보여준 초기의 교훈적 사건이었다.

29 **1986년 3월 29일** 네덜란드의 반파시스트들이 작은 도시 케디험에서 파시스트 정당인 중도당Centrum Partij, CP과 중도민주당Centrum Democraten, CD이 비공개 통합대회를 열 예정이라는 소문을 접했다. 시위대는 대회가 열리는 호텔에 연막탄을 하나 던졌는데 공교롭게도 커튼에 불이 붙었다. 불과 몇 분 만에 건물이 화염에 휩싸이자 안에 있던 파시스트들은 폭동현장인 바깥으로 도망쳐야 했다. 예정된 통합대회는 불발로 끝났다.

1988년 3월 29일 필리핀의 노동자 50만 명이 일괄적인 임금인상을 요구하며 총파업에 돌입했다.

30 **1919년 3월 30일** 남아프리카연방(지금의 남아프리카공화국)의 트란스발원주민회의Transvaal Native Congress, TNC가 인종차별적인 흑인 신분증 소지법에 항의하는 캠페인을 시작했다. 신분증 소지법은 흑인과 백인을 분리하기 위해 고안된 국내 여권시스템이었다. 캠페

인은 3개월간 이어졌고, 아프리카인 70만 명이 체포되어 기소되었다. 그러자 운동 내부의 보수주의자들이 조직을 재편성하고 온건한 방식을 채택하면서 캠페인을 중단했다. 신분증 소지법은 수십 년간 그대로 시행되었다.

1976년 3월 30일 이스라엘 정부가 갈릴리 지방에 유대인 정착촌과 군사시설을 짓기 위해 아랍인이 소유한 토지를 대대적으로 몰수하는 데 반대하는 총파업과 대규모 시위가 팔레스타인/이스라엘에서 시작되었다. 레바논의 팔레스타인 난민촌에서도 대대적인 연대파업이 일어났다. 군경과 시위대의 충돌이 확산되어 비무장 시위자 6명이 경찰과 군의 총에 맞았고, 100여 명이 부상당하고 수백 명이 체포되었다.

탄압에 맞선 시위와 분노로 팔레스타인인과 아랍인의 연대의식이 촉발되면서 팔레스타인 사람들의 권리를 위한 더 거대한 운동에 불이 붙었다.

이스라엘 당국은 토지몰수 계획으로 갈릴리의 아랍인 인구를 92퍼센트에서 72퍼센트로 크게 줄이는 데 성공했지만, 지역의 대규모 토지몰수는 1980년대에 대부분 중단되었다. 오늘날 팔레스타인/이스라엘에서는 3월 30일을 땅의 날로 기념하면서 시위와 총파업을 벌인다.

31 **1979년 3월 31일** 샌프란시스코 마약·성범죄 단속반 비번 경찰관들을 포함한 15명 정도의 남자 무리가 레즈비언 바에 있던 손님과 노동자들을 공격했다. 총각파티를 즐기던 남자들은 [레즈비언 바] 펙스플레이스Peg's Place에 들어가려다 많이 취했으며 맥주를 들고 있다는 이유로 입장을 거부당했다. 그러자 그중 몇 명이 "레즈비언들 따먹자"라고 외치면서 문지기 여자를 밀치고 들어갔고, 바 주인을 당구채로 구타했다. 여자들이 경찰을 불렀다고 외치자 남자들은 이렇게 대꾸했다. "우리가 경찰이니까 우리 마음대로 해주지."

신고를 받은 경찰관들이 도착했지만 부상자를 치료하지도 목격자 진술을 받지도 않았다고 손님들은 주장했다. 남자들에게 공격받은 한 여자는 머리에 상처를 입고 열흘간 병원에 입원했다. 경찰관 1명이 공격에 가담한 혐의로 유죄판결을 받았으나 징역형은 아니었고, 그를 포함한 경찰관들 중 누구도 경찰에서 쫓겨나지 않았다.

이 충격적인 사건은 LGBT+ 공동체의 분노를 돋우는 데 톡톡히 기여했고, 사건이 있었던 날로부터 몇 주 뒤 동성애자 시의원 하비 밀크Harvey Milk의 살해범이 무죄판결을 받으면서 LGBT+ 공동체는 폭발했다.

2009년 3월 31일 프랑스 그르노블에 자리한 캐터필러공장 노동자 40여 명이 정리해고당하는 노동자들의 퇴직금 인상을 요구하면서 간부 사무실을 습격해 4명을 인질로 잡았다. 700명이 넘는 노동자들이 정리해고를 당하는 와중에 일어난 사건이었다. 이 행동은 성공을 거두어 회사는 전체 퇴직금을 150만 유로[약 21억 3000만 원] 증액했고 결과적으로 노동자 1인당 평균 8만 유로[약 1억 4400만 원]를 지급했다.

4월

April

1649년 4월 1일 농부이자 작가인 제라드 윈스탠리Gerrard Winstanley 와 30~40명의 남녀가 잉글랜드 서리Surrey의 세인트조지 언덕을 터전 삼아 집단적으로 땅을 일구기 시작했다. 이후 몇 달간 수많은 현지인들이 합류한 이 움직임은 '디거스Diggers'라는 이름으로 알려졌다.

윈스탠리는 가톨릭교회를 비판하는 팸플릿을 쓰기 시작한 개신교인이었다. 가톨릭교회는 전통적으로 "하느님은 하늘 위 천국에 산다"고 믿었는데, 윈스탠리는 그게 아니라 하느님은 "우리 안에 있는 영靈"이라고 주장했다. 1649년 1월에 펴낸 팸플릿에서 그는 이렇게 썼다. "태초에 하느님이 세상을 만드셨다. 태초에는 인류의 한 집단이 다른 집단을 다스려야 한다는 말이 전혀 없었으나 이기적인 상상 때문에 한 사람이 다른 사람들을 가르치고 통치한다고 정해졌다."

디거스의 정치학은 일종의 원형적 공산주의 아나키즘으로서, 직접행동, 공동소유, 위계 철폐 등을 주창했다.

1982년 4월 1일 석유 회사 엑슨Exxon이 이산화탄소와 온실효과에 관한 내부 기밀 보고서를 작성했다. 고위 경영진이 회람한 이 보고서의 요약본은 대기 중 이산화탄소 농도가 340ppm이고, 화석연료 연소와 삼림 벌채 때문에 이 수치가 높아진다면서 "현재 지구온난화가 진행되고 있다는 확실한 과학적 증거"가 존재한다고 말했다. 더 나아가 1995년에 이르면 지구온난화가 실제로 탐지될 것이라고 밝혔다. 보고서는 또한 이런 온난화가 돌이킬 수 없는 수준에 다다를 수 있고, 지구온난화의 부정적 효과를 완화하려면 화석연료 연소를 줄여야 할 것이라고 경고했다. 엑슨의 과학자들은 2100년에 이르면 지구 표면 온도가 산업화 이전 수준보다 3~6도 올라갈 것이라고 예측했다.

보고서의 존재가 입증하는 것처럼, 일찍이 1970년대에 엑슨은 아직 직접 관찰되지는 않더라도 많은 화석연료 회사들과 마찬가지로 자사 생산품이 지구에 파괴적인 기후변화를 야기하고 있음을 알았다. 하지만 엑슨은 시정을 위한 아무런 행동도 하지 않았고, 오히려 기후변화 회의론을 조작하기 위한 허위 정보 캠페인에 3100만 달러[약 401억 7000만 원]를 지원했다.

2 **1920년 4월 2일** 독일 루르 지역의 노동자들이 3월 봉기를 일으키자 군대가 공격에 착수했다. 사회민주당 정부는 정부를 전복하기 위해 불과 며칠 전에 벌어진 카프 쿠데타를 지지하고 직접 참여한 원형적 파시스트세력이 부대 안에 있다는 사실을 알면서도 다루기 힘든 노동자들을 진압하기 위해 부대를 보냈다. 최소 1000명에 이르는 봉기 참가자가 학살되고 나서야 싸움은 끝이 났다.

1980년 4월 2일 잉글랜드 브리스틀의 경찰이 혼혈 흑인이 소유한 카페를 단속하자, 흑인 주민 수백 명이 경찰에 맞서 싸웠다. 이 항쟁에 브리스틀의 백인 주민 수백 명도 가세했다.

3 **1948년 4월 3일** 한국 제주도에서 좌익 봉기가 시작되었다. 일본이 2차대전에서 패배하고 한국이 소련과 미국에 의해 남북으로 분단됐을 때, 전쟁이 끝난 이래 제주도는 자치 상태에 가까웠다. 제주도민들은 미국을 등에 업은 폭력 경찰에 분노하는 한편 유엔이 남한에서 치르기로 예정한 총선거로 분단이 굳어질 것을 우려했다. 도민들은 경찰서와 우익 준군사조직을 습격했는데, 특히 일본 제국주의자들과 협력한 이들을 표적으로 삼았다.

미 군정은 제주도에 군대를 보냈고, 미국을 등에 업은 남한 당국이 반란을 잔인하게 진압하면서 여성과 어린이를 포함해 수천 명이 학살되었다. 이듬해 결국 봉기가 진압됐을 때는 섬 인구의 10퍼센트가 사망하고 마을의 70퍼센트가 파괴된 상태였다. 이후 미국의 지지를 받은 남한의 역대 독재 정부는 제주 항쟁[제주 4.3사건]을 입에 올리는 것도 금지했고, 이를 어길 시 구타와 고문, 장기 징역형으로 처벌했다.

1974년 4월 3일 런던 브릭스턴의 경찰이 브록웰공원에 모인 군중을 공격한 뒤 흑인 청소년 3명을 수감하자 대부분 흑인인 여러 학교의 학생 1000명이 수감된 흑인 청소년들을 지지하는 파업에 들어갔다. 학생들은 집회를 조직해 지방법원과 경찰서에서 털스힐중고등학교 Tulse Hill School ─ 이 학교 학생 100명도 시위 대열에 합류했다 ─ 를 거쳐 브록웰공원까지 행진했다.

4 **1935년 4월 4일** 독일의 반나치 활동가 도라 파비안Dora Fabian과 마틸데 부름Mathilde Wurm이 런던에서 살고 있던 아파트에서 주검으로 발견되었다. 독살된 상태였다. 이들이 살던 아파트는 이미 2차례 도둑이 든 적이 있었고, 두 사람은 협박 편지를 받기도 했다. 많은 사학자가 두 사람이 살해됐을 가능성이 있다고 여기지만, 조사 결과는 동반 자살로 발표되었다. 가장 가능성이 적은 사인이었다. 당시 대체로 히틀러 유화宥和론자나 지지자들이 자리했던 영국 정부와 언론은 빨리 사건을 덮으려고 애를 썼다.

1968년 4월 4일 민권운동가이자 사회주의자, 비폭력 주창자 마틴 루서 킹 주니어가 멤피스에서 흑인 청소 노동자 파업 지지 활동을 하던 중 암살당했다. 이 파업은 베트남전쟁 시기 미국 전역에서 벌어진 파업 물결의 일환이었다. 몇 년 전부터 킹의 사고는 점점 급진화되고 있었고, 인종차별에 반대하는 것 외에도 베트남을 비롯한 여러 곳에서 미국이 벌이는 제국주의적 행동과 자본주의 자체에 반대하기 시작했다. 킹은 모든 인종의 노동계급과 빈민을 단합시키기 위한 빈민 캠페인Poor People's Campaign을 조직하고 있었다.

오늘날 킹은 제도권 인물들로부터 널리 칭송되지만, 당시에는 대다수 미국 백인들뿐만 아니라 부유층과 권력자들에게도 증오의 대상이었다. 부정적인 언론 보도가 부추기는 가운데, 미국인의 22퍼센트만이 대중교통 인종 분리를 폐지하기 위한 운동인 프리덤 라이드Freedom Rides에 찬성했고, 63퍼센트는 킹을 반대했다.

FBI의 국내 정보 책임자 윌리엄 설리번William Sullivan은 킹을 "공산주의와 흑인, 국가 안보의 관점에서 볼 때 이 나라의 미래에 가장 위험한 흑인"이라고 평했고, 훗날 그를 자살로 내몰기 위한 익명의 협박 편지를 보냈다.

마틴 루서 킹 주니어, 워싱턴D.C., 1963년

킹이 암살당하자 많은 이가 평화주의에 대한 환상을 버렸고, 미국 전역에서 폭동이 일어났다. 남북전쟁 이래 사회적 소요가 가장 크게 폭발한 사례였다. ◉ 8

1932년 4월 5일 뉴펀들랜드[1907~1939년에 영국의 자치령이었던 현재 캐나다 뉴펀들랜드 래브라도주]에서 1만 명의 군중이 중앙정부 청사 앞에서 시위를 벌이며 물가 상승과 연금 축소에 항의했다. 시위대를 공격하는 과정에서 한 어린이의 머리를 곤봉으로 때린 경찰은 예상 밖의 저항에 부딪혔다. 한 경찰관이 말에서 끌어 내려져 몰매를 맞았고, 시위 군중은 청사를 박살내고 불을 지르며 총리를 찾겠다고 쳐들어갔다. 경찰관과 사제 무리는 총리를 안전한 곳으로 피신시키려 했지만, 총리는 몇 차례 구석에 몰리다가 얼굴에 주먹을 한 대 맞고서 가까스로 피신했다. 이후 시위대는 시내 주류 판매점을 전부 약탈하기 시작했다. 결국 정부는 붕괴되었다.

1971년 4월 5일 투사들이 스리랑카(당시 명칭은 실론) 곳곳의 경찰서를 습격하면서 공산주의 봉기가 시작되었다. 반란자들은 대부분 인민해방전선Janatha Vimukthi Peramuna, JVP이 조직한 젊은이들이었다. 그들은 앞서 공산당과 랑카사회주의당Lanka Sama Samaja Party, LSSP[러시아 볼셰비키인 레온 트로츠키의 이데올로기를 지지하는 정당]이 포함된 연합전선 정부를 지지했다. 연합전선이 당선되자 여러 국제 좌파는 이를 '반제국주의'의 승리로 여기며 많은 환호를 보낸 바 있었다.

인민해방전선은 처음에 몇몇 도시와 농촌 지역을 장악했다. 하지만 이후 희한한 연합이 등장해 봉기를 진압하려고 나섰다. 식민 지배자였던 영국을 비롯해 미국, 오스트레일리아, 이집트, 인도, 파키스탄뿐만 아니라 중국과 소련, 유고슬라비아까지도 실론 정부군에 지지와 병력, 무기를 제공한 것이다. 6월에 이르러 반란이 진압됐는데, 이 과정에서 1000~5000명이 사망한 것으로 추정된다.

인민해방전선, 공산당, 랑카사회주의당은 공산주의를 자처했지만, 모두 여러 형태의 민족주의를 신봉하며 소수민족인 타밀족Tamil을 상대로 인종주의와 종족청소를 자행한 싱할라족Sinhala이 다수인 조직이었다. 특히 최근의 인민해방전선은 한층 더 공공연하고 악독하게 타밀족을 차별하고 있는데, 2000년대 초에는 타밀족 반군과 정부의 평화 교섭에 반대하는 주요 세력으로 부상하며 치명적인 내전이 길어지게 했다.

6 **1871년 4월 6일** 파리코뮌 당시 국민방위대 137대대에서 반란에 가세한 군인들이 11구 시청 앞에서 단두대guillotine를 장악해 산산조각 내고 불태웠다. 주변에 운집한 구경꾼들은 박수갈채를 보냈다.

그로부터 얼마 전 정부는 이동이 더 편리하고 빠른 신형 단두대를 만들었다. 11구 코뮌위원회는 "군주 지배에 굴종하는 이 도구"를 압수해서 "구를 정화하고 우리가 새로 누리는 자유를 신성하게 만들기 위해 영원히" 파괴하기로 의결한 상태였다.

일부 좌파는 단두대를 찬미하기도 했지만, 사실 단두대는 대체로 급진주의자와 힘없는 사람들을 겨냥하는 무기로 사용되었다. 가령 단두대는 프랑스혁명 중 귀족을 처형하는 데 사용된 것으로 널리 기억되지만, 새로운 '혁명' 정부는 얼마 지나지 않아 좌파 인사들에게 단두대를 사용하기 시작했다.

독일 나치 정부 또한 단두대의 주요한 옹호자로서 1만 6000명

단두대 철거 장면을 그린 판화

을 이것으로 처형했다. 조피Sophie Scholl와 한스 숄Hans Scholl 남매를 비롯한 수많은 레지스탕스 활동가가 그 희생양이 되었다.

그보다 최근으로 오면 카리브해 지역의 프랑스 식민지들과 동독, 프랑스 등 많은 장소에서 단두대가 사용되었다. 프랑스에서는 1977년 살인 유죄판결을 받은 튀니지인 농업 노동자가 단두대로 참수된 게 마지막 사례다.

1968년 4월 6일 마틴 루서 킹 주니어가 암살당하고 불과 이틀 뒤 캘리포니아주 오클랜드에서 17세의 블랙팬서당원 '리틀' 보비 허턴"Little" Bobby Hutton이 경찰에 살해되었다. 허턴은 블랙팬서당의 최초 신입 당원이었다. 그는 경찰과 총격전을 벌인 뒤 항복했다. 총을 내려놓고 셔츠를 벗어 맨가슴을 드러낸 채 두 손을 든 상태로 숨어 있던 지하실에서 나왔다. 항복할 때는 옷을 벗고 하라는 조언을 동지에게 들었었는데 경황이 없어서 깜박하고 바지를 벗지 못한 채였다. 경찰은 최소한 10차례 사격을 가해 그를 죽였다. 6일 뒤 1000명이 넘는 사람들이 장례식에 참석했고, 배우 말런 브랜도가 추도연설을 했다.

그의 사망을 계기로 블랙팬서당은 급격하게 성장하기 시작했다.

7 **1926년 4월 7일** 이탈리아 로마에서 49세의 아일랜드 귀족이자 평화운동가인 바이올렛 깁슨Violet Gibson이 파시스트 독재자 베니토 무솔리니Benito Mussolini의 암살을 시도했다. 깁슨은 숄로 감싼 권총과 필요할 경우 무솔리니의 차창을 깨뜨릴 돌덩이 하나로 무장한 상태였다. 그가 무솔리니의 머리를 향해 총을 쏘는 순간 무솔리니가 움직여서 총알은 양쪽 콧구멍을 스친 채 지나갔다. 깁슨은 다시 총을 쏘려 했지만 불발에 그쳤다. 그는 성난 군중에게 거의 죽기 직전까지 무자비한 몰매를 맞은 끝에 경찰에 체포되었다.

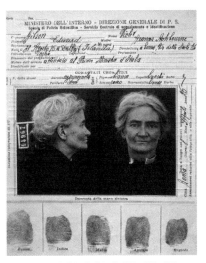
바이올렛 깁슨에 대한 경찰 기록

깁슨은 의사들에게 정신이상을 호소하며 석방을 위해 애썼다. 대화를 하거나 편지 속에서의 그는 명료하고 이성적이었지만, 자녀가 없다는 사실이 심리적으로 문제가 있다고 해석되었다. 또한 이전에 자살 시도를 했다는 것과 파시스트인 동료 재소자를 폭력적으로 대한 것도 그를 '정신이상자'로 간주하게 만들었다. 깁슨은 영국으로 추방되었고 정신병원에서 여생을 보냈다. 그가 사망했을 때 장례식에는 아무도 오지 않았다.

2010년 4월 7일 덴마크 코펜하겐에서 칼스버그Carlsberg [맥주]공장 노동자 800명이 근무 중 맥주를 마시지 못하도록 하는 새로운 경영 방침에 항의하면서 파업에 돌입했다. 회사의 트럭 운전사들도 파업에 동참했다. 그 전주에 공장 측은 작업현장에서 노동자들이 하루 종일 무료로 꺼내 마실 수 있었던 맥주 냉장고를 철거하면서 이제부터는 점심시간에 구내식당에서만 맥주를 마실 수 있다고 공지했다. 파업은 5일간 계속됐지만 결국 실패로 끝났다. 다음 달 노동자들은 다시 파업을 벌였는데, 이번에는 임금인상을 요구하는 것이었다.

8 **1929년 4월 8일** 사회주의자이자 식민 지배에 반대하는 [인도의] 혁명가 바가트 싱과 그의 동지 바투케슈와르 더트 Batukeshwar Dutt가 델리 중앙의회에 폭탄 2개를 던지며 "혁명 만세"라고 외치고 2가지 탄압 법안이 통과된 데 항의하는 전단을 뿌렸다. 의회 바닥에 흩어진 전단은 다음과 같은 문구로 시작했다. "귀를 막고 있는 사람들이 듣게 하려면 목소리를 크게 내야 한다." 이들은 부상자 발생을 막기 위해 사람이 없는 곳에 폭탄을 던졌지만, 종신형이라는 가혹한 처벌을 받았다.

1958년 4월 8일 바베이도스에 인접한 플랜테이션 농장 2곳에서 일하는 사탕수수 노동자들이 톤당 15센트씩 임금을 인상해주지 않으면 수확을 거부하겠다며 일손을 놓았다. 톤당 6센트 인상을 제안받은 수확 노동자들은 작업을 중단하면서 1958년 사탕수수 노동자 살쾡이파업에 돌입했다. 이 파업은 전국 각지의 플랜테이션 농장 수십 곳으로 확산되었다.

9 **1945년 4월 9일** 단독으로 히틀러 암살을 시도한 공장 노동자이자 민속 음악가인 게오르크 엘저Georg Elser가 다하우 강제수용소에서 살해되었다.

몇 년 전 무기공장에 이어 채석장에서 일하던 그는 폭발물을 조금씩 훔쳐 모은 뒤 1939년 히틀러가 1923년 나치 쿠데타를 기념하기 위해 매년 11월 8일과 9일에 방문하는 뮌헨의 한 술집에 폭발물을 설치했다. 유감스럽게도 히틀러는 일찍 자리를 떴고, 폭탄은 몇 분 차이로 늦게 터져 나치 고위 간부 6명과 비극적이게도 웨이트리스 1명이 사망했다. 엘저는 나중에 체포되어 고문당했지만, 단독 행동을 주장하면서 이미 사망한 공산주의자 1명을 제외한 어떤 이름도 대지 않았다. 강제수용소로 보내진 그는 수용소 해방 불과 며칠 전, 나치 친위대 지도자 하인리히 힘러Heinrich Himmler의 지시에 따라 살해되었다.

⚠ **1948년 4월 9일** 시온주의 준군사조직인 이르군Irgun과 레히Lehi 소속 전투원 120명이 예루살렘 근처의 팔레스타인 마을인 데이르야신Deir Yassin을 공격하면서 데이르야신 학살사건이 벌어졌다. 여성과 어린이를 포함한 팔레스타인인 100명에서 150여 명이 살해됐는데, 그중 일부는 목이 잘리고, 내장이 꺼내지고, 사지가 절단되고, 강간을 당했다. 많은 팔레스타인인이 겁에 질려 도망쳤고, 이 사건은 이스라엘-팔레스타인 분쟁 초기에 큰 영향을 미쳤다. ◉ 17-18

10 **1919년 4월 10일** 멕시코혁명 당시 나우아족 메스티소 농민 지도자였던 에밀리아노 사파타Emiliano Zapata가 아얄라시 치나메카에서 '혁명적인' 베누스티아노 카란사Venustiano Carranza 정부의 파블로 곤살레스Pablo González 장군에게 암살당했다.

인생 초반에 사파타는 모렐로스 지역 원주민들의 권리를 주창하기 시작했다. 부유한 지주들이 계속해서 원주민의 땅을 가로채는데도 정부가 아무런 대응을 하지 않는 걸 지켜보면서 그는 무장 토지 점거에 참여하기 시작했다.

1910년 멕시코혁명이 발발하자 사파타는 남부해방군Liberation Army of the South, LAS의 지도자가 되었다. 남부해방군은 멕시코 아나키스트 리카르도 플로레스 마곤Ricardo Flores Magón이 처음 내세운 슬로건인 '땅과 자유'를 위해 싸우는 농민 민병대였다.

1911년 프란시스코 마데로Francisco Madero가 집권하자 사파타는 그가 혁명을 배반했다고 비난하면서 급진적 토지개혁 프로그램인 아얄라 계획Plan of Ayala을 작성했다. 이후 반혁명세력인 빅토리아노 우에르타Victoriano Huerta가 마데로를 끌어내렸다.

사파타의 남부군은 판초 비야Pancho Villa와 베누스티아노 카란사가 이끄는 북부의 혁명군과 손을 잡았다. 그들은 이내 빅토리아노 우에르타를 축출하고 신정부를 수립하기 위한 제헌의회를 소집했는데, 제헌의회 소집자들이 하나도 선출되지 않자 사파타는 신정부에 참여하는 것을 거부했다.

권력을 잡은 카란사가 아얄라계획에 한참 못 미치는 온건한 개혁만을 실행하자 사파티스타[사파타 지지 세력]는 싸움을 계속했다. 카란사는 사파타의 목에 현상금을 걸면서 그의 투사 가운데 누군가 그를 배신하기

에밀리아노 사파타, 1914년

를 기대했지만 배신자는 나오지 않았다. 결국 카란사의 부하들 중 하나가 변절할 의향을 [거짓으로] 내보이며 사파타를 꾀어냈다. 부하를 만나러 간 사파타는 곧바로 총탄 세례를 받았고, 카란사의 부하들은 선전 목적으로 그의 시신 사진을 찍었다.

오늘날까지 사파타는 멕시코의 국가적 영웅으로 추앙받는다. 1994년 봉기로 자치 지역을 만든 치아파스의 원주민 반란자들의 이름[사파티스타민족해방군]은 그의 이름에서 유래했다.

1932년 4월 10일 여성이 주축을 이룬 공장 노동자 수천 명이 소련 테이코보에서 식량배급 감축에 항의하는 파업에 합류했다. 30퍼센트에서 50퍼센트가 줄어든 식량배급에 굶주릴 수밖에 없었던 노동자들이 불만을 터뜨린 반면, 공산당 관리자들과 비밀경찰 간부들은 식량을 충분하게 받고 있었다. 여성들은 동료들에게도 파업에 가세할 것을 호소하며 기계를 망가뜨렸고, 파업을 거부하는 이들을 '배신자'라고 비난했다. 노동자들은 시내 곳곳에 모인 다음 시 광장으로 집결해서 연설을 했는데, 파업을 비난하는 한 공산당원을 연단에서 끌어

내리기도 했다. 이튿날 아침, 공장에 출근한 노동자는 130명뿐이었다. 비밀경찰이 많은 사람을 체포했고, 4월 17일에 이르러 파업은 분쇄되었다. 여성은 1명도 기소되지 않았지만, 파업에 참여한 남성 몇 명은 유형流刑이나 노동수용소 3년형을 선고받았다.

11 **1945년 4월 11일** 미군이 접근하는 가운데 레지스탕스운동에 나선 재소자들이 독일 부헨발트 강제수용소를 장악했다. 미국 홀로코스트 기념관에 따르면, 연합군이 강제수용소를 접수했을 때 동성애 때문에 구금된 몇 사람은 풀려나지 않은 채 동성애 혐오적인 나치의 형법에 따라 받은 형기를 모두 채울 것을 요구받았다.

LGBT+ 수천 명이 강제수용소에 갇혔고, 대부분 옷에 분홍색 삼각형을 붙여야 했다. 그중 다수가 생체실험을 당하거나 거세당하거나 살해되었다.

'해방' 이후 미군은 독일 점령 안내서를 통해 대다수 홀로코스트 생존자들을 강제수용소에서 풀어주어야 한다면서도 "아직 징역형 형기가 남은 범죄자는 민간 교도소로 이송할 것"이라는 지침을 내렸다. 게이와 양성애자 남성과 트랜스 여성은 나치스가 강화한 독일 형법 175항에 따라 유죄판결을 받았기 때문에 일반 범죄자 취급을 받았다. 동성애는 또한 당시 미국, 영국, 소련 등 연합국 법률에도 위배되는 것이었다.

다하우 남서쪽 란츠베르크 요새에 구금 중이던 헤르만Hermann R도 해방을 축하하는 대열에 합류했다. 하지만 2주 뒤, 한 미군 감독관이 헤르만의 파일을 들고 그의 감방을 찾아와서 말했다. "동성애—그건 범죄야. 당신은 여기 계속 있어야 돼!"

미군 점령 당국은 나치 형법 175항을 계속 유지했으며, 전쟁이 끝나고 처음 4년간은 해마다 이 조항을 근거로 1500명 정도를 체포했다. 점령이 끝난 뒤 서독 또한 이 조항을 유지하면서 5만여 명에게 유죄판결을 내리다가 1969년에 이르러서야 조항을 폐지했다. 한편 동독은 나치 이전의 175항으로 돌아가서 4000명 정도를 처벌하다가 1968년에 폐지했다.

LGBT+ 사람들은 홀로코스트 피해자로 인정받지 못했고 강제수용소에 구금된 기간만큼 연금이 깎이기도 했다. 대부분이 어떤 보상도 받지 못했다.

1972년 4월 11일 퀘벡의 공공 부문 노동자 20만여 명이 총파업에 참여하면서 주 전체가 마비되었다. 정부는 대투쟁을 진압하려 했지만 오히려 더 많은 노동자가 거리로 쏟아져 나오며 30만여 명이 스스로 조직한 자발적 파업 물결에 참여했다. 노동자들은 공장을 점거하고 한 라디오방송국까지 접수하며 파업 방송을 내보냈다.

12 **1920년 4월 12일** 아일랜드의 노동자들이 더블린에 있는 마운트조이 교도소에서 단식투쟁을 벌이는 독립파 수감자들을 지지하는 총파업에 착수했다. 우체국, 대중교통, 상점, 술집, 공중화장실이 모두 문을 닫았다. 이틀 뒤 영국 정부는 굴복하며 모든 수감자를 석방했다.

1927년 4월 12일 장제스의 국민당이 공산주의자와 노동자, 학생 수천 명을 살해하거나 '실종시키면서' 상하이 학살이 시작되었다. 앞서 중국공산당과 소련뿐만 아니라 일부 아나키스트도 군벌과 외국 제국주의 열강에 맞서 힘을 합치면서 중국을 통일하고 근대화하려 했다. 이후 12개월 동안 국민당이 반공 숙청에 나서면서 30만 명이 넘는 사람들을 살해했다.

이런 학살에도 불구하고 소수의 중국 아나키스트들은 국민당과 계속 손을 잡고 다른 이들도 끌어들이려고 했다. 화린을 비롯한 대다수 활동가들은 이를 거부하며, 국민당과 손을 잡은 투사들은 사실상 아나키스트 행세를 그만두어야 한다고 주장했다.

13 **1916년 4월 13일** 글래스고 시의회가 결사의 자유를 제한하는 조례를 도입했다. 이때 제정된 조례가 1922년 노동계급과 급진주의자들의 글래스고그린공원 집회를 막는 근거로 발효되자 표현의 자유를 위한 투쟁이 시작되었다. 이후 10년간 항의 시위가 조직되고 조례에 도전하는 집회가 열렸으며, 발언자가 체포되어 수감되는 한편, 최대 10만 명에 이르는 군중이 경찰과 싸우며 폭동을 벌이고 상점을 약탈했다. 결국 조례는 철회되었다.

1919년 4월 13일 인도 암리차르에서 영국군이 시크교도 순례자들이 대부분인 군중에게 발포해서 1000여 명이 사망하고 훨씬 많은 부상자가 발생한 잘리안왈라바그 학살이 벌어졌다. 희생자들 중에는 순례자만이 아니라 무슬림과 힌두교도도 많았는데, 대부분 우마牛馬 시장을 찾은 농민과 거래업자, 상인이었다. 가장 어린 희생자는 생후 6주에 불과한 아기였다. 이 학살사건은 12월까지 영국에 보고되지 않았고, 아무도 범죄 혐의로 기소되지 않았다. 이 사건으로 분노가 널리 확산되면서 이듬해를 시작으로 비협조운동noncooperation movement이 일어났다.

바베이도스에 있는 노예해방 조각상, 흔히 부사 조각상이라고 불린다.

14 **1816년 4월 14일** 바베이도스에서 부사의 반란Bussa's rebellion이 일어났다. 부활절 밤에 시작되었으며 지도자의 이름을 딴 이 봉기는 바베이도스섬 역사상 최대 규모의 아프리카인 노예 반란이었다.

노예들은 부활절을 맞아 잠시 일손을 놓고 한자리에 모일 수 있는 기회를 이용해서 봉기를 조직했다. 각 사탕수수 플랜테이션 농장에서 지도자를 뽑은 이들은 자유 흑인 3명씩과 같이 돌아다니면서 반란자들과 만났다.

봉기는 세인트필립의 사탕수수밭에 불을 지르면서 시작되었고, 이내 다른 70여 개 농장에서 일하는 400여 명의 남녀가 합세했다. 영국 식민 당국은 이튿날 계엄령을 선포하고 신속하게 봉기를 진압했다. 백인은 2명만 살해된 반면, 노예는 진압 기간 중 120명이 살해되었으며 이후 144명이 처형되고 132명이 국외 추방되었다.

1919년 4월 14일 아일랜드 리머릭에서 영국의 '특별 무장 지대' 설정에 항의하는 총파업이 소집되었다. 총파업으로 탄생한 리머릭 소비에트는 단명에 그쳤지만 노동자들은 잠시나마 도시를 장악했다.

15 **1916년 4월 15일** 세계산업노동자연맹에서 발행하는 신문이 콜로라도주 덴버에서 가사노동조합이 결성되었다고 발표했다. 조합 활동가 제인 스트리트는 1917년 오클라호마주 털사^{Tulsa}의 다른 가사노동자 조직자에게 편지를 보내 자신들이 어떻게 조직을 만들고 임금과 노동조건 향상을 위한 행동에 나섰는지를 설명했다.

20달러에서 30달러로 임금을 올리고자 한다면 …… 여성들 10여 명이 구인광고를 보고 30달러를 요구하면 됩니다. 아예 일할 생각이 없더라도 말이에요. 아니면 광고를 낸 여성에게 전화해 20달러에 일하겠다고 말합니다. 그러면 다음 날 광고는 내려가겠지요. 가지 마세요. 다시 전화해서 25달러를 주면 가겠다고 말합니다(그리고 가지 마세요). 세 번째 날에는 광고를 낸 여성이 이렇게 말할 거예요. "일단 와서 얘기를 하죠." 그러면 임금뿐만 아니라 노동시간까지 조정하고 업무도 쉬워질 겁니다. ◉16

1989년 4월 15일 중국공산당의 개혁적 지도자 후야오방이 사망한 지 1시간도 지나지 않아 톈안먼광장에서 노동자 집회가 열렸다. 이 집회는 전국 각지에서 학생과 노동자들의 항의 시위 물결을 촉발했고, 몇 주 뒤 군대가 나서서 진압해야 할 정도로 커졌다. 이 항쟁은 일반적으로 자유로운 자본주의적 민주주의를 요구한 학생운동으로 서구에 소개됐지만, 실상은 한층 복잡하며 노동계급이 깊숙이 관여돼 있다.

학생들이 경찰의 탄압에 직면하자 많은 노동자가 학생들을 지지하기 위한 행동에 나섰다. 베이징에서는 거리로 몰려나온 노동자들이 계엄령 선포 후 진군하는 병사들을 형제처럼 대하는 한편 바리케이드를 설치하면서 사실상 군대가 도심부로 접근하는 것을 가로막았다.

영어를 구사하는 학생과 지식인들이 '민주주의'에 대해 추상적인 용어로 이야기하는 동안, 노동자들은 주로 정부가 도입한 시장개혁 때문에 악화되고 있는 경제문제에 관심을 두었다. 노동자들은 경제문제를 비민주적 관료제가 낳은 결과로 보았다. 한 노동자는 다음과 같이 말했다.

작업장에서 노동자들의 말이 중요한가, 아니면 지도자의 말이 중요한가? 우리는 나중에 이에 관해 이야기했다. 공장에서 공장장은 독재자다. 한 사람의 말이 통용된다. 공장을 통해 국가를 보면 사실상 똑같다. 1인이 지배하는 것이다. …… 우리가 바란 건 엄청난 게 아니었다. 그저 노동자들이 독립적 조직을 갖는 것이었다.

6월 4일, 기어이 군대가 전국 곳곳에서 진압에 나섰을 때, 베이징의 노동계급 지구들에서는 광범위한 싸움이 벌어졌고 노동자들이 가장 많이 희생되었다. 탄압으로 인한 희생자가 정확히 몇 명인지는 알려지지 않았지만, 중국 정부의 공식 발표 수치인 300명에서 수천 명에 이르기까지 추정은 다양하다. 희생자 가족들은 약 200명의 사망자를 확인했다.

1970년 4월 16일 디트로이트에 있는 크라이슬러Chrysler [자동차]공장의 백인 작업반장이 한 흑인 노동자를 살해하겠다고 위협했다. 흑인 노동자는 회사에 이를 고발했지만 크라이슬러는 오히려 그가 칼을 소지하고 있다면서 해고 조치를 취했다. 이에 백인과 흑인 노동자 약 1000명이 항의하며 파업에 나서 주말 내내 공장을 폐쇄했고, 결국 경영진이 한발 물러났다. ☺12

1979년 4월 16일 니카라과의 혁명가 이다니아 페르난데스Idania Fernandez가 미국의 지지를 받는 아나스타시오 소모사 데바일레Anastasio Somoza Debayle 독재 정부의 군대에 의해 구금된 상태에서 살해되었다. 페르난데스는 정보원의 밀고로 체포된 상태였다. 하지만 그녀가 사망하자 많은 이들이 저항에 나섰고 정권은 한 달 만에 무너졌다.

1920년 4월 17일 더블린의 부두 노동자들이 잉글랜드로 향하는 배에 식료품을 싣는 작업을 거부했다. 1917년 이래 영국으로 대량의 식료품이 운송되는 한편 버터, 계란, 설탕 같은 많은 주요 상품이 바닥나면서 심각해진 더블린의 식료품 부족 사태를 누그러뜨리는 데 도움이 된 행동이었다.

1976년 4월 17일 영국의 극우 정당 국민전선National Front이 잉글랜드 북부 브래드퍼드의 아시아계 지역에서 행진을 조직했다. 지역 정치인들이 도심에서 대항 집회를 열었지만, 아시아계 젊은이 수백 명이 떨어져 나와 폴리스라인 곳곳에서 싸움을 벌이며 인종주의자들을 공격했다. 다수의 젊은이들은 브래드퍼드아시아청년운동Bradford Asian Youth Movement 소속이었다. 이 단체는 인종주의 반대 캠페인을 벌이는 남아시아계 조직으로, 거리에서 파시스트들과 싸우고, 노동자 투쟁과 식민 지배 반대투쟁을 지지했으며, 이민자 가정을 지지하는 캠페인을 벌였다. ☺33-34

18 **1888년 4월 18일** 런던에서 오늘날의 우간다와 케냐 지역을 영국 식민지로 운영하기 위한 영제국동아프리카회사Imperial British East Africa Company가 설립되었다. 영국이 모든 식민지에서 그런 것처럼, 여기서도 영국인들은 동성애를 불법화하며 동성애 혐오 가치관을 전파했다. 2017년 현재, 우간다와 케냐를 비롯해 동성애를 범죄시하는 국가들 중 절반은 과거 영제국의 일부였다.

2001년 4월 18일 알제리의 도시 카빌리에서 경찰이 마시니사라는 이름의 젊은이를 살해하며 후에 '캄캄한 봄Black Spring'이라고 불리게 되는 전국적 봉기가 촉발되었다. 마시니사의 죽음 이후 아마지그인Amazigh people(베르베르인Berbers이라고도 불린다)의 민주적 권리와 문화적 권리를 요구하는 항의 시위와 폭동이 알제리 전국 각지에서 벌어졌다. 경찰은 반란을 진압하는 과정에서 120여 명을 살해했다.

19 **1943년 4월 19일** 유대인들이 자신들을 트레블링카 절멸수용소extermination camp로 이송하려는 나치의 시도에 맞서 반격을 가하면서 바르샤바 게토 봉기Warsaw Ghetto Uprising가 시작되었다. 비록 패배로 끝났지만 홀로코스트 시기 파시스트들에 맞서 유대인이 벌인 최대 규모의 무장 반란이었다.

1960년 4월 19일 정부 지지자들이 시위에 참여한 학생을 습격한 이튿날, 서울의 고려대학교 학생 수천 명이 미국을 등에 업은 독재 정권에 항의하는 시위를 벌이면서 본격적으로 4월혁명이 시작되었다. 경찰은 군중에 발포해 180명을 살해했고, 정부는 계엄령을 선포했다. 하지만 시위는 점점 커졌고, 그다음 주에 군대는 발포 명령을 거부했다. 이튿날 이승만 대통령이 물러났다.

20 **1853년 4월 20일** 노예 출신 노예제 폐지론자 해리엇 터브먼Harriet Tubman이 노예를 자유 주로 탈출시키는 비밀조직 지하철도Underground Railroad에서 활동하기 시작했다. 터브먼은 직접 70명 정도를

탈출시켰고, 그보다 훨씬 많은 사람을 도왔다.

1914년 4월 20일 콜로라도주 러들로에서 군대가 파업 중인 광부들과 그 가족들이 사는 천막촌에 기관총으로 사격을 개시했다.

광부 1만 2000명은 전미광산노동조합United Mine Workers of America, UMWA 활동가 1명이 살해된 뒤 지난해 9월부터 록펠러 가문이 소유한 콜로라도연료제철사Colorado Fuel and Iron Corporation, CF&I에 맞서 파업을 벌이고 있었다. 광부들은

해리엇 터브먼, 1885년 무렵

작업장 안전 개선과 회사 전표錢票(회사 상점에서만 사용하거나 현금화할 수 있는 일종의 상품권) 대신 현금으로 지급되는 임금을 요구했다.

록펠러 가문이 파업 광부와 그 가족들을 사택에서 내쫓자 이들은 집단적인 '천막 도시'를 만들었고, 광부 부인들이 운영을 도왔다. 회사 측 깡패들은 파업 광부들을 괴롭히고 이따금 천막촌 옆을 달리면서 기관총을 쏴 천막을 벌집으로 만들었다. 이 과정에서 노동자와 노동자의 자녀들이 사망하거나 부상을 당했다.

마침내 주 방위군이 파업 천막촌을 전부 철거하라는 명령을 받고 4월 20일 아침 러들로에 있는 최대 규모의 천막촌을 공격했다. 군대는 노동자와 가족이 거주하는 천막에 기관총을 쏘았고 노동자들도 대응 사격을 했다. 천막촌의 주요 조직자인 루이스 티카스Louis Tikas가 주 방위군을 책임지는 장교를 찾아가서 휴전을 교섭하려 했지만, 몰매를 맞고 땅에 쓰러진 뒤 등에 여러 발 총을 맞아 사망했다. 그날 밤 군대가 천막촌에 진입해서 불을 질러 아이 11명과 여성 2명이 사망했고, 교전 과정에서 추가로 13명이 사망했다. 가장 어린 희생자인 엘비라 밸디즈는 불과 생후 3개월이었다.

전국 각지에서 이 학살에 항의하는 시위가 벌어졌지만 콜로라도연료제철사 노동자들은 패배했고, 이후 많은 이가 해고되고 그 자리는 비조합원 광부로 대체되었다. 파업 과정에서 총 66명이 사망했지만, 주 방위군이나 회사 깡패들 중 아무도 기소되지 않았다.

1856년 4월 21일 오스트레일리아 멜버른의 석공들이 하루 최대 8시간 노동을 요구하며 파업에 돌입했다. 평일 10시간, 토요일 8시간인 노동시간의 단축을 요구한 것이다. 석공들은 건설현장인 멜버른대학교의 올드쿼드랭글Old Quadrangle 건물에서 행진을 시작하면서 '8시간 노동, 8시간 여가, 8시간 휴식'을 요구하는 플래카드를 앞세웠다. 노동자들의 탄탄한 조직력 덕분에 도시 공공사업장에서 일하는 노동자들은 임금삭감 없이 금세 목표를 이루었다. 노동자들은 5월 12일 성령강림절 월요일에 19개 직종 700명 가까이 모인 가운데 행진을 하며 승리를 축하했다.

2007년 4월 21일 여성이 대부분인 의류 노동자 150명이 정리해고와 임금체불에 항의하며 이집트에 있는 만수라-에스파냐 섬유공장을 점거했다. 경영진은 점거를 중단시키기 위해 다양한 술책을 동원하면서 여성 노동자들에게 성매매 혐의를 날조하겠다고 위협했다. 여성 노동자들이 점거 중 외박을 하면서 남편이 아닌 남자와 한 지붕 아래 잠을 잤다는 이야기를 퍼뜨리겠다는 것이었다. 하지만 노동자들은 경영진과 노동조합 둘 다에 맞서 버티면서 2개월간 점거를 계속했고 결국 정리해고와 임금체불 모두에 대해 양보를 얻어냈다.

1944년 4월 22일 하워드대학교 학생들이 주축을 이룬 흑인 200명이 워싱턴D.C.에 자리한 인종 분리 레스토랑인 톰슨스 Thompson's에서 앉아 있기 시위를 벌였다. 워싱턴D.C.는 짐크로법Jim Crow laws[인종 분리를 합법화한 각종 입법]을 시행하지는 않았지만 관습적인 인종 분리가 존재하는 도시였다. 매출이 대폭 줄어들자 톰슨스 본사

만년의 폴리 머리

는 아프리카계 흑인도 손님으로 받으라고 지시했다. 연방교부금이
끊길 것을 우려한 대학은 이후 학생들에게 직접행동 중단을 요구했
고, 톰슨스는 곧바로 다시 인종 분리를 시행했다.

　이 직접행동의 핵심 조직자 중 1명인 폴리 머리Pauli Murray는 스스로
를 반은 여성이고 반은 남성으로 인식한 젊은 흑인 활동가이자 페미
니스트로, 유의미한 낭만적 관계는 여성과만 맺었다.

　워싱턴D.C.는 1953년에 이르러서야 식당에서의 인종 분리를 법
으로 금지했다.

1993년 4월 22일 영국에 사는 10대 흑인 스티븐 로런스Stephen Lawrence가
엘담Eltham에서 버스를 기다리던 중 인종주의자들에게 공격당해 사망
했다. 런던광역시 경찰은 살인자들을 찾기 위해 충분한 자원을 투
입하는 대신 정의를 외치는 로런스 가족의 캠페인에 침투해서 가족
을 모략하고 신뢰를 해치는 방법을 모색했다. 캠페인이 몇 년간 계
속되자 정부는 어쩔 수 없이 경찰의 제도적인 인종주의를 인정했고,
2012년 살인자 2명이 기소되었다.

23 **1951년 4월 23일** 버지니아주 프린스에드워드 카운티에서 16세의 흑인 학생 바버라 존스Barbara Johns가 동료 학생들을 이끌고 학교의 인종차별적이고 열악한 환경에 항의하는 파업에 나섰다. 이 학교는 대법원이 검토한 사례연구 대상 중 1곳이었으며, 대법원은 결국 인종 분리가 위헌이라고 선언했다. 그러나 지역 학교위원회는 인종 분리를 폐지하는 대신 모든 학교를 폐쇄했고, 현지 백인 아이들이 다니는 사립학교들은 1986년까지 인종 분리를 폐지하지 않았다.

1971년 4월 23일 1000명에 육박하는 베트남전쟁 참전군인들이 무공훈장을 정부에 반납했다. 베트남전쟁 참전군인들은 이 무공훈장을 시체 운반용 자루에 담아 반납하려 했으나, 당국이 의사당 주변에 울타리를 세우자 그 위로 훈장을 던졌다. 일부 참전군인들은 훈장을 던지기 전에 전투 중 사망한 전우들—미국인과 베트남인 모두—에게 훈장을 바치는 말을 외쳤다. 시위에 참여한 피터 브래니건은 훈장을 던진 의사당을 가리키면서 이렇게 말했다. "여기서 퍼플하트purple heart 훈장[미군에서 전투 중 부상을 입은 군인에게 수여한다]을 받았어요. 이 후레자식들하고 싸워서 받을 수 있는 훈장이 있으면 좋겠네요." 🎯 10-11

24 **1912년 4월 24일** RMS 올림픽호—타이타닉호의 자매 선박으로 이튿날 출항 예정이었다—에 탄 보일러공 284명이 출항 직전에 설치된 접이식 구명보트가 항해 불가능한 수준이라고 항의하면서 파업에 들어갔다. 그러자 경영진은 사우샘프턴과 리버풀에서 파업 대체인력을 데려왔다. 다음 날, 파업 노동자 대표단은 접이식 보트 테스트를 참관했고, 결함이 있는 1척만 교체하면 항해에 나서겠다고 동의했다.

경영진은 비조합원 대체인력이 계속 일하게 하려고 했지만 승무원들이 이를 거부했고, 선원 54명이 항의의 뜻으로 배에서 내리면서 출항이 취소되었다. 이들은 모두 체포되어 반란 혐의로 재판을 받았지만 유죄판결을 받긴 했어도 1명도 처벌받지 않았고, 경영진은 파업 노동자들에 대한 대중의 지지를 우려해서 그들의 복귀를 허용했다. 여객선은 반란을 일으킨 승무원들과 함께 5월 15일 항해를 시작했다.

1954년 4월 24일 케냐 나이로비의 영국 식민 당국이 도시에서 키쿠유족을 종족청소하기 위한 앤빌 작전Operation Anvil을 개시했다. 키쿠유족이 주축이었던 마우마우 반란에 비춰볼 때, 영국인들은 나이로비에서 주도한다고 여겨지는 '땅과 자유'를 위한 운동을 파괴할 수 있다고 믿었다.

2주에 걸쳐 군부대가 도시를 한 블록씩 봉쇄하면서 키쿠유족 및 이들과 밀접한 관련이 있는 엠부족과 마루족 성원들을 모조리 납치했다. 심문을 거친 부족민들은 마우마우 반란을 지지하는지 여부에 따라 여러 집단으로 나뉘었다. 전투적 성향이 강하다고 여겨지는 이들은 심문과 고문, 구금을 당한 반면, 마우마우와 관련이 없는 이들은 과밀한 '지정 거주지'로 추방되었다.

작전이 끝날 즈음, 유럽인 고용주와 장기 계약을 맺은 소수의 노동자들을 제외한 도시의 키쿠유족 거의 전부가 사라졌다. 2만 명이 '심사' 과정으로 보내지고 3만 명은 지정 거주지로 쫓겨났다. 납치당한 이들은 소지품을 담은 가방 하나만 겨우 챙길 수 있었기 때문에 나머지는 영국군이 마음껏 약탈했다. 이런 야만적인 탄압은 반란을 진정시키기는커녕 식민 지배에 대한 반발만 부추기는 결과를 낳았다.

25 **1974년 4월 25일** 포르투갈의 파시스트 독재 정부가 군사 쿠데타로 무너지고 뒤이어 노동계급 봉기가 일어났다. 도시 노동자들이 공장을 장악하고 농장 노동자들은 농장을 접수하면서 훗날 카네이션혁명이라고 불리게 되는 사태가 일어났다. 총성은 거의

울리지 않았고, 사람들은 군인들에게 카네이션을 달아주었다.

정권이 인기를 잃은 핵심 요인은 앙골라와 모잠비크, 기니비사우에서 벌어진 독립운동을 상대로 장기에 걸쳐 식민 전쟁을 벌인 것이었다. 혁명 이후 이 식민지들뿐만 아니라 카보베르데와 상투메프린시페도 금세 독립을 이루었다. 🔊 41-42

2013년 4월 25일 라나플라자 빌딩이 붕괴해 의류 노동자 1000여 명이 사망한 다음 날 방글라데시 의류 노동자 수십만 명이 사건에 항의하는 파업을 벌였다. 노동자들은 고속도로에 바리케이드를 치고 경찰과 싸웠으며, 공장과 상점, 의류기업인연맹 본부를 습격했다.

많은 언론이 방글라데시 의류 노동자들의 열악한 상황을 사실상 값싼 옷을 구입하는 노동계급 소비자 탓으로 돌렸지만, 사실 인건비와 공장 안전관리비는 소비자들과는 별 관련이 없다. 세계 저개발지역의 인건비는 대체로 옷 1벌 값의 1~3퍼센트에 불과하며, 방글라데시의 모든 공장을 서구 기준에 맞추더라도 옷 1벌 값에 추가되는 비용이 10센트도 되지 않기 때문이다. 이는 단지 고용주들의 이윤에 부정적인 영향을 미칠 뿐이다.

26 **1797년 4월 26일** 잉글랜드 플리머스의 왕립 해군 선박 15척의 수병들이 2주 전 포츠머스 인근 스핏헤드에서 시작된 반란에 가세하면서 임금인상과 노동조건 개선을 요구했다. 수병들은 대표단을 선출해 다른 반란자들과 함께 교섭에 참여하도록 보냈다. 힘을 합친 수병들은 요구안의 대부분에 대한 수용을 얻어냈다.

1982년 4월 26일 영국의 리즈 형사법원에서 브래드퍼드 12인의 재판이 시작되었다. 이들 12인은 파시스트들에 맞서 자신들의 공동체를 지키려는 대비를 했다는 이유로 음모죄 혐의로 체포된 흑인청년연합United Black Youth League 활동가들이었다. 재판은 9주간 이어졌는데, 피고인 측은 경찰이 인종주의적 공격으로부터 아시아계와 아프리카계 카리브인을 보호하지 못한 탓에 이 공동체들이 자위권을 행사해야

했다고 주장했다. 기념비적인 판결에서 12명은 모두 무죄방면되었다. ◉ 33-34

27 **1934년 4월 27일** 산티아고에 있는 칠레노동자연맹Federación Obrera de Chile, FOCH 본부가 기업주들이 동원한 민병대와 경찰의 습격을 받았다. 노동자 7명과 어린이 1명이 사망하고 200명이 중상을 입었다.

1981년 4월 27일 미국과 캐나다 출신 백인우월주의자 9명이 나치 깃발을 달고 무기를 가득 채운 보트를 타고 도미니카연방을 침공하려다가 체포되었다. KKK 단원들 및 후에 네오나치 웹사이트인 스톰프런트www.stormfront.org를 개설한 사람이 포함된 인종주의자들은 99퍼센트가 유색인인 나라에서 백인 독재 정부를 세워 아파르트헤이트를 실시하는 남아공과 무역을 할 계획을 꾸몄다. 9명 모두 고작 3년 징역형을 선고받았다.

28 **1945년 4월 28일** 이탈리아의 파시스트 독재자 베니토 무솔리니가 이탈리아 북부 메체그라의 마을 줄리노에서 반파시즘 파르티잔들에게 처형당했다.

1943년 공포통치에서 물러난 뒤, 무솔리니는 나치 군대에 잡혀 있다가 탈출해서 독일이 점령한 이탈리아 북부의 괴뢰정부를 이끌었다.

파르티잔과 연합군에 의해 이탈리아의 많은 지역이 해방되자 그는 독일 군복을 입고 스위스로 탈출을 시도했다. 하지만 레지스탕스 대원 1명이 그를 발견하고는 "대갈장군 잡았다!"라고 외쳤다.

무솔리니는 다수의 고위 파시스트들 및 정부情婦와 함께 코모호수 근처에서 처형당했다. 이후 밀라노로 보내진 그들의 시신은 다음 날 아침 이른 시간에 로레토광장에 버려졌다. 곧이어 누군가 어느 주유소 구조물에 시신들을 매달았다. 지난해 밀라노의 게슈타포[나치 독일의 비밀경찰]가 바로 그 로레토광장에서 이탈리아 파르티잔 15명을 공개 처형한 바 있었고, 무솔리니는 그때 이렇게 말했다고 한다. "로레토광장에서 흘린 피의 대가를 우리는 톡톡히 치르게 될 것이다."

1965년 4월 28일 '제2의 쿠바'를 막으려는 린든 B. 존슨Lyndon B. Johnson 대통령의 명령에 따라 미 해병대 2만 명이 도미니카공화국을 침공했다.

29 **1992년 4월 29일** [미국의 흑인 건설 노동자] 로드니 킹Rodney King 이 [신호 위반을 이유로 경찰에게] 구타당하는 모습을 촬영한 영상이 있음에도 불구하고 경찰관들이 무죄방면되자 로스앤젤레스 곳곳에서 폭동이 일어났다. 도시 전역에서 벌어진 방화와 약탈로 10억 달러[약 1조 2000억 원] 이상의 재산 손괴가 일어난 이 사건은 1960년대 이래 발생한 최대 규모의 도시 폭동이었다.

2020년 4월 29일 일리노이주 모리스의 패스트푸드점 아비스Arby's에서 일하는 노동자들이 직원 수가 부족하고, 개인 보호장비가 모자라며, 전 세계적인 코로나 팬데믹 상황에서 위험수당을 지급하지 않는 데 항의하면서 일손을 놓았다. 이 쟁의는 팬데믹 상황에서 건강과 안전을 둘러싸고 세계 곳곳에서 벌어진 수많은 파업 가운데 하나에 불과했다.

30 **1963년 4월 30일** 영국 잉글랜드 브리스틀에서 카리브 출신 이주 노동자 한 무리가 버스 승무원에서 흑인과 아시아계 노동자가 배제되는 데 항의하며 버스 불매운동을 개시했다. '유색인 배제' 조치는 백인 노동조합원들이 유색인 노동자를 고용하면 파업을 벌이겠다고 위협한 끝에 운송일반노동조합Transport and General Workers' Union, TGWU과 국유 기업 브리스틀옴니버스Bristol Omnibus Company가 시행한 것이었다. 몇 달간 불매운동과 대규모 시위가 벌어진 뒤, 버스 노동자들은 8월에 열린 대규모 회의를 통해 배제 조치를 끝내기로 의결했다.

9월, 첫 번째 유색인 버스 차장이 채용되었다. 2년 뒤 공공장소에서 인종차별을 금지하는 인종관계법Race Relations Act, RRA이 제정되었다.

1977년 4월 30일 서독 전역의 크고 작은 도시 곳곳에서 성추행에 항의하는 여성들이 모여 '밤을 되찾자Take Back the Night' 행진을 벌였다.

5월

May

1886년 5월 1일 '임금삭감 없는 하루 8시간 노동'을 내걸고 미국 전역의 30만 명에서 50만 명의 노동자가 파업과 집회를 개시했다. 시카고는 이 운동의 중심지로, 고용주와 정부는 운동을 진압하기로 결정했다. 5월 3일, 경찰이 피켓라인을 넘어서는 파업 대체 인력을 보호하는 과정에서 노동자 1명이 사망하고 여러 명이 부상을 입었다. 이튿날, 아나키스트 노동자들은 헤이마켓광장에서 대규모 항의 집회를 열자고 호소했다. 광장에서 정체불명의 사람이 폭탄을 던지자 경찰이 총을 쏘았다. 현장에 있던 경찰관 7명과 민간인 몇 명이 사망했다.

이후 '하루 8시간 노동' 운동을 벌인 아나키스트 8명이 기소됐는데, 그중 일부는 헤이마켓 시위와 아무 관련이 없었고 현장에 있지도 않았으며, 어느 누구도 폭탄을 던진 혐의를 받지 않았다. 그럼에도 7명이 사형을 선고받고 1명이 15년 징역형을 받았다. 4명은 실제로 사형이 집행되었고, 다섯 번째 사형수는 자살로 교수형 집행을 피했다. 훗날 피고인 8명 전원이 사면을 받으면서 남아 있던 3명은 석방되었다.

후에 사회주의와 공산주의 단체들이 헤이마켓 열사들과 '하루 8시간 노동' 운동을 기념하기 위해 5월 1일을 세계 노동자의 날로 지정했다. 오늘날 세계 곳곳의 여러 나라에서 이날을 공휴일로 기리지만, 많은 사람이 그 급진적인 기원을 알지 못한다.

1974년 5월 1일 잉글랜드 레스터

월터 크레인 Walter Crane**[19세기 영국의 예술가]이 그린 헤이마켓 열사들, 1894년**

에 자리한 회사 임페리얼타자기Imperial Typewriter Company에서 일하는 노동자 수백 명이 3개월 파업에 돌입했다. 이들은 대부분 동아프리카 및 아시아계 여성 노동자들이었다. 파업은 성공을 거두지 못했지만, 영국 내 아시아계 노동계급의 저항을 활성화하는 핵심적인 계기가 되었다.

2 **1967년 5월 2일** 소총과 샷건으로 무장한 블랙팬서당원 한 무리가 자신들을 겨냥한 총기규제 법안에 항의하면서 캘리포니아주 의사당으로 행진해 들어갔다. 아프리카계 미국인에 대한 경찰의 폭력과 괴롭힘에 맞서 싸우기 위해 블랙팬서당은 라디오 장치를 이용해 경찰 호출을 도청한 다음 법률 서적을 가지고 체포현장에 나타났다. 몇몇이 샷건을―합법적으로―공공연하게 휴대한 채 나타난 당원들은 체포된 사람들에게 헌법상의 권리를 조언해주었다. 당국은 경찰에 맞선 이런 자위 행동을 저지하기 위해 공공장소에서 장전한 총기를 휴대하는 것을 금지하는 멀퍼드 법안Mulford Bill―언론에서는 '팬서 법안'이라고 불렀다―을 도입했다. 전미총기협회는 공화당 주지사 로널드 레이건이 이 법안에 서명하는 것을 지지했다.

1968년 5월 2일 디트로이트 햄트래믹에 자리한 자동차공장에서 일하는 노동자 4000명이 생산라인 속도 증대에 항의하며 일손을 놓았다. 파업 노동자 몇 명은 길 건너편 술집에 모여 흑인 노동자들을 조직하기 위한 다지혁명적노동조합운동Dodge Revolutionary Union Movement, DRUM을 결성했다. 두 달 뒤 그들은 첫 번째 살쾡이파업을 조직했다. DRUM은 다른 공장에서 활동하는 비슷한 그룹에 영감을 주었고, 이 그룹들은 후에 한데 모여 혁명적흑인노동자연맹League of Revolutionary Black Workers, LRBW을 결성했다. ◉ 12

3 **1926년 5월 3일** 오후 11시 59분, 200만 명에 가까운 영국의 노동자가 임금삭감에 직면한 와중에도 직장 폐쇄로 쫓겨난

광부들을 지지하기 위해 연장을 내려놓으며 총파업이 시작되었다. 일주일 넘게 끈질긴 행동이 지속됐지만, 전국 노동조합 연맹체인 노동조합회의Trades Union Congress, TUC는 어떤 양보도 얻어내지 못한 채 굴복했다.

1953년 5월 3일 불가리아 플로브디프에 있는 이반 카라조프Ivan Karadjov 담배저장소에서 일하는 야간조 여성 노동자들이 임시직화에 항의하기 위해 경비원을 몰아내고 바리케이드를 쳤다. 국유화 이후 담배 산업의 상황이 악화되면서 대다수가 여성인 노동자들이 정규직을 잃고 계절별 단기 계약직을 제안받았다. 비수기에는 복지수당도 숙소도 제공되지 않는 조건이었다. 소련 지도자 이오시프 스탈린Joseph Stalin 이 사망한 뒤, 노동자들은 항의할 기회를 얻었다.

5월 4일 아침 민병대가 도착하자 인근에 있는 저장소 2곳의 여성 노동자들이 파업에 들어가면서 민병대와 맞섰고, 다른 담배 노동자들도 파업 대열에 합류했다. 공산당 당국이 민병대에 발포를 명령해서 노동자 몇 명이 사망하고 수십 명이 다치고 수백 명이 체포되었다. 이후 많은 이가 강제수용소로 보내졌고, 파업은 사실상 끝이 났다.

1919년 5월 4일 리우데자네이루의 공장 노동자 5만 명이 하루 최대 8시간 노동과 20퍼센트 임금인상을 요구하며 파업에 들어갔다. 6월에 상파울루의 노동자들이 파업 대열에 합류했고, 7월이 되자 파업을 깨뜨리는 데 실패한 정부는 고용주들에게 두 파업 노동자들의 요구를 수용하라고 강요했다.

1961년 5월 4일 [인종 분리정책을 규탄하는 버스 원정대] 프리덤 라이더스Freedom Riders가 미국 남부에서 주간州間 버스 이동의 인종 분리에 맞서기 위한 직접행동에 돌입했다. 법적으로 인종 분리가 금지되었는데도 현실에는 여전히 분리가 존재했고, 경찰은 KKK 및 폭력적인 백인 인종주의자 폭도들과 협력해서 흑인과 [흑인을 옹호하는] 백인 승

프리덤 라이더스를 공격하는 앨라배마의 인종주의자들, 1961년

차자들을 공격했다. 하지만 승차자들은 계속 싸웠고, 일부는 자위 수
단으로 총을 들기도 했다. 11월에 이르러 인종에 따라 분리되던 버스
좌석이 사라졌다.

5 **1906년 5월 5일** 멕시코 소노라의 카나네아연합구리사Cananea
Consolidated Copper Company 에서 일하는 노동자들이 싱코데마요[1862
년 프랑스 군대에 승리를 거둔 5월 5일을 축하하는 멕시코의 축제일] 축하
행사 중 임금차별에 항의하는 시위를 벌였다. 멕시코 노동자들은 미
국인 직원과 같은 일을 하면서도 40퍼센트 적은 임금을 받았다. 당
국은 시위에 계엄령을 선포하는 것으로 대응했다. 다음 달, 멕시코
광부들이 파업에 들어갔고, 많은 이가 회사 측 깡패에 살해당했다.

1970년 5월 5일 미국 대학생 수만 명이 베트남전쟁에 항의하며 전국
적으로 학생 파업에 나서 강의실을 박차고 거리로 나왔다. 학생들은
전날 켄트 주립대학교에서 주 방위군이 학생 4명을 살해한 데 항의
했다.

6 **1933년 5월 6일** 나치스가 베를린의 성과학연구소를 단속했다. 마그누스 히르슈펠트Magnus Hirschfeld가 운영한 이 연구소는 동성애자와 트랜스젠더의 권리 및 성평등을 지지하는 선구적인 단체였다. 히르슈펠트는 '트랜스섹슈얼리즘'이라는 용어를 만든 인물이기도 하다. 연구소는 최소한 1명의 트랜스젠더 노동자를 고용했고, 최초로 현대적인 성확정수술을 제공하기 시작했다.

성과학연구소 도서관을 약탈하는 나치스, 1933년 5월 6일

단속 이후 연구소의 방대한 장서를 거리에서 불태우는 동안 선전 장관 요제프 괴벨스Joseph Goebbels가 연설을 했다. 나치스는 이후 모든 LGBT+ 사람들에 대한 박해를 가속화했다.

1937년 5월 6일 버지니아주 리치먼드에 있는 회사 I.N. 본I.N. Vaughan Company에서 담배 수확을 하는 흑인 여성 노동자 400명이 산업 전반에 소요의 물결이 이는 가운데 파업에 들어갔다. 남부흑인청년회의 Southern Negro Youth Congress, SNYC의 도움을 받은 여성 노동자들은 임금인상과 노동조건 개선을 요구하며 일손을 놓았고, 백인 섬유 노동자들도 피켓라인에 함께 섰다. 48시간 뒤 이들은 임금인상과 하루 최대 8시간 노동, 주 5일 노동, 노동조합 인정 등을 얻어냈다.

7 **1912년 5월 7일** 뉴욕시 벨몬트호텔에서 일하는 노동자 150명이 파업에 들어가면서 웨이터 및 호텔 노동자 최초의 총파업이 시작되었다. 세계산업노동자연맹이 조직한 이 파업이 정점에 이르렀을 때 노동자 6000여 명이 주 1일 휴무, 임금인상, 노동조합원 차별 금지 등을 요구하며 일손을 놓았다. 고용주들이 아프리카계 미국인을 대체인력으로 고용하며 인종 간 증오를 부추기려 하자 노동자들은 유색인웨이터연합Colored Waiters' Association, CWA과 손을 잡고 흑인 노동자들에게 파업 동참을 호소했다.

여러 호텔이 개별적으로 파업 노동자들의 요구를 일부 받아들이고, 경찰의 폭력 진압, 언론의 괴롭힘, 현지 대학생 등 파업 대체인력 증가 등이 결합되면서 파업은 6월 말에 끝났다. 일부 핵심 조직자들은 블랙리스트에 올랐다. 하지만 호텔 노동자들은 이후로도 몇 년간 여러 차례 파업을 벌였고, 오늘날 뉴욕시 호텔 노동자들은 세계에서 가장 높은 임금을 받는 축에 속한다. ◉6

1980년 5월 7일 미국의 지지를 받은 한국 군부독재 정권이 강원도 정선군 사북읍의 광부와 부인들에게 지난달 시위를 벌인 사람들을 처벌하지 않겠다고 했던 약속을 저버렸다. 정부는 70여 명을 체포해서 합동수사본부에 넘겼고, 그곳에서 야만적인 고문이 자행되었다. 그중 30명은 나중에 1년에서 5년 징역형을 선고받았다. 고문당한 이들 중 3명은 그때 입은 부상의 후유증으로 이른 나이에 사망했다.

4월 21일, 광산의 노동계급 지역민들이 경찰의 무기와 광산의 다이너마이트를 탈취해서 사북읍을 점령, 40퍼센트 임금인상을 요구하며 파업을 벌이는 가운데 '해방구'를 세웠다. 이튿날 무장 경찰 300명이 도착했지만, 5000명의 시위대에 쫓겨났다. 지역의 여성과 가정주부, 그 밖의 주민들도 적극적으로 투쟁에 참여했고, 주민 공동체는 자체적으로 순찰대를 만들었다.

4월 24일에 이르러 고용주들과 당국은 노동자들이 무기를 내려놓는 대가로 임금을 인상하고 시위대를 처벌하지 않기로 하는 등 노동자의 요구를 전부 받아들였다.

8 **1928년 5월 8일** 아르헨티나의 18세 아나키스트 공장 노동자 루이사 라야나Luisa Lallana가 부두 노동자 파업 중 파업파괴자에게 살해당했다. 전달에 시작된 이 파업은 로사리오의 부두 노동자들이 5년 만에 처음으로 임금인상을 요구한 행동이었다. 만시니 삼베자루공장에서 일하는 라야나와 동료 몇 명이 부두 노동자들을 지지하며 항구여성위원회Women's Port Committee, WPC에서 만든 전단을 나눠주던 순간 극우 준군사조직 아르헨티나애국연맹Liga Patriótica Argentina, LPA 성원이자 파업파괴자인 후안 로메로Juan Romero가 머리에 총을 쐈다. 라야나는 그날 오후 사망했다.

다음 날, 지역 노동조합들과 아나키스트 노동조합인 아르헨티나지역노동자연맹Federación Obrera Regional Argentina, FORA 및 공산당이 항의하며 총파업을 소집했다. 수천 명이 연장을 내려놓고 행진에 나섰고, 여성 1000명이 대열을 이뤄 라야나의 장례 행렬을 이끌었다. 경찰은 장례식 참가자들을 폭력 진압했고, 전함 2척이 경찰과 준군사조직을 지원하기 위해 항구에 도착했다. 이달에 총 11명의 노동자가 파업 과정에서 살해당했다. 그럼에도 불구하고 파업과 시위는 1년 넘게 계속 확산되었고 그 규모도 커졌다.

1942년 5월 8일 흑인 손님을 노골적으로 차별한 시카고의 식당 잭스프래트커피하우스Jack Spratt Coffee House에서 흑인과 백인 젊은이들 한 무리가 앉아 있기 운동을 벌였다. 식당 측은 경찰을 불렀지만 경찰은 점거자들을 끌어내는 걸 거부했다. 그들이 법을 어긴 건 아니었기 때문이다. 결과적으로 식당은 인종차별 방침을 철회했다. 지난해 설립된 인종평등회의Congress of Racial Equality, CORE가 주도한 점거 농성이었다.

1914년 5월 9일 스코틀랜드 글래스고의 여성참정권론자들이 집회를 단속하는 경찰들에 맞서 싸웠다. 강당을 급습한 경찰은 마구잡이로 날아오는 화분과 테이블, 의자를 마주해야 했고, 주짓수 훈련을 받은 참가자와 경호원들은 몽둥이, 지휘봉, 막대기, 나무판자, 심지어 공포탄을 장전한 리볼버로 무장한 채 경찰을 물리쳤다. 경찰은 연사들을 체포하려 했지만, 무대에 내건 꽃 장식 속에 감춰진 철조망 때문에 신속하게 접근하지 못했다.

〈주짓수를 할 줄 아는 여성참정권론자〉라는 제목의 만평

1936년 5월 9일 그리스 테살로니키에서 경찰의 탄압에 맞서 노동자 시위대가 총파업을 벌이는 와중에 경찰과 군대가 노동자 시위대를 공격하며 12명이 사망했다. 사망한 노동자들의 장례식은 20만여 명이 운집한 대규모 시위가 되었고, 며칠 뒤 전국적인 항의 파업이 잇따랐다.

　불과 3개월 뒤 그리스의 총리 이오아니스 메탁사스Ioannis Metaxas 장군은 무질서를 종식하기 위해 독재를 실시한다고 선언했지만, 하루 최대 8시간 노동과 연금 및 복지수당 같은 사회보장제도를 도입할 수밖에 없었다.

10 **1920년 5월 10일** 잉글랜드 런던의 이스트인디아 부두에서 일하는 노동자들이 SS 졸리조지호에 러시아혁명에 맞서 싸우는 데 사용될 탄약이 실려 있음을 알자마자 작업을 중단했다. 노동자들은 무기를 내릴 때까지 하역 작업을 거부했고, 석탄 운반부들도 선박 엔진에 쓸 석탄을 싣는 것을 거부했다.

트라팔가광장의 실비아 팽크허스트, 1932년

노동자들은 승리를 거뒀고, 5월 15일 탄약은 다시 부두에 내려졌다. 전 여성참정권 활동가이자 좌파 공산주의자인 실비아 팽크허스트Sylvia Pankhurst는 이 보이콧에서 핵심적인 역할을 했고, '포플러[지금의 타워햄리츠구에 속한 지역] 출신의 워커 여사'라고만 알려진 또 다른 이도 중요한 역할을 했다.

1941년 5월 10일 나치에 점령당한 벨기에에서 독일 침공 1주년 기념일을 맞아 10만인 파업이 벌어졌다. 벨기에 동부의 제철소를 시작으로 10만 명이 조업을 중단하자 당국은 8퍼센트 임금인상에 동의할 수밖에 없었지만 이후 파업자 수백 명을 체포하고 많은 이를 강제수용소로 보냈다.

11 **1923년 5월 11일** 멕시코에서 몇 달간의 항의운동이 벌어진 끝에 지난해 베라크루스에서 감옥에 갇힌, 여성이 대부분인 임대료 파업자 150명이 석방되었다. 교도소에서 파업을 조직한 여성들은 교도관들과 싸웠고, 바깥에서는 노동자들이 수감된 이들의 자유를 위해 총파업을 벌이겠다고 위협했다. 세입자들은 10명씩 짝

을 지어 교도소에서 나왔는데, 미색 드레스에 빨간 리본이 달린 밀짚 모자 차림이었다. 지지자들은 노래를 부르고 구호를 외치면서 폭죽을 터뜨렸다. 사람들은 계속해서 도시 중심가를 행진하며 세입자조합 사무실로 향했고, 집주인들에 맞서는 직접행동을 계속할 것이라고 선언했다.

1972년 5월 11일 우루과이아나키스트연맹Federación Anarquista Uruguaya, FAU의 무장조직 OPR-33Organización Popular Revolucionaria-33(혁명적 민중조직-33)이 노동자들이 파업을 벌이는 공장의 소유주인 세르히오 몰라게로라는 제화업자를 납치했다. OPR-33은 제화업자의 몸값으로 1000만 달러를 받아 우루과이 독재 정권이 저지른 범죄를 국제사회에 널리 알리는 데 썼다.

1916년 5월 12일 아일랜드의 사회주의자이자 노동조합 활동가, 독립운동가인 제임스 코널리James Connolly가 더블린 킬마인햄 감옥에서 총살형을 당했다. 그를 비롯한 15명의 수감자는 영국의 식민 지배에 맞서 부활절 봉기를 이끈 죄로 사형을 선고받

제임스 코널리, 1916년 이전

았다. 싸움 중에 입은 부상으로 총살형 집행대 앞에 설 수 없었던 코널리는 의자에 묶인 채 총을 맞았다.

1978년 5월 12일 브라질 상베르나르두에 위치한 사브-스카니아 자동차공장 기계수리실에서 주간조로 일하는 노동자들이 군사정권하임에도 불구하고 조업을 중단하기로 결정했다. 파업은 곳곳으로 확산되어 2주 만에 20여 개 공장 4만 5000명 노동자들이 임금인상을 요구하며 연장을 내려놓았다. 이후 파업은 몇 주에 걸쳐 우사스쿠와 상파울루로 확산되었고, 결국 모든 자동차 회사가 11퍼센트에서

13.5퍼센트의 임금인상에 합의했다.

1968년 5월 13일 프랑스 68년 5월 반란 중 최대 1000만 명에 이르는 노동자가 총파업을 개시했고, 학생들이 격렬한 폭동을 벌인 데 이어 수십만 명이 파리 거리로 쏟아져 나왔다.

1985년 5월 13일 필라델피아 경찰이 흑인해방과 환경주의

1968년 5월 파업 시기의 파리 오데옹 극장

를 추구하는 단체 무브MOVE가 사무실로 쓰는 주택을 자동소총으로 공격한 뒤 폭탄을 떨어뜨려 성인 5명과 어린이 6명이 사망했다. 이후 흑인들이 거주하는 동네로 화재가 번지면서 주택 61채가 파괴되어 250명이 집을 잃었다.

500명에 이르는 경찰관들은 여성과 아이들이 많은 무브 주택에 1만 발이 넘는 사격을 가했고, 다른 경찰관들은 폭발물로 벽에 구멍을 냈다. 경찰청장은 이후 FBI가 제공한 C4[폭약의 한 종류]로 즉석에서 폭파 장치를 만들어 주택을 날려버리라고 지시했다. 폭파와 뒤이은 화재에서 2명만이 살아남았다. 성인 라모나 아프리카Ramona Africa와 13세 마이클 워드Michael Ward였다. 경찰은 아무도 기소되지 않았지만, 아프리카는 폭동과 음모 혐의로 7년 징역형을 받았다. 필라델피아 최초의 흑인 시장인 민주당 소속 윌슨 구드Wilson Goode의 임기 중 벌어진 사건이었다.

1913년 5월 14일 필라델피아의 부두 노동자들이 파업에 들어갔다. 파업 노동자 4000명 중 절반가량이 아프리카계 미국인이었다. 집회를 연 파업 노동자들은 미국에서 실질적인 힘을 가진

다인종 노동조합의 초기 사례 중 하나로 손꼽히는 세계산업노동자연맹에 가입하기로 결정했다. 2주 뒤 노동자들은 파업에서 승리했다. ◉6

1931년 5월 14일 스웨덴 오달렌의 황산염공장 노동자들이 파업 중 벌인 평화 시위에서 군대가 중기관총을 발포해 시위자 4명과 행인 1명이 사망하고 다수가 부상을 입었다.

15 **1831년 5월 15일** 런던의 배심원단이 경찰관을 칼로 찔러 살해한 피고인에 대해 '정당방위'라고 평결했다. 검시관이 배심원들을 방에 가두다시피 하고 생각을 바꾸도록 설득했으나 허사였다. 해당 사건은 최근 구성된 수도경찰Metropolitan Police이 전국노동계급연합National Union of the Working Classes이 벌인 시위를 폭력 진압하자 자위에 나선 노동자들이 경찰관 3명을 칼로 찔러 1명이 사망한 사건이었다.

당시 런던 사람들의 인식에서 경찰은 부자들의 재산을 보호하고 노동계급을 비참한 빈곤 상태로 억누르기 위해 만들어진 폭력배였고, 이에 따라 사람들은 경찰을 혐오했다. 경찰관이 거리에서 조롱받는 일은 다반사였고, 사람들은 경찰을 '산 바닷가재'[붉은색 군복을 입은 군인은 '바닷가재'라는 별명으로도 불렸는데, 검푸른색 경찰복을 익히지 않은 바닷가재 색깔에 빗댄 별명이었다], '파란 악마', 수도경찰을 창설한 로버트 필Robert Peel의 이름을 따 '필이 거느린 지랄맞은 깡패들' 등의 별명으로 불렀다. 경찰이 습격을 당하는 일도 비일비재해서 초창기 신입 경찰 몇몇은 칼에 찔리고 눈이 멀기도 했다. 한 경찰관은 제압당한 채 짓밟히기도 했다.

1950년 5월 15일 영제국의 일부인 케냐 나이로비에서 총파업이 벌어졌다. 노동조합 지도자들은 다음 날 파업을 선언할 계획이었지만, 노동자들이 먼저 조업을 중단하면서 수감된 지도자 2명의 석방, 최저임금 대폭 인상, 연간 임금 인상, 주거보조금 지급, 유급병가, 연간 14일의 유급휴가, 실업급여, 택시 운전사를 위한 권리 확대 등의 보장을 요구했다. 노동조합들은 이후 "모든 노동자와 동아프리카 지역 전체에 자유를 달라"고 호소했다. 영국 당국은 파업이 불법이라고 선언하고 노동자들의 대규모 집회를 최루탄으로 공격했다. 한편, 파업 노동자들은 대체인력을 붙잡아 머리를 밀었다. 여성들은 물자 보급과 식료품 분배를 조직했다. 10만 명에 이르는 노동자들이 굳게 단합해서 파업을 벌이는 가운데 노동조합 지도자들은 어떤 이유에서인지 일터로 복귀할 것을 지시했다. 일부 마을에서 최저임금을 소폭 인상하는 데 동의했을 뿐이었다. 쟁의가 끝난 뒤 파업 노동자 수백 명이 해고되었다.

16 **1934년 5월 16일** 팀스터노동조합Teamsters union 소속 미니애폴리스의 트럭 운전사들이 파업에 들어가면서 도시의 거의 모든 상업 운송이 마비되었다. 3개월 넘게 쟁의가 지속된 끝에 결국 노동

파업 중인 트럭 운전사들이 경찰과 싸우고 있다. 미니애폴리스, 1934년

자들의 요구안이 대부분 수용되며 미니애폴리스의 노동자조직이 더욱 커지는 길이 열렸다. 경찰과 사설 경비원의 보호를 받는 파업파괴자들과 파업 노동자들 사이에 몇 달간 격렬한 싸움이 벌어진 이 파업은 20세기 미국 역사에서 중요한 노동쟁의로 여겨진다.

1967년 5월 16일 홍콩의 조화造花공장 노동자 파업이 경찰의 폭력 진압에 처한 뒤 전체진영투쟁위원회All Circles Struggle Committee, ACSC가 창설되었다.

5월 6일, 영국 식민 경찰은 피케팅을 벌이는 노동자들과 구경꾼들을 무자비하게 구타해서 대중적인 분노를 자아냈다. 경찰에 맞선 항의 시위—그리고 충돌—가 도시 전역에서 발발하기 시작했다.

식민 지배에 대항하는 운동을 조직하기 위해 전체진영투쟁위원회가 창설되었고 그로부터 이틀간 경험을 공유하고 행동 계획을 짜기 위해 126개 투쟁위원회가 만들어졌다. 일주일 뒤 살쾡이파업이 벌어지기 시작했고 곳곳에서 폭동이 이어졌다. 6월에는 총파업이 소집되었다. 총파업은 결과적으로 기세가 꺾였지만, 일부 산업에서는

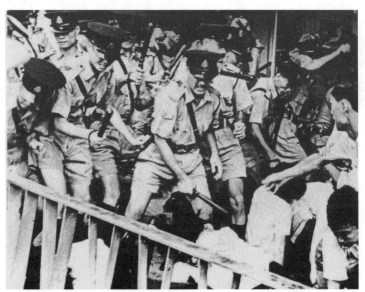

정부 청사에 청원서를 제출하려는 홍콩 사람들을 영국 경찰이 구타하는 모습

7월 말까지 파업이 이어졌다.

파업의 기세가 꺾이면서 많은 시위자가 영국 당국을 겨냥한 폭탄―진짜 폭탄과 가짜 폭탄 모두―공격에 의지했고 도시의 일상은 혼란에 빠지며 멈춰 섰다. 훗날 홍콩 폭동이라 불린 이 사태는 12월까지 지속되었고, 영국 당국과 중국공산당이 비밀 협의를 가진 뒤 중단되었다. 공산당은 명목상으로는 영국 식민 지배에 반대했지만 실상은 영국령 홍콩을 통해 국제시장에 접근하면서 중국 경제가 이득을 보았고, 그 때문에 영국의 철수를 압박하지 않기로 결정했다.

시위는 끝났지만 그 여파로 영국 당국은 홍콩 노동계급의 생활을 크게 개선하는 수많은 개혁을 실행했다. 실업자, 장애인, 노인을 위한 영국식 사회보장 도입, 신규 병원과 주택 건설, 일부 성차별적 법률 폐지, 만연한 경찰 부패의 대대적인 근절 등이 대표적인 사례다. ◉ 30-31

마리아 마르고티

1949년 5월 17일 이탈리아 몰리넬라에서 레지스탕스 출신의 벽돌공장 노동자 마리아 마르고티 Maria Margotti가 카라비니에리 Carabinieri―국내 준군사 경찰―에 살해당했다. 전날 마르고티는 농업 노동자들이 세운 피켓 라인에서 파업파괴자들이 대체 인력으로 들어오는 걸 막기 위해 다른 여성들과 함께 서 있었다. 경찰은 유난히 폭력적으로 그들을 공격했다. 그리하여 5월 17일 경찰의 폭력에 항의하는 시위가 벌어졌다. 카라비니에리가 군중을 향해 기관총을 발포했고 마르고티가 사망했다. 당시 나이 서른넷이었다. 마르고티의 죽음에 대중의 분노가 들끓었고 전후 국가와 반노동계급적 정책에 대한 반대와 저항이 한껏 고조되었다.

1965년 5월 17일 볼리비아의 군부독재 정부가 총파업에 대한 대응으로 계엄령을 선포하고 노조를 상대로 전면전을 개시했다. 정부는 또한 노조를 해산하고 19세에서 50세의 국민을 징집하는 일련의 법안을 통과시켰다.

18 **1968년 5월 18일** 세네갈 정부가 학업보조금을 삭감하자 학생들이 전국적 파업을 벌이면서 세네갈의 68년 5월이 본격적으로 시작되었다. 경찰의 폭력 진압에도 불구하고 이 운동은 며칠간 고조되었고, 결국 노동자 총파업으로 정점에 이르면서 많은 양보를 얻어냈다.

1980년 5월 18일 한국 광주의 노동자들이 예비군 무기고와 경찰서를 습격해 총을 확보한 뒤 미국의 지원을 받는 잔인한 독재자 전두환에 맞서 봉기를 일으켰다. 정부군이 평화적인 반정부 시위대에 발포하며 여러 사람이 사망한 뒤 일어난 봉기였다. 봉기는 유혈 진압으로 끝났으나 아시아 곳곳에서 비슷한 항쟁이 연쇄적으로 일어나는 계기가 되었고, 그 과정에서 수많은 민주적 권리를 얻어냈다.

19 **1918년 5월 19일** 1차대전 중 헝가리 페치에 있던 우이비데크의 제6보병연대가 반란을 일으키면서 참호로 가는 것을 거부했다. 병사들은 전화선을 끊고 시 건물과 병영을 공격했으며 기차역을 점거했다. 충성파 군대에 포위당한 병사들은 3일 동안 저항하다가 항복했다. 항복한 병사들은 10명에 1명꼴로 무작위로 총살당했다. 반란에 가담한 고위 장교는 전원 총살당했고, 부사관들은 투옥되었다.

1935년 5월 19일 자메이카 킹스턴의 항구에 자리한 유나이티드프루트United Fruit Company에 고용된 바나나 운반 노동자 200명이 파업에 들어갔다. 파업 둘째 날, 영국 식민 경찰의 발포로 여성 노동자 1명이 부상을 입었다. 탄압에도 불구하고 파업이 확산되면서 며칠 만에 도시 전역에서 총파업이 벌어졌다. 군경이 통제를 회복하는 데 몇 주가 걸렸다.

20 **1910년 5월 20일** 목재 노동자 미야시타 다키치의 방을 수색하던 경찰이 폭탄 제조 물질을 발견한 뒤 천황 암살을 공모했다는 혐의로 사회주의자와 아나키스트들을 대대적으로 체포하면서 일본 대역사건이 벌어지기 시작했다. 실제로 관련된 사람은 소수에 불과했지만, 여론 조작용 재판에서 24명이 사형선고를 받았다.

대역사건으로 처형당한 이들 중 한 사람인 고토쿠 슈스이

1936년 5월 20일 "무지와 자본과 남성에 여성이 삼중으로 노예화된 현실"을 끝장내는 것을 목표로 하는 에스파냐의 한 단체가 단체명으로 펴내는 아나키즘-페미니즘 잡지 《무헤레스리브레스Mujeres Libres》('자유 여성'을 뜻한다) 첫 호가 발간되었다. 이 단체는 같은 해 말에 일어난 에스파냐혁명에서 중요한 역할을 하게 된다. 🔊 39-40

21 **1941년 5월 21일** 노르웨이에서 나치스의 점령에 반대하는 배우들의 파업이 시작되었다. 나치스가 방송을 접수한 뒤, 연기에 마음이 내키지 않은 많은 배우는 만약 정치적 이유로 배우가 1명이라도 해고되면 파업을 벌이기로 비밀 서약을 한 상태였다. 토레 세겔케, 릴레모르 폰 하노, 예르다 링, 엘리사베트 고르딩 등 배우 6명은 라디오방송을 하라는 나치 당국의 명령을 거부했다. 5월 21일 오슬로 경찰 본부에 소환되어 심문을 받은 6명은 전부 취업 허가가 취소되었다. 그날 저녁 노동자들이 파업을 벌이면서 수도의 모든 극

장이 문을 닫았고, 다음 날 베르겐과 트론헤임으로 파업이 확산되었다. 게 슈타포가 배우들을 위협하기 시작했지만 배우들은 압도적 찬성률이 나온 투표를 거쳐 파업을 이어갔다. 5월 24일, 독일 당국은 노동자들에게 최후통첩을 보내고 노동조합 대표자들을 검거하기 시작했다. 하지만 이런 탄압과 사형 위협에도 불구하고 파업은 5주 동안 계속되었다.

쟁의 직후 나치스는 극장을 완전히 장악하기로 결정했지만, 파시스트 '오락entertainment'에 관심이 없었던 일반 대중은 극장을 보이콧했다.

토레 세겔케, 1959년

1979년 5월 21일 훗날 화이트나이트 폭동White Night riots이라고 불리게 된 사건이 발생했다. 이는 하비 밀크를 살해한 범인이 살인죄 유죄판결을 면하자 샌프란시스코 LGBT+ 사람들의 분노가 폭발하면서 시작된 것이었다. 미국에서 최초로 공직에 선출된 공개적인 동성애자였던 밀크는 조지 모스코니George Moscone 시장과 나란히, 전직 경찰관 댄 화이트Dan White의 총에 맞아 사망했다. 화이트는 경찰 시절에 쓰던 리볼버로 두 사람을 암살했다.

수많은 샌프란시스코 경찰관이 "댄 화이트를 석방하라"라는 구호가 적인 티셔츠를 입은 한편, 화이트의 법률지원금 모금액은 10만 달러에 이르렀다. 훗날 화이트는 미리 살인을 계획했다고 인정했지만, 당시 법정에서는 지금은 유명해진 '트윙키 초코바 변론Twinkie defense'[후에 이 표현은 패스트푸드나 정크푸드를 지나치게 많이 먹는 좋지 않은 식습관 때문에 비정상적 행동을 하게 되었다는 식의 방어논리를 가리키는 말이 되었다. 그 의미가 확장되어 의심스러운 방어논리 일반을 가리키

샌프란시스코 시빅 센터 플라자에서 경찰차를 불태우는 폭도들

기도 한다.]을 활용했다. 정크푸드를 자주 먹는 습관 때문에 정신 상태가 좋지 않았다고 주장한 것이다. 결국 그는 살인이 아니라 자발적 과실치사[격정 상태나 도발에 의해 저지른 과실치사]로 유죄를 받았다.

평결 소식을 들은, LGBT+ 사람들이 주축을 이룬 500명의 군중은 카스트로 거리를 따라 사람들의 참여를 호소하며 시청으로 행진했다. 시청에 도착할 즈음 수천 명으로 늘어난 군중은 시청을 습격해서 유리창을 깨뜨렸다. 경찰이 군중에게 덤벼들어 경찰봉을 휘두르자 사람들은 경찰차에 불을 지르기 시작했다. 한 남성은 차에 불을 지르면서 기자에게 말했다. "내가 트윙키를 너무 많이 먹었다고 신문에 꼭 써주세요."

굴욕적인 패배에 대한 보복으로 경찰은 그날 밤 한 게이 바를 습격해서 동성애 혐오 욕설을 퍼붓고 유리창을 깨고 술 마시는 사람들과 행인을 구타해 많은 부상자를 낳았다. 날이 밝아올 무렵 경찰관 61명과 시민 100여 명이 병원에 입원했다.

댄 화이트는 결국 5년 징역형만 받았다. 그리고 석방된 직후 자살했다.

22 **1968년 5월 22일** 68년 5월 봉기 중 파리의 축구선수들이 프
랑스축구협회 본부를 점거하고는 축구로 '폭리를 취하는 사
람들'을 즉각 해고하고 이윤 없는 축구를 만들라고 요구했다. 선수들
은 "우리가 단결하기만 하면 축구의 영원한 본질, 즉 기쁨의 스포츠,
모든 노동자가 함께 만들어가는 내일의 세계적 스포츠로 다시 돌아
갈 수 있다"고 선언했다.

2006년 5월 22일 멕시코 오악사카주의 교사들이 25년째 요구에 응
답하지 않는 정부에 항의하며 파업에 들어갔다. 이번 해가 독특했던
건 교사들이 도심에 천막을 치고서 학생과 학생 가족들에게 동참을
호소하고, 직무에 복귀하라는 지시를 거부하고, 자체 라디오방송국
까지 만들었다는 점 때문이었다. 수만 명이 참여한 파업은 5개월간
지속되면서 지역 경찰과 연방 경찰, 준군사조직의 대대적인 탄압에
직면했다. 이 과정에서 우리의 동지인 뉴욕 출신 언론인 브래드 윌을
비롯해 무려 27명이 사망했다.

23 **1946년 5월 23일** 경찰 300명이 복직과 노동조합 인정을 요구
하며 파업 중이던 지자체 노동자 208명을 일제히 연행하면
서 뉴욕주 로체스터 역사상 최대 규모의 검거 사태가 벌어졌다. 경찰
은 피켓라인을 지키는 노동자들 외에도 출근하는 교사 1명, 근처를
지나던 배관공 1명, 심지어 파업 노동자의 반려견 1마리까지 연행했
다. 하지만 노동자들은 탄압에 굴하지 않았고, 파업이 확산되면서 일
주일 뒤 결국 승리했다.

1969년 5월 23일 아르헨티나 로사리오 인근 산업 벨트에서 군부독재
에 맞서 장기간 벌어진 로사리아소 항쟁Rosariazo rebellion의 일환으로 노동
자들이 대규모 파업을 시작했다.

로사리아소 항쟁 당시 시위대의 모습

1919년 5월 24일 캐나다 앨버타주의 탄광 노동자 수천 명이 임금, 생계비, 노동조건을 둘러싸고 쟁의를 벌이며 파업에 나섰다. 하나의큰노동조합One Big Union, OBU으로 조직된 광부들이었다. 이 혁명적 노동조합은 사회를 장악해서 집단적으로 운영하기 위해 모든 노동자를 단일한 노동조합으로 조직하고자 했다. 앨버타주 드럼헬러에 있는 13개 광산 회사는 교섭을 거부하면서 귀국하는 참전 군인들을 고용해 몽둥이와 쇠파이프로 무장시켰다. 그러고는 그들에게 공짜 술을 제공하며 파업 노동자들에게 겁을 주고 조직 책임자들을 두들겨 패고 고문하라고 부추겼다. 경찰은 수수방관할 뿐이었다. 8월까지 버티던 파업은 결국 실패로 끝났다.

1990년 5월 24일 혁명적 건설 노동자이자 환경운동가인 주디 바리Judi Bari의 차에서 폭탄이 터져 바리가 중상을 입고 동료인 대릴 처니Darryl Cherney도 부상을 당했다. 두 사람은 벌목 회사들에 맞서 캘리포니아의 오래된 미국삼나무 숲을 보호하는 운동을 벌이는 중이었고, 부상 전에도 이미 벌목 트럭이 두 사람이 탄 차를 깔아뭉갠 적이 있었다.

거의 곧바로 현장에 도착한 FBI 요원들은 해당 폭발이 두 사람을 살해하려는 시도임이 분명했는데도 암살 시도 자작극인 것처럼 사건을 조작하려고 했다.

바리는 폭탄 공격 이후 끊임없이 고통에 시달리다가 1997년 유방암으로 사망했다. 몇 년 뒤 바리의 가족과 처니는 FBI의 사건 조작에 대한 시민권 소송에서 승소해 배상금 440만 달러를 받았다.

1978년 5월 25일 아오테아로아/뉴질랜드 경찰이 오클랜드 근처 배스티언포인트에서 가로챈 땅의 반환을 요구하며 토지점거 농성을 벌이던 마오리족을 공격했다. 오라케이마오리행동위원회Ōrākei Māori Action Committee, OMAC는 506일 동안 이 땅을 점거했는데, 경찰이 그들을 쫓아내려고 진입해서 222명을 체포하고 건물을 철거했다. 하지만 항의 시위는 계속되었고, 1988년 정부는 나티화투아족에게 땅을 돌려주기로 합의했다.

2020년 5월 25일 아프리카계 미국인 경비원이자 두 아들의 아버지인 48세 조지 플로이드George Floyd가 미니애폴리스 경찰관 데릭 쇼빈Derek Chauvin에게 살해되었다. 쇼빈은 8분 넘게 플로이드의 목을 무릎으로 짓눌렀다. 이전에 이미 18건의 민원이 접수된 상태였던 살인자는 숨을 쉴 수 없다는 플로이드의 필사적인 호소에도 불구하고 그의 말을 무시해 결국 사망에 이르게 했다. 쇼빈은 플로이드가 의식을 잃은 뒤에도 그의 목을 계속 누르고 있었다. 구급대가 도착한 뒤에도 1분 20초 동안 플로이드의 목을 계속 무릎으로 짓눌렀다. 그러는 동안 옆에 서 있던 동료 경찰관 3명은 지나가던 행인들이 영상과 사진을 찍으면서 도움을 호소하는데도 쇼빈을 보호하기만 했다. 경찰과 자경단원이 브리오나 테일러Breonna Taylor, 아머드 아버리Ahmaud Arbery, 레이샤드 브룩스Rayshard Brooks 등 비무장 흑인을 살해하는 사건이 잇따르자 '흑인의 생명도 소중하다Black Lives Matter' 운동이 다시 등장해 미국을 휩쓸고 국제적으로 확산되었다. 이 글을 쓰는 현재(2020년 7월) 미국 곳곳의 2500개 크고 작은 도시에서는 4700여 건의 항의 시위가 벌어졌으며 총 700만 명에서 2600만 명의 사람들이 참여했다. 경찰과 주 방위군, 무장한 백인우월주의자들이 시위대를 폭력적으로 공격하는데도 불구하고 미국 역사상 가장 큰 규모의 시위운동이 진행된 것이다.

이 운동이 어디까지 영향을 미칠지는 아직 알 수 없지만, 지금까지 조지 플로이드를 죽인 자들에게 살인죄 기소가 이루어졌고, 경찰 예산 감축과 심지어 경찰 폐지를 요구하는 목소리도 높아지고 있다. 미니애폴리스 시의회는 경찰청을 해체하겠다고 약속했다.

26 **1824년 5월 26일** 로드아일랜드주 포터킷에 있는 슬레이터공장에서 일하는 소녀와 성인 여성 102명이 공장에 피켓라인을 설치하면서 미국 역사에 최초로 기록된 공장 파업이 일어났다. 이틀 전 도시의 공장주들은 모든 노동자에 대해 임금인상 없이 하루 노동시간을 1시간씩 늘리는 한편, 동력 방직공의 임금을 25퍼센트 삭감하기로 결정했다. 임금이 깎인 방직공들은 전부 15세에서 30세의 여성들이었는데, 고용주들에 따르면 이들은 그전까지 "젊은 여자치고 지나치게 많은 임금"을 받고 있었다. 그러나 공장주들의 이러한 결정은 미처 예상하지 못한 일을, 초창기 섬유 산업, 아니 미국의 어느 공장에서도 일어난 적이 없는 일을 불러왔다. 여성들이 스스로 조직을 만들어 파업에 나선 것이다. 다른 노동자들과 지역사회 성원들도 파업 대열에 합류하면서 공장은 봉쇄되었고 시위가 이어졌으며 공장주들의 저택에는 돌멩이가 쏟아졌다. 지역의 저명한 정치인 조지 F. 젱크스George F. Jenckes는 분쟁 당시 일기에 다음과 같이 적었다.

방금 전 거리에서 사람들이 음울하기 짝이 없는 모습으로 모여 있는 걸 보고 오는 길이다. …… 조사이아 밀의 공장으로 가는 다리 건너편은 말 그대로 남자와 여자, 아이들로 가득했다. 그들은 겁 없는 폭도로 돌변해 면직공장 관리자들을 밀고 당기면서 욕보이고, 거리에서 고래고래 소리를 지르며 구호를 외쳤다.

일주일을 꼬박 채운 파업 마지막 날, 한 공장에 불이 붙었다. 이 튿날 공장주들은 노동자들과 교섭에 나서 타협에 다다랐다. 이 쟁의가 끝난 뒤 다른 노동자 무리들도 스스로 조직을 이루기 시작했고, 이후 몇 년간 뉴잉글랜드 섬유 산업 곳곳에서 파업이 벌어졌다. ◉ 32

1944년 5월 26일 비시 프랑스의 마르세유에서 총파업이 벌어졌다. 금속 노동자, 공무원, 운송 노동자가 전날 조선소 노동자들이 시작한 파업에 합류하면서 시청 앞에서 "빵을 달라!"고 요구하며 시위를 벌였다. 파업은 노동자 1만 5000명이 게슈타포에 체포될 때까지 계속됐는데, 강력한 탄압은 오래가지 못했다. 마르세유가 곧 해방되었기 때문이다.

27 **1919년 5월 27일** 페루 리마의 노동자들이 높은 생활비에 항의하며 총파업을 선언, 지역의 경제활동을 완전히 마비시켰다. 정부는 최소한 100명의 시위자를 살해하고 수백 명에게 부상을 입히고 투옥하는 식으로 파업을 진압했다.

2004년 5월 27일 레바논공화국 베이루트 남쪽 교외에 자리한 마을 알살람에서 노동조합의 시위가 벌어진 가운데 군대가 여성 1명을 포함한 시위자 6명을 살해하고 수십 명에게 부상을 입혔다. 그에 앞서 레바논노동자총연맹Confédération Générale des Travailleurs Libanais, CGTL은 유가 상승과 높은 생활비에 항의하기 위해 전국 각지의 노동자들에게 파업을 선언하고 거리로 나올 것을 호소했다. 성난 시위대는 5층짜리 노동부 건물에 불을 질렀고, 군경은 레바논 내전 이래 가장 지독하게 벌어진 노동자 시위에서 130여 명을 체포했다. 군대가 알살람 주거지역에서 실탄을 사용하던 바로 그 순간, 라픽 하리리Rafic Hariri가 이끈 정부는 알주일도 남지 않은 석유수출국기구Organization of Petroleum Exporting CountriesOPEC 베이루트 회담을 위해 방문하는 국제 대표단을 맞이할 준비를 했다.

28 **1913년 5월 28일** 필라델피아의 부두 노동자 수천 명이 2주간의 파업으로 임금인상과 노동조합에 대한 인정을 얻어냈다. 세계산업노동자연맹 8지부로 조직된 노동자들의 지도자는 흑인 부두 노동자 벤 플레처Ben Fletcher였다.

아프리카계 미국인, 아일랜드계 미국인, 동유럽 이민자, 기타 종족 집단을 두루 포괄하는 8지부는 아마 1차대전 시대 미국에서 인종적·민족적으로 가장 통합된 노동조합 지부였을 것이다. 8지부는 또한 고용주와 정부의 대대적인 탄압을 무릅쓰고 10년 가까이 부두를 지배했을 만큼 세계산업노동자연맹에서 손꼽히게 탄탄한 지부였다. ◉6

1936년 5월 28일 노동자 3만 2000명이 파리의 르노Renault 자동차공장을 점거했다. 곧이어 10만 명의 노동자가 도시 곳곳의 주요 중공업 공장을 모조리 점거했다. 이후 한 달간 공장에서 노동조합이 없는 소규모 작업장에 이르기까지 전국 각지 곳곳에 파업의 물결이 일면서 노동자 200만 명이 1만 2000건의 파업과 점거에 참여했다. 고용주들과 정부는 소요를 끝내기 위해 7퍼센트에서 15퍼센트의 임금인상과 주당 40시간 노동, 유급휴가, 단체교섭권 등에 동의해야 했다.

29 **1969년 5월 29일** 아르헨티나 코르도바에서 파업이 벌어진 가운데 자동차공장 노동자 막시모 메나Máximo Mena가 경찰이 쏜 총에 맞아 사망했다. 그의 죽음을 계기로 도시 전역에서 노동자와 학생이 벌이는 폭동과 시위의 물결이 일었다. 훗날 '코르도바소Córdobazo'로 불리게 된 이 항쟁은 코르도바 노동계급의 전설적인 저항으로, 후안 카를로스 옹가니아Juan Carlos Onganía 장군이 이끈 군사정부가 끝장나는 계기가 되었다.

1972년 5월 29일 인도 마하라슈트라에서 카스트 차별에 맞서 싸우기 위해 미국 블랙팬서당을 모델로 삼은 단체 달리트팬서당Dalit Panthers이 결성되었다. '억눌린 사람'을 뜻하는 달리트는 인도 카스트제도에서

코르도바 파업 노동자들의 시위, 1969년 5월 29일

하층계급에 해당한다. 사회주의를 주창한 달리트팬서당은 1970년대에서 1980년대에 가장 활발하게 활동했다.

30 **1925년 5월 30일** 영국이 지휘하는 상하이 경찰이 일본인 소유 면직공장에서 벌어진 파업을 지지하는 노동자와 학생 12명을 학살했다. 노동계급은 대규모 파업으로 대응했다. 몇 주 만에 상하이와 광저우, 홍콩이 완전히 마비되었고 노동자들이 홍콩의 대부분을 점령했다. 파업은 이듬해 중국국민당에 의해 분쇄되었다.

1969년 5월 30일 카리브해에 자리한 섬이자 네덜란드제국의 일부였던 퀴라소에서 노동자 봉기가 일어나 며칠 뒤 정부를 무너뜨렸다. 저임금과 흑인차별에 맞선 대규모 파업과 광범위한 폭동이 벌어졌다. 이 항쟁은 퀴라소 역사의 중요한 전환점이 되었다.

31 **1831년 5월 31일** 영국 웨일스의 소액 채권 재판소 집행관들이 루이스 루이스Lewis Lewis, 일명 사냥꾼 루이스의 집에 들이닥쳐 물건을 압류하려 하면서 머서티드빌 봉기Merthyr Tydfil uprising가 일어났

화염에 휩싸인 털사의 리틀아프리카 지구, 1921년 5월 31일

다. 루이스는 이웃들의 도움으로 가까스로 집행관들을 막았다. 다음
날, 제철 노동자 시위대가 집행관들의 집을 약탈해 물건을 원래 소유
자에게 돌려주기 시작했다. 곳곳으로 확산된 항쟁은 6월 중순까지
이어졌다.

1921년 5월 31일 흑인 남성이 백인 여성을 공격했다는 헛소문이 퍼지
면서 미국 역사상 최악의 인종 폭력 사태인 **털사 학살**Tulsa massacre이 벌
어져 300명이 사망했다. 《**털사트리뷴**Tulsa Tribune》 1면에는 〈엘리베이
터에서 여자를 덮친 검둥이 체포〉라는 기사가 대문짝만하게 실렸고
뒷면에는 〈오늘 밤 검둥이를 린치하러 갑시다〉라는 사설이 게재되
었다.

분노에 사로잡힌 지역 백인들은 흑인 동네인 그린우드를 습격
했다. 당시 미국에서 가장 번영한 아프리카계 미국인 동네였던 그린
우드는 흔히 블랙월스트리트라고 불렸다. 폭도들을 지원하는 민간

165

비행기들이 소이탄을 떨어뜨리고 흑인 주민들에게 사격을 가했다. 35개 블록 전체가 잿더미로 변하며 수백 명이 사망하고 최대 1만 명이 집을 잃었다. 이 글을 쓰는 지금(2020년 초)까지도 생존자들은 정의 실현과 피해 보상을 기다리고 있다.

6월

June

1

1926년 6월 1일 오스트레일리아 윈덤의 경찰 순찰대가 백인 남성을 살해한 원주민을 찾으러 나섰다. 살해된 백인 남성은 그 원주민을 폭행하고 채찍으로 때린 이였다. 순찰대는 6월 19일에 복귀했는데, 그사이 11명에서 300명의 원주민들을 닥치는 대로 살해하고 곳곳에 불을 질렀다. 이는 포리스트강 학살Forrest River massacre이라 불린다. 왕립위원회는 학살이 벌어진 사실을 확인했지만, 유죄판결을 받은 경찰관은 아무도 없었다.

1971년 6월 1일 이탈리아 밀라노에서 수십 가구의 노숙자들이 티발디 거리의 빈집들을 점거했다. 지역 공장 노동자와 건설 노동자, 실업자들의 지지를 받은 이들은 2차례에 걸친 경찰의 퇴거 시도에 저항했고, 결국 지방정부는 그들을 비롯한 140가구에 주거를 마련해 주었다.

2

1863년 6월 2일 노예 출신의 지하철도 활동가 해리엇 터브먼이 북군 흑인 병사 150명을 이끌고 컴비강 기습을 벌였다. 남북전쟁 중 유일한 여성 지휘의 군사작전이었던 이 행동은 대성공을 거두어 노예 750명을 풀어주는 한편 몇몇 부유한 연방 탈퇴론자 지주들의 농장을 약탈하고 불태웠다.

1975년 6월 2일 프랑스 리옹의 성노동자 100명이 생니지에 성당을 점거한 채 성판매에 대한 유죄판결을 철회하지 않으면 한 발짝도 움직이지 않겠다고 버텼다. 이들은 일주일 만에 쫓겨났지만, 얼마 지나지 않아 판례가 될 만한 판결이 나오며 징역형이 취소되었다.

3

1943년 6월 3일 미국 해군의 백인 수병 50여 명이 부대 본부에서 나와 로스앤젤레스 알파인스트리트로 몰려가서 주트 수트zoot suit[1930~1940년대 미국에서 반항적 하위문화를 상징하며 멕시코계, 흑인 등 소수 종족 사이에 유행한 옷차림. 통이 넓은 바지와 어깨에 두툼한 패드를 넣은 헐렁한 상의가 특징이다.] 차림의 멕시코계 미국인 청소

로스앤젤레스 구치소 앞의 주트수터들, 1943년 6월 9일

년들을 공격했다. 수병들은 12~13세 소년들 한 무리를 몽둥이로 두들겨 패고 옷을 벗긴 뒤 무더기로 쌓아놓고 불을 질렀다. 폭도들은 곧바로 현지 헌병대에 의해 구금됐지만, 해군 고위 장교가 도착하자 전부 기소 없이 풀려났다.

이튿날 멕시코계 젊은이들은 부대 본부 앞으로 차를 몰며 경비병에게 욕설을 퍼부었다. 밤이 되자 백인 수병들이 다시 외출을 나왔는데, 이번에는 멕시코계 미국인 지역인 이스트로스앤젤레스로 가서 거리와 술집, 극장에 있는 사람들을 공격했다.

이후 며칠간 다른 많은 병사가 공격에 가세했다. 언론은 이 자경단원들을 치켜세웠고, 경찰은 폭행범들이 아닌 피해자들을 연행했다. 로스앤젤레스 시의회는 주트수트 착용을 금지하려고까지 했다.

한편, 파추카Pachuca[멕시코계 여성 청소년을 가리키는 속어]라고 불리는 여성들의 그룹인 슬릭칙스Slick Chicks나 블랙위도스Black Widows를 포함한 흑인과 멕시코계 주트수터[주트수트를 즐겨 입는 사람]들이 한데 뭉쳐 반격에 나섰다. 로스앤젤레스에서의 충돌이 서서히 잦아들자 뉴욕과 필라델피아, 디트로이트에서 충돌이 벌어지기 시작했다. 디트로이트에서의 충돌은 흑인 주트수터들이 습격을 당한 뒤 발발한 것이었다. 몇 주 만에 디트로이트에서는 도시 역사상 최악의 인종 폭동이 폭발했다. 따지고 보면 주트수트는 흑인과 멕시코계 노동계급의 자부심과 저항, 반란 정신의 상징이었다.

2016년 6월 3일 미국의 연방 판사가 여자 축구선수들의 단체교섭 합의(파업 금지 조항이 포함돼 있었다) 시효가 만료되었음에도 불구하고 파업을 할 수 없다고 판결했다. 여자 선수들은 임금차별 문제를 놓고 분쟁을 벌이는 중이었다. 여자 축구팀은 남자 축구팀보다 훨씬 성적이 좋고 입장료 등 벌어들이는 수입도 많았지만 연봉은 남자 선수의 4분의 1밖에 되지 않았다.

버락 오바마 전 대통령과 미국 국가대표 여자 축구팀, 2015년 10월

4 **1950년 6월 4일** 잉글랜드 런던에서 열린 임시총회에서 전투적 반파시즘 유대인 재향군인 남녀로 구성된 단체 43그룹43 Group이 표결을 통해 해산을 결정했다. 43그룹은 2차대전 당시 나치에 맞서 영국군에서 싸운 유대인들이 4년 전 결성한 단체로, 이들은 강제수용소의 참상을 직접 목격했고, 영국에 귀국한 뒤에는 거리의 파

시스트들이 공공연하게 조직화 시도를 하는 것을 보았다. 43그룹 성원들은 필요한 모든 수단을 동원해 파시즘과 인종주의, 반유대주의와 계속 싸우자고 결의했다.

훈장을 받은 전쟁 영웅 제리 플램버그Gerry Flamberg, 미용사 수습생 비달 사순Vidal Sassoon, 장교 출신의 게이 해리 비드니Harry Bidney, 파시스트 단체에 잠입한 도리스 케이Doris Kaye, 열렬한 거리의 투사로 손꼽히는 줄리 슬로건Julie Sloggan 같은 여성들이 43그룹의 성원이었다. 이들은 보통 전국 각지의 여러 도시에서 파시스트들의 경찰 호위대를 돌파한 뒤 파시스트 귀족 오스왈드 모슬리와 그 추종자들을 괴롭히는 식으로 파시스트 집회를 방해하고 해산했다. 결국 모슬리는 도망치듯 해외로 떠났고, 파시스트세력이 작아지자 43그룹도 해산을 결정했다. 하지만 1960년대에 이르러 모슬리가 재기를 시도했을 때 그룹의 베테랑들은 다시 운동에 뛰어들었다. ⓐ 35-37

1976년 6월 4일 런던 사우스올에 자리한 도미니언 극장 앞에서 18세의 시크교도 학생 구르딥 싱 차가르Gurdip Singh Chaggar가 인종주의자의 칼에 찔려 사망했다. 어느 행인이 경찰관에게 누가 죽었느냐고 묻자 그는 이렇게 대꾸했다. "그냥 아시아인이에요." 차가르의 사망으로 지역에서는 폭동이 일어났고, 지역의 아시아계와 흑인 젊은이들은 사우스올청년운동Southall Youth Movement, SYM을 결성해 거리에서 인종주의자들과 맞서 싸웠다. ⓐ 33-34

1981년 6월 5일 필리핀의 노동자들이 바탄 수출자유지대Bataan Export Processing Zone에서 계엄령이 해제된 뒤 처음으로 총파업을 벌였다. 정부가 절대 일어나지 않을 것이라고 호언장담한 행동에 나선 것이다. 파업은 6월 7일까지 계속되었고, 그 성과로 만들어진 바탄노동자연합Alyansa ng Manggagawa sa Bataan, AMBA은 이후 1983년 22개 기업에서 31건의 파업이 조직되는 데 기여했다.

1996년 6월 5일 텍사스 국경 지역 단체인 시에라블랑카를구하자Save

Sierra Blanca, SSB가 핵폐기물 처리시설 반대 캠페인을 가속화했다. 미국과 멕시코의 여러 환경단체도 연대했다. 조지 W. 부시George W. Bush 주지사, 빌 클린턴Bill Clinton 대통령, 버몬트주 출신 버니 샌더스Bernie Sanders 상원의원 등 여러 정치인이 핵폐기물 처리시설 설립을 지지했다. 반대 캠페인은 2년 넘게 계속되었고, 결국 1998년 10월 22일 계획안은 공식적으로 보류되었다.

1966년 6월 6일 반인종주의 활동가이자 참전군인인 제임스 메러디스James Meredith가 인종주의에 항의하고 흑인 유권자 등록을 독려하기 위해 테네시주 멤피스에서 미시시피주 잭슨까지 200마일[약 322킬로미터]이 넘는 거리의 1인 행진을 시작했다. 이 과정에서 암살을 노린 한 백인 남성의 총에 맞았고, 다른 이들이 메러디스를 대신해 행진을 계속했다. 메러디스는 상처가 완쾌되기도 전에 다시 행진에 합류했다. 그가 잭슨에 도착했을 때는 1만 5000여 명이 함께였다. 행진의 후반에 이르러서는 자위를 위해 무장한 아프리카계 미국인 민권단체 방어와정의를위한부제들Deacons for Defense and Justice이 대

미시시피대학교에서 연방 보안관들과 함께 강의실로 걸어가는 제임스 메러디스

열을 보호했다.

앞서 메러디스는 백인만 다니는 미시시피대학교에 처음 입학한 아프리카계 미국인으로 유명세를 탔다. 백인우월주의자들은 그의 입학에 항의하며 폭동을 일으켜서 자동차를 불태우고, 기물을 파괴하고, 연방 요원들과 군대를 돌멩이와 벽돌, 총으로 공격했다. 폭력 사태가 잦아든 뒤에도 많은 백인 학생이 메러디스를 피하거나 괴롭혔다. 메러디스는 현재 86세이며 많은 책을 썼다.

1988년 6월 6일 남아공에서 아파르트헤이트에 반대하는 단체들과 흑인 노동조합들이 총파업을 선언했다. 300만 명에 이르는 파업 참가자들은 2년째 계속되는 비상사태 및 파업권이 제한되는 데 항의했다. 파업자들이 계속 버티자 6월 8일 경찰은 흑인들이 거주하는 마을에서 군중을 향해 발포했다.

7 **1968년 6월 7일** 잉글랜드 대거넘에 자리한 포드 자동차공장에서 일하는 여성 노동자들이 남성 노동자와의 동일임금을 요구하며 파업에 들어갔다. 3주 뒤 여성 노동자들은 남성 임금의 92퍼센트를 받는 대가로 조업에 복귀했다. 이 파업은 1970년 평등임금법Equal Pay Act이 제정되는 핵심적인 계기가 되었지만, 포드가 명목상 동일임금에 도달한 것은 1984년 또다시 파업이 벌어진 뒤였다.

1972년 6월 7일 파키스탄 카라치에서 체불된 임금의 지급을 요구하는 파업 군중에 경찰이 발포해 사망자 3명과 부상자 수십 명이 발생했다. 경찰은 다음 날 장례 행렬도 공격했고, 노동자들은 도시 전역에서 대규모 파업으로 대응했다. 경찰을 지휘한 인민당은 노동계급과 급진 좌파의 지지를 받아 선출된 포퓰리즘 정부였다.

8 **1961년 6월 8일** 미시시피주 잭슨에서 콰메 투레Kwame Ture(이때만 해도 여전히 본명인 스토클리 카마이클Stokely Carmichael로 불렸다), 궨덜린 그린Gwendolyn Greene, 조앤 멀홀랜드Joan Mulholland를 비롯한 한 무리

의 프리덤 라이더가 체포되었다. 투레는 훗날 학생비폭력조정위원회Student Nonviolent Coordinating Committee, SNCC에 이어 블랙팬서당의 핵심 조직자가 된다. 그는 FBI의 코인텔프로의 표적이 되며 '악성 소문에 휩싸여'—CIA의 첩자라는 유언비어가 퍼졌다—결국 학생비폭력조정위원회에서 추방되었다.

그린(나중에 이름을 브릿Britt으로 바꾸었다)은 1960년 메릴랜드에 있는 백인 전용 글렌에코 놀이공원에 들어가 버티다가 체포된 적이 있었다. 그는 동료들과 함께 미국나치당American Nazi Party의 반대 시위자들과 대결하면서 여름이 끝날 때까지 피켓 시위를 계속했다.

체포 당시 19세이던 멀홀랜드는 여러 차례 앉아 있기 민권운동에 참여해서 가족에게 의절당한 상태였다. 1963년 다른 활동가 4명과 미시시피를 돌아다니던 중 사살 명령을 받은 KKK로부터 차량에서 공격받았지만 가까스로 도망쳤다. 멀홀랜드는 지금까지도 왕성하게 활동 중이다.

2017년 6월 8일 7일간의 파업과 2차례의 점거를 포함해서 10개월 동안 계속된 캠페인 끝에 런던정경대학교London School of Economics, LSE 미화원들이 외주 노동자 최초로 대학에 다시 직접고용되는 성과를 얻었다.

런던정경대학교에서 파업 중인 청소 노동자들의 피켓 시위

모두 유색인 이민자인 노동자들은 하나된세계의목소리United Voices of the World, UVW라는 풀뿌리 노동조합을 통해 조직화됐는데, 이 노동조합은 런던 곳곳에서 지속적인 파업을 벌이며 비슷한 하청 노동자들과 함께 수많은 승리를 쟁취했다.

9 **1910년 6월 9일** 멕시코에서 반란이 벌어지면서 5일 전 해방구가 된 유카탄주 바야돌리드시를 독재자 포르피리오 디아스Porfirio Díaz의 군대가 공격했다. 반란자 200명이 사망하고 500명이 부상을 입었으며 600명이 포로가 되었다.

주모자 막시밀리아노 보니야Maximiliano Bonilla, 아틸라노 알베르토스Atilano Albertos, 호세 E. 칸툰José E. Kantún은 처형되었고, 나머지는 장기 중노동형을 선고받았다. 하지만 일부 반란자들은 몸을 피해서 마야족 지역에 은신했다.

비록 바야돌리드 반란은 진압됐지만 이 사건을 계기로 독재에 대한 저항에 불이 붙었고, 이에 따라 이 반란은 흔히 그해 11월에 본격적으로 시작된 혁명의 '첫 번째 불꽃'으로 불린다.

1944년 6월 9일 독일 베를린에서 사회주의자이자 반파시스트 레지스탕스 성원인 요한나 키르히너Johanna Kirchner가 나치에 의해 참수되었다.

히틀러가 집권했을 때, 키르히너는 지하로 잠적했고 나중에 프랑스로 옮겨갔다. 1942년 나치에 부역한 비시 정권에 체포되어 게슈타포에 인도되었다. 재판 결과는 10년 중노동형이었다.

나중에 다시 재판을 받아 '마르크스주의적인 대역 선전'을 한 죄로 사형을 선고받았다. 처형 당일 그는 자녀들에게 편지를 썼다. "나를 위해 울지 마라. 너희들이 살 더 나은 미래가 있다고 믿으니까."

같은 날 프랑스 튈에서 나치 군대는 레지스탕스 마키maquis[2차대전 당시 프랑스에서 독일에 맞서 싸운 무장 게릴라]가 나치 군인들을 기습해 40명을 죽인 데 대한 보복으로 민간인 99명을 가로등 기둥과 발코니에 목 매달아 죽였다. 체포한 다른 이들은 강제수용소로 보냈다. 전부 합쳐 213명이 사망했다.

이튿날 독일 군대가 인근에 있는 소도시 오라두르쉬르글란 전체를 파괴하면서 여성, 어린이, 갓난아이 등 642명이 사망했다. 생존자는 총에 맞았음에도 불구하고 수풀에 몸을 숨겨 목숨을 건지고 다음 날 구조된 마르그리트 루팡슈를 포함해 남성 6명과 여성 1명뿐이었다.

1918년 6월 10일 남아프리카공화국 요하네스버그에서 일당 1실링 인상을 요구하며 파업에 들어간 시 소속 아프리카인 노동자 152명이 수감된 데 항의하는 아프리카인 노동자들의 대규모 시위가 벌어졌다. 급진주의자들은 다음 달 총파업을 조직하려고 했다. 총파업은 결국 취소됐지만, 취소 소식을 듣지 못한 광부 수천 명이 파업을 벌였다.

1973년 6월 10일 뉴욕 대도시권의 공동묘지 3곳에서 벌어진 무덤 파는 노동자들의 파업이 44곳 묘지로 확대되었다. 6월 21일 법원은 파업 노동자들에게 업무 복귀 명령을 내렸지만, 노동자들은 무시해버렸다. 파업을 벌인 묘지노동자·녹지관리인조합Cemetery Workers and Greens Attendants, CWGA 365지부 지부장은 이후 법원 모독 유죄판결로 징역형과 벌금형을 받았다. 27일간 파업이 이어진 끝에 유대교, 로마가톨릭교회, 비교파 묘지의 고용주들이 공동으로 노동자들의 요구 대부분을 받아들이는 데 동의했다. 노동자들의 요구는 향후 3년간 주당 12달러 임금인상, 고용주가 비용을 지원하는 연금 가입 등이었다. 쟁의 기간 중에는 일부 망자의 친척과 친구들이 주검을 매장했지만, 최소한 1400구의 시신이 매장되지 못한 채 쌓여 있었다.

1914년 6월 11일 여성참정권론자들이 1090년에 지어졌으며 세계적으로 유명한 교회인 런던 웨스트민스터 사원에 폭탄을 터뜨렸다. 우파 성향의 일간지 《데일리텔레그래프Daily Telegraph》는 이를 "악랄하다"고 묘사했다. 진보 성향의 논평가들은 영국 여성참정권운동이 폭력을 사용했다는 사실을 흔히 무시한다.

1972년 6월 11일 일본 도쿄의 여성들이 의사당 앞에 모여 우생보호법 수정안에 항의하는 행진을 벌였다. 이 법안이 통과되면 수천 명의 여성과 장애인이 강제로 불임수술을 받아야 했다.

12　**1963년 6월 12일** 미시시피대학교의 인종차별을 폐지하기 위해 활동한 미시시피 출신 아프리카계 미국인 민권운동가 메드거 와일리 에버스Medgar Wiley Evers가 바이런 드 라 벡위드Byron De La Beckwith의 총알을 등에 맞고 숨졌다. 이른 아침 모임을 마친 뒤 차를 몰고 집으로 돌아와 진입로에 막 들어선 순간이었다.

백인우월주의자이자 백인시민협의회White Citizens' Council, WCC 성원이었던 벡위드는 바로 체포되었다. 그는 나중에 두 번 재판을 받았는데, 주 당국이 미리 불법적으로 심사하고 조사한 백인들만으로 구성된 배심원단이 평결을 맡았다. 두 번째 재판이 진행되던 중 불쑥 들어온 전 주지사는 에버스의 부인 미얼리가 증언하는 동안 벡위드와 악수를 나눴다. 무죄로 풀려난 벡위드는 오랫동안 KKK 집회에 참석해 에버스를 죽인 일에 관해 자랑스럽게 떠벌렸다. 그는 또한 민주당에서 주지사 후보 지명을 받으려고도 했으나 무위로 끝났다.

미얼리는 수년간 캠페인을 벌여 재심을 이끌어냈고, 1994년 벡위드는 마침내 징역형을 선고받았다. 벡위드는 몇 년 뒤 교도소에서 사망했다.

1966년 6월 12일 시카고에서 푸에르토리코의 날 행진이 끝난 뒤 한 젊은이가 경찰이 쏜 총에 다리를 맞으면서 이틀간 디비전스트리트 폭동이라 불리는 사건이 벌어졌다.

13　**1953년 6월 13일** 영국군 부대가 마우마우 반란 용의자들을 쫓아내기 위해 케냐 추카 지역에 파견되면서 추카 학살로 이

어지는 사태가 시작되었다. 이후 5일간 무장하지 않은 케냐 민간인 20명이 살해됐는데, 그중 일부는 구타와 고문을 당하고 사지가 절단된 상태였다. 영국군은 희생자 6명의 손을 잘라 자루에 담고는 막사로 가져갔다. 살인죄로 기소된 영국 군인은 아무도 없었다.

1973년 6월 13일 오스트레일리아 브로드메도스에 자리한 포드 공장의 노동자 수천 명이 파업에 들어가서 공장을 때려 부수고 경찰의 공격을 물리쳤고, 노동조합이 파업을 승인하도록 강제했다. 노동자의 대부분은 이주민이었다. 회사는 노동자들에 대한 보복으로 생산을 말레이시아로 이전하겠다고 위협했다. 하지만 파업은 계속됐고 지역사회의 탄탄한 지지를 받았다. 그리스정교회가 파업기금을 기부했고, 의사들은 파업자 가족을 위한 무료 진료소를 세웠으며, 유리업자들은 폭동 와중에 깨진 유리창의 교체작업을 거부했다. 10주 뒤 포드가 굴복하면서 여성 채용, 노동자 채용 증대, 생산 속도 감소, 화장실 휴식 횟수 증가, 임금인상 등 수많은 요구안에 합의했다.

1381년 6월 14일 잉글랜드에서 농민 반란이 벌어진 가운데 와트 타일러Wat Tyler가 이끄는 반란군 5만 명에서 10만 명이 런던브리지와 런던타워를 점령했다. 반란군은 대법관인 서드베리 대주교 사이먼과 재무상 로버트 헤일스를 살해했다.

이 반란은 지난 5월 15세 이상 모든 사람에게 인두세가 부과되며 노동자와 빈민의 경제적 고통이 가중된 데 항의하며 일어난 것이었다. 사람들은 또한 세금 징수인의 무자비한 행동에 격분했다. 세금 징수인은 연령을 확인하기 위해 사람들의 음모 길이를 쟀는데, 이는 여성의 경우 국가가 승인한 성폭력이나 마찬가지였다. 반란은 금세 봉건사회의 급진적 변혁을 요구하는 심대하고 복잡한 사회운동으로 발전했고 런던타워 점령으로 정점에 이르렀다.

6월 15일, 와트 타일러는 국왕 리처드 2세와의 교섭 자리에서 살해당했다. 리처드는 자신의 취약한 입지를 깨닫고 반란자들에게 인두세 폐지는 물론이고 강제노동과 농노제 폐지를 비롯한 많은 요구안을 실행하겠다고 약속했지만, 인두세만 폐지했을 뿐이다. 반란자들이 흩어져 집으로 돌아가며 더 이상 위협이 되지 않자 리처드는 다른 약속을 전부 깨뜨리고 1500명을 교수형에 처했다. 권력자의 약속을 믿어서는 안 된다는, 잔인하지만 중요한 교훈을 남긴 사건이다.

대법관과 재무상을 살해하는 장면을 그린 삽화

1991년 6월 14일 50만 명에 이르는 스위스의 여성들이 전국적인 여성 파업에 참여해 1981년 6월 14일 연방 헌법에 통합된 성평등 법률의 시행을 요구했다. 주요 관심사는 지속되는 남녀 임금격차였다. 여성들은 2011년 같은 날에도 다시 파업을 벌였고, 2019년에도 다시 파업에 나서면서 돌봄노동을 제대로 인정하고 보수를 인상할 것, 성추행을 종식할 것, 임금 불평등에 대해 행동에 나설 것을 촉구했다.

스위스 여성들은 평균적으로 남성보다 20퍼센트 정도 임금을 적게 받는데, 이런 임금격차의 40퍼센트는 직종 차이 같은 요인들로 설명되지 않는다.

15 **1960년 6월 15일** 도쿄 의사당 앞에서 시위가 벌어지는 가운데 22세 대학생 간바 미치코가 경찰의 진압 과정에서 사망했다. 간바는 일본에 미군이 영구 주둔하게 될 미일안보조약에 대한 반대로 매일같이 벌어진 시위에 참여한 수십만 명 중 한 사람이었다.

1990년 6월 15일 로스앤젤레스 경찰이 청소 파견업체 ISS에 항의하는 전미서비스노동조합Service Employees International Union, SEIU의 평화 시위 중 청소 노동자와 지지자 500명을 과잉 진압하면서 센추리시티 전투_{Battle} of Century City가 벌어졌다. 이 사건으로 대중적 분노가 치솟으며 결국 노동조합이 인정받게 되었고, 매년 6월 15일은 청소 노동자를 위한 정의의 날로 정해졌다.

16 **1531년 6월 16일** 잉글랜드의 헨리 8세가 전년도에 제정한 부랑자법을 개정했다. 부랑자법은 노동계급을 만들어내는 데 핵심적인 역할을 한 법이다. 인클로저_{enclosure} 때문에 공유지에서 쫓겨났으나 임금노동에 종사하지 않는 이들이 부랑자로 지정되었다. 처음 부랑자로 잡히면 채찍질을 당했다. 두 번째로 잡히면 채찍을 맞고 한쪽 귀의 반이 잘렸다. 세 번째로 잡히면 처형되었다.

잉글랜드를 비롯한 유럽 각지에 도입된 이 같은 법률을 통해 우리―노동력 말고는 팔 게 아무것도 없는 노동계급―가 처음 만들어졌다. 인구의 절대다수가 이렇게 몸뚱어리만 남는 상황은 이후 식민지배를 통해 지구 곳곳으로 퍼져나갔다.

자본주의와 임금노동은 흔히 생각하듯 자연스럽게 만들어진 상태가 아니라 국가가 대대적인 폭력을 동원해서 오랜 기간에 걸쳐 만든 체제다.

부랑자를 그린 판화, 16세기

1976년 6월 16일 아프리칸스어[보어인들이 쓰던 네덜란드어가 본토와 오랫동안 단절된 가운데 다른 유럽어 및 반투어와 섞이면서 변형된 언어]를 사용하는 데 항의하기 위해 수업 거부운동을 벌이던 남아공 소웨토의 학생들이 거리로 몰려나왔다. 경찰이 군중에 발포한 뒤 폭동은 순식간에 전국 각지로 확산되었고 그 결과로 일어난 봉기는 아파르트헤이트 반대투쟁을 더욱 고조했다.

2년 전 정부는 학교에서의 아프리칸스어 사용을 영어와 나란히 의무화했지만, 백인 정착민, 특히 네덜란드계를 제외한 남아공 흑인들은 이 언어를 거의 알지 못했다. 아프리칸스어 의무화에 반대하는 조직화는 의무화와 함께 곧바로 시작되어 꾸준히 확대되다가 결국 소웨토 항쟁으로 이어졌다.

1937년 6월 17일 에스파냐 내전 당시 남편과 함께 에스파냐로 달려가서 민족주의자들에 맞서 싸운 오스트리아의 반파시스트 카티아 란다우Katia Landau가 소련 비밀경찰 NKVDNaródnyi Komissariát Vnútrennikh Del에 체포되었다. 비밀경찰은 그가 외국의 첩자나 반혁명주의자라는 자백에 서명하게 만들기 위해 잔인하게 고문했다.

옥중에 있던 카티아는 남편이 실종됐다는 소식을 듣고 단식투쟁에 들어갔고 다른 여성 500명도 연대 단식을 벌였다. 외국 노동자 단체의 대표들이 교도소를 방문했을 때 여성들은 대중적인 사회주의 찬가인 〈인터내셔널가〉를 부르며 맞이했다. 에스파냐공산당Partido Comunista de España, PCE에 따르면 그들은 모두 '파시스트의 첩자'였다.

남편은 에스파냐공산당에 살해됐지만, 카티아는 내전에서 살아남아 멕시코로 이주했다. 최소한 90대까지 그곳에서 살았다. ◉ 39-40

1971년 6월 17일 오스트레일리아 뉴사우스웨일스주의 건설 노동자들이 헌터스힐 교외에 마지막으로 남은 공지空地인 켈리스부시에 호화 주택을 건설하는 것을 거부하면서 '그린밴green ban'[그린벨트나 자연보전 지역에서 건설 노동을 거부하는 행동]을 시작했다. 그전부터 지역 여성들이 공원을 지키는 캠페인을 벌이던 중이었다. 경영진은 파업 대체인력을 활용하겠다고 으름장을 놓았지만 결국은 건설 노동자와 주민들이 승리를 거두었고, 켈리스부시는 오늘날까지도 공원으로 남아 있다. 이러한 행동으로 촉발된 그린밴 물결은 이후 40여 년 동안 이어지며 수십억 달러를 쏟아붓는 유해한 개발 사업들을 막아 냈다.

1935년 6월 18일 브리티시컬럼비아주 밴쿠버에서 무장 경찰과 왕립캐나다기마경찰Royal Canadian Mounted Police, RCMP, 일명 마운티스Mounties 수백 명이 직장 폐쇄로 쫓겨난 1000여 명의 부두 노동자와 지지자들을 폭력 진압했다. 노동자들은 파업파괴자들이 배에서 짐을 부리는 걸 막기 위해 밸런타인 부두로 가던 길이었다. 도망치려다가 다리에 총을 맞은 1명을 포함해 노동자 몇 명이 병원에 입원했다. 폭력 진압 이후 파업은 주춤했다. 하지만 이 파업을 계기로 새로운 독립적 노동조합을 설립하는 길이 열렸고, 새 노동조합의 조합원들은 이후 몇 년간 많은 파업에서 승리했다.

1943년 6월 18일 우크라이나의 18세 반나치 투사 마리아 키슬랴크Maria Kislyak가 동료 표도르 루덴코Fedor Rudenko, 바실리 부그리멘코Vasiliy Bugrimenko와 함께 처형되었다. 마리아는 나치 장교 2명을 유혹해 숲으로 끌고 갔고, 그곳에 있던 동료들이 이들을 살해했다. 처음 게슈타포에 체포됐을 때 마리아는 자백하지 않았고 곧 풀려났다. 하지만 이후 게슈타포가 민간인 100명을 일제 검거하고 살인범이 나오지 않으면 전부 죽이겠다고 을러대자 동료들과 함께 자백했고, 마리아는 자신이 조직의 지도자라고 주장했다.

1937년 6월 19일 고용주들이 석유 노동자의 임금인상 요구에 동의하지 않자 트리니다드섬[트리니다드토바고의 섬]의 한 유전에서 일하는 노동자들이 파업에 들어갔다. 영국 식민 당국은 쟁의를 이끄는 데 조력하는 석유 노동자 출신의 전도사 유라이어 버틀러 Uriah Butler를 체포하려고 했지만, 노동자 군중이 그를 둘러싸고 지켰다. 이 과정에서 경찰관 2명이 사망했다. 노동자들이 경찰관 1명에게 등유를 끼얹은 뒤 불태운 것이다. 버틀러는 몸을 숨겼고, 파업은 순식간에 곳곳의 유전으로 퍼져나갔으며, 곧이어 산업 전반에서 파업이 일어났다. 비상사태가 선포되고 영국 군함 2척이 6월 22일과 23일에 서둘러 섬으로 달려왔다. 잉글랜드와 아일랜드에서 해병대와 추가 경찰 인력을 싣고 온 것이다. 현지 2개 군부대도 노동자들을 진압하는 데 동원되었다. 수많은 노동자가 체포되고 투옥되자 결국 반란이 진정되었다. 버틀러는 9월에 잡혀서 선동죄로 2년형을 받았다.

1937년 6월 19일 오하이오주 영스타운에서 리퍼블릭철강Republic Steel의 파업 노동자들을 지지하기 위해 노동자 부인과 자녀들이 시위를 벌이자 경찰이 16명을 살해하고 300명 가까이 부상을 입히면서 여성의 날 학살사건이 벌어졌다. 노동조합 지지자 1000명이 해고된 데 항의하는 파업이 진행되던 중이었다.

파업 노동자의 부인들은 남편들을 지지하기 위해 여성의 날 행사를 조직했다. 여성들이 시위에 나서자 분개한 경찰서장은 해산을 명령했다. 이를 거부한 여성들이 경찰들에게 침을 뱉고 욕설을 퍼붓자 경찰은 여성과 어린이, 심지어 갓난아이까지 있던 군중을 향해 최루탄을 쏘았다. 격분한 노동자들은 가족을 지키기 위해 현장으로 달려갔고, 그 순간 경찰의 발포로 수백 명의 사상자가 발생했다. 대부분은 도망치다가 등에 총을 맞았다.

20 **1905년 6월 20일** 스웨덴 국왕 오스카르 2세가 얼마 전 독립한 노르웨이에 대한 침공 계획을 공개적·공식적으로 철회했다. 만약 전쟁을 위해 군대를 동원할 경우 전국적 총파업을 벌이겠다는 노동조합들의 위협에 서둘러 계획을 철회한 것이다.

1967년 6월 20일 텍사스주 휴스턴에서 전설적인 권투선수 무하마드 알리Muhammad Ali가 베트남전쟁 징병을 거부한 혐의로 유죄판결을 받았다. 알리는 미국의 전쟁에 확고하게 반대한 인물이었다. "루이빌에서는 이른바 니그로들이 개 같은 대접을 받는데, 도대체 왜 군복을 입고 고향에서 1만 마일이나 떨어진 곳에 가서 베트남 황인들에게 폭탄과 총탄을 퍼부어야 하는가?"

전쟁에 대한 저항이 고조되는 분위기를 잠재우기 위해 법원은 알리에게 5년 징역형과 벌금 1만 달러라는 최고형을 선고했다. 하지만 이런 시도는 무위로 돌아갔고, 반전운동은 계속 고조되었다.

[흑인 민족주의 종교·정치단체] 이슬람네이션Nation of Islam은 알리와 거리를 두기 시작했지만, 이집트에서 가이아나, 런던, 가나에 이르기까지 세계 곳곳에서 그를 지지하는 시위가 벌어졌다. 4년 뒤 대법원은 알리에 대한 유죄판결을 뒤집었다. 알리는 자신의 행동을 전혀 후회하지 않았다.

저는 지도자가 되려고 한 게 아닙니다. 그냥 자유롭고 싶었어요. 그리고 단지 흑인만이 아니라 모든 사람이 체제에 관해 생각해야 한다는 입장이었습니다. 흑인만 징집되는 건 아니니까요. 정부는 부잣집 아들은 대학에 가고 가난한 집 아들은 전쟁터에 가도록 했습니다. 부잣집 아들은 대학을 졸업하고 나서도 군대에 가지 않고 다른 일을 하다가 결국 징집이 면제되는 나이가 됐죠. 🔊 10-11, 14

1919년 6월 21일 캐나다 역사상 가장 유명한 총파업인 위니펙 총파업Winnipeg General Strike이 벌어지던 중 '피의 토요일Bloody Saturday' 사건이 발생했다. 파업 노동자 3만 명이 시위를 벌이려고 모이자 위니펙 시장은 노동자들을 위협하기 위해 엄중 경고했고, 군중을 향해 돌격한 기마경찰은 곤봉을 휘두르고 총을 쏘았다. 폭력 진압은

파업 노동자들을 진압하는 위니펙의 기마경찰, 1919년 6월 21일

결국 파업 노동자 2명의 사망으로 이어졌다. 마이크 소코월스키Mike Sokowolski가 심장에 총을 맞았고, 마이크 셔저바노위츠Mike Schezerbanowicz는 두 다리에 총을 맞아 괴저로 사망했다. 그 밖에도 최대 45명이 부상을 입고 수많은 사람이 체포되었다. 당시 검거된 동유럽 이민자 4명 중 2명은 추방당했다. 그날의 시위는 결국 위니펙이 사실상 군대에 점령당하면서 끝이 났다. 나중에 경찰은 '피의 토요일' 사건에 관한 논평을 썼다는 이유로 파업 노동자들의 신문인 《웨스턴레이버뉴스 Western Labour News》를 폐간하고 편집진을 연행했다. 파업은 결국 탄압으로 깨졌다.

1964년 6월 21일 6월 21일 밤, 21세 흑인 미장공이자 미시시피주 메리디언 출신의 인종평등회의 조직자 제임스 체이니James Chaney, 21세 뉴욕 출신 유대계 백인 인류학과 학생 앤드루 굿맨Andrew Goodman, 24세 뉴욕 출신 유대계 백인 인종평등회의 조직자이자 전 사회복지사 마이클 '미키' 슈워너Michael "Mickey" Schwerner까지 3명의 민권운동가가 미시시피 KKK의 백인기사단, 네쇼바 카운티의 보안관실 직원, 미시시피주 필라델피아 경찰에게 린치를 당했다. 세 사람은 프리덤 서머Freedom Summer 캠페인을 통해 아프리카계 미국인들의 유권자 등록을 독려하는 중이었다.

1908년 6월 22일 일본 도쿄에서 천황 정부가 사회주의운동을
분쇄하기 위해 처음 행동에 나선 적기사건이 벌어졌다. 유명
한 아니키스트 야마구치 고켄이 감옥에서 석방되자 군중은 아나키
즘, 공산주의, 혁명의 구호로 장식된 적기를 흔들고 공산주의 노래를
부르면서 그를 맞이했다. 경찰이 폭력 진압으로 시위를 해산하면서
저명한 활동가 14명을 검거했다. 이들은 나중에 장기 징역형을 선고
받았다.

1941년 6월 22일 나치의 유고슬라비아 절멸에 대응해서 최초의 파
르티잔 부대인 시사크인민해방파르티잔분견대Sisak People's Liberation Partisan
Detachment, SPLPD가 창설되었다. 대원 79명은 대부분 크로아티아계였지만
나다 디미치Nada Dimić처럼 세르비아계 여성도 있었다. 오늘날 크로아
티아는 6월 22일을 공휴일로 지정하고 '반파시즘 투쟁의 날'로 기념
한다.

1950년 6월 23일 런던 스미스필드의 육류시장에서 일하는 배
달 노동자들이 살쾡이파업에 들어갔다. 노동당 정부는 7월
까지 계속된 파업을 비난하면서 이를 깨뜨리기 위해 군대를 파업 대
체인력으로 동원했다. 전쟁 후 노동당 정부가 노동계급에 대항하고
자 군대를 동원한 많은 사례 가운데 하나다.

1980년 6월 23일 버밍엄 롱브리지에 있는 브리티시레일랜드British Leyland
자동차공장에서 도장공 100명이 파업에 돌입했다. 노동자들이 매일
2차례 갖는 홍차 휴식시간을 축소하고 노동자 간 휴식시간에 시차
를 두겠다고 발표한 데 항의하는 행동이었다. 파업이 확대되며 공장
의 생산이 완전히 멈춰선 결과, 미니와 알레그로 모델의 생산 차질로
인해 회사는 최소한 1000만 파운드[약 290억 원]의 손실을 입은 것으
로 추산했다. 10일 뒤 노동조합은 브리티시레일랜드가 휴식시간을

변경해야 하는 실질적인 근거가 있는지를 파악하기 위해 검토하는 대가로, 경영난에 빠진 회사의 '자구책' 가운데 휴식시간과 관련된 조항을 받아들이는 데 동의했다.

24 **1976년 6월 24일** 폴란드 정부가 주요 식료품 가격을 대폭 인상한다고 발표하자 전국 곳곳에서 파업과 대중적 항의 시위, 폭동이 벌어졌다. 라돔에서는 시위대가 공산당 본부에 불을 지르고 바리케이드를 세우며 경찰과 충돌하는 과정에서 경찰관 75명이 부상을 입었다. 24시간도 지나지 않아 물가 인상안은 철회되었다.

1980년 6월 24일 엘살바도르에서 미국을 등에 업은 군부독재 및 반란군 암살대에 항의하는 총파업이 이틀간 벌어졌다. 경제의 85퍼센트가 마비되었고, 8만 명이 거리로 쏟아져 나왔다. 경찰과 군대가 델가도 교외에서 바리케이드를 세우던 시민 2명을 살해했다.

25 **1876년 6월 25일** 리틀빅혼 전투Battle of the Little Bighorn가 시작되었다. 라코타족, 아라파호족, 노던샤이엔족의 연합부대가 조지 암스트롱 커스터George Armstrong Custer 중령이 이끄는 군대를 완패시킨 싸

리틀빅혼 전투를 묘사한 그림, 1903년

움이었다. 이는 또한 블랙힐스에서 새롭게 발견된 금을 캐기 위해 미군이 아메리카 원주민을 지정 거주지로 쫓아내려고 벌인 1876년 수족 대전쟁에서 최대 규모의 교전이었다. 6월 25일에서 26일에 아메리카 원주민 전사들은 미합중국 제7기병대 병력 700명과 싸워 12개 중대 중 5개 중대를 전멸시키고 지휘관인 커스터를 비롯한 그의 친척 4명을 죽였다.

1878년 6월 25일 멜라네시아 원주민 전사들이 라포아 지역에서 프랑스 식민 경찰 4명과 대부분 유럽인인 정착민들을 죽이면서 뉴칼레도니아의 카나크족 반란이 시작되었다. 공격이 고조되고 확산되자 프랑스군은 반란을 진압하기 위해 공세적으로 움직였다. 프랑스군은 그해 12월까지 카나크족 인구의 5퍼센트를 살해하고 많은 족장을 재판 없이 처형하며 여러 부족을 다른 섬들로 추방함으로써 반란을 진압했다. 그러나 식민 지배 사업은 20년 동안 거의 중단되었다.

파리코뮌 추방자 수천 명과 함께 뉴칼레도니아에 수감돼 있던 아나키스트 루이즈 미셸은 봉기를 지지한 몇 안 되는 백인 가운데 하나였다. 미셸은 1871년의 파리 봉기에서 챙긴 소중한 붉은 스카프를 멜라네시아의 두 투사에게 주었다.

26 **1950년 6월 26일** 미국 CIA가 '문화 냉전'의 일환으로 문화자유회의Congress for Cultural Freedom, CCF라는 국제 예술단체를 설립했다. 이 단체는 사회주의 리얼리즘의 인기가 높아지는 현상에 대응하고자 예술을 장려하려 한 CIA의 여러 시도 가운데 하나였다. 추상표현주의는 이런 단체의 지원을 받은 주요한 예술운동 중 하나다. 1966년 CIA가 지원한다는 뉴스가 폭로되자 문화자유회의는 문을 닫았다.

1993년 6월 26일 일리노이주 디케이터에 자리한 [농산가공품 회사] A. E. 스테일리A. E. Staley에서 준법투쟁을 벌이던 노동자들을 포함한 노동자 4000명이 열악한 조건의 새 노사협약이 강요되는 데 반대하며 거리로 쏟아져 나왔다. 파업 중인 탄광 노동자들과 중서부 전역에서 생산 지연 전술을 구사하고 있던 캐터필러의 노동자들도 대열에 합류했다.

다음 날, 스테일리는 기존 8시간 교대제에서 12시간 교대제로 전환을 강요하면서 800명에 육박하는 생산직 노동자들을 대상으로 직장을 폐쇄했다. 이를 계기로 벌어진 거대한 투쟁은 전미제지노동조합United Paperworkers International Union, UPIU 지도부의 배신으로 파업 노동자의 과반수가 노사협약을 수용하게 되면서 1995년 12월에야 끝이 난다. 일부 조합원들이 이러한 결과에 격분하자 노동조합 지부장 짐 시널은 회사 경비원들과 경찰의 보호를 받아야 했다.

한편, 캐터필러 노동자들 또한 1년 5개월간 파업을 벌였는데, 결과적으로 전미자동차노조는 패배를 인정하며 쟁의를 접었다. 디케이터를 비롯한 다른 4개 지역의 브리지스톤-파이어스톤 노동자들 또한 10개월에 걸친 파업이 패배로 끝난 뒤 12시간 교대제를 받아들일 수밖에 없었다.

1905년 6월 27일 미국 시카고에서 열린 창립총회를 통해 세계산업노동자연맹이 설립되었다. 대표적인 창립자들로는 유진 V. 데브스Eugene V. Debs, 마더 존스, 루시 파슨스Lucy Parsons, 빅 빌 헤이우드Big Bill Haywood 등이 있었다.

미국 최초의 다인종 노동조합으로 손꼽히는 세계산업노동자연맹은 모든 노동자가 하나의 거대한 노동조합으로 단결해서 사회를 통제할 것을 주창했다. 이에 따라 연맹은 미국에서 그동안 조직화되지 않았던 많은 부문의 노동자들을 조직했고, 구타와 투옥, 살해까지 당하며 고용주에게 야만적으로 억압받던 수십만 노동자를 위한 대대적인 개선을 쟁취했다. 연맹은 칠레, 오스트레일리아, 남아프리카 등 다른 나라로도 확산되었다. 과거에 비해 몸집은 많이 줄었지만 세계산업노동자연맹은 지금도 존재하며, 조합원들은 적극적으로 여러 활동을 벌이고 있다. ◉ 6, 9, 16, 19

뉴욕시에서 벌어진 세계산업노동자연맹 시위, 1914년

1936년 6월 27일 소련이 임신중단을 합법화하고 여성에게 여러 가지 재생산 권리를 부여했던 1920년 볼셰비키의 「여성 건강 보호에 관한 포고령」을 뒤집었다. 새로운 법은 산모의 생명이 위태롭거나 심각한 유전질환이 있는 경우를 제외한 일체의 임신중단을 금지했다. 새 법에 따르면, 임신중단을 행하는 의사와 임신중단을 받은 여성 모두 범죄자가 되었다. 공산당은 임신중단을 합법화한 이전의 결정이 옳다고 주장하면서도 "여성이 사회의 동등한 구성원인 …… 사회주의 아래서만 금지법을 비롯한 여러 수단으로 임신중단에 맞선 싸움을 진지하게 조직하는 게 가능하다"고 역설했다.

기근이 잇따른 뒤 정부는 인구 증가를 가속화하는 데 열심이었고, 당은 가족의 중요성을 더욱 강조하고 있었다. 임신중단 금지는 스탈린이 사망한 1953년 이후로도 계속 유지되었다.

1969년 6월 28일 한밤중에 스톤월 항쟁이 시작되었다. 뉴욕 경찰청은 게이 술집을 폐쇄하는 정책의 일환으로 빈곤층과

노동계급 LGBT+ 단골이 많은 스
톤월 인Stonewall Inn을 불시에 단속했
다. 하지만 뉴욕 역사상 처음으
로, 군중은 순순히 체포되기를 거
부하고 경찰 주변으로 모여들기
시작했다. 술집 안에 있던 젠더
비순응자, 트랜스 여성, 레즈비언
들이 경찰의 지나친 몸수색에 저
항했다. 바깥에서는 한 '부치' 레
즈비언이 체포에 저항하며 경찰
에 맞서 싸우면서 '뭔가 하려고'
모인 군중에게 행동을 촉구했다.
몇몇 증인과 당사자의 설명에 따
르면, 그의 이름은 스토르메 드라
르브리Stormé DeLarverie로, 그리니치빌

스톤월 인, 1969년

리지에서 '레즈비언들의 수호자'로 알려진 혼혈 레즈비언이자 드랙
퍼포머였다. 하지만 어떤 이들은 그날 밤 체포된 레즈비언에 관한 경
찰의 유일한 기록은 매릴린 파울러Marilyn Fowler의 것뿐이라면서 이런 주
장을 반박한다.

상당수의 흑인, 라틴계, 백인 LGBT+ 지지자와 행인이 포함된
군중은 이후 경찰과 물리적으로 충돌하면서 6일 동안 항쟁을 벌였
다. 여기에 참여한 이들로는 마샤 P. 존슨Marsha P. Johnson, 존 오브라이언
John O'Brien, 인기 포크 음악가 데이브 밴 롱크Dave Van Ronk 등이 있다.

항쟁 이후 오브라이언과 마사 셸리Martha Shelley를 비롯한 참가자들
그리고 LGBT+ 급진주의자들이 설립한 동성애자해방전선Gay Liberation
Front, GLF은 동성애자 권리운동에 일대 혁명을 가져왔다. 이들은 이듬
해 6월 28일 뉴욕과 로스앤젤레스, 샌프란시스코 등지에서 스톤월
항쟁 1주년 기념 시위를 조직했다. 이 시위는 '프라이드Pride' 연례 축

제가 되어 오늘날까지 세계 곳곳에서 이어지고 있다. ◉ 25-26

1976년 6월 28일 우루과이의 교사이자 아나키스트, 군부독재 반대자인 엘레나 킨테로스Elena Quinteros가 군부의 구금에서 탈출해 베네수엘라 대사관 구내에 들어갔다가 납치되었다. 우루과이아나키스트연맹 성원인 킨테로스는 호송 군인들 틈에서 도망쳐 대사관 담을 넘어 들어가 보호를 요청했다. 대사관 직원들이 그녀를 도와주려고 했지만, 군인들이 붙잡으면서 줄다리기가 벌어졌고, 그 과정에서 킨테로스의 다리가 부러졌다. 마침내 군인들이 킨테로스를 끌어내 군 고문실로 이송했고, 킨테로스는 그곳에서 '실종'되었다. 베네수엘라 대사가 킨테로스의 귀환을 요구했으나 우루과이 정부는 거부했고, 이것이 커다란 외교 사태로까지 비화되며 결국 베네수엘라는 우루과이와의 외교를 단절했다.

1892년 6월 29일 펜실베이니아주 홈스테드에 있는 카네기 철강공장에서 일하는 노동자들이 새로운 생산 요구안을 거부하자 회사가 직장 폐쇄로 맞섰다. 앤드루 카네기Andrew Carnegie는 공장의 숙련 노동자들이 속한 제철철강노동자통합노동조합Amalgamated Association of Iron and Steel Workers, AA을 깨부수려고 단단히 마음먹은 상태였다. 공장 관리자 헨리 클레이 프릭은 직장 폐쇄로 노동조합원들을 배제한 다음 7월 2일 해고했다. 그러자 노동조합에 속하지 않은 미숙련 노동자들이 항의의 뜻으로 파업을 벌였다.

프릭은 파업을 깨뜨리기 위해 사설탐정 회사인 핑커튼의 무장 용역 300명을 고용했다. 용역들이 파업 노동자 9명을 살해했지만, 1만 명에 이르는 노동자들이 무장을 갖추어 용역의 공격을 물리쳤다. 노동자들은 11월까지 버텼지만 주지사가 민병대 8000명을 동원해 공장으로 들여보내며 파업파괴자들을 호위하도록 했다. 이 분쟁으로 노동조합은 결국 파괴되었고, 카네기는 임금삭감과 노동시간 증대를 실행했다.

1936년 6월 29일 뉴멕시코주 갤럽에서 파업이 벌어진 뒤, 헤수스 파야레스Jesús Pallares를 비롯한 멕시코계 미국인 광산 노동자 100명이 '위험한 외국인'으로 규정되어 추방당했다. 파야레스는 광부 8000명을 에스파냐어권노동자연맹Liga Obrera de Habla Espanola, LOHE으로 조직하는 데 조력한 인물이었다.

갤럽에서의 파업은 1935년 에스파냐어권노동자연맹 조합원을 비롯한 광부들이 벌인 것이었다. 이 파업을 깨뜨리기 위해 6개월 동안 계엄령이 선포되었다. 광부와 광부의 가족 수백 명이 집에서 쫓겨났고, 광부 2명이 경찰 손에 사망했으며, 파야레스를 비롯한 많은 이가 연행되었다. 그중 수십 명이 후에 미국으로부터 추방되었다.

30 **1977년 6월 30일** 인도 파리다바드에서 경찰의 탄압에 항의하는 폭동과 대규모 파업이 벌어졌다. 파리다바드의 주요 회사 중 1곳에서 유지 보수 책임자로 일하던 하르남 싱이 경찰의 구금 중 사망하자 공장 노동자 수천 명이 항의의 뜻으로 연장을 내려놓으면서 지역 산업이 마비되었다. 파리다바드 곳곳에서 폭력 사태가 벌어졌고, 수도로 향하는 차량이 돌멩이 세례를 받고 약탈당한 뒤 불태워졌다. 동료 노동자들에 따르면, 싱은 공장장과 경사 및 회사 고위 임원들이 지켜보는 가운데 공장 구내에서 경찰에 고문당해 사망했다.

2013년 6월 30일 중국 광둥성 후이저우에 있는 종지中志 건축자재공장에서 일하는 노동자 200여 명이 회사 사무실을 포위해서 중역 5명을 가둔 뒤 체불임금 지급을 요구하는 것과 함께 정리해고 계획에 항의했다. 4일간 이어진 노동자들의 점거 끝에 굴복한 경영진은 체불임금 지급과 정리해고 철회에 동의했다.

7월

July

1 **1944년 7월 1일** 과테말라의 독재자 호르헤 우비코Jorge Ubico가 총파업을 견디지 못하고 물러나며 사회민주주의 정부가 수립되었다.

2012년 7월 1일 중국 쓰촨성 스팡시에서 구리공장 건설에 항의하는 수천 명이 때로 폭력도 불사하지 않는 시위를 벌였다. 주민들은 지역에 공장이 들어서면 환경과 건강에 문제가 생길 것을 우려했다. 주민 시위대는 정부 건물로 몰려가서 창문과 차량을 부수고 경찰을 공격했다. 정부가 구리공장 건설 중단과 함께 연행한 시민 대부분을 풀어주겠다고 발표하면서 시위는 7월 3일에 끝났다.

2 **1902년 7월 2일** 필리핀-미국전쟁이 미국의 승리로 종전되었다. 미국은 최대 25만 명의 민간인을 죽음으로 내몬 악랄한 전투 끝에 신생 독립국을 손에 넣었다.

1986년 7월 2일 아우구스토 피노체트Augusto Pinochet 대통령의 군사통치에 항의하기 위한 칠레 노동자들의 2일간 총파업이 시작되었다. 미국과 영국의 지지를 받은 독재자는 통치 기간 동안 수만 명의 노동자

칠레 대통령궁 앞에서 시위를 벌이는 '실종자'의 가족들

와 반대파를 고문하고 살해했다.

3 **1981년 7월 3일** 남아시아계 인구가 많은 런던 사우솔 지역에서 폭동이 발발했다. 이는 술집 햄브로 태번Hambrough Tavern에서 공연을 보던 인종주의자 스킨헤드족들이 아시아계 사람들을 공격하면서 시작된 것이었다. 스킨헤드들은 아시아계 여성 1명을 폭행하고, 아시아 식료품점의 창문을 깼으며, 아시아인들이 사는 주택을 공격하려고 찾아다녔다. 이에 경찰이 제대로 대응하지 않자 아시아계 공동체가 자위를 위해 인종주의자들과 직접 맞서 싸운 것이다. 결국에는 파시스트들뿐만 아니라 경찰과도 맞서 싸워야 했다. 동틀 무렵 술집은 전소되었고, 경찰관 60명 정도가 부상을 입었으며, 시민 33명이 체포되었다. ◉ 33-34

1988년 7월 3일 미 해군이 290명이 탑승한 민간 여객기 이란항공 655편을 격추해 탑승자 전원이 사망했다. 희생자 중에는 어린이 66명과 두바이에서 열리는 결혼식에 가던 일가족 16명도 있었다. 사고는 사담 후세인Saddam Hussein이 미국의 지원을 받아 일으킨 이란-이라크 전쟁 중에 일어났다. 수많은 실수가 연속된 결과였다. USS 빈센스호에서 미사일 발사를 책임진 해군 장교는 최소한 23차례 엉뚱한 버튼을 누르다 결국 미사일을 발사했다. 사고 이후 미군은 당시 빈센스호가 이란의 공격에 맞서 한 상선을 보호하려고 출동하던 중에 민간기 공중회랑air corridor[항공기가 한 국가의 영공을 지날 때 반드시 지켜야 하는 항로]을 벗어난 지점에서 항공기 1대가 '공격 모드'로 상선을 향해 강하했다고 주장했다. 이런 변명은 나중에 모든 측면에서 거짓임이 밝혀졌다. 미군은 또한 상선이 공해상에 있었다고 주장하려 했으며, 이를 위해 해군 장교들은 의회에 제출한 지도에서 이란의 섬을 지우기까지 했다. 사실 상선은 명백하게 국제법을 위반하면서 이란 해역에 있었다. 한편 미국 언론들은 미 해군의 공식 설명을 지지했다. 한 예로 《뉴욕타임스》는 민간 여객기 조종사인 모흐센 레자이안과 이란에 책임을 돌렸다.

격추사고 이후 빈센스호의 장교와 승무원들은 미국에서 환영받았을 뿐만 아니라 영웅 대접까지 받았다. 모두 전투행위 휘장을 받았고, 한 사람은 "발사 절차를 신속하고 완벽하게 수행한 영웅적 업적"으로 훈장까지 받았다. 함장은 이후 "지휘관 역할을 대단히 탁월하게 수행했다는 이유로" 공로훈장을 받았다. 사고 이후 인디애나에서는 USS 빈센스호를 기념하는 조형물을 세우기 위한 모금이 급증했고, 이듬해에 기념물이 완성되어 헌정되었다.

1776년 7월 4일 미국의 독립혁명 중에 아메리카의 13개 식민지들이 모인 대륙회의가 독립을 선언했다. 독립선언서는 뜨거운 언어로 모든 '인간'이 '평등'하고 '양도할 수 없는 권리'를 가진다고 밝혔지만, 새로운 자유는 모든 사람에게 적용되지 않았다. 독립 이후로도 노예제는 100년 가까이 지속됐고, 아메리카 원주민을 겨냥한 거의 전면적인 종족학살이 가속화됐으며, 새로 세워진 정부 또한 그전의 영국 정부와 마찬가지로 다른 수많은 나라를 침략하고 정복하며 그 나라에서 선출된 정부를 무너뜨렸다.

1998년 7월 4일 절친한 친구이자 인종주의반대행동Anti-Racist Action, ARA 동료 회원인 23세 아프리카계 미국인 스킨헤드[백인우월주의나 파시즘에 반대하는 스킨헤드도 있다] 린 뉴본Lin Newborn과 20세 공군 병사 대니얼 셔스티Daniel Shersty가 라스베이거스 외곽에 있는 사막에서 백인우월주의자 무리에 살해당했다. 네오나치 1명은 곧바로 투옥되었고, 다른 이들도 2012년 살인죄 유죄 판결을 받았다.

린 '스핏' 뉴본, 1993년

5 **1888년 7월 5일** 영국 이스트런던에 있는 브라이언트앤드메이Bryant & May 성냥공장에서 일하는 여성과 소녀 1400명이 공장의 끔찍한 노동조건을 비판했다는 이유로 해고된 한 노동자와 연대하기 위해 파업에 나섰다. 경영진은 신속하게 해고 노동자를 복직시키겠다고 제안했지만, 노동자들은 부당한 임금공제 중단 등 경영진이 다른 많은 양보 조치를 취할 때까지 작업 복귀를 거부했다.

지역 활동가인 허버트 버로스(뒷줄 가운데에서 왼쪽), 애니 베선트(뒷줄 가운데에서 오른쪽)와 함께 선 브라이언트앤드메이 파업위원회

1934년 7월 5일 샌프란시스코의 경찰이 파업 중인 부두 노동자 2명과 행인 1명을 살해하고 115명을 구타해 병원에 입원시키면서 '피의 목요일' 사건이 벌어졌다. 노동자들은 항만의 임시고용 방식에 항의하며 파업을 벌이는 중이었다. 2주 만에 도시 곳곳의 노동자들이 노동조합의 뜻을 어기고 총파업에 들어갔지만, 미국노동총연맹American Federation of Labor, AFL이 이를 인정하지 않으면서 사실상 파업을 종식했다. 그러나 부두 노동자들은 노사 공동으로 운영하는 직업소개소를 설립하는 성과를 얻었다.

6 **1934년 7월 6일** 쿠바의 도시 트리니다드에 위치한 플랜테이션 농장 2곳에서 일하는 노동자 800명이 관리인 사무실 앞에서 시위를 벌이며 일거리가 부족한 데 불만을 토로했다. 경찰이 시위대의 접근을 막자 노동자들이 약탈로 대응하면서 폭력 사태가 일어났다. 소요는 다른 농장으로도 퍼졌다. 노동자들은 사장 2명을 습격했고, 회사 본부 중 1곳에 돌멩이를 던지고 불을 질렀다. 영국 식민 경찰은 시위자 12명을 체포했다.

1992년 7월 6일 선구적인 트랜스 활동가이자 성노동자인 마샤 P. 존슨의 주검이 허드슨강에서 발견되었다. 존슨은 전 지구적인 LGBT+ 해방운동을 촉발한 스톤월 항쟁에 참여한 것으로 가장 유명하지만, 운동현장에서 급진적 조직화를 도모하며 오랜 시간을 보낸 인물이었다. 그는 또한 동성애자해방전선과 훗날 '프라이드' 행진으로 발전한 스톤월 항쟁 기념일 시위에 참여했다. 친구이자 동료였던 라틴계 트랜스 활동가 실비아 리베라Sylvia Rivera와 함께 거리복장전환행동혁명가들Street Transvestites Action Revolutionaries, STAR을 창설하기도 했다. STAR는 게이, 젠더 비순응자, 트랜스 청소년에게 주거 등 지원을 제공하는 급진적 단체였다. 존슨은 이후 에이즈운동에 투신하며 액트업의 조직책을 맡았다. 그동안 내내 존슨은 생계를 위해 성노동에 종사했고 경찰의 지속적인 괴롭힘에 시달리며 100차례 이상 연행되었다. 존슨의 주검에는 머리에 큰 손상이 있었는데도 경찰은 자살로 판정했다. 친구들과 동료 활동가들은 존슨이 자살했을 리 없다면서 살해됐을 가능성을 뒷받침하는 증거를 부각했다. 2012년 말 뉴욕 경찰은 타살 가능성을 염두에 두고 조사를 재개했지만 사건은 여전히 미결로 남아 있다.

7 **1912년 7월 7일** 루이지애나주 그라보에서 학살사건이 일어나 4명이 사망하고 50명이 부상을 입었다. 세계산업노동자연맹 소속 목재노동자조합Brotherhood of Timber Workers, BTW이 그라보에서 파업

을 벌이는 동안 목재 노동자 수십 명이 갤러웨이^{Galloway} 일가가 소유한 공장 앞에서 시위를 벌였다. 노동조합 조직자 A. L. 에머슨이 발언을 시작하는 순간 사무실에서 나온 한 남자가 그에게 총을 쏘았다. 총알은 에머슨의 모자챙을 스치고 지나갔다. 15분간 총격이 이어지는 동안 300발 정도가 발사되었다.

사장들은 아무도 기소되지 않았지만, 파업 노동자 다수는 연행되어 폭동과 살인을 비롯한 중범죄 혐의로 재판을 받았다. 결과적으로는 노동조합이 대승을 거두면서 모두 무죄방면되었지만 말이다. 그해 말 노동조합의 총잡이였던 레더 브리치스 스미스가 자경단에 살해되었다. ◉ 6

1999년 7월 7일 노동자 100명이 지난 3주간 일한 급여가 들어오지 않았다는 사실을 발견하면서 건설 노동자 300명이 센트럴런던의 한 건설현장에서 피케팅을 벌이며 현장을 폐쇄했다. 이 파업을 계기로 영국 노동자들은 동유럽과 서유럽 각국에서 온 동료 노동자들과 연대했고, 체불된 임금 또한 거의 전부 받아냈다.

1876년 7월 8일 사우스캐롤라이나주 햄버그에서 무장한 백인 폭도─붉은셔츠단^{Red Shirts}─가 흑인 공화당 지지자가 다수인 지역을 행진하면서 햄버그 학살사건이 시작되었다. 다음 날 이른 새벽 폭도들은 흑인 주 방위군 민병대원 6명을 죽였다. 그중 4명은 항복했는데도 살해했다. 민주당원들이 아프리카계 미국인의 투표를 가로막고 공화당을 붕괴시키기 위해 벌인 캠페인의 일환이었다. 이 활동은 성공을 거두었다. 민주당은 그해 말 선거에서 사우스캐롤라이나주를 탈환한 뒤 백인우월주의 일당통치를 확립하고, 법적 차별(짐크로법)을 시행하고, 결국은 1895년 새로운 헌법을 통해 아프리카계 미국인의 투표권을 박탈했다.

1968년 7월 8일 흑인 노동자들이 새롭게 만든 단체인 다지혁명적노동조합운동이 전미자동차노조 산하 노동조합이 수용한 인종차별에

반대하기 위해 디트로이트의 다지 자동차공장에서 피케팅을 벌이며 수천 명의 출근을 막았다. ◉ 12

1919년 7월 9일 펜실베이니아주 앨런타운의 바텐더들이 조만간 도입될 예정인 금주법이 야기할 '참화'를 시민들에게 알리기 위해 파업에 들어갔다. 금주법을 저지하기 위한 파업 행동은 "맥주가 없으면 노동도 없다"는 구호 아래 노동계급 수십만 명의 운동으로 이어졌다. 하지만 우리가 확인할 수 있는 유일한 실제 파업은 바텐더들의 파업뿐이었다.

1959년 7월 9일 이스라엘 도시 하이파에서 경찰이 미즈라히 유대인[중동 유대인] 이민자 야코프 엘카리프에게 발포해 부상을 입히면서 와디살리브Wadi Salib 폭동이 촉발되었다. 원래 부유한 팔레스타인인 동네였던 와디살리브는 1949년 이스라엘 정부에 의해 초토화되었고, 이에 따라 절대다수였던 아랍인들은 도망칠 수밖에 없었다. 이후 북아프리카와 중동 출신의 가난한 유대인들이 버려진 주택으로 옮겨져 빽빽하게 모여 살았다. 이들은 정부로부터 그곳은 임시주거지이며 조만간 다른 곳으로 이사할 수 있을 거라는 말을 들었지만 그런 일은 일어나지 않았다. 아슈케나지 유대인[유럽 유대인] 권력층은 미즈라히 유대인을 얕잡아 보면서 무시했고, 가난과 높은 수준의 범죄율 속에 살도록 방치했다. 엘카리프가 사망했다는 소문이 퍼진 7월 10일, 수년간 들끓던 분노가 폭발했다. 지역 주민들은 경찰서 앞에서 항의 시위를 벌였고, 마침내 경찰과 충돌하면서 자동차에 불을 지르고 상점을 약탈하기 시작했다. 이튿날, 티베리아스를 비롯해 북아프리카계 주민이 많이 사는 다른 도시들에서도 폭동이 일어났다. 이후 시위 조직자 중 한 사람인 다비드 벤하루시가 투옥되었다.

1914년 7월 10일 27세의 여성참정권론자 로다 플레밍Rhoda Fleming이 스코틀랜드의 도시 퍼스에서 왕과 왕비가 탄 리무진에 뛰어들어 유리창을 깨뜨리려고 두들겼다. 언론은 이 행동을 "여성참정권운동 역사상 가장 대담한 행동"이라고 묘사했다.

1985년 7월 10일 프랑스 정보부가 아오테아로아/뉴질랜드의 오클랜드항에서 그린피스 선박 레인보워리어Rainbow Warrior호를 폭파해 사진가 페르난두 페레이라Fernando Pereira가 사망했다. 선박은 프랑스가 벌이는 핵실험에 항의하기 위해 출항하는 길이었다. 프랑스는 책임을 부인했지만, 뉴질랜드 경찰은 프랑스 요원 2명을 체포해 살인죄로 기소했다. 과실치사죄로 10년 징역형이 내려졌으나 프랑스 정부는 불과 2년 만에 이들을 풀어주었다.

1917년 7월 11일 브라질 상파울루의 경찰이 조제 마르티네스 José Martínez(몇몇 자료에서는 안토니우 마르티네스Antonio Martínez라고도 언급된다)를 때려죽였다. 21세의 제화공 마르티네스는 높은 생활비에 항의하는 노동자 시위가 벌어지던 중 우연히 그 옆을 지나가던 행인이었다. 마르티네스의 장례 행렬에는 대규모 인파가 모여들었고, 경찰은 인파를 칼로 공격했다. 노동계급은 도시 곳곳에서 폭동으로 대응했으며 폭동 이튿날 1만 2500명이 파업에 나섰다. 그다음 날에는 5000명이 추가로 파업에 합류했고, 이후 총파업으로 발전했다. 노동자들은 10퍼센트 임금 인상을 광범위하게 확보하고 나서야 조업 복귀에 동의했다.

에스파냐에서 잭 시라이

1937년 7월 11일 에스파냐 내전에서 파시스트들과 싸우기 위해 달려간 일본계 미국인 요리사 잭 시라이Jack Shirai가 전투 중 사망했다. 미국 에이브러햄 링컨 여단 자원병이었던 시라이는 굶주리는 부대를 위해 자원해서 물자를 가지러 갔다가 총에 맞았다. 그날 밤 그의 시신은 아프리카계 미국인 자원병인 올리버 로Oliver Law 옆에 묻혔다.

12 **1917년 7월 12일** 세계산업노동자연맹 소속으로 파업을 벌인 구리 광산 노동자 1000여 명이 무장 자경단에 의해 애리조나주 비스비에서 뉴멕시코주로 무단 추방되었다. ◉ 6

비스비에서 추방당하는 파업 광부들, 1917년 7월 12일

1921년 7월 12일 이탈리아 비테르보에서 이틀 전 파시스트들에게 살해당한 무고한 농부 톰마소 페시Tommaso Pesci의 장례식이 진행되었다. 이탈리아 최초의 전투적 반파시스트단체인 아르디티델포폴로Arditi del Popolo['대담한 민중'이라는 뜻]의 대열이 총검과 지팡이로 무장한 채 장례 행렬을 이끌었다. 이 사건으로 아르디티델포폴로는 최초로 로마 바깥에서 행동에 나섰고, 3일 동안 파시스트들이 비테르보에 진입하는 것을 막아냈다.

1948년 7월 13일 일본에서 우생보호법이 제정되었다. 사회당

13 이 제출한 이 법안은 임신중단과 일정한 유형의 피임을 합법화했지만, 주요 조항은 이른바 '열등아' 출산을 막기 위해 장애인의 불임술을 크게 확대하는 것이었다.

이후 반세기 동안 여성과 소녀 ─ 일부는 불과 9세였다 ─ 가 대부분인 1만 7000여 명이 강제 불임술을 받았다. 그 밖에도 8000명이 '동의'하에 불임술을 받았는데, 이 동의에는 당국의 강요가 개입되었을 것이다. 피해자의 대다수는 정신건강 문제를 앓고 있거나 '유전적 지적장애' 같은 진단을 받은 이들이었다. '유전'으로 추정되는 질병 때문에 거의 6만 명의 여성이 임신중단수술을 받았다.

우생보호법은 1996년에야 폐지되었고, 2019년에 이르러 피해 생존자들은 보잘것없는 보상금을 지급받았다. 최근에는 우생학이 극우파와 연관되지만, 과거에는 좌파인사들도 우생학을 지지했다.

1976년 7월 13일 우루과이와 아르헨티나의 군인 무리가 우루과이 아나키스트 사라 멘데스Sara Méndez와 그의 친구를 납치했다. 미국이 지지하는 독재 정부가 운영하는 고문실에서 깨어난 멘데스는 어린 아들의 행방을 찾을 수 없었다. 군인들이 강제로 떼어내 입양을 보내버렸기 때문이다. 모자는 2002년까지 상봉하지 못했다.

1970년 7월 14일 푸에르토리코계 활동가단체인 영로즈Young

14 Lords가 링컨병원 본관을 점거했다. 뉴욕시 당국이 사우스브롱크스에 사는 푸에르토리코계와 아프리카계 미국인의 보건 요구에 무관심하다는 것과 링컨병원의 열악한 의료환경에 항의하기 위해서였다.

영로즈의 링컨병원 점거는 이스트할렘의 공중보건 문제를 둘러싸고 단체가 진행한 활동의 연장선에 있었다. 이런 공중보건운동에는 불규칙한 쓰레기 수거에 항의하는 행동인 가비지오펜시브Garbage Offensive, 빈곤층 아동을 위한 아침식사 제공 프로그램, 진보적 간호

사·의료 기술자·의사 등과 협력해서 집집마다 방문하며 어린이 납중독 테스트와 성인 폐결핵 검진을 진행한 레드오펜시브Lead Offensive, 그리고 이를 위해 시가 운영하는 폐결핵 트럭을 탈취하는 행동 등이 있었다.

2011년 7월 14일 이스라엘의 대도시 텔아비브에서 도저히 아파트를 구할 수 없었던 다프니 리프Daphni Leef가 도시 중심부에 천막을 세우면서 이스라엘 천막 항의운동이 시작되었다. 24시간 만에 수십 명이 그의 천막 옆에 또 다른 천막을 쳤고, 이후 2주간 주택가격과 높은 생활비, 사회적 불평등에 항의하는 전국적인 운동이 전개되었다. 일부 아랍인 지역에서도 항의 천막이 등장했지만, 큰 틀에서 이스라엘 역사상 최대 규모의 유대인 중심 시위운동이었다. 하지만 운동은 이스라엘의 민족주의에 기세가 꺾였고, 사람들은 '좌파'와 연관되는 걸 피하려고 애를 썼다. 한 활동가는 "좌파는 '반역자'와 거의 동의어"라고 말했고, 시위운동은 팔레스타인인들과 전쟁을 벌이는 정부를 소리 높여 지지했다.

15 **1971년 7월 15일** 일본에서 중국 공산주의 지도자 마오쩌둥의 이데올로기를 신봉한다고 자처하는 좌파단체 연합적군連合赤軍이 결성되었다. 1년 만에 조직원 29명 중 14명이 혁명 의지가 약하다는 이유로 내부에서 숙청되었다. 연합적군이라는 이름에 의도치 않은 아이러니가 담겨 있었던 셈이다.

2009년 7월 15일 2010년 월드컵을 위한 경기장을 짓던 남아공의 건설 노동자들이 임금인상을 요구하며 벌인 파업에서 승리했다. 앞서 노동자 7만 명은 13퍼센트 임금인상을 요구하며 일주일 넘게 무기한 파업을 벌이면서, 필요하면 2011년까지도 파업을 계속하겠다고 주장했다. 노동자들은 결과적으로 12퍼센트 임금인상안에 합의했다.

1977년 7월 16일 잉글랜드 노샘프턴종합병원에서 가정주부 리타 워드Rita Ward가 누워 있기lie-in 시위를 시작했다. 담석 때문에 고통에 시달리던 리타는 수술을 받기 위해 1년 6개월을 기다렸지만 또다시 1년을 더 기다려야 한다는 말을 들었다. 그런데 개인병원에서는 500파운드[약 800만 원]를 내면 바로 다음 날 수술을 받을 수 있었다. 그리하여 리타는 병원 노동자들의 지지 속에서 병상을 차지하고 치료를 해줄 때까지 일어나지 않겠다고 버텼다. 병원 경영진은 결국 굴복했고 며칠 뒤 수술이 이뤄졌다. 이 수술로 인해 지연된 수술은 1건도 없었다.

1978년 7월 16일 런던 최대의 벵골인 지역에 위치한, 브릭레인 거리와 베스널그린 거리가 만나는 모퉁이에서 극우정당 국민전선의 책자가 판매되는 것을 막기 위해 대규모 반인종주의 연좌시위가 벌어졌다.

1936년 7월 17일 에스파냐 정부가 공화주의 정부로 새롭게 구성되자 우파 장군들이 전쟁을 선포하며 모로코에서 군사봉기가 개시되었다. 이에 대응해 바르셀로나에서는 전국노동자총연맹Confederación Nacional del Trabajo, CNT 조합원들이 항구에 정박해 있던 선박 2척의 짐칸에서 소총 200정을 빼내 노동조합 활동가들에게 나눠주었다.

이틀 뒤, 에스파냐 각지의 노동자들은 무기를 들고 이후 지대한 영향을 미치게 되는 사회혁명을 개시했다. 이어진 내전에서 노동계급은 나치 독일과 이탈리아 파시즘의 지원을 받는 에스파냐 자본가들에 맞서 싸웠다.

혁명파 지역에서는 아나키즘과 사회주의 노동자, 농민들이 작업장과 토지를 접수하고 집단적으로 운영하기 시작했다.

그 순간 영국과 프랑스를 비롯한 서구 민주주의 국가들은 공화국을 포기하고 에스파냐에 대한 봉쇄를 시행했다. 그 결과 반파시스

에스파냐의 반파시스트 민병대 투사들, 1936년

트들에게 가는 원조와 무기 공급이 중단되었다. 한편 이탈리아와 독일은 봉쇄를 무시했으며, 미국의 석유 대기업 텍사코Texaco는 대금 지불을 요구하지도 않은 채 민족주의자들(국민파)에게 석유를 비롯한 물자를 제공하며 공화국에 대한 물자 공급은 중단했다.

세계 곳곳에서 노동계급이 주축을 이룬 수천 명이 민족주의자와 싸우는 에스파냐 노동자와 농민들을 돕기 위해 달려왔지만, 3년 가까이 치열한 혈전이 이어진 끝에 결국은 월등한 무기와 장비를 갖춘 민족주의자들이 승리를 거두었다. ◉ 39-40

1978년 7월 17일 해크니·타워햄리츠 방어위원회Hackney and Tower Hamlets Defense Committee가 인종주의자들의 공격에 맞서 하루 동안 파업을 벌이면서 런던의 타워햄리츠 자치구를 마비 상태에 빠뜨렸다. 아시아계 영국인이 대다수였던 로버트 몬테피오리 학교의 학생 400명도 파업에 동참해 학교 안팎에서 벌어지는 인종주의적 폭력에 항의했다.

1917년 7월 18일 브라질 리우데자네이루의 한 가구 노동자가
상파울루에서 파업이 벌어진다는 소식을 접하고 일손을 놓
았다. 동료 2명도 동참했다. 오후가 되자 노동자 150명이 조업을 중
단했고, 다음 날에는 5개 공장의 노동자들이 일손을 놓으면서 파업
은 계속 확대되었다. 7월 22일, 하루 최대 8시간 노동과 20퍼센트 임
금인상을 요구하는 총파업이 소집되었다. 금속 노동자와 공장 노동
자 수만 명이 파업에 합류하면서 산업이 마비되었다. 정부의 계엄령
선포에도 노동자들은 파업을 이어갔고, 결국 다음 달 요구를 관철하
며 고용주들의 수용을 이끌어냈다.

1969년 7월 18일 캘리포니아주 오클랜드에서 블랙팬서당이 백인 반
인종주의단체 청년애국자기구Young Patriots Organization 및 푸에르토리코계
급진단체 영로즈와 공동회의를 열었다.

청년애국자기구는 애팔래치아 출신 이주민들이 주축을 이루는
빈민단체였다. 그들은 인종주의에 반대하면서도 처음에는 남부연합
기Confederate flag를 내걸었다. 그것이 반란의 상징이라고 생각했기 때문
이다. 그러나 유색인 공동체와 함께 활동하면서 점차 남부연합기가
구제 불능의 백인우월주의 상징임을 깨닫고 그것을 버렸다.

블랙팬서당 지도자 프레드 햄프턴Fred Hampton은 경찰에 암살당하
기 전까지 청년애국자기구를 비롯한 백인 노동계급 청년들과 연대
하는 데 핵심적인 역할을 했다.

1958년 7월 19일 캔자스주 위치토에서 미국 민권운동 초창기
에 아주 중요한 성공을 거둔 앉아 있기 시위가 시작되었다.
흑인 학생 한 무리가 인종차별에 항의하기 위해 도컴드러그스토어
Dockum Drug Store의 백인 전용 간이식당에 입을 다문 채 앉아 있기 시작했
다. 영업을 방해해 경제적 타격을 줌으로써 인종차별을 포기하게 만
드는 것이 목표였다. 경찰과 백인 인종주의자들의 괴롭힘이 계속되
자 학생들은 자위를 위해 몽둥이와 칼, 그리고 총을 챙겼지만 결과적

으로 그것들을 쓸 필요는 없었다. 23일 뒤, 드러그스토어 소유주는 시위에 굴복하며 체인점 전체에서 인종 분리를 폐지했다.

전미유색인지위향상협회National Association for the Advancement of Colored People, NAACP는 처음에 이 시위를 지지하지 않았지만 시위가 위치토에서 성공을 거두자 같은 전술을 채택했고, 그리하여 수많은 주의 간이식당에서 인종 분리를 폐지하는 데 성공했다.

1984년 7월 19일 아일랜드 더블린에 자리한 던스스토어Dunnes Stores에서 남아공의 아파르트헤이트에 반대하는 파업이 시작되었다. 상점 노동자이자 아일랜드유통관리노동조합Irish Distributive and Administrative Union, IDATU의 조합원인 메리 매닝Mary Manning은 남아공 물건을 취급하지 않기로 하는 데 투표했고, 이에 따라 고객이 구매하고자 한 남아공산 과일의 계산을 거부했다. 이 일로 정직 처분을 받은 매닝은 동료 11명과 함께 항의하는 파업에 들어갔다. 믿기 어렵게도 파업은 3년 동안 계속되다가 [1987년] 아일랜드 정부가 남아공산 제품 수입을 금지하면서야 끝이 났다.

20 **1943년 7월 20일** 폴란드의 소비보르 절멸수용소에서 삼림작업반Waldkommando 소속 유대인 2명이 우크라이나인 간수를 습격한 뒤 다른 대원들에게 탈옥할 것을 설득했다. 폴란드 유대인 20명과 네덜란드 유대인 20명으로 구성된 삼림작업반은 나무를 베고 그루터기를 파내서 화장에 필요한 땔감을 모으는 일을 담당하는 곳이었다. 슐로모 포드흘레브니크와 요제프 코프는 포드흘레브니크가 신발 안에 숨겨두었던 칼을 휘두르면서 탈옥을 시작했다. 그렇게 폴란드인 수감자 몇 명—포드흘레브니크, 코프, 진델 호니그만, 하임 코렌펠드, 아브람 방, 아론 리히트—이 탈출에 성공했다. 코프와 리히트는 탈출 이후 각각 다른 사건으로 폴란드의 반유대주의자들에게 살해당했지만 나머지 사람들은 전쟁에서 살아남았다.

이러한 탈옥사건 이후 수용소 삼림작업반에는 폴란드어를 할

줄 모르고 그 지방의 지리에 익숙하지 않은 네덜란드 유대인들만이
배정되었다.

1979년 7월 20일 아메리카 원주민이자 정치범 레너드 펠티어Leonard
Peltier가 다른 2명의 수감자와 함께 캘리포니아의 롬폭연방교도소에
서 탈옥했다. 그중 1명인 보비 진 가르시아는 교도관의 총에 맞아 사
망했다. 아메리칸인디언운동American Indian Movement, AIM의 주요 성원이었던
펠티어는 FBI 요원 2명을 살해한 혐의로 연속 2회 종신형을 선고받
고 복역 중이었다. 스탠딩 디어
(일명 로버트 윌슨)라는 아메리카
원주민 동료 수감자가 교도소에
그의 목숨을 노리는 청부 살인자
가 있다고 경고한 상태였다.

레너드 펠티어 지명수배 포스터

　　펠티어가 처음 받은 재판은
불일치하는 증거와 왜곡이 난무
했다. 일례로, FBI의 한 탄도학 전
문가는 재판에서 2구의 시신 근
처에서 발견된 탄피가 펠티어의
소총에 쓰이는 것과 일치한다고
주장했지만, 총탄이 일치하지 않는다고 언급한 그의 보고서를 배심
원들은 보지 못했다. 펠티어가 범죄현장 근처에 있었다고 말한 증인
3명은 나중에 이 증언을 취소하면서 FBI가 의자에 자신을 묶어놓고
증언을 강요했다고 말했다. 날조가 워낙 심각했기 때문에 넬슨 만델
라Nelson Mandela, 데즈먼드 투투Desmond Tutu 대주교, 유럽의회, 유엔 인권최
고대표 같은 다양한 개인과 집단이 펠티어를 지지했다.

　　펠티어는 탈옥 3일 뒤 다시 수감되었다.

21 **1921년 7월 21일** 이탈리아 사르자나의 반파시스트들이 시내
에 모인 파시스트 600명과 맞서 싸웠다. 파시스트들은 3일

전 공격을 벌인 혐의로 체포된 파시스트 분대의 석방을 요구하기 위해 모인 것이었다. 관리들과 파시스트들 사이에 교섭이 진행 중인 가운데 몇몇 파시스트가 총을 쏴 군인 1명이 사망하고 경찰 1명이 부상을 입었다. 군대가 응사했고, 뒤이어 지역 주민들이 도망치는 파시스트들을 추적했다. 반파시스트단체인 아르디티델포폴로에 속한 이들이 다수였던 주민들은 파시스트들을 주변 농촌까지 추적하며 18명을 죽이고 30명에게 부상을 입혔다. 이탈리아에서 점점 더 몸집과 폭력성을 키워가던 파시스트운동이 처음으로 대규모 반격에 부딪힌 사건이었다.

1945년 7월 21일 아일랜드여성노동자연합Irish Women Workers' Union, IWWU 조합원들이 유급휴가를 일주일 더 달라고 요구하면서 세탁 파업을 벌여 더블린의 여러 호텔에 타격을 주었다. 파업에서 병원 세탁 노동자들은 제외되었다. 14주 동안 계속된 파업은 결국 여성들의 승리로 끝났다. 이듬해 정부는 모든 노동자에게 2주 유급휴가를 보장하기로 약속했다.

22 **1920년 7월 22일** 칠레 정부군이 세계산업노동자연맹 산티아고 본부를 침탈했다. 세계산업노동자연맹 소속 해운 노동자들이 국내에서 기근이 벌어지는 동안 곡물 수출을 막고자 3개월간 벌이고 있던 파업을 깨뜨리려는 시도였다. 전국적으로 아나키스트들을 겨냥한 대대적인 탄압이 이어졌지만, 세계산업노동자연맹은 이에 아랑곳하지 않고 1923년 다시 해운 파업을 조직했다.

2005년 7월 22일 통가왕국의 공무원들이 60퍼센트에서 90퍼센트의 임금인상을 요구하며 파업에 들어갔다. 이 파업으로 사실상 정부가 마비되고 다른 많은 공공 부문 직원들까지 파업에 가세하면서 통가 역사상 왕정에 대한 가장 중대한 도전이 되었다. 파업 노동자들은 임금인상을 얻어냈고 정부가 자체적으로 개혁에 나서도록 촉구했다.

23 **1918년 7월 23일** 일본에서 높은 물가에 항의하는 쌀 폭동이 시작되었다. 규모와 범위, 폭력성으로 볼 때 일본 역사상 유례를 찾아보기 힘든 항쟁이었다. 이 항쟁은 결국 데라우치 마사타케 수상의 정권을 무너뜨렸다.

1967년 7월 23일 미국 디트로이트에서 경찰이 이른 아침 저소득층 아프리카계 미국인 지역에 자리한 술집을 급습한 뒤, 미국 역사상 손꼽히는 규모의 항쟁이 일어났다. 흑인과 백인 주민들은 거리에서 경찰과 싸우고 물건을 약탈하는 한편, 저격수들이 창문을 통해 경찰에 무차별 사격을 가했다. 폭력 사태는 사망자 40여 명, 연행자 7000여 명, 건물 2000여 채 이상의 파괴라는 결과를 낳았다. ◉12

24 **1777년 7월 24일** 보스턴에 사는 한 노동계급 여성이 토머스 보일스턴이라는 판매상에게서 커피를 빼앗았다. 미국 독립 혁명 기간에 수십 차례 일어난 식량 폭동 중 하나였다. 이런 폭동은 주로 북부에서 일어났지만 [동부 지역인] 메릴랜드주와 버지니아주에서도 벌어졌다. 그중 3분의 1은 여성들이 조직한 행동이었다.

2009년 7월 24일 공장이 민영화된다는 소식을 접한 중국의 철강 노동자 3만 명이 폭동을 일으키며 최고경영자를 때려 죽였다. 이후 매각 계획은 취소되었다.

25 **1867년 7월 25일** 독일의 공산주의자 카를 마르크스가 걸작 《자본》의 독일어 초판 서문을 썼다. 《자본》은 지금까지 쓰인 책 가운데 자본주의 체제에 대한 가장 결정적이고 통찰력 있는 비판으로 남아 있다. 처음 세 장章은 속도가 더딜 테지만, 언제가 됐든 꼭 읽어보기를 바란다.

1972년 7월 25일 미국 정부가 터스키기에서 진행된 매독실험에 관여한 사실을 인정했다. [매독을 치료하지 않았을 때 어떻게 되는지를 알아내기 위해 정부는] 매독에 걸린 앨라배마주의 가난한 흑인 농업 노동자

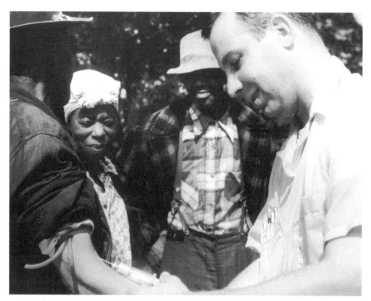

한 의사가 연구의 일환으로 환자의 피를 뽑고 있다. 1932년

들을 치료하지 않은 채 40년 동안 끔찍한 연구를 진행했다. 그 결과 수많은 사람이 사망했고, 여성과 아동이 매독에 감염되었다. 정부는 언론의 폭로 이후 사실을 인정했다. 대중적 분노가 치솟자 연방 정부는 의학실험에서 피실험자를 보호하는 규제를 도입했다.

26 **1937년 7월 26일** 바베이도스의 영국 식민 당국이 노동조합 설립을 시도하던 클레먼트 페인Clement Payne을 비밀리에 트리니다드로 추방했다. 트리니다드에서 기다리던 경찰은 금서를 소유했다는 혐의로 그를 체포했다. 체포 전 페인은 바베이도스인이라고 허위 신고를 했다는 혐의로 고발당했는데, 그가 바베이도스인 부모 사이에서 태어났지만 출생지는 트리니다드라는 이유 때문이었다. 페인은 유죄판결에 항소했고, 항소심에서 무죄판결을 받는데도 섬에서 쫓겨났다. 그러자 노동자들이 폭동을 일으켰고 며칠 동안 파업이 확산되었다.

1950년 7월 26일 미국 지상군이 한국 민간인 100명에서 300명을 학살한 노근리 학살이 일어났다. 미군이 저지른 대규모 학살 가운데 하나다.

27 **1816년 7월 27일** 미 육군이 플로리다 애펄래치콜라강에 있는 한 요새를 소이탄으로 공격했다. 요새에는 흑인과 촉토족 300여 가구가 살고 있었다. 이 공격은 세미놀전쟁의 신호탄이자 미국이 플로리다를 정복하게 되는 출발점이 되었다.

1933년 7월 27일 쿠바 수도 아바나의 버스 운전사들이 파업에 들어갔고, 곧이어 지역의 다른 운전사들도 연대파업에 돌입했다. 노동자와 학생들의 총파업으로 정점에 이르게 되는 소요의 시작이었다. 총파업으로 국가 전체가 마비되자 잔인한 독재자 헤라르도 마차도 Gerardo Machado는 권좌에서 내려올 수밖에 없었다.

마차도는 노동조합 지도자들 및 쿠바공산당 중앙위원회와 최후 협상을 시도하며, 파업을 끝내면 노조와 공산당을 합법화하고 지원도 하겠다고 제안했지만 거부당했고, 경찰이 시위대 20명을 살해한 뒤에도 파업은 계속됐다. 8월 9일, 군부는 마차도에 대한 지원을 중단하기로 결정했고, 이틀 뒤 정부가 붕괴했다.

28 **1915년 7월 28일** 아이티를 침공한 미국이 저항을 분쇄하고 독재 정부를 세웠다. 독재 정부는 이후 20년간 아이티를 통치했다.

1932년 7월 28일 미국의 1차대전 참전군인들이 약속한 대로 전시 보너스를 지급하라고 정부에 요구하면서 행진하자 정부가 탱크와 총검, 최루가스, 군도로 무장한 군대를 보내 참전군인들과 그 가족들을 진압했다. 진압 과정에서 3명이 사망했다.

보너스는 1945년에 지급될 예정이었지만, 대공황이 덮쳐 많은 참전군인이 가난에 빠지자 이들은 조기 지급을 요구하기로 결정했다. 흑인과 백인을 망라한 최대 2만 5000명의 참전군인이 '보너스

군대Bonus Army'를 결성해 워싱턴D.C.에 천막을 세웠다. 조지 패튼George Patton 소령은 총검을 휘둘러서 다수의 시위자들을 죽여 '좋은 본보기'를 보여주라고 부대에 명령했다. 시위대에는 전쟁 당시 그의 목숨을 구해준 장병도 있었다. 더글러스 맥아더Douglas MacArthur 장군과 드와이트 D. 아이젠하워Dwight D. Eisenhower 장군은 패튼의 작전을 지휘한 이들이다. 이 작전으로 참전군인 2명과 생후 11개월 된 갓난아이가 사망하고, 한 8세 소년은 한쪽 눈이 멀었으며, 1000여 명이 부상을 입었다.

29 **1910년 7월 29일** 텍사스주 슬로컴에서 백인의 경제적 우위를 지키기 위한 테러가 발생하며 아프리카계 미국인이 대다수인 주민들이 학살당했다. 무장한 백인 인종주의자 수백 명이 도시를 공격하면서 집에 숨거나 일하거나 도망치려 한 흑인들을 총으로 쓰러뜨렸다. 공식 집계상 사망자는 8명에서 25명이었지만, 많은 이가 실제 희생자는 훨씬 더 많았을 것이라고 본다. 학살과 그로 인한 흑인 주민들의 탈출 이후 인종주의자들은 그들의 집과 재산을 훔쳤다. 지금까지도 이 도시에는 백인이 압도적으로 많다. 가해자 가운데 아무도 처벌받지 않았고 피해자들은 전혀 보상받지 못했다.

1962년 7월 29일 영국의 파시스트 오스왈드 모슬리가 맨체스터 시내에서 행진을 하려 하자 반파시스트들이 그를 습격해 때려눕혔다. 경찰관 250명이 모슬리를 구해 호위하려 했지만, 토마토와 계란, 동전과 돌멩이 세례를 막아주지는 못했다. 행진 이후 연설에 나선 모슬리의 목소리는 반파시스트 5000명의 함성에 묻혔다. 결국 경찰이 7분 만에 집회를 중단시켰다. 한동안 지역 주민들과 파시스트들 사이에 충돌이 잇따랐고 경찰은 47명을 체포했다. 🔈12

30 **1766년 7월 30일** 멕시코 레알델몬테에 있는 은광 광부들이 25퍼센트 임금삭감에 항의하며 파업에 들어갔다. 북아메리카 역사에 기록된 최초의 파업이다. 광부들은 에스파냐 식민 지배층

사장들이 거느리는 사병들의 진압 작전에 맞서 9월까지 버텼고, 결국 고용주들의 굴복을 이끌어냈다.

1913년 7월 30일 여성과 아동이 대다수인 바르셀로나의 섬유 노동자 2만 명이 저임금과 장시간 노동에 항의하며 파업에 들어갔다. 여성 파업자들은 파업파괴자들의 머리카락을 잘라 그들이 배신자라는 표시를 했다. 파업은 9월 15일까지 계속되었고, 주지사는 결국 주 60시간제를 도입했다.

31 **1922년 7월 31일** 이탈리아의 노동자들이 파시즘에 맞서 무기한 총파업을 선언했다. 하지만 민족주의 노동조합들은 파업에 참여하지 않았고, 중간계급과 자본가들은 파업을 분쇄하려는 파시스트들을 지지했다. 이틀 뒤, 파시스트들의 우월한 군사조직이 이탈리아 대부분 지역에서 파업을 깨뜨렸고, [이탈리아의 도시] 바리와 파르마의 노동자들은 8월 7일까지 파업을 이어갔다.

1945년 7월 31일 영국에서 새로 당선된 노동당 정부가 징집 병력 600명을 런던의 서리 부두로 보내 생산 지연 전술로 임금인상을 위해 싸우는 부두 노동자들을 진압하려 했다. 《텔레그래프》의 한 기자는 생산 지연 전술을 다음과 같이 묘사했다.

노동자들은 하나부터 열까지 의도적으로 느릿느릿 작업을 했다. 그들의 행동이 계획적이라는 증거가 있었다. 크레인을 운전하고 부둣가에서 배로 물품들을 나르기는 했지만, 노동자들은 모든 일을 마지못해 하는 것처럼 여유롭기 짝이 없었다. 이유는 금세 알 수 있었다. 작업자들이 크레인에 연결된 로프로 설탕 포대를 배에 싣고 있을 때, 어디선가 왜 평소처럼 12포대씩 걸지 않고 4포대씩 거느냐는 목소리가 들려왔다.

8월

August

1917년 8월 1일 몬태나주 뷰트에서 광부 파업이 진행되는 가운데 세계산업노동자연맹의 체로키 혼혈 조직자인 프랭크 리틀 Frank Little이 잔혹하게 살해당했다. 리틀은 애너콘다광업사를 비롯한 광산 소유주들에 맞서 구리 광부 1만 7000명이 벌이는 파업을 지원하기 위해 애리조나에서 몬태나로 달려간 인물이었다. 현지 언론에 그를 향한 협박장이 실렸고, 곧이어 복면을 쓴 남자 6명이 하숙집에 있던 리틀을 납치해 차량 뒤에 묶어 끌고 가서는 두들겨 팬 뒤 철도 교량 위에 목매달

프랭크 리틀

았다. 대부분의 사학자들은 애너콘다가 살인자들을 고용했다고 본다. 리틀의 장례식에는 6800명이 참석했다. 🔊 39-40

1938년 8월 1일 하와이 경찰이 파업 중인 비무장 부두 노동자 무리에 발포하면서 힐로 학살Hilo massacre이 벌어졌다. 파업은 각기 다른 노동조합과 상이한 종족 집단에 속한 부두 노동자들이 단결해 미국 서부 해안의 항만 노동자들과 함께 동일임금 지급을 요구하며 벌인 것이었다. 8월 1일, 항구에 모인 노동자 200명은 증기선 입항에 항의하며 시위했다. 진압에 나선 경찰은 노동자를 향해 발포했고 4분의 1이 부상을 입었다.

1944년 8월 2일 아우슈비츠 비르케나우 강제수용소에서 롬인과 신티인 약 4000명이 가스실로 끌려가는 데 저항했다. 나치 친위대가 롬인수용소에 몰려갔지만, 수감자들은 막대기와 쇠지레로 무장하고 실내에 바리케이드를 친 채 나치에 맞서 죽기 살기

로 싸웠다. 목숨을 건진 어느 비롬인 수감자는 당시 상황에 대해, 모두가 싸웠지만 특히 "젊고 튼튼한 데다가 아이들을 보호하고 있던 여성들이 가장 치열하게 싸웠다"라고 말했다. 예상대로 수감자들의 저항은 진압되었고 이들은 끝내 가스실에서 살해당했다. 이 저항은 그해 5월 16일에 처음 시작된 것으로 보고되었으며 이에 따라 매년 5월 16일은 롬인 저항의 날로 정해졌다.

1980년 8월 2일 이탈리아 볼로냐 기차역 대합실에서 시한폭탄이 터져 85명이 사망하고 200여 명이 부상을 입었다. 네오파시스트들의 테러로 발생한 이 사고는 유럽 역사상 최악의 테러로, 이탈리아 역사에서 '긴장 전략strategia della tensione' 시기라 일컬어지는 때에 자행된 것이었다. 이 국가 안보 작전 중에 극우파나 보안기관은 테러행위를 벌이고 이를 아나키스트와 공산주의자들의 소행으로 돌렸다.

시한폭탄 폭발 직후 볼로냐 기차역

3

1492년 8월 3일 콜럼버스가 에스파냐 팔로스에서 '인도'를 향해 출항했다. 그곳에 살고 있던 사람들에게 재앙을 안겨준 항해였다. 대중적 신화 중에는 콜럼버스가 미국을 발견하고 지구가 둥글다는 사실을 입증했다는 것이 있다. 하지만 그는 오늘날의 미국

본토에 발을 들여놓은 적이 없으며, 지구가 둥글다는 사실은 이미 고대 그리스 시절부터 알려진 것이었다. 콜럼버스는 지구가 아래쪽이 더 불룩한 서양배 모양pearshaped이라고 믿었다. 그는 오늘날 바하마로 알려진 섬에 상륙했는데 그곳에 있던 원주민 타이노족은 그와 선원들을 환영했다. 타이노족은 마을 공동체를 이루어 살면서 모든 재산을 공유했다.

그러나 콜럼버스는 곧바로 원주민을 감옥에 가두고 살해하면서 황금을 찾는 노예로 삼기 시작했다. 타이노족은 맞서 싸웠지만 월등한 무기와 갑옷을 갖춘 에스파냐인들을 물리칠 수 없었다. 그리하여 많은 이가 더 나쁜 운명을 피하고자 아이들을 죽이고 자살하기 시작했다. 불과 2년 만에 아이티 인근에 사는 원주민 25만 명의 절반이 사망했다. 식민지 정착민들이 점점 더 늘어나면서 카리브해와 아메리카대륙 전역에서 원주민에 대한 집단 학살이 계속되었다. 이 모든 역경에도 불구하고 살아남은 원주민 공동체는 오늘날 지역 곳곳에서 저항을 이어가고 있다.

1929년 8월 3일 로스앤젤레스 외곽에서 사회주의자들이 운영하던 어린이 여름캠프가 불시에 단속을 받아 젊은 여성 6명과 남성 1명이 체포되었다. 단속을 수행한 것은 지방검사가 지휘하는 미국재향군인회American Legion였다. 체포된 이들 중 하나인 19세의 공산주의자 예타 스트롬버그Yetta Stromberg와 나머지 여성 5명은 후에 적기red flag를 소지한 혐의로 유죄판결을 받고 투옥되었다. 스트롬버그는 1년에서 10년 징역형을 받았고, 다른 피고인들은 샌퀜틴 주립교도소에서 6개월에서 5년 징역형을 받았다. 유죄판결을 받은 1차대전 참전군인 이사도어 버코위츠는 판결 뒤 목매달아 자살했다.

캘리포니아는 1919년에 붉은색 사회주의 깃발이나 검은색 아나키즘 깃발의 게양을 금지한 24개 주 중 하나였다. 당시 이는 종종 10년형 이상의 형벌을 받을 수도 있는 범죄였다. 스트롬버그는 사건을 대법원까지 끌고 갔고, 1931년 대법원은 이러한 금지법이 표현의 자유를 보장하는 수정헌법 제1조에 위배된다며 원심 판결을 뒤집었다.

4 **2011년 8월 4일** 칠레에서 교육개혁을 요구하는 대중적 운동이 폭발하는 가운데 시위대와 군경 사이에 폭력적 충돌이 벌어졌다. 5월에 시작된 시위는 주로 교육에 대한 국가의 지원을 확대하고, 더 많은 저소득층의 고등교육 진학과 원주민 마푸체족 학생들의 요구를 받아들여 학교를 개선할 것을 요구했다.

8월 4일, 파업에 참여한 학생들이 수도 산티아고에 있는 대통령 궁을 향해 행진하던 중 전투경찰의 습격을 받았다. 그러자 도시 곳곳에서 폭동이 일어나고 도로가 봉쇄되었으며 폭력 사태가 벌어졌다. 과도한 할부이자를 붙이던 대형 쇼핑몰 라폴라르La Polar가 불에 타기도 했다.

그날 하루에만 874명이 연행되었다. 그럼에도 불구하고 이후 몇 달간 시위는 더욱 확대되었고, 정부가 저금리 학자금 대출을 도입하는 등 일정한 타협안을 제안해도 불만은 가라앉지 않았다.

2011년 8월 4일 6명의 자녀를 둔 29세 흑인 마크 더건Mark Duggan이 런던 수도경찰의 총에 맞아 사망했다. 사건이 벌어진 당시 경찰의 직권남용을 수사한 독립 기구 경찰민원처리위원회Independent Police Complaints Commission, IPCC는 더건이 경찰관에게 먼저 총을 쏘았고, 총알이 무전기에 맞아 경찰이 목숨을 건졌다고 주장했다. 이는 후에 거짓으로 밝혀졌다. 더건은 총을 쏘지 않았고, 해당 경찰관은 동료의 총에 맞은 것이었다. 그럼에도 불구하고 여전히 경찰민원처리위원회가 더건의 사망을 조사하는 책임을 맡았다. 경찰이 시민을 살해했다는 사실에 잉글랜드 전역에서는 폭동이 일어났다. '흑인의 생명도 소중하다' 운동에 앞서 영국에서 일어난 항의 시위였다.

5 **1964년 8월 5일** 북베트남이 미국 함정을 공격했다는 '첩보'를 받은 미국이 피어스애로 작전Operation of Pierce Arrow으로 북베트남

에 폭격을 시작했다. 해당 보고는 후에 거짓임이 밝혀졌다.

베트남전쟁 동안 미군은 베트남과 캄보디아, 라오스에 폭탄 수억 개를 투하해서 엄청난 사상자를 낳았다. 불발탄 때문에 지금까지도 이 지역에서는 해마다 끊이지 않고 사망자와 불구자가 발생한다. ◉14

1981년 8월 5일 항공관제사 1만 1345명이 파업에 돌입한 지 겨우 이틀 만에 미국 대통령 로널드 레이건에 의해 해고되었다. 작업 복귀 명령을 거부했다는 이유로 노동조합 지도자 출신 대통령에게 전격 해고된 것이다. 이때 해고된 노동자들은 평생 동안 연방 정부에 취업하는 것이 금지되었고(이 금지는 10여 년 뒤 해제되었다), 노동조합은 10월에 법적 절차에 따라 해산되었다. 새로 채용된 관제사들이 충분히 훈련받을 때까지 공군 항공관제사들이 업무를 대신했다.

6 **1945년 8월 6일** 일본이 조만간 항복할 것을 알면서도 미국이 히로시마에 원자폭탄을 떨어뜨려 민간인 수만 명이 사망했다. 수많은 고위 군 인사들은 일본을 물리치기 위해 원자폭탄을 투하할 필요가 없다고 확언했다. 하지만 2차대전이 끝나가는 시점에서 미국은 동구권 '연합국'들에게 경고를 하고 싶어 했다.

드와이트 D. 아이젠하워 장군은 이렇게 설명했다. "일본은 당시 최소한만 '체면'을 구긴 채로 항복할 길을 찾고 있었다. 그 끔찍한 폭탄을 떨어뜨릴 필요가 없었다." 전 합참의장 윌리엄 D. 레이히William D. Leahy 제독은 이렇게 말했다. "이 야만적 무기를 히로시마와 나가사키에 사용한 건 일본과의 전쟁에서 전혀 도움이 되지 않았다. 일본은 이미 패배해 항복할 준비가 되어 있었다. 내 생각을 말하자면, 우리는 세계 최초로 그 무기를 사용함으로써 암흑시대의 야만인들과 똑같은 윤리기준을 받아들인 셈이다. 나는 그런 식으로 전쟁을 벌여서는 안 된다고 배웠다. 여자와 아이들을 죽여가면서까지 전쟁에서 승리할 수는 없다." 미국전략폭격조사단US Strategic Bombing Survey은 "원자폭탄

히로시마 상공의 버섯구름

을 떨어뜨리지 않았더라도, 소련이 전쟁에 참전하지 않았더라도, 본
토 침공을 계획하거나 구상하지 않았더라도 일본은 항복했을 것"이
라고 결론지었다.

1970년 8월 6일 청년국제당Youth International Party, 일명 이피Yippies — 반문화
급진 청년 — 300명이 디즈니랜드에 몰려가 베트남전쟁에 항의하며
가부장제의 포로가 된 미니마우스를 해방하라고 호소했다. [디즈니
랜드 후원사인 뱅크오브아메리카가 베트남전쟁에 자금을 조달한 데 항의한
것이다.] 디즈니는 추가 경비 인력과 전투경찰 150명을 동원해 이 시
위에 대응했다. 시위는 마치 연극처럼 꾸며진 '총회'였다. 청년들은
뗏목을 타고 디즈니랜드의 포트윌더니스 캠핑장으로 몰려가고, 대
놓고 대마초를 피우고, 미국 메인스트리트 테마 거리에서 지그재그
로 행진하고, 뱅크오브아메리카 지점 앞에서 시위를 하는 등 도발적
인 행동을 벌였다. 결국 몇 명이 연행되고 나머지는 공원에서 쫓겨났
다. ◉14

차티스트 대중 집회, 1848년

1842년 8월 7일 영국에서 차티스트운동[1830년대 후반부터 노동자들에 의해 시작된 의회개혁 및 참정권운동]이 조직한 노동자 1만 8000명의 대중 집회가 벌어졌다. 노동자들은 다음 날부터 총파업을 시작하기로 결의하면서 보편적 남성참정권을 요구했다.

1910년에 발행된 《레헤네라시온》

1900년 8월 7일 리카르도 플로레스 마곤이 공동창간한 멕시코의 급진적 신문 《레헤네라시온 Regeneración》['재생'이라는 의미의 에스파냐어] 창간호가 발간되었다. 이 신문은 멕시코와 미국에서 걸핏하면 탄압을 받았지만 창간 이후 20년간 여러 가지로 모습을 바꾸어 존재하면서 멕시코혁명 중 큰 영향을 끼쳤다.

8 **1845년 8월 8일** 영국 의회가 공유지를 빼앗고 인클로저 감독
관을 임명하는 인클로저법을 통과시켰다. 이 법에 따라 인
클로저 감독관은 의회에 신청서를 제출하지 않고도 더 많은 토지에
울타리를 칠 수 있었다. 17세기부터 20세기까지 영국 정부는 5000
여 개의 인클로저 법안을 통과시켜서 이전까지 공중이 사용권을 갖
고 있던 공유지 680만 에이커[약 2만 7500제곱킬로미터]에 울타리를
쳤다.

조금이라도 저항이 벌어지면 대개 군대를 동원해서 진압했다.
인클로저는 자본주의 발전에서 핵심적인 부분이다. 자신의 노동력
을 파는 것 말고는 다른 생존수단이 없는 땅 없는 사람들―즉 노동
계급―을 양산했기 때문이다.

1936년 8월 8일 프랑스 정부가 혁명 에스파냐와의 국경을 폐쇄했
다. 이로 인해 파시스트들과 싸우려고 자원한 사람들은 피레네산맥
을 도보로 넘어야 했다. 다른 한편 민족주의자들(국민파)은 이탈리
아와 나치 독일의 군대뿐만 아니
라 유럽 각지에서 파시스트 지원
병을 이송하는 데에도 아무 문제
가 없었다. 그럼에도 불구하고 세
계 각지의 노동계급 수만 명은 파
시즘에 맞서는 에스파냐 노동자
와 농민들의 투쟁에 함께하기 위
해 달려왔고, 많은 이가 국제여단
International Brigades에 합류했다.

**에스파냐로 달려간 아프리카계 미국인
지원병 에드워드 존슨**Edward Johnson**과
클로드 프링글**Claude Pringle

9 **1956년 8월 9일** 남아공 프리토리아에서 여성 2만 명이 신분
증 소지법에 반대하며 행진을 벌였다. 신분증 소지법은 흑인
과 인도인의 이동의 자유를 제한하는 아파르트헤이트 법률이었다.
남아공여성연맹Federation of South African Women, FEDSAW이 조직한 시위는 10만 명

의 서명이 담긴 입법 반대 청원서를 제출했고, 참가자들은 〈여자를 건드렸으니 돌에 맞아야지Wathint'Abafazi Wathint'imbokodo〉라는 노래를 불렀다. 이 시위를 계기로 전국 곳곳에서 2년에 걸쳐 시민불복종운동이 물결 쳤고 여성 수천 명이 체포되었다. 아프리카민족회의 지도부는 이 같은 연행 조치에 공포에 질려 시위를 중단했다. 남아공에서 8월 9일은 여성의 날로 기념된다.

1970년 8월 9일 영국 블랙팬서당원들을 포함한 150명의 사람들이 노팅힐에 있는 캐리비언 레스토랑 맹그로브Mangrove에 대한 경찰의 단속 중단을 요구하며 경찰서까지 행진을 벌였다. [맹그로브는 영국의 흑인 민권운동가 프랭크 크리클로Frank Crichlow가 운영하는 식당이었다.] 작가 다커스 하우Darcus Howe를 비롯한 9명이 체포되어 폭동을 선동한 음모 혐의로 기소되었으나 모두 무죄로 풀려났다. 후에 내무부 문서에서 밝혀진 것처럼, 이 단속은 영국에서 세를 키워가는 블랙파워운동을 파괴하려는 음모의 일환이었다.

맹그로브 단속에 항의하는 시위

1956년 8월 10일 알제리 테러단체 북아프리카프랑스인연합Union Française Nord-Africaine, UFNA에서 활동하는 프랑스 정보장교 출신

앙드레 아시아리André Achiary가 알제의 구시가에 폭탄을 터뜨려 73명이 사망했다. 이 공격은 프랑스가 알제리 독립운동을 상대로 벌인 무자비한 반란 진압 작전의 일환이었다.

2005년 8월 10일 런던에서 게이트고메 분쟁Gate Gourmet dispute이 시작되었다. 아시아계 여성 노동자가 대부분인 게이트고메는 브리티시항공으로부터 기내식 생산 외주를 받고 있었다. 게이트고메는 임금을 삭감했고, 노동조건도 더 나빠졌다. 노동조건을 더욱 악화시킬 계획으로 회사는 임시 파견 노동자 수백 명을 채용해 정규직 업무를 맡겼다.

정규직 자리에서 일하는 파견 노동자들을 본 기존의 노동자들은 눈앞에서 벌어진 상황을 논의하고 항의하기 위해 구내식당에 모였다. 이에 게이트고메는 700여 명을 해고하는 것으로 대응했다. 브리티시항공의 수하물 처리 노동자들은 당시 시대 상황에서는 이례적인 연대 행동으로 살쾡이 동맹파업에 들어가 48시간 동안 히스로 공항을 완전히 폐쇄했다. 하지만 상급 노동조합인 운송일반노동조합은 조합원들에게 작업 복귀를 지시했다.

해고된 노동자들은 피켓라인을 설치했지만, 운송일반노조 간부들이 경영진과 합의에 도달했다. 애당초 노동자들이 반대한 것보다도 악화된 노동조건으로 일부 노동자를 복직시킨다는 내용이었다. 많은 노동자가 이듬해 4월까지 계속 싸웠지만 노동조합은 이들 조합원의 행동을 공식적인 것으로 인정하지 않았고, 노동자들은 결국 패배했다.

1965년 8월 11일 로스앤젤레스 경찰관들이 젊은 흑인 운전자를 연행하는 과정에서 언쟁이 벌어진 끝에 와츠 지역에서 폭동이 벌어져 6일간 이어졌다. 대규모 약탈과 경찰을 겨냥한 폭력이 기승을 부렸다. 이 항쟁을 계기로 민권운동의 일부 세력은 평화주의만을 고수하지는 않는 태도로 돌아섰다.

1984년 8월 11일 광부 대파업 기간 중 무려 2만 5000명의 여성이 광산 폐쇄에 반대하며 런던을 행진했다. 광부의 부인들을 비롯한 여성들이 모여 결성한 단체 광산폐쇄에반대하는여성들Women Against Pit Closures, WAPC은 장기간 파업 과정에서 중요한 역할을 했다. ◉13

1937년 8월 12일 소련 토볼스크 교도소에서 사회주의자, 공산주의자, 아나키스트 144명이 집단 처형되었다. 이듬해 말까지 이 교도소에서 2500명이 총살당했다. 1930년대 말의 숙청 재판 기간 중 벌어진 학살이었다. 숙청 재판으로 많은 정부 비판자나 잠재적 비판자가 처형되거나 투옥되었다. 희생자 가운데는 1917년 러시아혁명에 참여한 볼셰비키도 다수 있었다.

2017년 8월 12일 버지니아주 샬러츠빌에서 백인우월주의 테러리스트가 차를 몰고 시위 군중을 향해 돌진해 32세 반인종주의자 헤더 헤이어Heather Heyer가 사망하고 수십 명이 부상을 당했다. 헤더는 네오나치, KKK 활동가, 그 밖에 백인 민족주의자와 반유대주의자가 집결한 '우파여 단결하라' 집회에 항의하는 수천 명의 대열에 있었다. 차를 몰고 돌진해 헤더를 친 인물은 20세의 네오나치 제임스 알렉스 필즈 주니어James Alex Fields Jr.였다. 그는 테러에 앞서 '우파여 단결하라' 시위에서 극우단체인 뱅가드아메리카Vanguard America의 로고가 새겨진 방패를 들고 있는 모습이 사진에 찍혔다.

샬러츠빌의 다른 곳에서는 또 다른 파시스트 무리가 젊은 아프리카계 미국인 교육 노동자인 디안드레 해리스DeAndre Harris를 습격해 잔인하게 폭행했다. 해리스는 척추 손상을 비롯해 여러 부위에 부상을 입었다. 도널드 트럼프Donald Trump 대통령은 네오나치 시위대 일부는 "아주 훌륭한 사람들"이라고 말했다.

1973년 8월 13일 미국령 버진아일랜드에서 흑인 독립운동가 5명이 연속 8회 종신형을 선고받았다.

록펠러 후손이 소유한 파운틴밸리Fountain Valley 골프장에서 미국인 관광객 8명이 살해되는 사건이 발생하자 미국 식민 당국은 흑인 수십 명을 일제 검거한 뒤 자백을 받아내겠다며 그중 5명을 잔혹하게 고문했다.

재판 이후 배심원단은 외부와의 접촉을 차단당했지만, 배심원 9명은 심의 중 FBI가 자신과 가족을 심문할 수 있다며 위협했다고 증언했다. 록펠러 가문의 개인 변호사와 해당 골프장 변호사로 일한 적이 있었던 판사는 미결정 심리[배심원단의 의견이 갈려서 재판을 무효로 하는 결정] 선언을 거부하면서 배심원들에게 유죄평결을 강요했다.

유죄판결을 받은 피고인 중 1명인 이슈마엘 라비트는 후에 다른 교도소로 이송되던 중 비행기를 납치해 쿠바로 달아났다. 쿠바에서 징역형을 선고받았지만 머지않아 풀려났다.

1977년 8월 13일 훗날 루이셤 전투Battle of Lewisham라고 불리게 되는 사건에서 영국 사우스런던 주민들과 반파시스트들이 파시스트 집회를 저지하기 위해 경찰과 극우 정당 국민전선 성원들을 상대로 장시간 싸움을 벌였다.

1889년 8월 14일 웨스트인디아 부두에서 일하는 노동자들이 일손을 놓고 다른 이들에게도 동참을 호소하면서 런던 부두 대파업이 시작되었다. 2주 만에 13만 명이 파업에 참여했고, 부두 노동자의 부인들은 파업을 지속하기 위한 집세 지불 중단 행동을 조직했다. 유대인 재단사를 비롯한 다른 노동자들 또한 각자의 요구를 내걸고 파업에 들어갔다.

오스트레일리아의 부두 노동자들은 영국의 동지들을 지원하기 위해 성금을 내놓았고, 4주 뒤 고용주들이 굴복하며 노동자들의 요구를 거의 전부 수용했다.

남성 노동자들은 지난해 브라이언트앤드메이에서 일하는 '성냥팔이 소녀들match girls'의 파업에 힘을 얻어 행동에 나선 것이었다. 부두

대규모 시위를 벌이는 파업 노동자들

노동자 같은 미조직 임시 노동자들이 스스로 조직을 이루어 승리한 이 쟁의는 영국 노동계급 역사에 전환점을 만들어냈다.

응우옌안닌

1943년 8월 14일 베트남의 혁명가 응우옌안닌Nguyễn An Ninh이 프랑스 식민 정권에 맞서는 노동계급과 농민의 반란을 부추긴 죄로 투옥 중 사망했다. 프랑스 당국은 앞서 4차례 그를 투옥했지만, 마지막 5년 징역형과 10년 유배형은 사실상 사형이나 마찬가지였다.

15

⚠ **1947년 8월 15일** 인도가 영국의 지배에서 벗어나 독립했다. 인도의 독립운동에 대해 일반적으로 알려진 서사는 모한다스 간디가 이끈 평화적인 운동이었다는 것이지만 실상은 무척 다르다. 인도에서는 영국 식민 권력이 철수하기 전까지 수십 년에 걸쳐 군대의 반란, 봉기, 폭동, 암살, 폭탄 공격 등 종종 영국의 점령에 맞

선 격렬한 투쟁이 벌어졌다.

영국은 인도에서 손을 뗐으나 이 나라를 힌두교도가 다수인 인도와 무슬림이 다수인 파키스탄 두 국가로 분할했다. 영국인 관리 중 하나가 비밀리에 자의적으로 지도상에 그린 국경선 때문에 패닉과 혼란이 생겨났다. 그 결과로 충돌이 일어나 1600만 명이 고향을 떠나고, 20만 명에서 100만 명이 사망했으며, 최대 10만 명의 여성이 납치 또는 강간을, 혹은 둘 다를 당했다.

1961년 8월 15일 노스캐롤라이나주 먼로에서 전미유색인지위향상협회에 속한 한 집단이 시의원들에게 인종평등을 위한 10개조 강령을 제시했다.

경찰이 공모하는 가운데 대대적인 인종 폭력 사태에 직면한 많은 흑인 주민은 자위를 위해 무기를 들었다. 그중 한 사람이었던 해병대 출신의 전미유색인지위향상협회 지부장 로버트 F. 윌리엄스 Robert F. Williams는 백인 인종주의자들에 맞서 자위에 나설 것을 주창했다. 윌리엄스는 흑인무장경비대Black Armed Guard라는 이름으로 전미총기협회 클럽을 만들어 KKK의 공격으로부터 흑인 지역사회를 방어했다. FBI는 그에게 허위 유괴 혐의를 뒤집어씌웠고, 윌리엄스는 결국 부인 메이블과 함께 1961년 쿠바로 도망쳐야 했다. 쿠바에서 그는 미국 남부에 사는 아프리카계 미국인을 대상으로 급진적인 라디오방송을 진행했다. 1965년 부인과 함께 다시 중국으로 거취를 옮겼다.

1969년 미국으로 돌아오자마자 곧바로 체포되었지만, 1975년에 이르러 그에 대한 모든 기소가 기각되었다.

1996년 그가 사망했을 때 전설적인 민권운동가 로자 파크스

로버트 F. 윌리엄스 지명수배 포스터

는 장례식에서 조사를 읽었다. 파크스는 "그의 용기와 ······ 자유에 대한 헌신"을 기리며 "그가 한 행동을 역사로 기록해 절대 잊지 말아야 한다"고 덧붙였다.

16 **1819년 8월 16일** 6만 명에서 8만 명의 노동계급 군중이 맨체스터 세인트피터광장에 모여 투표권을 요구하자 기병대가 군중을 향해 돌격하면서 피털루 학살Peterloo massacre이 일어났다. 이 학살로 15명이 사망하고 최대 700명이 부상을 입었는데, 특히 흰색 옷을 입은 여성 시위자들이 표적이 되었다. 학살 직후 시인 퍼시 비시 셸리Percy Bysshe Shelley는 걸작으로 손꼽히는 시 〈무질서의 가면극〉을 발표했다. 이 시는 무기를 들라는 가슴 떨리는 호소로 끝을 맺는다.

> 잠에서 깬 사자처럼 일어서라
> 저들이 도저히 격파할 수 없을 만큼 많은 수를 모아―
> 잠든 사이 맺힌 이슬방울 털어내듯
> 너희 몸에 묶인 족쇄를 떨쳐내라―
> 너희는 다수고, 저들은 소수이니. 🎙15

2012년 8월 16일 남아공 경찰이 영국의 백금 회사 론민Lonmin이 운영하는 마리카나 광산에서 임금인상을 요구하며 살쾡이파업을 벌이던 광부 34명을 학살했다. 부상자 또한 78명이 발생한 경찰의 폭력 진압에 대해 아프리카민족회의 정부는 경찰의 [독자적] 자위 행동이었다고 거짓 주장을 폈다. 아파르트헤이트 시절 이래 남아공에서 경찰이 자행한 최악의 폭력이었다. 사건이 발생하기 며칠 전에는 전국광산노동조합 간부들이 파업 노동자들―대부분 조합원이었다―에게 발포해 2명이 중상을 입는 일이 있었다.

17 **1795년 8월 17일** 네덜란드의 식민지인 퀴라소섬의 흑인 노예 약 40명이 들고일어나 노예 반란을 일으켰다. 그들은 '주인'에게 이제 더는 당신의 노예가 아니라고 통고하고는 농장을 떠나 다른 노예들을 해방하면서 무기를 모으기 시작했다. 반란은 주동자들이 잡혀 살해되기 전까지 한 달 넘게 지속되었다. 이러한 반란은 노예들이 새로운 권리를 획득하는 결과로 이어졌다.

1795년 퀴라소 노예 반란을 기념하는 조각상

1987년 8월 17일 한국의 노동자들이 울산 현대중공업 조선소를 비롯한 여러 공장을 점거했다. 그사이 울산에서는 30만 명이 넘는 노동자들과 전투경찰의 시가전이 벌어졌다. 미국을 등에 업은 독재 정권이 노동자들과 사상 최대의 결전을 벌인 사건이었다. 파업이 확산되며 훗날 노동자 대투쟁이라 불리게 된 싸움이 정점에 이르렀을 때는 노동자 120만 명―정규직 노동자의 3분의 1―이 파업에 참여했다. 그해 말까지 3749건의 파업이 벌어졌다.

18 **1812년 8월 18일** 잉글랜드 리즈와 셰필드에서 여성이 주축을 이루어 이끄는 식량 폭동이 일어났다. 리즈의 한 지역신문은 곡물과 밀을 탈취하고 판매상들을 공격하는 여성과 소년들을 "러드

[러다이트운동가들이 자신들의 상징으로 삼은 가상의 인물 네드 러드Ned Ludd에서 유래한다] 부인의 작위를 받은" 인물들이라고 묘사했다. 셰필드의 밀가루 거래업자들은 밀가루 가격을 1스톤[약 6.35킬로그램]당 3실링으로 낮출 수밖에 없었다.

1823년 8월 18일 오늘날의 가이아나인 당시 영국 식민지 데메라라-에세퀴보에서 데메라라 노예 반란이 일어나 크레올Creole people이 주축을 이룬 노예 1만여 명이 플랜테이션 농장들을 돌아다니면서 무기를 훔치고 농장주를 감금했다. 일부 농장주에게는 차꼬까지 채웠다. 반란은 식민 군대와 무장한 민병대에 의해 진압되었다. 포로로 잡혔던 백인들은 반란자들에게 인도적 대우를 받았다고 보고했지만, 수백 명의 반란자가 끝까지 추적당해 잡혀서 처형되었고, 그렇지 않은 이들도 채찍질 1000대를 선고받았다.

반란 소식이 카리브해 전역과 잉글랜드에까지 퍼지면서 노예제 폐지운동은 급격하게 확산되었다. 자메이카에서 훨씬 큰 규모의 반란이 일어난 뒤 영국령 카리브해 지역의 노예제는 10년에 걸쳐 대부분 폐지되었다.

19

1936년 8월 19일 게이이자 사회주의자이며 시인인 페데리코 가르시아 로르카Federico García Lorca가 프랑코 장군이 이끄는 군사 당국의 명령에 따라 감방에서 끌려 나와 처형되었다. 한 달 전 시작된 에스파냐 내전에서 그가 어느 쪽에 동조하는지는 [다음과 같은 말로 말미암아] 분명했다. "나는 언제나 가진 게 아무것도 없는 이들과 그 없는 것이나마 평화롭게 즐길 수 없는 이들 편에 설 것이다." 시인의 유해는 지금까지도

페데리코 가르시아 로르카, 1919년

찾지 못했다. ◉ 39-40

1953년 8월 19일 영국과 미국 정부를 대신해 CIA가 조직한 쿠데타로 이란 총리 모하마드 모사데크Mohammad Mosaddegh가 축출되었다. 모사데크 정부는 실업수당, 산재 보상금, 농촌의 강제 노동 폐지 등 수많은 사회개혁을 도입한 바 있었다. 모사데크가 농촌주택 건설, 공중목욕탕, 페스트 관리 등의 예산을 마련하기 위해 영국이 소유한 유전을 국유화할 계획을 세우자 영국 비밀정보부 MI6는 CIA에 그를 제거해달라고 요청했다.

20

1948년 8월 20일 지금의 탄자니아에 속하는 잔지바르시티에 있는 아프리카부두회사African Wharfage Company 소속 노동자들이 임금인상을 요구하며 파업에 들어갔다. 영국 식민 당국의 위협에 섬에서 일하는 다른 많은 노동자도 파업에 동조했다. 이는 결국 총파업으로 이어지며 도시와 섬의 경제활동 대부분이 마비되었다. 파업은 9월 13일까지 계속되어 결국 임금인상과 노동조건 개선에 대한 회사의 동의를 이끌어냈다.

1976년 8월 20일 사진 인화소에서 일하던 데브시 부디아가 작업 속도가 느리다는 이유로 해고되자 동료 3명이 그를 지지하며 일손을 놓으면서 노스웨스트런던에서의 그러닉 파업이 시작되었다. 3일 뒤, 동아프리카계 아시아 여성 노동자들이 주축을 이루어 시작한 피케팅은 2년 가까이 이어졌다. 파업은 결과적으로 패배했지만, 영국 노동운동사에 중요한 발자취를 남겼다. 노동자들이 벌인 놀라운 투쟁과 영국 각지에서 일어난 연대의 물결은 백인 중심의 노동조합 조직들이 아시아계와 이주 노동자들을 경쟁자가 아닌 동료 노동자로 인식하는 계기가 되었다. ◉ 1

21

1831년 8월 21일 버지니아주 사우샘프턴 카운티에서 70여 명의 노예가 냇 터너 반란Nat Turner rebellion을 일으키며 남부의 노예

소유주들을 패닉에 빠뜨렸다. 글을 읽을 줄 알고 신앙심이 깊었던 터너는 신뢰하는 동료 몇 명과 반란을 시작한 뒤 플랜테이션 농장을 돌면서 노예들을 풀어주고 마주치는 백인을 모조리 살해했다. 반란은 며칠 만에 연방군에 진압되었다. 터너는 몇 주 동안 도망쳤으나 결국 붙잡혔고, 말 뒤에 묶여 형장까지 끌려간 뒤 기둥 위에 매달린 다음 4등분해서 처형되는 중세 형벌을 선고받았다.

봉기 직후 복수에 나선 백인 인종주의자 폭도들은 아프리카계 미국인 자유인들을 비롯해 노예 수십 명을 살해했다. 남부의 많은 노예주slave state는 노예들에게 글을 가르치는 것을 금지하고 자유를 더욱 제한하는 새로운 법을 도입했다.

1981년 8월 21일 스코틀랜드 그리녹에 있는 리Lee 청바지공장에서 일하는, 대부분이 여성인 140명의 노동자들이 공장 폐쇄를 막고 일자리를 지키기 위해 7개월 동안 벌인 점거를 끝내고 작업에 복귀했다.

22 **1943년 8월 22일** 잡지 《스테이츠먼Statesman》이 2차대전 당시 영국 식민지 인도에서 벵골 기근이 벌어졌을 때 굶어 죽은 사람들의 사진을 게재했다. 앞서 벵골 총독은 여러 지역에서 쌀이 적의 수중에 들어가는 걸 막기 위해 쌀을 옮기거나 폐기할 것을 명령했고, 또한 현지인들로부터 배 4만 6000척을 몰수하며 어업을 황폐화했다. 뒤이어 당국은 이미 식량 부족 상황인 농촌지역에서 식량을 빼내 '우선권'이 있는 사람들에게 넘겨주기 시작했다. 부유층이나 교육수준이 높은 사람들, 전쟁 산업 종사자와 공무원 등에게 식량을 우선 배분한 것이다.

홍수로 농경지가 훼손되자 식량 공급이 위험에 빠졌다. 하지만 윈스턴 처칠 총리가 이끄는 영국 정부는 경고를 접수하고도 제대로 된 조치를 취하지 않았다. 기근이 시작됐는데도 구호를 제공하기는커녕 식민지가 자체 재정 비축분이나 선박을 사용해서 식량을 수입하는 것도 금지하고 수천 톤의 쌀을 계속 유럽으로 수출했다. 한편 영제국에 속한 다른 곳에서 나오는 잉여 식량은 쌓아두기만 했다.

인도 캘커타에서 이미 사망했거나 죽어가고 있는 아이의 모습, 1943년

대다수 사학자들이 전적인 인재로 여기는 이 기근으로 총 200만 명에서 400만 명이 사망했다. 인도는 이전에—가령 1873년에서 1874년에—이번 기근보다 한층 더 식량 공급이 감소된 적이 있었지만 대규모 사망자는 발생하지 않았었다. 백인우월주의자이자 반유대주의자였던 윈스턴 처칠은 현지 주민들의 곤경에 아랑곳하지 않았다. 그는 "어쨌든 벵골인들의 기아는 튼튼한 그리스인들의 기아만큼 심각한 문제가 아니"라고 여겼고, 기근 사태 와중에도 자랑스럽게 외쳤다. "나는 인도인들이 싫다. 그들은 짐승 같은 종교를 믿는 짐승 같은 족속이다."

1947년 8월 22일 케냐 나쿠루에서 인종차별적인 신분증 제도에 항의하는 파업과 노동계급의 시위가 벌어지는 와중에 아프리카노동자연맹African Workers Federation, AWF 지도자 체게 키바치아Chege Kibachia가 영국 식민 경찰에 체포되었다. 영국 식민 경찰은 5일 뒤 노동조합 지도자 마칸 싱Makhan Singh도 체포했다. 한편 아프리카노동자연맹 위원장이자 독립운동 지도자인 조모 케냐타Jomo Kenyatta는 영국 노동당 정부 및 노동조합회의와 협력하면서 '전문가' 제임스 패트릭James Patrick을 데려왔다. 말 잘 듣는 노동조합을 설립하려는 정부를 돕기 위해서였다. 패트릭은 정치적 색채가 없는 순수한 현장조직으로 노동조합을 만들고 노동자들을 직종별로 분리하라고 케냐 정부에 조언했다. 목표 자체가 노동자들의 이익 도모가 아닌 생산성 향상이었다. 키바치아는 10년간 유배되었고 싱은 인도로 추방되었다.

**마이클 나이트가 경찰관을
때려눕히는 장면을 묘사한 그림**

23 **1851년 8월 23일** 오스트레일리아 시드니에서 폭력적인 시위가 발발했다. 경찰이 여성복을 입은 선원 마이클 나이트 Michael Knight를 체포하려 한 것을 계기로 벌어진 사태였다. 나이트는 현지인들의 환호를 받으며 자신을 연행하려는 경찰관을 때려눕히고 교회로 향했다. 교회에 도착한 나이트는 예배를 방해하며 신자들에게 욕을 했고, 결국은 더 많은 경찰이 출동해 그를 체포했다. 나이트가 구금되었다는 소식을 듣고 모인 선원 수백 명이 경찰관과 경찰서를 공격했고, 그 과정에서 모든 수감자를 풀어주었다.

**웨이브힐 목장 파업 노동자 중 한 사람인
덱스터 대니얼스, 1970년**

1966년 8월 23일 오스트레일리아의 웨이브힐 목장에서 일하는 원주민 노동자 200명이 백인 노동자와 동등한 임금을 요구하며 파업에 돌입했다. 노동자들은 자그마치 9년간 파업을 이어갔고, 임금쟁의로 시작된 사태는 목장주 영국 귀족 새뮤얼 베스티가 토지를 돌려주어야 한다는 요구로 확대되었다. 노동자들은 결국 토지의 일부를 돌려받는 데 성공했다.

24 **1800년 8월 24일** 버지니아주 중부에서 가브리엘이라는 대장장이 노예가 이끄는 한 무리의 노예들이 8월 30일로 예정된

반란에 참여할 노예들을 모집하기 위해 모였다. 이들은 리치먼드까지 몰려가서 주도를 장악하고 주지사를 인질로 삼아 노예들의 자유를 얻어내겠다는 대단히 야심 찬 계획을 궁리한 상태였다. 유감스럽게도 누군가 계획을 누설해 참가자 중 26명이 처형되었다. 하지만 노예제 폐지를 향한 투쟁은 계속되었다.

2011년 8월 24일 전투적 학생운동이 펼쳐지는 가운데 칠레노동자총연맹Central Unitaria de Trabajadores de Chile, CUT이 전국적인 2일 총파업을 선언했다. 이에 무려 60만 명이 거리로 나왔고, 경찰의 대응으로 750명이 체포되고 그보다 훨씬 많은 수가 부상을 입었으며 16세 소년 1명이 사망했다. 며칠 뒤 정부는 학생운동과 노동운동의 핵심적 요구를 받아들이며 영리 교육기관에 대한 국가 예산 지원을 금지했다.

25 **1921년 8월 25일** 블레어마운틴 전투Battle of Blair Mountain가 시작되었다. 남북전쟁 이래 미국에서 벌어진 최대 규모의 무장 반란이었다. 웰치와 샤플스에서 광부들과 지지자들이 살해당한 뒤 1921년 8월 말에서 9월 초에 이르는 5일간, 웨스트버지니아주 로건

전투가 끝난 뒤 무기를 반납하는 광부들

카운티의 석탄 광부 1만 명이 무장한 파업파괴자 및 보안관보들과 충돌했다. 연방군과 공군까지 투입된 압도적 화력을 맞닥뜨린 광부들은 결국 항복하거나 집으로 돌아갔다. ◉7

1944년 8월 25일 프랑스 라마들렌에서 에스파냐 레지스탕스 투사 32명과 프랑스 투사 8명이 대규모 독일군 대열과 맞붙었다. 독일군은 트럭 60대, 탱크 6대, 자주포 2대에 1300명 규모였다. 레지스탕스 유격대는 도로와 철교를 폭파한 뒤 기관총으로 무장한 채 인근 언덕에 진지를 구축했다. 전투는 오후 3시부터 이튿날 정오까지 치열하게 이어졌다. 유격대는 3명이 부상을 입은 반면, 독일군은 8명이 전사하고 거의 200명이 부상을 당했으며, 나머지는 항복했다. 이 굴욕적인 패배 이후 나치 사령관은 포로로 잡히기 전 자살했다.

같은 날 자유프랑스군Forces françaises libres이 파리를 해방했고, 독일 점령군이 항복했다. 그러나 파리를 수복한 자유프랑스군 부대는 흑인 병사들—자유프랑스군에서 상당한 비중을 차지했다—이 제외된 상태였다. 미국과 영국의 사령관들이 흑인 부대를 배제하는 조건으로만 프랑스인들이 직접 파리를 해방하는 것을 허용했기 때문이

자유프랑스군의 흑인 병사들, 1942년 무렵

다. 흑인 병사들은 또한 해방을 축하하는 과정에서도 배제되었다. 가령, 전투 중 총상을 입은 레지스탕스 영웅 조르주 뒥송Georges Dukson은 총으로 위협을 받으며 축하 행사에서 쫓겨났다.

26 **1919년 8월 26일** 의류 노동자 출신이자 전미광산노동조합 조직가 패니 셀린스Fannie Sellins가 펜실베이니아에서 탄광 파업이 벌어지는 가운데 회사 측 깡패들과 보안관보들에 살해당했다. 한 광부가 구타당하던 순간에 개입하려다가 총에 맞았다. 살인자들은 어떤 처벌도 받지 않았다.

1930년 8월 26일 오스트레일리아 포트애들레이드의 파업파괴자 부두 노동자들이 여성 시위대를 포함한 지역 주민들에게 습격당했다. 노사분쟁이 장기간 이어지는 가운데 파업파괴자들이 기차역을 나서다 발길질과 주먹세례를 받은 것이었다. 강에 뛰어들어 배로 헤엄쳐 가서 탈출한 한 사람은 경찰에 구조된 한편, 프린세스 부두로 몰린 다른 무리는 기마경찰의 보호를 받았다. 또한 여성들이 일터를 나서는 파업파괴자들을 공격하려 달려들자 그들은 경찰의 호위를 받으며 기차역으로 도망쳤다.

27 **1889년 8월 27일** 부두 노동자들의 파업이 진행 중인 가운데 런던 이스트엔드의 유대인 재단사들도 총파업을 시작했다. 대부분이 러시아 출신 유대인 이민자인 노동자 8000명은 파업위원회를 선출하고 파업을 벌이면서 하루 최대 12시간 노동을 요구했다 (14~18시간을 일하고 있었다). 부두 노동조합 지도자는 유대인 노동자들에 반감을 품고 있었지만, 아일랜드 가톨릭교도가 압도적 다수인 부두 노동자들은 파업기금을 모으며 재단사들이 10월까지 버티도록 지원했다. 결국 고용주들이 굴복했다.

⚠ **1974년 8월 27일** 노스캐롤라이나 보퍼트 카운티 교도소에서 아프리카계 미국인 수감자 조앤 리틀Joan Little이 정당방위로 백인 교도관을

조앤 리틀을 그린 그림

살해하고 탈옥했다. 리틀은 얼음송곳을 들고 위협하며 강간을 시도하는 교도관에게서 송곳을 가로채 그를 살해했다. 탈옥한 다음 주에 경찰에 자수한 리틀은 1급 살인죄로 기소되었다. 자동적으로 사형선고를 받는 죄목이었다. 로자 파크스를 비롯한 민권운동가들뿐만 아니라 페미니스트와 사형 반대 활동가들까지 많은 이가 리틀 사건을 지원했다. 리틀은 미국 역사상 처음으로, 성폭행에 저항하는 과정에서 무력을 행사한 것이라는 항변으로 무죄판결을 받았다.

28 **1830년 8월 28일** 잉글랜드 켄트의 성난 노동자들이 탈곡기를 파괴했다—스윙 항쟁Swing rebellion의 시작이었다. 농업 노동자들은 '스윙 대장'이라는 이름으로 고용주들에게 요구 서한을 보내면서 이를 받아들이지 않으면 폭도가 농장을 습격해 불을 지르고 기계를 깨부술 것이라고 협박했다.

1968년 8월 28일 시카고의 흑인 버스 운전사들이 인종차별적인 노동조합을 무시하고 살쾡이파업에 돌입했다. 운전사의 80퍼센트가 흑인이었음에도 백인으로만 구성된 노동조합 지도부는 흑인 노동자들의 요구에 귀를 기울이지 않았다. 파업에 대응하여 투입된 백인 대체 인력은 부유층 동네에서 계속 버스를 운행했다. ◉8

29 **1979년 8월 29일** 스웨덴에서 수년 동안 이어진 캠페인이 결실을 거두지 못하자 LGBT+ 활동가 30~40명이 직접행동에 나섰다. 국민보건위원회를 점거한 이들은 동성애를 정신질환으로

분류하는 데 항의했다. 국민보건위원회 이사회는 시위대의 주장에 동의하며 10월에 이르러 해당 규정을 삭제했다.

1997년 8월 29일 샌프란시스코의 러스티레이디클럽Lusty Lady Club에서 일하는 노동자들이 스트립댄서노동조합Exotic Dancers Union에 가입하기로 의결했다. 이로써 노동자들은 전미서비스노동조합 지부의 일원이 되었다. 여성 댄서들은 광범위한 조직화 캠페인에 돌입했고 다리를 오므린 채 춤을 추는 등의 방식으로 직접행동을 벌였다. 노동자들은 마침내 교대제 보장, 임금인상, 일방향 거울[한쪽은 거울이고 한쪽은 유리창인 것] 제거, 인종차별적 일정 관리 금지, 자의적인 징계와 해고 금지 등을 얻어냈다. 댄서들은 나중에 클럽을 인수해 노동자 협동조합으로 운영하면서 경영진을 직접 선출했다. ◉20

시나몬 맥신(왼쪽)과 스테파니 조이 애슐리(오른쪽)를 비롯한 스트립댄서노동조합 조합원들, 2008년 노동절

30 **1908년 8월 30일** 앨라배마주 버밍엄에서 폭력적인 진압 작전이 이어진 끝에 노동조합 지도부가 흑인과 백인 석탄 광부들

의 파업을 철회했다. 주지사가 파업 광부들의 천막촌 철거에 군대를 동원한 지 4일 만의 일이었다. 노동자들은 파업을 계속하려고 했지만 결국 패배했다. 무장한 깡패들이 파업 광부들을 위협하면서 한 흑인 광부를 린치하는 한편, 언론은 흑백 인종이 섞인 노동자들에 관한 히스테릭한 기사를 내보냈다. 《버밍엄에이지헤럴드Birmingham Age-Herald》는 "한 검둥이가 …… 점잖은 백인 여자들과 순진무구한 어린 소녀들이 지켜보는 가운데 백인 연사를 끌어안았다"며 노동조합 집회를 비난했다. 이 파업의 실패는 남부의 광산 노동자들과 노동계급의 인종적 단합에 타격을 주었다.

1979년 8월 30일 스타 영화배우이자 블랙팬서당 지지자인 진 세버그 Jean Seberg가 FBI의 지속적인 괴롭힘에 시달린 끝에 자살했다. 그는 9개월 전 FBI의 괴롭힘으로 조산아를 잃는 비극을 겪은 상태였다. 세버그는 전미유색인지위향상협회와 아메리카 원주민 교육단체, 블랙팬서당 등에 학생들을 위한 무료 아침식사를 비롯한 상당한 재정 지원을 제공했다.

급진운동을 겨냥한 FBI의 코인텔프로 작전의 일환으로 세버

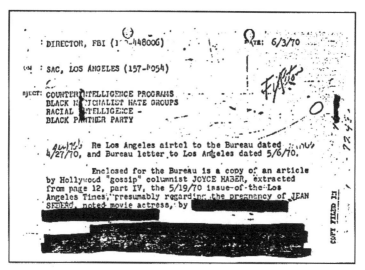

FBI가 작성한 진 세버그에 관한 메모

그의 전화는 도청되고 있었다. 세버그가 임신했다는 사실을 알아챈 FBI는 J. 에드거 후버J. Edgar Hoover 국장의 지시하에 아이 아버지가 남편이 아니라 저명한 블랙팬서당원이라는 가짜뉴스를 조작했다.《로스앤젤레스타임스》의 가십 칼럼니스트 조이스 헤이버Joyce Haber가 처음 보도한 이 가짜뉴스는 100여 개 신문에 똑같이 실렸고, 이후 훨씬 더 광범위하게 퍼져나갔다. 기사가 보도되고 몇 주 뒤 세버그는 수면제를 과용했고, 이후 조산아를 출산했으나 아이는 이틀 만에 사망했다. 딸의 장례식에서 세버그는 기사가 거짓이며 아이 아버지가 남편임을 증명하기 위해 직접 관을 열어 보이기까지 했다. 세버그를 아는 사람들의 말에 따르면, 가짜뉴스는 세버그를 걷잡을 수 없이 무너뜨렸고, 결국 자살로까지 몰고 갔다.

31 **1942년 8월 31일** 룩셈부르크를 점령한 나치 정권이 젊은이들을 독일군에 징집하라는 지시를 내리자 살펭이 총파업이 발발했다. 철강 노동자들과 초등학교 교사들이 파업에 나섰고, 우편 노동자들은 고의로 작업 속도를 늦추다가 다음 날 파업에 돌입했다. 우편 노동자들은 처형 위협에도 아랑곳하지 않은 채 독일 노동조합에서 보낸 작업 복귀 전보 배달을 거부했다. 결국 일주일쯤 뒤 나치의 테러로 파업이 분쇄되었다. 노동자 수백 명이 체포되어 일부는 강제수용소로 보내지거나 처형당했다. 학생도 수백 명이 체포되어 재교육수용소로 보내졌다. 파업은 무너졌지만 징집에 대한 저항은 계속되어 전체 징집병의 약 40퍼센트는 탈영하거나 지하로 숨었다.

1944년 8월 31일 그리스의 나치 부역세력인 보안대대 소속 군인들이 통역사이자 반나치 레지스탕스 활동가인 마리아 디마디Maria Dimadi를 처형했다. 디마디는 독일 수비대 본부에서 스파이로 활동하면서 레지스탕스에 정보를 전달하고 있었다.

9월

September

1939년 9월 1일 폴란드의 그단스크Gdańsk(독일명 단치히Danzig) 우체국에서 일하는 노동자 56명이 무기를 들고 우체국을 접수하러 온 나치를 물리치려 하면서 유럽에서 2차대전 최초의 전투가 벌어졌다. 노동자들은 경찰과 나치 친위대, 나치 돌격대 지원병과 현지 친나치 독일인들의 지원을 받은 독일 군대의 첫 2차례 공격을 물리쳤다. 15시간 동안 전투가 이어진 끝에 살아남은 직원들은 불이 난 건물을 빠져나가기 위해 항복했다. 노동자들은 군인이 아니라는 이유로 무장 강도로 재판에 회부되어 처형되었다. 전사한 노동자들과 나중에 처형당한 이들은 사후에 강도 혐의를 벗고 명예를 회복했다. 1979년 그단스크에는 이들을 기리는 기념비가 세워졌다.

2007년 9월 1일 영국 식민 당국이 현재 파키스탄 지역에 주둔한 인도 병사들에게 1930년대부터 화학무기를 실험해왔다는 사실이 《가디언》을 통해 폭로되었다. 영국 정부 산하 군사연구 단지인 포턴다운에서 온 과학자들이 진행한 실험에서 다수의 병사들이 화상을 입었다. 겨자가스가 백인보다 남아시아인의 피부에 더 큰 손상을 입히는지 알아보기 위한 실험이었다.

그단스크 우체국을 방어하다 포로로 잡힌 노동자들

2 **1962년 9월 2일** 영국 국민당이 이스트런던 돌스턴에서 집회를 시도하자 그 인근인 리들리 거리에서 오스왈드 모슬리와 파시스트 블랙셔츠단이 집회를 열려고 했다. 민족사회주의운동-National Socialist Movement이 트라팔가광장에서 반유대주의 집회를 여는 데 대응해 1962년 7월 출범한 황색별운동-Yellow Star Movement 소속 반파시스트들은 모슬리가 애용하는 장소에서 집회를 하지 못하게 하기 위해 연속 집회를 진행했다. 모슬리는 결국 베스널그린에 있는 빅토리아파크광장으로 자리를 옮겼지만 돌멩이와 계란, 과일 세례가 쏟아져 도망쳐야 했고 집회는 무산되었다. 항의 시위대는 모슬리의 자동차 창문에 주먹세례를 퍼부었다. 모슬리의 집회가 불과 몇 주 사이 네 번째로 군중에 의해 무산된 사건이었다. ◉ 35-37

2005년 9월 2일 허리케인 카트리나가 미국을 휩쓴 직후, 뉴올리언스 경찰관 데이비드 워런David Warren이 비무장 상태로 아기 옷을 집어 들던 아프리카계 미국인 헨리 글로버Henry Glover를 사살했다. 근처에 있던 몇 사람이 글로버를 도와주려 했지만 경찰관들은 이를 제지하면서 공격했다. 경찰관 그레고리 맥레이Gregory McRae는 민간인 차량에 글로버의 주검을 실어 다른 곳으로 이동했고 거기서 차를 불태웠다. 맥레이가 차에 불을 지르는 동안 동료 경찰관은 웃으며 지켜보았다. 이후 경찰관 5명이 기소되었다. 워런은 살인 유죄판결을 받고 수감됐으나 항소심에서 승소해 무죄방면되었다. 허리케인 카트리나 직후 숱하게 벌어진 경찰의 인종차별적 살인과 학대들 중 하나였다.

3 **1791년 9월 3일** 혁명 이후 프랑스가 새로운 형법을 완성했다. 사적인 공간에서 이뤄지는 남성 동성애를 금지하는 규정을 삭제함으로써 서유럽 최초로 동성애를 비범죄화했다.

1934년 9월 3일 노스캐롤라이나의 섬유 노동자 6만 5000명이 노동 시간 단축에 따른 임금삭감에 항의하는 앨라배마 노동자 파업에 합류했다.

앨라배마의 노동자들은 지난 7월 고용주들이 노동시간을 주당 40시간에서 30시간으로 줄이고 임금을 25퍼센트 삭감하자 파업에 나섰다. 이들은 처음에 외로운 싸움을 벌였는데, 이는 정부가 현황을 검토하고 섬유노동조합Union of Textile Workers, UTW에 노사관계위원회 한자리를 내주는 것을 대가로 노조가 총파업 위협을 철회했기 때문이었다.

노스캐롤라이나 노동자들은 파업을 벌이면서 가동 중인 공장을 찾아가 파업을 확산시켰다. 이틀 만에 32만 5000명이 파업에 동참했다. 그러자 당국이 지역 곳곳에 계엄령을 선포했고, 경찰과 주 방위군이 총검을 휘둘러 수많은 노동자를 살해했다.

섬유노동조합은 파업을 철회하면서 "압도적 승리"를 거뒀다고 선언했다. 하지만 고용주들로부터 어떤 양보도 얻어내지 못한 말뿐인 승리였다.

1919년 9월 4일 웨스트버지니아주 로건 카운티에 위치한 캐너와 탄전Kanawha coalfields의 광산 경비원들이 여성과 아이들을 구타하고 살해한다는 소문이 돌면서 광부 4000명이 무기를 집어 들고 행진을 벌였다. 주지사 존 J. 콘웰John J. Cornwell이 군대를 투입하겠다고 위협하는 한편 광부들의 고충을 조사하겠다고 약속하면서 행진은 중단되었다. ◉7

2005년 9월 4일 허리케인 카트리나가 휩쓴 직후, 뉴올리언스 경찰관 몇 명이 비무장 상태의 아프리카계 미국인 가족에게 공격용 총기를 발포한 댄지거 다리 총격사건이 벌어졌다. 식품점에 가던 길인 바솔로뮤 일가족 중 6명이 사복 차림의 경찰이 쏜 기관총에 맞아 2명이 사망하고 1명이 쓰러진 채 짓밟혔다. 피해자 중 일부는 최대 7발까지 총을 맞고 팔다리를 잃었다. 한 남성은 등에 5발을 맞았고, 또 다른 10대 소녀도 4발을 맞았다. 경찰은 이후 경위를 날조하면서, 용의자 4명이 먼저 총을 쏴 경찰관 1명이 맞았고 따라서 대응 사격을 할 수밖에 없었다고 주장했다. 경찰은 심지어 생존자 중 1명을 체포하고는 경찰관 살인미수 관련 혐의 8건으로 기소했다. 총격사건 조사 책임을 맡은 경찰관은 총격자들의 거짓말을 뒷받침하는 증거를 날조하는 데 조력했다. 사건 발생 6년 뒤인 2011년에야 살인자들에 대한 유죄판결이 내려졌다.

5 **1911년 9월 5일** 웨일스 래넬리의 학생들이 교감에게 체벌을 받은 소년에게 동조하는 뜻으로 파업을 벌이면서 영국 전역에서 학생 파업 물결이 일었다. 한 학교를 시작으로 최소한 62개 크고 작은 도시로 확산되어 전국적으로 일어난 파업에서 학생들은 수업시간 단축과 체벌 종식을 요구했다. 학생들의 파업은 여름에 벌어진 노동쟁의를 이어받은 행동이었다.

1917년 9월 5일 미국 보안관들이 사회당과 세계산업노동자연맹 사무실, 그리고 여러 주의 세계산업노동자연맹 지부 20곳을 불시에 단속하면서 급진적 노동자들을 대대적으로 연행했다. ◉6

6 **1921년 9월 6일** 아일랜드 코크항에서 일하는 노동자들이 코크항 운영위원회가 임금인상을 거부한 데 항의하기 위해 위원회 사무실을 점거한 뒤 적기를 내걸고 소비에트(노동자 평의회)를 구성했다. 노동자들은 해운 회사들로부터 직접 수수료를 징수할 계획을 세웠다. 노동부 장관의 개입으로 소비에트는 교섭을 거쳐 몇 시간 만에 해체되었다. 하지만 당시 《아이리시타임스Irish Times》에 실린 기사는 다음과 같이 설명했다.

아일랜드 볼셰비즘의 발발은 단명한 만큼이나 대단히 불길한 징조였다. 오늘날 아일랜드 노동자들에게는 질서 정연한 사회의 모든 원칙과 관습에 맞서는 반역의 정신이 스며들어 있다. 최근 몇 달간 이 나라의 무법 상태는 이처럼 불길한 상황이 조성된 데 일부 책임이 있으며, 기꺼이 들으려는 사람들은 러시아혁명의 소란스러운 교훈을 배우고 있다. 현실적인 공산주의의 첫 번째 실험—코크의 이 사건이나 브루리에서 일어난 클리브 회사 시설 점거사건 등—은 며칠이나 몇 시간 만에 실패로 돌아갔지만 사려 깊은 아일랜드인들은 거기에서 작은 위안을 얻을 것이다. 이 사건들의 진정한 의미는 그것을 통해 드러난 기질과 열망에 있기 때문이다.

1966년 9월 6일 모잠비크-그리스계 혁명가 디미트리 차펜다스^{Dimitri Tsafendas}가 의회 회기 중 아파르트헤이트의 설계자인 남아공 총리 헨드릭 퍼르부르트^{Hendrik Verwoerd}를 단도로 암살했다. 당시 차펜다스는 의사당 건물에서 일하고 있었다. 차펜다스의 행동이 용감하긴 했지만, 암살 이후 반아파르트헤이트 지도자들과 그의 가족은 차펜다스와 거리를 두었다. 경찰 진술에서 그는 살인의 동기를 분명히 밝히면서 "남아공 총리가 사라지면 정책이 바뀔 것으로 믿었다"라고 말했다. "인종정책이 너무도 역겨워서 총리를 살해하려는 계획을 밀어붙여야 했다"는 것이다. 보안 실패를 인정하고 싶지 않았던 당국은 그를 정신질환자라고 주장하기로 했다. 고문과 사형 위협에 시달린 차펜다스는 마침내 정신질환을 인정하는 데 동의했다. 이후 그는 정신질환을 이유로 살인죄 무죄판결을 받고 안전한 정신병원으로 보내졌다. 그는 살아남아 아파르트헤이트 체제의 종식을 보았지만, 새로 구성된 아프리카민족회의 정부는 그의 석방을 명령하지 않았다. 차펜다스는 1999년 구금 상태에서 사망했다.

1934년 9월 7일 반파시스트들이 주말로 예정된 오스왈드 모슬리와 영국파시스트연맹^{British Union of Fascists, BUF}이 여는 집회에 맞서는 시위를 광고하는 플래카드를 BBC 방송국 본관에 내걸었다. BBC는 모슬리를 초청해 나치에 동조하는 견해를 홍보하고 시위를 선전한 바 있었지만, 다른 언론들과 마찬가지로 반파시스트들에게 발언 기회를 주거나 반대 시위를 언급하는 것은 거부했다. 그럼에도 불구하고 그날 런던에 모인 10만 명이 넘는 인파는 파시스트들과 경찰 호위대를 압도하면서 그들을 하이드파크에서 몰아냈다.

1977년 9월 7일 인도 모한나가르에 자리한 공작기계공장에서 노동자와 회사 측 깡패들 사이에 폭력적 충돌이 벌어졌다. 공장 앞에서 불공정한 임금삭감에 항의하던 공장 노동자들을 무장한 경비원들이 공격한 것이다. 지역 노동자들과 행인들이 시위에 합세했고, 경비원들의 발포에 군중 또한 폭력으로 대응하며 공장을 불태우고 총을 쏜 2명을 살해했다. 인근 공장들에서 일하는 노동자들이 연대하며 살쾡이파업을 벌였고, 다음 날 항의 시위 인원은 2만 명에 이르렀다.

8 **1941년 9월 8일** 나치 점령 당국에 저항하는 노르웨이 우유 파업이 벌어졌다. 월요일에 출근한 노동자들은 이미 줄어든 우유배급이 완전히 끊겼다는 사실을 발견했다. 조선소와 제강소 노동자들이 아침식사 후 자발적으로 파업에 돌입했고, 이후 이틀간 50여 개 작업장으로 파업이 확산되며 2만 명에서 2만 5000명의 노동자가 일손을 놓았다. 나치는 계엄령을 선포해 노동조합 지도자 2명을 처형하고 다른 이들을 투옥하는 것으로 대응했다.

1972년 9월 8일 베트남전쟁 당시 USS 콘스털레이션호의 흑인 수병 60명이 구석진 곳에 위치한 이발소에 모였다. 이들은 해군에 만연한 인종차별에 대해 각자의 경험을 나누었다. 흑인 수병들은 진급에서 탈락하고 저임금 직책에 묶였으며, 백인 수병보다 가혹한 규율에 시달렸다. 후에 흑인 수병들은 블랙프랙션Black Fraction이라는 조직을 결성하고, 이발소에 모인 날로부터 56일 뒤 미 해군 역사상 최초의 대규모 반란을 일으켰다. ◉ 10-11

9 **1739년 9월 9일** 사우스캐롤라이나에서 스토노 반란Stono Rebellion 이 시작되었다. 영국의 본토 식민지에서 일어난 최대 규모의

노예 봉기였다. 글을 읽을 줄 아는 제미Jemmy(또는 케이토Cato)라는 남자 노예가 대부분 중앙아프리카 출신인 22명과 함께 '자유!'라고 쓴 깃발을 휘두르며 행진하면서 한 상점을 습격해 무기와 탄약을 챙겼다. 이들은 에스파냐 식민 당국이 영국의 지배를 잠식하기 위해 탈출한 노예들에게 자유를 주는 플로리다로 갈 계획이었다. 플로리다로 가는 도중 플랜테이션 농장을 불태우고 다른 노예들을 풀어주며 백인을 살해하기도 한 일행은 결국 중무장한 기마 민병대의 공격을 받았다. 반란자 47명과 민병대원 23명이 사망했다. 민병대는 살해한 노예들의 머리를 잘라 경고 표시로 말뚝 위에 걸었다. 도망친 노예들은 대부분 나중에 잡혀서 처형되거나 카리브해의 노예주들에게 팔려 갔다.

이후 당국은 반란의 재발을 막겠다며 엄격한 법을 제정했다. 노예들이 집단으로 모여서 글을 배우는 것을 금지하는 한편, 10년간 아프리카로부터의 노예 수입을 금지했으며, 노예에게 중노동을 시키거나 지나치게 잔인한 노예주를 처벌하기 시작했다.

1945년 9월 9일 2차대전 직후 한국의 미 군정청이 일본 식민 정부를 그대로 유지한다고 발표했다. 격렬한 항의에 군정청은 일부 일본인 관리를 미국인으로 교체했지만, 물러난 일본인 관리들을 고문으로 두었다.

10 **1897년 9월 10일** 펜실베이니아주 래티머에서 파업을 벌이는 비무장 석탄 광부와 광산 노동자들이 해산을 거부하자 루제른 카운티 보안관이 조직한 치안대가 19명을 살해하고 36명에게 부상을 입혔다. 대부분 등에 총을 맞은 파업 광부들은 원래 파업파괴자로 들어왔다가 이후 스스로 조직을 갖추어 싸우게 된 이주 노동자들이었다. 살인자들은 재판에 회부됐지만 모두 무죄방면되었다. 하지만 이 학살은 미국 광산 노동자 조직화에 전환점으로 작용했고, 광부, 특히 이주 노동자들이 전미광산노동조합에 몰려들며 많은 성과

를 얻어냈다.

1962년 9월 10일 미시시피의 백인 우월주의자들이 민권운동가 패니 루 해머Fannie Lou Hamer 암살을 시도했다. 인종주의자들은 친구 메리 터커Mary Tucker와 함께 살고 있는 해머의 집 앞으로 차를 몰면서 총탄 16발을 발사했으나 모두 빗나갔다. 그에 앞서 해머(출생 시 성은 타운센드)는 유권자 등록을 시도

패니 루 해머를 그린 그림

했지만 흑인과 아메리카 원주민들의 등록을 막기 위해 고안된 인종차별적인 심사 때문에 거부당했다. 해머는 "사실상의 법률"이 무엇인지 설명하라는 질문에 답하지 못해 등록 심사에서 떨어졌다.

⚠ **1973년 9월 11일** 칠레의 우파 아우구스토 피노체트 장군이 쿠데타를 일으키며 선거로 선출된 살바도르 아옌데Salvador Allende가 이끄는 좌파 정부를 무너뜨렸다. 아옌데는 지난달 피노체트를 군 총사령관으로 임명했는데, 피노체트는 이 지위를 이용해서 쿠데타를 진두지휘했다.

첫째 날, 새 정부는 수천 명—대부분 노동계급 활동가와 좌파—을 일제 검거해서 국립경기장에 밀어 넣고 다수를 살해했다. 미국과 영국을 비롯한 서구 열강의 지지를 받은 잔인한 군사독재는 신자유주의세력인 경제학자 그룹 시카고보이스Chicago Boys의 가혹한 우파 경제 이데올로기를 실행에 옮겼다. 국제 전문가들은 그 결과로 '경제 기적'이 이루어질 것이라고 예고했지만, 실상은 국민 절대다수의 생활수준 하락이었다. 임금 감소와 함께 보건, 교육, 주거 등의 분야에서 정부 지출이 삭감됐기 때문이다. 조금이라도 저항하는 노동

사회주의 책자를 태우는 칠레 군인들

자들은 살해되거나, 고문을 받거나, 투옥 또는 '실종'되었다. 당시의 일반적인 처형 방법은 헬기에 태워 바다나 안데스산맥 위에서 던져버리는 것이었다. 오늘날 대안우파alt-right의 많은 성원은 이런 살인을 '헬기 밈'으로 묘사하면서 찬양한다.

이후 17년간 3000명 이상이 정권에 살해되었고, 3만 7000여 명이 불법 투옥되거나 고문당했다. 많은 수감자가 간수들에게 조직적인 강간과 성적 학대를 당했다. 특히 여성들이 표적이 되었다. 일부 여성들은 교도관에게 강간을 당한 것 외에도 개나 쥐, 거미 등을 이용한 성폭행을 당했고, 가족인 남성과의 성관계를 강요당하기도 했다. 살해된 이들의 많은 자녀가 가톨릭교회에 넘겨지거나 다른 가정으로 입양됐는데, 아이들은 부모에 관한 아무 정보도 받지 못하거나 사고로 사망했다는 이야기만을 들었다.

2017년 9월 11일 케냐 나이로비에서 승차 공유 서비스인 택시파이Taxify, 리틀Little, 몬도라이드Mondo-Ride 기사들이 전달부터 수수료 인하를 요구하며 파업에 들어간 우버Uber 기사들과 합류해 무기한 파업을 시작했다.

몇 달 전 우버는 기사들의 잇따른 항의 시위와 파업으로 결국 요금을 20퍼센트 인상했는데, 이는 일반 택시와 가격경쟁을 하기 위해 30퍼센트 인하했던 요금을 벌충하지는 못하는 수준이었다. 우버는 또한 수수료를 20퍼센트에서 25퍼센트로 인상했다. 기사들은 수수료를 10퍼센트로 내릴 것을 요구했다.

이후 2018년과 2019년에도 파업이 벌어졌고, 기사들은 고용주들로부터 일정한 양보를 얻어냈다.

12 **1945년 9월 12일** 일본이 전쟁에 패배한 뒤 조선건국준비위원회가 조선인민공화국을 선포했다(조선민주주의인민공화국, 일명 북한과 혼동하지 말 것). 조선인민공화국은 토지개혁, 지대 통제, 주요 산업 국유화, 인권 보장, 보통선거권, 남녀평등, 아동노동 금지, 하루 최대 8시간 노동 등의 노동권을 포함한 27개조 강령을 두었다.

'민족자결'을 약속한 미 군정 당국은 이러한 개혁을 선호하지 않았기 때문에 한반도 남쪽에서 공화국을 폐지하고 군사독재 정부를 세우기로 결정했다. 제주도 인구의 약 10퍼센트를 포함해 독재에 반대하는 수천 명이 학살당했다. [조선인민공화국이 선포된 정확한 날짜는 9월 6일이다.]

1969년 9월 12일 뉴욕시에서 동성애자해방전선이 주간지 《빌리지 보이스Village Voice》의 동성애 혐오 광고정책에 항의하는 시위를 벌였다. 스톤월 항쟁 이후 설립된 동성애자해방전선은 LGBT+ 권리운동에서 질적 변화가 이루어졌음을 나타내는 상징이었다. 이들은 이전까지의 '동성애자homophile'운동이 보여준 온건하고 동화주의적인 태도와 완전히 결별하고 전투적 행동, 동성애자해방, 억압받는 모든 사람들의 권리를 주창했다. ◎ 25-26

13 **1911년 9월 13일** 잉글랜드 헐에 있는 세인트메리로마가톨릭학교 학생 12명이 체벌과 과도한 학업량에 항의하는 파업에 학생들의 동참을 호소했다. 이들은 인근에 자리한 여러 학교로 행진하면서 학생 수백 명을 끌어들여 험버강으로 수영을 하러 갔다.

1971년 9월 13일 9월 9일 시작된 애티카 교도소 봉기가 진압되었다. 지독한 환경에서 괴로워하던 수감자들이 인종을 가로질러 단결해 교도소를 장악하고는 처우 개선을 요구한 봉기였다. 당국과의 대화가 결렬되며 좌절한 수감자들이 결코 해를 끼치지는 않은 인질들을 위협하자 넬슨 록펠러Nelson Rockefeller 주지사(지나치게 부유한 그 록펠러 가문의 일원)는 경찰에 교도소 탈환을 명령했다. 이에 뉴욕주 경찰은 교도소에 최루탄을 발사하고 연기가 자욱한 가운데 2분간 쉬지 않고 총격을 가했다. 경찰이 사용한 총기 가운데는 제네바협약에 따라 금지된 탄약을 장전한 개인용 화기와 [주로 사냥에 쓰는] 산탄총도 있었다. 많은 인질과 수감자(대부분 최루가스에 질식해 비틀거릴 뿐 저항하지 못했다)가 부상을 입었고, 경찰이 교도소를 탈환하기까지 수감자 29명과 인질 9명이 사망했다. 경찰기동대는 학살에 환호하며 '백인 권력'을 연호했다. 하지만 온갖 탄압에도 불구하고 항쟁의 물결이 미국 전역의 교도소를 휩쓸었다.

14 **1960년 9월 14일** 콩고 역사상 민주 선거로 선출된 최초의 총리인 사회주의 독립 지도자 파트리스 루뭄바에 대항하는 쿠데타가 미국의 지원을 받아 벌어졌다. CIA는 처음에 루뭄바를 암살할 계획이었지만—루뭄바가 사용하는 치약에 독극물을 넣는 암살 음모가 있었다—그 대신 그를 체포해 구타, 고문한 뒤 총살했다. 전식민 지배국인 벨기에 군인들이 루뭄바의 시신을 파내 사지를 절단하고 황산용액에 담가서 녹인 뒤 남은 뼈를 가루로 만들어 야산에 뿌렸다.

1989년 9월 14일 에이즈운동단체 액트업 회원 7명이 뉴욕증권거래소에 침투해 VIP 발코니에 사슬로 몸을 묶고 시위를 벌였다. 유일하게 승인된 에이즈 치료제 AZT의 비싼 가격에 항의하기 위해서였다. 시위 직후 제약사 웰컴은 AZT 가격을 20퍼센트 인하했다.

15 **1845년 9월 15일** 펜실베이니아주 피츠버그와 그 주변의 방적공장에서 일하는 여성 노동자 5000명이 하루 최대 10시간 노동 및 아동노동의 종식을 요구하며 파업을 시작했다. 몇 달 뒤, 수백 명의 노동자가 지역에서 가장 큰 공장인 블랙스톤으로 행진했다.

여성들이 공장 문을 부수고 파업파괴자들을 쫓아내는 동안 동행한 남성들은 경찰의 접근을 저지했다. 여성 노동자들의 요구는 수용되지 않았지만 파업은 전국적인 관심을 끌었다. 1848년에 이르러 그해 독립기념일[7월 4일]에 펜실베이니아주 의회는 하루 10시간 노동법을 통과시켰다. 하지만 이 법에는 허점이 많았고 집행되지도 않았다. 노동조건 개선과 노동시간 단축을 위한 투쟁은 방적 노동자들이 중단한 싸움을 이어받을 다음 세대의 노동자 활동가들이 나타날 때까지 멈춰 섰다.

1954년 9월 15일 미국 에이브러햄 링컨 여단 참전군인들 — 에스파냐 내전에 참전한 반파시즘 지원병들 — 이 자신들을 정부 전복단체로 규정하려는 시도에 대응하기 위해 전복활동통제위원회Subversive Activities Control Board, SACB에 출두했다.

여단 출신 크로퍼드 모건Crawford Morgan은 다음과 같이 말했다.

흑인이자 이 나라에서 온갖 푸대접을 받은 사람으로서 저는 파시즘이 무엇인지 아주 잘 알았고 파시즘의 일원이 되고 싶지 않았습니다. 저는 그 나라[에스파냐]에 가서 총탄으로 싸울 기회를 얻었고, 그곳에 가서 총탄으로 싸웠습니다. 총탄으로 파시즘에 맞서 싸울 기회가 생긴다면 또다시 총탄으로 싸울 겁니다. …… 만약 우리가 그곳에서 프랑코를 해치우고 파시즘을 저지하지 않는다면 세계 여러 곳으로 파시즘이 퍼질 거라고 생각했습니다. 백인들, 자유와 민주주의를 좋아하는 백인들도 파시즘 아래서 사는 건 좋지 않지요.

크로퍼드 모건

하지만 흑인들은 파시즘 아래서 아예 살 수가 없습니다. 몰살될 테니까요. …… 에스파냐에 발을 디딘 순간부터 저는 인간이, 한 사람이 된 것 같았습니다. 사람들은 제가 흑인이라고 해서 혐오의 눈길을 주지 않았고, 흑인이라고 해서 이런저런 것을 거부하지 않았거든요. 다른 사람들과 똑같은 대접을 받았습니다. 세상에 태어나 오랫동안 개만도 못한 대우를 받으며 살다 보면, 어딘가에서 인간으로 대우받는다고 느끼는 게 꽤 좋은 일입니다.

1923년 9월 16일 노동운동가이자 아나키스트, 자유연애 주창자인 이토 노에와 그의 연인 오스기 사카에가 일본 도쿄에서 경찰에 체포되었다. 경찰은 간토 대지진으로 일어난 화재를 급진주의자들의 소행으로 돌리면서 많은 투사를 살해했다. 이토와 오스기는 감방에서 몰매를 맞고 목 졸려 살해된 뒤 우물에 던져졌다.

이토 노에

1973년 9월 16일 칠레의 공산주의자이자 포크 가수이며 음악가인 빅토르 하라Victor Jara가 아우구스토 피노체트 장군이 지휘하는 부대에 살해되었다. 미국이 지지하는 쿠데타가 벌어지고 며칠 뒤의 일이었다. 하라는 다른 수천 명과 함께 포로로 잡혀서 칠레 국립경기장에 억류됐고, 경비병들은 그를 고문하며 손가락을 부러뜨리고 손을 으스러뜨린 뒤 기타를 쳐보라고 강요했다. 곧이어 하라는 40발이 넘는 총알 세례를 받았다.

2019년 칠레 각지에서 폭발한 노동계급 항쟁의 물결 속에서 거대한 대열을 이룬 시위 군중은 〈평화롭게 살 권리El Derecho de vivir en Paz〉를 비롯한 하라의 노래들을 거리에서 목청껏 불렀다.

17 **1849년 9월 17일** 전설적인 노예제 폐지론자 해리엇 터브먼과 그의 형제 벤, 헨리가 메릴랜드에서 노예 상태로부터 탈출했다. 이후 벤과 헨리는 다시 마음을 돌렸고, 터브먼도 어쩔 수 없이 동행했다. 하지만 곧이어 다시 탈출한 터브먼은 필라델피아로 향했다.

그는 끈질기게 일하면서 추후 남부로 돌아가 다른 노예들을 해방하는 데 쓸 돈을 모았다. 나중에는 [또 다른 노예제 폐지운동가] 존 브라운John Brown이 하퍼스페리에서 함께 반란을 일으킬 투사들을 모으는 걸 돕기도 했다. 만년에는 여권운동에서 활동하다가 1913년 세상을 떠났다.

1922년 9월 17일 신생 아일랜드자유국(오늘날의 아일랜드)에 맞서 벌어진 더블린의 우편 노동자 파업에서 가장 심각한 충돌이 발생했다. 군인들은 파업에 참여한 남성 1명과 여성 3명에게 발포했다. 노동자 올리브 플러드가 총에 맞았지만 다행히 총알이 가터벨트에 맞고 튕겨나가 찰과상을 입는 데 그쳤다. 한 언론인은 이날의 충돌에 대해 "파업을 계속하려는 여성들의 결심에 아무런 영향도 미치지 못했다"고 보도했다.

18 **1963년 9월 18일** 인도네시아 자카르타에서 수천 명의 군중이 영국 대사관을 불태우면서 이틀 전 있었던 말레이시아 연방 창설에 항의했다. 시위대는 또한 영국 대사의 관저를 습격하고 영국 차량을 불살랐다.

1974년 9월 18일 칠레의 교사이자 혁명가 플로라 사누에사 레보예도Flora Sanhueza Rebolledo가 63세의 나이로 사망했다. 아우구스토 피노체트 장군의 우익 정권에 잡혀 고문당한 결과였다.

플로라는 1935년 에스파냐로 가서 내전 기간 동안 사회혁명에 참여했다. 파시스트세력의 승리 이후 프랑스로 망명해 1942년까지 정치범으로 억류됐다가 칠레로 돌아왔다. 20세기 초에 존재한 노동계급 문화협회에 감화를 받은 플로라는 이키케에서 여성 방적공을 위한 루이즈미셸아나키즘문화협회Ateneo Libertario Luisa Michel를 창설했다. 가브리엘 곤살레스 비델라Gabriel González Videla의 독재 아래 파시스트들이 아나키스트와 공산주의자를 박해하던 시절이었기 때문에 플로라는 사실상 많은 활동을 은밀하게 진행했다. 1953년 루이즈미셸아나키즘문화협회는 여성 노동자의 자녀들에게도 문호를 개방하면서 루이즈미셸아나키즘학교Escuela Libertaria Luisa Michel로 이름을 바꾸었다. 전성기에는 정규 학생은 70명도 넘었지만 1957년 문을 닫았다.

플로라는 피노체트 쿠데타 이후 체포되어 고문을 받았다. 가택연금을 당한 플로라는 이후 고문 후유증으로 사망했다.

19 **1793년 9월 19일** 아이티혁명 중 자메이카에서 파견된 영국 군인 600명이 아이티 제레미에 상륙했다. 앞서 영국과의 비밀 합의문에 서명한 프랑스의 백인 자산가들은 군인들을 환영했다. 프랑스는 영국의 지원에 대한 대가로 생도맹그(오늘날의 아이티)를 영국 식민지로 내주고, 노예제를 다시 도입해 유색인의 시민권을 박탈할 예정이었으며, 영국은 식민지 정착민들에게 유리한 경제정책을 시행할 계획이었다. 영국군은 5년 동안 싸웠지만 결국 아이티혁명군에 패배했다.

2007년 9월 19일 자전거공장 폐쇄에 반대하면서 공장을 점거 중이던 독일 노르트하우젠의 노동자들이 노동자 통제 아래 생산을 재개하며 '파업 자전거'를 만들었다.

20 **1763년 9월 20일** 필리핀의 혁명적인 반식민 지도자 가브리엘라 실랑Gabriela Silang이 에스파냐 당국에 처형되었다. 그 전주에 실랑은 비간을 포위하려 했지만 아브라로 후퇴할 수밖에 없었고, 그곳에서 포로로 잡혔다. 실랑과 독립군 병사들은 비간의 중앙광장에서 교수형에 처해졌다.

1898년 9월 20일 아나키스트 이주 노동자 폴레니체 마테이Polenice Mattei

가 상파울루에서 경찰에 살해당했다. 당시 브라질의 노동운동은 아나키스트들이 주축을 이루었고 이들은 일일 노동시간 단축과 의료보험을 요구하는 것과 함께 전쟁에 반대하며 싸웠다. 아나키스트들은 일간지 4종을 비롯한 100여 종의 잡지와 신문을 펴냈다. 정부는 수백 명을 수감 및 추방하고 수십 명을 살해하며 반격했다.

21 **1945년 9월 21일** 미국의 석탄 광부 20만 명이 관리직 노동자들의 단체교섭 요구를 지지하며 파업에 들어갔다. 2차대전 직후 일어난 파업 물결의 일부였다.

1976년 9월 21일 칠레의 망명 사회주의자 오를란도 레텔리에르Orlando Letelier와 정책연구소 직원 로니 모피트Ronni Moffitt가 워싱턴D.C.에서 살해당했다. 아우구스토 피노체트 장군의 비밀경찰이 자동차에 설치한 폭탄에 희생된 것이었다. 미국이 지지하는 독재자의 요원들이 벌인 이 같은 살인은 미국이 지원하는 라틴아메리카 반공 프로그램인 콘도르 작전Operation Condor의 일환이었다. 이 작전으로 최대 6만 명의 노동계급 투사, 사회주의자, 아나키스트가 살해되었다.

오를란도 레텔리에르　　　　　로니 모피트

22 **1912년 9월 22일** 멕시코에서 생디칼리스트 노동조합 세계노동자의집Casa del Obrero Mundial, COM이 창설되었다.

하지만 멕시코혁명의 격변이 벌어지는 동안 이 노동조합은 분쟁에 연루된 자본가 파벌―베누스티아노 카란사의 입헌주의세력―을 지지하기 시작해 결국 에밀리아노 사파타의 혁명적 농민군과 싸우게 된다. 훗날 세계노동자의집이 더 이상 쓸모없다고 판단한 카란사 정부는 등을 돌리고 노조를 해산했다.

1918년 9월 22일 1차대전 중 불가리아 군대의 대규모 폭동과 봉기가 일어났다. 도브로폴레에서 탈영한 병사들은 자체적으로 군대를 만들어 장교를 선출하고 기존의 지도자들을 향해 총구를 돌렸다. 병사들의 반란은 12월에야 진압되었고 이후 1만 명이 투옥되었다.

23 **1945년 9월 23일** 사이공코뮌은 영국 지휘의 구르카 부대로부터 지원받는 프랑스군과 일본군이 도시로 진입하는 데 대응해 베트민과는 별개로 노동자들이 봉기를 일으키면서 탄생했다. 가난한 교외지역에 집결한 반란군은 베어낸 나무와 뒤집은 자동차와 트럭으로 바리케이드를 급조했다. 이들은 식민지 경찰과 관리를 총살했고, 일부 지역에서는 오랜 인종차별과 학대로 누적된 대중의 원한이 폭발하며 프랑스 민간인에 대한 집단 학살이 벌어지기도 했다.

한편, 공식적인 독립운동체였던 베트민은 직접적인 충돌을 피한 채 외국 군대에 대한 식량 공급 차단을 지지했다. 하지만 어느 봉기 참가자가 언급한 것처럼, 이는 "헛된 희망"이었다. "영국 선박이 항구 접근로를 장악하고 있었기 때문"이다. 10월 5일 르클레르크Leclerc 장군의 지휘 아래 프랑스의 추가 병력이 도착했고, 다음 주에 이르러 봉기는 사실상 패배로 끝났다.

1969년 9월 23일 이탈리아 밀라노에서 파업 중인 [타이어 회사] 피렐리Pirelli의 노동자들이 트럭에 실린 타이어에 불을 지르자 경영진이 직장 폐쇄를 단행했다. 노동자들의 행동은 그리스에서 타이어를 수입한 경영진을 향한 항의였다. 직장 폐쇄는 곧 철회됐지만 피렐리 경영진은 투사 1명을 해고하려 했다. 이에 노동자들은 자발적으로 파업과 시위를 일으켰고 해고는 철회되었다.

1934년 9월 24일 한 달간 이어진 캘리포니아주 살리나스에서의 상추 파업이 노동자들의 요구가 관철되는 것으로 끝났다. 미국 필리핀노동자연맹Filipino Labor Union, FLU 소속 농업 노동자들이 벌인 이 파업은 인종주의자 폭도와 무장 자경단의 대대적인 탄압에 직면하면서도 끝까지 이어지며 임금인상과 노동조합에 대한 인정을 얻어냈다.

2003년 9월 24일 이스라엘 공군 조종사 27명이 사령관에게 편지를 보내 요르단강 서안 지구와 가자 지구의 암살 작전에 참여하지 않겠다는 뜻을 전했다. 조종사들은 이 같은 작전이 "불법적이고 부도덕하며 무고한 민간인들을 해친다"고 말했다.

1968년 9월 25일 시애틀 시의회가 공화당 시장 제임스 브레이먼James Braman의 지령에 따라 블랙팬서당의 자위 순찰을 막기 위한 총기규제 법안을 도입했다. 백인들에게 공격과 위협을 당하는 흑인 학생들을 보호하기 위해 무장한 블랙팬서당원들이 레이니어비치고등학교에 나타나자 시의원들은 경악했다. 시 당국은 "타인을 위협하기" 위해 "위험한 무기"를 소지하는 것을 금지하는 비상조치를 통과시켰다.

2005년 9월 25일 한국 경기도의 성노동자들이 민주성노동자연대를 결성하고 한국 역사상 처음으로 집창촌 고용주들과 단체협약을 체결했다.

1919년 9월 26일 러시아혁명 중 아나키스트세력인 우크라이나혁명반역군Revolutionary Insurrectionary Army of Ukraine, 다른 이름으로는 사령관 네스토르 마흐노Nestor Makhno의 이름을 따 일명 '마흐노파'라 불리기도 하는 이들이 몇 달에 걸친 후퇴를 끝내고 추적자들과 맞섰다. 안톤 데니킨Anton Denikin 장군이 이끈 반혁명 '백군'에 맞서 싸운 것이다. 마흐노파는 데니킨 군대를 기습해 격퇴하며 데니킨의 모스크바 진군을 끝장냈다.

1955년 9월 26일 에스파냐 독재자 프란시스코 프랑코 장군이 바르셀로나를 방문하자 지하 저항 활동가 프란세스크 사바테 요파르트 Francesc Sabaté Llopart는 택시를 이용해 그 주변을 크게 돌았다. 택시가 달리는 동안 그는 뒷좌석에 둔 옷가방에서 준비해온 박격포를 꺼내 선루프로 내밀고는 반정부 전단을 살포했다. 요파르트는 걱정하는 운전사를 안심시키며 이렇게 말했다. "걱정하지 마세요. 저는 정부에서 나온 사람인데, 홍보 자료를 배포하는 중입니다." 그는 운전사에게 후한 팁을 남기고 내렸다.

1915년 9월 27일 미국연합의류노동조합Amalgamated Clothing Workers of America, ACWA이 시카고 의류 노동자 5000명의 파업을 소집하면서 임금인상, 노동시간 단축, 블랙리스트 폐지 등을 요구했다. 고용주들은 파업에 대한 보복으로 다수의 경찰을 동원하고 파업 노동자 수백 명을 해고했다. 이에 노동자들은 2만 5000명의 파업을 조직하는 것으로 대응했고, 분쟁은 몇 달간 지속되었다.

1917년 9월 27일 남아프리카연방의 아프리카인과 백인 급진주의자들이 모인 공부모임이 아프리카산업노동자연맹Industrial Workers of Africa, IWA으로 거듭났다. 아프리카인만으로 구성된 위원회와 "우리는 모든 것을 원한다!"라는 간결한 구호를 갖춘 혁명적 다인종 노동조합이었다.

1975년 9월 28일 토요일 저녁, 흑인해방 활동가 3명이 체인점 스파게티하우스의 런던 나이츠브리지 지점에 총기를 들고

들이닥쳤다. 이들은 일주일치 매상을 강탈하려 했다. 강도는 실패했고 이내 경찰이 도착했다. 흑인해방군Black Liberation Army을 자처한 이들은 직원을 인질로 삼고 안전하게 영국을 떠나게 해달라고 요구했다. 경찰 수백 명이 포위한 가운데 5일 동안 이어진 인질극 끝에 모두 항복했다.

1991년 9월 28일 인도 빌라이의 저명한 노동운동 조직가 샹카르 구하 니요기가 한밤중에 자다가 암살당했다. 시멘트공장 노동자와 도급 석탄 광부들을 조직하고 가난한 노동자와 농민을 위한 의료보험 및 문화 프로그램을 만드는 데 발 벗고 나선 니요기는 이윤이 줄어든 많은 지역 자본가들의 분노를 산 인물이었다.

살인범은 청부 총잡이 팔탄 말라였다. 1997년 말라와 더불어 자본가 몇 명이 살인공모 혐의로 기소되었다. 그러나 2005년 대법원이 자본가들에 대한 유죄판결을 뒤집으면서 인도 전역은 충격에 빠졌다.

29 **1920년 9월 29일** 칠레의 아나키스트 시인이자 세계산업노동자연맹 회원인 호세 도밍고 고메스 로하스José Domingo Gómez Rojas가 체포되어 고문을 당하고 정신을 잃은 뒤 불과 24세의 나이로 사망했다. 4만 명이 넘는 인파가 장례식에 참석했고, 그가 수감 중에 쓴 시 〈동정심의 항의Protestas de Piedad〉가 낭독되었다. 이 시는 이후 칠레를 지배하는 과두 집단에 반대하는 아나키스트와 평화단체의 상징이 되었다.

2007년 9월 29일 이집트 가즐엘마할라의 섬유 노동자 수만 명이 일주일간 이어진 살쾡이파업에서 요구안 대부분을 관철하며 승리했다. 경영진은 기본급 7퍼센트 인상, 추가 상여금, 파업 기간에 대한 임금 지급, 파업 참가자 괴롭힘 금지, 이사장과 보좌진 탄핵 등에 합의했다.

30 **1918년 9월 30일** 스위스에서 생활비 상승을 둘러싸고 소요가 커지는 가운데 취리히은행 직원들이 사상 최초로 파업에 들어갔다. 이후 은행 노동자들의 임금인상 요구를 지지하는 지역 총파업이 벌어지며 파업을 완전한 성공으로 이끌었다.

취리히의 파업 노동자들과 기병대

1919년 9월 30일 아칸소에서 미국 역사상 최악의 인종 폭력 사태로 손꼽히는 일레인 학살이 벌어졌다. 백인 플랜테이션 농장주에게 고용된 소작농들이 주축을 이룬 흑인 노동자 약 100명은 미국진보농민가내노동조합Progressive Farmers and Household Union of America, PFHUA 회의에 참석해 임금인상을 요구하기 위한 조직을 이루려고 했다. 노동조합은 공격에 대비해서 회의가 열리는 교회 앞에 무장 경비원을 배치했다.

사건이 발발한 정확한 원인에 대해서는 논란의 여지가 있지만, 총격전이 벌어졌고 백인 보안관보가 부상을 입었으며 백인 철도 경비원 1명이 사망했다. 곧이어 1000명에 이르는 백인 인종주의자들이 시내로 몰려와서 흑인들을 살해하기 시작했다. 그동안 군대는 아프리카계 미국인 수백 명을 임시 울타리에 가둔 채 많은 이를 고문했다. 흑인 노동자들은 백인 고용주에게 심문을 받고 풀려날 때까지 갇혀 있었다.

당국은 학살이 일어났다는 사실 자체를 부인했고, 아프리카계 미국인 122명을 여러 범죄 혐의로 기소해 12명에게 신속하게 유죄판결을 내리고 전기의자 사형을 선고했다. 사형을 선고받은 이들은 나중에 항소심에서 감형됐지만 흑인 27명은 끝내 징역형을 받았고 그중 일부는 형기가 상당히 길었다.

정확한 희생자 수는 알려지지 않았지만, 당시 살해당한 아프리카계 미국인은 100명에서 수백 명에 이를 것으로 추정된다. 백인 가해자들 가운데 일부는 고문에 참여했다고 인정했으나 학살을 저지른 이들 중 누구도, 어떤 범죄 혐의로도 기소되지 않았다.

10월

October

1

1935년 10월 1일 벨리즈 코로살에서 열린 대중 집회에서 이 발사이자 노동운동 조직가인 안토니오 소베라니스 고메스 Antonio Soberanis Gómez가 발언한 뒤, 영국 식민 당국은 "선동적 언어"를 사용했다는 이유로 그를 기소했다. 그는 실업자 조직화 및 항만 노동자와 철도 노동자가 벌인 최근의 파업에서 핵심적 역할을 한 바 있었다. 총독은 "흑인 대 백인의 대결"로 비치지 않도록 흑인 판사에게 사건을 맡기면서 "상당히 긴 징역형에 처하기"를 바란다는 뜻을 내비쳤다. 재판이 전국적인 관심을 불러일으키면서 노동자들이 소베라니스의 변호기금을 모으는 한편, 당국은 집회 일체를 금지했다. 결과적으로 소베라니스는 "모욕적인 단어"를 사용했다는 이유로 85달러의 벌금형을 받고 풀려났다.

1946년 10월 1일 한국 대구의 경찰이 2차대전 이후 미국과 일본의 지배에 항의하는 시위대를 공격해 3명이 사망하고 그보다 훨씬 많은 이가 부상을 입었다. 시민들이 대대적인 반격에 나서면서 경찰관 35명이 사망했다. 가을 봉기의 시작을 알리는 신호탄이었다.

2

1937년 10월 2일 미국이 지지하는 도미니카의 독재자 라파엘 트루히요Rafael Trujillo 대통령의 명령에 따라 아이티인 2만여 명이 희생되는 대학살이 시작되었다. 오늘날 파슬리 학살[이러한 명명은 군인들이 아이티인을 색출하기 위해 파슬리 가지를 들이밀며 이게 뭔지 말해보라고 요구한 데서 기인했다. 프랑스어나 아이티 크리올어를 쓰는 아이티인들은 파슬리를 뜻하는 에스파냐어 'perejil(페레힐)'을 발음할 때 'r' 발음에서 티가 났기 때문이다]이라고 알려진 사건이다.

1968년 10월 2일 올림픽 개막을 코앞에 둔 멕시코시티에서 경찰이 평화적으로 시위하는 학생 수백 명을 살해하면서 틀라텔롤코 학살 Tlatelolco massacre이 벌어졌다. 당시 많은 노동자와 가난한 농민이 노동조건 개선을 위해 싸우고 있었고, 정부는 이른바 '더러운 전쟁'이라고 이 시기를 명명하며 폭력적 탄압으로 대응했다.

멕시코시티 거리에 출동한 군대, 1968년

　사람들은 올림픽 개최에 따른 막대한 비용뿐만 아니라 경찰의 탄압에도 분노했다. 10월 2일, 1만 명에 이르는 학생과 대학생들이 멕시코시티 3문화광장에 모여 시위를 벌이면서 구호를 외쳤다. "올림픽 따위 필요 없다, 우리는 혁명을 원한다!" 오후 6시 직후 광장을 에워싼 병력 5000명이 군중과 인근 건물들을 향해 총격을 개시했다. 밤새 이어진 군인과 경찰의 탄압으로 사람들이 체포되었으며 시위대와 구경꾼, 지역 주민들이 구타당하고 살해되었다. 당국과 언론은 군대가 저격수의 총격에 맞서 방어에 나선 것이라고 주장했지만, 훗날 총격을 시작한 저격수들이 대통령 경호대 소속이었다는 사실이 밝혀졌다.

　올림픽 반대 시위가 확산되는 것을 우려한 CIA는 멕시코 당국과 긴밀히 접촉했고, 미군은 장비와 무기, 탄약을 제공했다. 학살 6일 전, 멕시코 연방 보안국은 CIA에 "조만간 상황을 완벽하게 통제할 것"이라고 장담했다.

3　**1935년 10월 3일** 이전에는 아비시니아Abyssinia로 불린 국가이자 식민 열강에 맞서 독립을 지킨 유일한 아프리카 국가인

에티오피아가 베니토 무솔리니가 이끄는 파시스트 이탈리아에 침공 당했다. 이탈리아인들은 독가스를 사용하고 공중폭격을 수행했으며 사람들을 강제수용소에 가두는 등 숱한 잔학행위를 저질렀다. 세계 각지의 흑인들이 분노했고, 많은 흑인 남녀가 파시스트 식민 지배자에 맞서 싸우기 위해 자원했다.

1952년 10월 3일 티카시 봉기의 반란자들이 한 백인 유럽인을 칼로 찔러 살해하면서 첫 번째 희생자가 발생하자 영국 식민 지배에 맞선 케냐의 마우마우 봉기가 고조되었다. 영국 언론은 백인 살해를 이유로 내세우며 가난한 케냐인에 대한 탄압을 정당화했고, 그 과정에서 케냐인 수만 명이 살해되고 수십만 명이 강제수용소에 갇혔다. 실제 충돌 과정에서 사망한 백인은 32명이었다.

4 **1936년 10월 4일** 오스왈드 모슬리의 영국파시스트연맹이 이스트런던의 유대인 지구를 관통하는 행진을 계획하면서 케이블스트리트 전투Battle of Cable Street가 벌어졌다. 10만 명이 넘는 지역 주민과 노동자들이 ―"그자들은 절대로 통과하지 못한다"고 결의하며―파시스트 대열에 맞섰고, 블랙셔츠단과 그들을 보호하는 경찰

이스트런던에 그려진
케이블스트리트 전투 벽화

에 대항함으로써 결국 행진을 포기하게 만들었다. ◉35-37

1939년 10월 4일 이탈리아인 이민자 아나키스트 아르투르 보르톨로티Arthur Bortolotti(일명 아틸리오 보르톨로티 또는 아르투르 바르텔), 루제로 벤베누티Ruggero Benvenuti, 에르네스트 가바Ernest Gava(일부 자료에서는 마르코 요아킴이라고도 한다), 비토리오 발로피Vittorio Valopi가 캐나다의 새로운 전쟁법에 따라 체포되었다. 보르톨로티는 방아쇠 없는 권총을 소지한 혐의였고, 나머지 3명은 반파시스트적인 "전복적 문헌"을 소지한 혐의였다. 이들은 무솔리니의 파시스트 이탈리아로 추방하겠다는 위협을 받았는데, 이는 사실상 사형선고나 마찬가지였다.

다행히도 유명한 아나키스트 엠마 골드만Emma Goldman이 이들을 돕기 위해 팔을 걷어붙이면서 지원위원회를 조직해 석방 압력을 가하고 법률 변호를 위한 기금을 모았다. 골드만은 노동자 변호로 유명한 진보적 변호사와 접촉해서 모두를 석방시켰다. 보르톨로티는 2~3주가 걸리긴 했지만 그 또한 석방되었다. 골드만은 모든 짐을 홀로 짊어지면서 자신에게 책임이 있다고 주장했다.

골드만은 3개월 2주 뒤 보석으로 석방되었고, 1940년 2월 13일 추방형을 선고받았다(뇌졸중으로 쓰러지기 불과 며칠 전이었다). 그해 5월 골드만은 사망했고, 추방형은 그 전에 취소되었다.

5 **1789년 10월 5일** 파리의 여성 수천 명이 고물가와 빵 부족에 분노하며 시에 있는 무기고를 아수라장으로 만들고 베르사유궁전을 포위했다. 프랑스혁명의 개시를 알리는 일제 공격이었다.

1945년 10월 5일 6개월간 이어진 무대 장식 노동자들의 파업이 캘리포니아주 버뱅크에 자리한 워너브러더스Warner Brothers 스튜디오 정문 앞에서 유혈 폭동으로 번졌다. 파업파괴자들이 피켓라인을 넘어 진입하려고 했기 때문이다. 이 사건은 오늘날 '할리우드의 검은 금요일'이나 '버뱅크 전투'로 불린다. 그날 저녁 경찰과 보안관보 300여 명이 현장에 달려왔고 신고된 부상자만 40명이 넘었다. 이 분쟁이 일

베르사유 행진을 묘사한 당대의 그림

부 작용한 결과로, 정부는 1947년 노동자조직을 깨뜨리기 위한 태프트-하틀리 법안을 통과시켰다.

6 **1976년 10월 6일** 태국에서 군경과 극우 왕당파 폭도가 학생 시위대를 공격하면서 탐마삿대학교 학살(일명 10월 6일 사건)이 벌어졌다. 여러 대학에서 모인 대학생 4000명에서 5000명이 전 군사독재자 타놈 키티카촌이 싱가포르에서 복귀하는 데 항의하며 일주일 넘게 시위를 벌이던 중이었다.

노동자, 농민, 학생이 민주주의와 사회정의를 위해, 그리고 일부 경우에는 자본주의 자체를 끝장내기 위해 수년간 싸운 끝에 태국 지배계급은 잔인무도하게 대응하면서 자유를 위해 싸우는 이들의 갈가리 찢긴 주검 위에 새로운 독재 정권을 세웠다. 시위대 수십 명이 살해됐고, 그중 다수는 나무에 매달린 채 몽둥이와 의자로 구타를 당했다.

1985년 10월 6일 경찰이 런던 브릭스턴에서 도러시 '체리' 그로스 Dorothy "Cherry" Groce에게 총을 쏘고, 불과 며칠 뒤 이번에는 아무 죄 없는 아프리카-카리브계 여성인 신시아 재럿Cynthia Jarrett의 집을 수색했다. 가택수색 중 신시아 재럿이 심장마비로 사망하자 브로드워터팜 지구 주민들이 경찰의 폭력에 항의하며 들고일어나 토트넘이 불길에 휩싸였다. 경찰은 몇몇 남성과 소년에게 소요 와중에 경찰관 1명을 살해한 혐의를 씌우려고 했고, 3명이 몇 년이나 수감됐다가 항소심을 거쳐 풀려났다.

1944년 10월 7일 아우슈비츠 강제수용소에서 무장 항쟁이 일어났다. 수용소에 있던 레지스탕스 성원들은 존더코만도 Sonderkommando(화장장에서 일하며 시체 처리를 담당한 유대인 수감자들)가 그날 살해될 예정이라는 사실을 알아냈다. 그들은 몰래 빼낸 화약과 정어리 통조림으로 만든 수류탄 등 수제 무기와 칼로 반격에 나섰다. 레지스탕스들은 4호 화장장을 불태우고 나치 친위대원 3명을 살해했으며(1명은 불태워 죽었다) 많은 나치 친위대원에게 부상을 입혔다.

1985년 10월 7일 오스트레일리아 빅토리아주 전역에서 시작된 간호사들의 준법 작업 캠페인을 경영진이 분쇄하려 하자 결국 전면적인 파업이 벌어졌다. 간호 노동자들은 임금인상과 간호사 대 환자 비율의 개선을 요구했다. 부분적 승리로 끝난 이 쟁의는 이보다 훨씬 큰 투쟁인 1986년 간호사 파업이 승리하는 토대가 되었다.

1967년 10월 8일 일본 하네다공항 근처에서 벌어진 반전 시위에서 야마자키 히로아키가 경찰에 살해되고 600여 명이 부상을 입었다. 그에 앞서 베트남전쟁에 반대하는 시위에 나선 학생들은 다리 위에서 전투경찰과 싸워 그들을 물리치고 경찰 승합차 1대와 물대포차 1대를 탈취했다. 시위대가 물대포차를 공항으로 몰고 가던 중 교토대학교 학생 1명이 죽었다는 외침이 들렸다. 주검을 수습하는 동안 잠시 싸움이 멈췄고, 경찰이 최루탄과 곤봉, 물대포를 사용해서 시위대를 해산하는 과정에서 일부 시위자들이 경찰에 밀려 다리 밑 강으로 떨어졌다. 이 싸움과 경찰의 진압은 일본 학생운동에서 중요한 이정표가 되면서 전투성이 고조되는 결과로 이어졌다.

1970년 10월 8일 영국 보수당의 법무상 피터 롤린슨Peter Rawlinson의 자택에서 불과 몇 주 사이 두 번째 폭탄이 폭발했다. 도시 게릴라단체 성난여단Angry Brigade이 설치한 이 폭탄은 노동운동과 아일랜드 시민권운동에 대해 정부가 점차 억압적인 전술을 사용하는 데 대한 항의 표시였다. 성난여단이 구사하는 폭탄 공격이 늘 그렇듯이 이번에도 인명 살상이 일어나지 않도록 고안된 폭탄이었다. 성난여단은 공식성명을 통해 다음과 같이 선언했다.

우리는 용병이 아니다.
우리는 사람이 아니라 재산을 공격한다.
우리가 마음만 먹었다면 [고용부 장관 로버트] 카, 롤린슨, [런던광역시 경찰청장 존] 월드론은 모두 주검이 됐을 것이다.
대중을 공격하는 건 파시스트들과 정부 앞잡이들뿐이다. ……
우리는 반격을 시작했고, 폭탄을 손에 쥔 조직된 노동계급이 이 전쟁에서 승리할 것이다. ◉ 2-3

9 **1912년 10월 9일** 뉴욕주 리틀폴스에 있는 피닉스Phoenix [자동차 부품]공장에서 여성이 주축을 이룬 노동자들이 주당 노동시간을 60시간에서 54시간으로 단축하는 새로운 주 법을 고용주가 준수하도록 강제하기 위해 살쾡이파업에 들어갔다. 길버츠 공장의 다른 노동자 2000명도 파업에 가세했고, 노동자들은 세계산업노동자연맹에 가입했다. 세계산업노동자연맹은 마틸다 로빈스Matilda Robbins(결혼 전 이름은 타티아나 지텔 라비노비츠)와 빅 빌 헤이우드 등 조직 담당자들을 파견했다. 세계산업노동자연맹의 동료 회원인 헬렌 켈러Helen Keller도 파업을 지지했다.

경찰서장은 단호하게 선언했다. "우리는 파업과 외국인에 대처해야 한다. 과거에 우리는 그들을 통제했고 지금도 그들이 본분을 지키게 할 것이다." 경찰서장은 노동자를 공격하고 파업 본부를 습격하도록 경찰을 보냈지만 파업 노동자들은 끝까지 버텼고 1월에 이르러 임금삭감 없는 노동시간 단축을 얻어냈다.

1945년 10월 9일 영국 노동당 정부가 에스파냐 내전과 반나치 전쟁에서 싸운 레지스탕스 투사 226명에 대한 투옥을 옹호하면서 그들에 대해 "적국의 준군사조직 성원들"이라고 설명했다. 프랑스에서 억류됐다가 탈출해 레지스탕스에 가세한 이들이었다. 독일에 포로로 잡힌 그들은 '해방'되자마자 일제히 검거되어 잉글랜드 랭커셔의 강제수용소로 보내졌다.

그중 1명인 아구스틴 솔레르는 수용소에서 자살했고, 에우스타히오 부스토스 등은 박해를 받아 정신이상자가 되었다.

구금자들이 단식투쟁을 벌이고 대중적 시위가 벌어지자 랭커셔주 촐리에 있는 수용소로 이송됐는데, 그곳에서는 적어도 공화파라는 신분을 증명할 수 있었다. 이듬해 1월 수용자들은 그곳에서 파업을 벌였고, 같은 해에 풀려나거나 국외 추방되었다.

구금된 에스파냐 난민들

1947년 10월 10일 프랑스령 서아프리카—세네갈, 베냉, 코트디부아르, 기니—전역에서 아프리카 흑인 철도 노동자들이 파업에 돌입했다. 파업은 이듬해 3월 19일까지 계속되었고, 노동자들은 고용주로부터 많은 양보를 얻어낸 끝에 작업에 복귀했다.

쟁의 기간 중 노동계급 여성들은 가정을 재정적으로 지탱하는 한편 파업 노래를 만들고 파업파괴자들을 조롱하는 식으로 공동체 연대에 이바지했다.

1971년 10월 10일 오전 11시, 미 육군 제1기병사단 12기병연대 1대대

브라보중대 병사들이 캄보디아 국경 근처에서 북베트남과 비공식적인 휴전을 선포했다. 병사 6명이 위험한 작전에 투입되는 것을 거부하는 반란을 일으킨 직후 이루어진 것이었다. 6명의 병사들은 군사재판에 회부될 예정이었으나 반란자들을 지지하는 청원서가 돌아 중대원의 3분의 2가 서명했다. 한 언론인이 프랑스 언론에 청원서를 유출했고, 이에 군사재판을 취소한 군은 브라보중대를 안전한 곳으로 보내고 델타중대로 교체했다.

며칠 뒤 델타중대 병사 20명이 출동을 거부했다. 군은 중대와 중대가 지원하고 있던 포병중대를 철수시키고 진지를 포기했다. 🎧 10-11

11 **1972년 10월 11일** 워싱턴D.C. 구치소 수감자 약 50명이 건물 1곳을 장악하고 교도관 12명을 인질로 잡은 다음 수용조건 개선과 과밀수용 완화를 요구했다.

1972년 10월 11일 멕시코계 여성 활동가들이 시애틀의 폐교인 비컨힐초등학교를 점거하고 모든인종을위한센터El Centro de la Raza를 세웠다. 멕시코계/라틴계 여성 시민권을 위한 조직인 이 단체는 지금도 명맥을 유지하고 있다.

12 **1925년 10월 12일** 파나마에서 대규모 집세 납부 거부운동과 노동자 파업이 한창인 가운데 경찰이 조직가 2명을 살해하고 로돌포 치아리Rodolfo Chiari 대통령이 항쟁을 진압하기 위해 미군에 지원을 요청했다. 다음 날, 미군 보병 3개 대대와 1개 기관총 포대가 도착해서 파나마시티를 장악하고는 5인 이상 모이는 것을 금지하고 집회를 열려는 파업 노동자들을 모두 체포했다.

그에 앞서 파나마시티 세입자들은 임대료 인상과 비위생적인 주거환경에 항의하기 위해 집세를 내지 않고 있었다. 경찰이 세입자들을 폭력적으로 진압하면서 몇 명을 살해하고 수십 명에게 부상을 입히고 많은 이를 체포하고 국외 추방한 뒤, 파업은 콜론까지 확산되며 노동자들의 총파업이 시작되었다.

1972년 10월 12일 베트남전쟁 와중에 USS 키티호크호에서 들끓던 인종 갈등이 폭동으로 폭발했다. 흑인 수병들을 차별한 사건이 계기가 된 이 폭동은 많은 흑인 수병이 빗자루, 렌치, 쇠파이프 등을 이용해 즉석에서 만든 무기로 무장하고서 함선 기물을 파괴하고 백인 수병들을 공격하는 것으로 전개됐다. 싸움은 이른 아침까지 계속됐는데, 결국 흑인과 아메리카 원주민 혼혈 장교 벤 클라우드Ben Cloud가 설득에 나서면서 무기를 내려놓게 만들었다. 클라우드는 해산을 명령했지만 흑인 수병들은 그를 '검○이'라고 부르며 명령을 묵살했다. 6주 뒤, 흑인 수병 27명이 체포되어 기소된 반면 백인 수병은 아무도 처벌받지 않았다. 반란 소식이 퍼져나가자 함대의 다른 곳에서도 소요가 일어났다. ◉10-11

13 **기원전 1157년 10월 13일** 기록으로 남아 있는 최초의 파업은 기원전 1157년 10월 13일로 추정되는 날짜에 일어났다. 이 분쟁은 오늘날 데이르엘메디나라고 불라는 고대이집트 도시에서 필경사가 쓴 파피루스에 설명되어 있다.

파라오 람세스 3세가 고용한 숙련된 건설 노동자 무리가 식량과 기타 물품으로 받기로 한 급여가 약속한 날로부터 18일이 지났는데도 지급되지 않자 일손을 놓았다. 노동자들은 배가 고프다고 소리를 지르면서 신전 옆에 모여 앉았다. 관리들이 빵을 조금 주자 집으로 돌아갔지만, 다음 날 다시 시위를 하면서 테베의 중앙 곡물창고에 모여 급여 지급을 요구했다. 마침내 노동자들은 밀린 임금을 받았지만, 노동자들이 파업을 벌여야만 체불임금을 지급하는 관행이 되풀이되었다.

1970년 10월 13일 26세의 흑인 공산주의자 앤절라 데이비스Angela Davis가 뉴욕시에서 FBI에 체포되었다. 데이비스는 8월의 탈옥 시도와 관련해서 체포 영장이 발부된 뒤 캘리포니아에서 도망친 상태였다. 그에 앞서 악명 높은 FBI 국장 J. 에드거 후버는 데이비스를 FBI의 10대 지명수배 탈주범 명단에 올려놓았고, 리처드 닉슨Richard Nixon 대통령은 체포 소식을 듣고 "위험한 테러리스트를 체포"했다며 FBI를 축하했다. 결과적으로 데이비스는 모든 혐의를 벗고 무죄방면되었다.

1973년 10월 14일 태국에서 학생 시위와 노동자 파업을 비롯한 대규모 봉기가 일어나 군사독재를 무너뜨리고 민주적 자유를 확대하라고 요구했다. 살쾡이파업의 물결이 고조되며 정점에 다다르면서 독재 정권이 물러나자 더욱 자신감을 얻은 노동자와 농민, 학생들은 이후 몇 년간 의회민주주의를 넘어서는 성과를 얻기 위한 싸움을 계속했다.

1977년 10월 14일 반동성애운동가 애니타 브라이언트Anita Bryant가 동성애자 권리운동가 톰 히긴스Tom Higgins가 던진 파이에 얼굴을 맞았다. 이미 가수로 유명했던 브라이언트는 우리아이들을구하자Save Our Children라는 동성애 혐오 캠페인단체를 이끌면서 플로리다주 데이드 카운티에서 LGBT+에 대한 법적 보호를 뒤집는 데 성공했다. 그는 동성애 반대 입장을 선언하면서 이렇게 말했다. "나는 미국 역사상 전례가 없는 규모로 동성애를 저지하기 위한 십자군운동을 이끌 것이다." 파이를 맞은 브라이언트는 눈물을 터뜨리며 기도하기 시작했다.

브라이언트는 플로리다 오렌지주스의 홍보 대사이기도 했는데, 이 때문에 대대적인 플로리다 오렌지주스 불매운동이 벌어지기도 했다. 동성애자 술집들은 스크루드라이버(보드카와 오렌지주스를 섞은 칵테일) 대신 보드카와 사과주스를 섞은 '애니타 브라이언트'를 팔면서 그 수익금을 동성애자 권리운동에 기부했다. 이후 브라이언트는 플로리다감귤위원회와의 홍보 대사 계약이 종료되었고, 결혼생활도 끝나면서 이혼에 찬성하지 않는 일부 기독교 근본주의자들에게 배척당했다.

말년에 이르러 브라이언트는 "서로 자기 방식대로 살아야 한다고 생각한다"라며 동성애 혐오가 누그러진 모습을 보였다. 1998년 데이드 카운티는 LGBT+에 대한 법적 보호 조치를 다시 도입했고, 이를 뒤집으려던 기독교단체의 시도는 수포로 돌아갔다.

1964년 10월 15일 영국 노동당이 총선에서 승리한 뒤 노동당 지도자 해럴드 윌슨Harold Wilson이 총리에 올랐다. 그가 집권 중 한 일 가운데 하나는 오만Oman에 영국군을 보내 민중 항쟁으로 위기에 빠진 술탄 사이드 빈 타이무르Said bin Taimur의 중세적 꼭두각시 통치를 보호한 것이었다. 오만은 세계에서 노예제가 합법인 유일한 나라였고, 병원과 학교가 각각 1개, 3개에 불과했다. 유아사망률이 30퍼센트가 넘고, 라디오, 자전거, 축구, 선글라스, 바지가 모두 불법이었다. 영국은 오래 전부터 사이드의 통치를 떠받쳐주었는데, 노동당 정부가 들어선 뒤에도 민간인을 학살하고, 우물에 독을 타고, 마을에 불을 지르고, 반란자를 고문하고, 가축을 총으로 죽이는 양상은 달라지지 않았다.

1966년 10월 15일 보비 실Bobby Seale과 휴이 P. 뉴턴Huey P. Newton이 캘리포니아주 오클랜드에서 만나 자위를 위한 블랙팬서당을 만들었다. 블랙팬서당은 가혹한 탄압 속에서도 1982년까지 명맥을 유지하면서 초등학생을 위한 무료 아침식사 제공과 지역사회 진료소 설립, 무장 시민 순찰대와 경찰 감시에 이르기까지 다양한 프로그램을 운영했다. 이 단체에 대해 거의 언급되지 않는 사실은 1970년대 성원의 대다수가 여성과 소녀들이었다는 것이다.

1859년 10월 16일 노예제 폐지론자 존 브라운이 이끄는 흑인과 백인으로 구성된 작은 무리가 웨스트버지니아주 하퍼스 페리에 있는 연방 조병창을 습격했다. 무기를 탈취해서 노예들을 무장시키기 위해 벌인 행동이었다. 반란은 이튿날 로버트 E. 리Robert E. Lee

집회 중 연설하는 보비 실, 1971년

장군이 지휘하는 해병대에 진압되면서 사망자 7명, 부상자 10명이
발생했다. 브라운을 비롯한 생존자 몇 명은 현장에서 붙잡혀 반역죄
재판을 받았다. 판사와 배심원 12명 전원이 노예주로 구성된 재판에
서 이들은 유죄판결에 사형선고를 받았다.

가까스로 탈출한 아프리카계 미국인 오즈번 페리 앤더슨Osborne
Perry Anderson은 마침내 캐나다에서 피난처를 찾았다. 그는 당시 사건
을 설명할 수 있는 유일한 사람으로, [1861년]《하퍼스페리의 목소리
A Voice from Harper's Ferry》라는 회고록을 남겼다. 그는 이후 다른 생존자들과
함께 북군에서 복무했다.

1968년 10월 16일 1968년 멕시코시티 올림픽에서 각각 금메달과 동
메달을 받은 아프리카계 미국인 단거리 육상선수 토미 스미스Tommie
Smith와 존 카를로스John Carlos가 미국 국가가 울려 퍼지는 동안 블랙파워
를 상징하는 주먹 경례를 했다. 스미스는 훗날 이러한 행동의 의미를
분명히 밝혔다. "나는 블랙파워의 사회적 힘을 말하기 위해 검은 장
갑을 꼈고, 가난을 말하기 위해 신발 대신 양말을 신었으며, 흑인들
이 이 나라를 세우는 내내 당한 린치를 말하기 위해 목에 검은 스카

프를 맸다."

이 같은 항의 행동 이후 미국 스포츠계는 두 사람을 대대적으로 배척했다. 《타임》은 오늘날 이 사진을 역대 가장 상징적인 장면으로 꼽지만, 당시 사진과 함께 실린 기사는 다음과 같이 말하고 있다. "'더 빨리, 더 높이, 더 강하게'는 올림픽의 모토다. 하지만 지난주 멕시코시티에서 펼쳐진 장면은 '더 화나게, 더 더럽게, 더 추하게'에 가깝다." 귀국한 스미스와 카를로스는 곳곳에서 모욕을 당했고, 자신들뿐만 아니라 가족까지도 살해 위협에 시달렸다.

왼쪽부터 피터 노먼, 토미 스미스, 존 카를로스

시상대에 같이 섰던 오스트레일리아 선수 피터 노먼Peter Norman도 두 사람의 시위에 연대를 표하면서 자국 정부의 "백호주의"[오스트레일리아의 백인 우선 정책]에 항의하는 뜻으로 '인권을 위한 올림픽 프로젝트Olympic Project for Human Rights' 배지를 가슴에 달았다. 그 역시 이후 자국 올림픽 당국에 질책을 받았고 차기 올림픽 국가대표에서 제외되었다—다만 이것이 멕시코에서의 행동 때문이었지는 논란의 여지가 있다. 2006년 노먼이 급작스럽게 사망했을 때, 스미스와 카를로스는 그의 운구 행렬에 함께했고, 장례식에서 추도발언을 했다.

1950년 10월 17일 뉴멕시코주에서 국제광산·제철·제련노동조합International Union of Mine, Mill, and Smelter Workers, IUMMSW 소속 광부들이 엠파이어아연사Empire Zinc Company에 맞서 파업에 돌입했다. 광부들이 초기에 내건 요구는 멕시코계 노동자보다 백인을 우대하는 임금차별과 주거 분리를 철폐하라는 것이었다. 이후 광부들은 멕시코계 미국인 가정에 실내화장실과 온수보일러를 설치할 것을 추가로 요구했다. 회사가 반격에 나서면서 파업 참가자들은 회사에서 운영하는 잡화점에서의 신용 거래를 정지당했고 파업파괴자들이 투입되었다. 하지만 시간이 흐르면서 지역의 다른 회사에서 일하는 광부들이 피켓라인에 합세했다.

파업 8개월째에 접어들어 회사가 파업 노동자들이 피켓라인에 복귀하는 것을 금지하는 법원 명령을 얻어내자 회사의 법적 전술을 우회하기 위해 노동자의 부인들이 피켓라인을 형성했다. 여성들은 성차별과 경찰의 폭력, 대규모 체포에 직면했지만 탄탄하게 버텼다. 15개월 뒤 회사는 거의 모든 요구에 굴복하면서 임금과 수당을 인상하고 시내 가정에 온수를 공급하는 데 동의했다.

파업은 전국적 관심을 끌었고 1954년에는 할리우드 블랙리스트에 오른 제작자와 감독에 의해 〈대지의 소금Salt of the Earth〉이라는 영화로도 만들어졌다. 대부분의 역할을 직업 배우가 아닌 실제 노동자들이 맡았다.

1961년 10월 17일 파리에서 오후 8시 30분부터 오전 5시 30분까지 '알제리인 무슬림 노동자' '프랑스인 무슬림' '알제리의 프랑스인 무슬림' 등에게 통금이 내려진 뒤 알제리인 시위대 수십 명이 경찰에 살해되었다. 프랑스로부터 독립하기 위해 싸우는 알제리 민족해방전선Front de Libération Nationale, FLN이 소집한 시위에 3만 명에서 4만 명이 참여해 행진을 벌이던 중이었다. 다양한 국적과 종교의 시위 참가자 1만 1000명이 체포되었고, 200여 명이 맞아 죽은 뒤 경찰에 주머니를 털린 채 센강에 시체로 던져졌다.

당시 경찰청장은 과거에 유명한 나치 부역자였다. 프랑스 언론은 이 학살을 거의 다루지 않았고, 정부는 1998년에야 이 사건을 인정하면서도 살해된 희생자 수가 40명뿐이라고 주장했다.

289

18 **1931년 10월 18일** 독일 브라운슈바이크의 노동자들이 나치에 반대한다는 것을 보여주기 위해 파업에 들어갔다. 1931년 후반기에만 25차례의 정치적 파업이 벌어지며 총 3만 명의 노동자가 파시즘에 항의했고, 이듬해에는 그 수가 훨씬 더 많아졌다. 하지만 이 파업들은 대부분 중소기업에서 단기간의 조업 중단에 그쳤던 까닭에 국가에 타격을 줄 만큼 강력하지는 않았다.

1948년 10월 18일 뉴욕시의 전미양조노동조합United Brewery Workers, UBW 간부 3명이 브루클린노동자학교에서 살쾡이파업을 벌이는 양조 노동자들의 집회에서 발언하려다 무대 뒤에서 야유를 받았다. 앞서 조합원들은 간부들에게 파업 노동자들이 직접 만든 운영위원회와 대화하는 데 동의하지 않으면 연설을 듣지 않겠다고 선언한 바 있었다. 뉴욕시 맥주공장 14곳 중 12곳에서 일하는 3000명에 가까운 노동자들은 운전사 21명이 노동조합의 승인하에 해고된 데 항의하기 위해 5일 전부터 파업을 벌이고 있었다. 이 시점에 이르러 맨해튼의 술집 70곳에서 맥주가 동난 상태였다.

19 **1920년 10월 19일** 만주에서 아나키스트 장군 김좌진이 이끄는 대한독립군을 주축으로 청산리 전투가 시작되어 일본 제국군 1개 사단을 쓸어버렸다.

1920년 10월 19일 실비아 팽크허스트가 체포되어 국토방위법 42조를 근거로 기소되었다. 《워커스드레드노트Workers Dreadnought》 10월 16일자에 기사 2개를 편집·게재해 해군의 폭동을 선동하려 했다는 혐의였다. 〈수병들의 불만〉이라는 기사는 스프링힐이라는 젊은 해군 수병이 쓴 편지를 바탕으로 S.ooo(가명. 포병)가 쓴 기사였고, 〈황화黃禍와 부두 노동자들〉이라는 제목으로 인종주의를 다룬 기사는 클로드 맥케이가 리온 로페스라는 가명으로 쓴 글이었다. 〈황화와 부두 노동자들〉은 부두 노동자들에게 러시아의 반공세력에 무기를 공급하는 선박에 짐 싣는 일을 하지 말라고 촉구했는데, 이는 5월 10일 SS

졸리조지호에서 벌어진 작업거부 행동이 성공하고 불과 몇 달 뒤에 나온 기사였다.

1877년 10월 20일 인도 방갈로르[오늘날 벵갈루루]에서 구호를 기다리는 굶주린 사람들을 그린 다음의 그림은《일러스트레이티드런던뉴스Illustrated London News》에 실린 것이다. 1873년에서 1874년 기근이 닥쳤을 때 영국인 총독 리처드 템플은 신속한 구호 활동을 조직했고, 사망자가 거의 또는 전혀 발생하지 않았다. 그러나 영국 관리들은 템플이 지나치게 많은 예산을 썼다고 혹독하게 비난했다. 이에 따라 1876년 또다시 기근이 발생했을 때 템플은 이전의 '실수'를 되풀이하지 않았다. 인도인들이 굶주리는 와중에도 수만 톤의 식량이 잉글랜드로 수출되었고, 충분한 구호는 제공되

기아 구호를 기다리는 사람들을 그린 삽화

지 않았다. 오늘날 많은 사학자들은 약 550만 명이 사망한 1876년의 기근을 대학살로 규정한다.

⚠ **1952년 10월 20일** 케냐 총독 이블린 베어링Evelyn Baring이 영국의 식민 지배에 맞서는 마우마우 봉기를 진압하기 위해 비상사태를 선포하는 명령서에 서명했다. 다음 날 이른 아침, 영국 당국은 [케냐 수도] 나이로비에서 마우마우 지도부로 추정되는 180여 명을 일제 검거했다. 이후 몇 년간 영국인들은 민간인 수만 명을 학살한다. 영국인들은 또한 마우마우 봉기를 탄압하기 위해 케냐에 600만 개가 넘는 폭탄을 투하하고 고문, 강간, 거세 등의 대규모 작전을 벌였다.

21 **1935년 10월 21일** 영국이 점령한 카리브해의 섬나라 세인트
빈센트의 수도 킹스타운에서 고물가에 항의하던 노동자들
이 경찰의 총격을 받으면서 노동자 항쟁이 시작되었다. 노동자들은
또한 소비자를 희생해 생산자에게 이익을 주는 설탕 관세를 유지하
려는 계획에도 항의했다. 시위대는 정부 청사 앞에서 격렬한 집회를
열면서 청사 창문을 깨뜨리고 관리들의 차량을 파손했다. 총독과 법
무상이 공격당했고, 군중들은 고문관이자 플랜테이션 농장주인 이
의 사무실을 약탈했다. 일부 시위대는 교도소에 쳐들어가서 죄수 10
명을 풀어주었다. 무장 경찰이 폭동법을 낭독한 뒤 군중에 발포를 시
작했고 사망자 1명과 다수의 부상자가 발생했다. 이후 폭동이 조지
타운과 샤토벨레어로 확산되는 가운데 시위대가 전화선을 끊고 다
리를 파괴했다. 그날 밤 자정에 영국 전함 1척이 도착했다. 이튿날 당
국이 선포한 비상사태는 3주간 지속되었다.

1970년 10월 21일 도쿄에서 일본 최초의 여성해방 시위가 벌어지면
서 일본 페미니즘운동이 첫발을 뗐다. 여성들은 먹는 피임약의 합법
화를 요구하고 임신중단 금지에 반대했다.

일-미안전보장조약에 반대하는 대중운동이 실패로 끝난 뒤 여
성 학생운동가들은 마침내 여성으로서의 요구를 표현할 수 있다고
느꼈다. 그때까지 이 활동가들은 안보조약 반대투쟁을 '훼손하는' 것
처럼 보이지 않기 위해 침묵을 지켰다.

성해방과 자유연애 또한 이 시기에 폭발했고, 수많은 여성은 피
임약이 없어서 임신중단수술을 받아야 했다. 피임약은 1999년에야
합법화되었다.

22 **1905년 10월 22일** 칠레 노동자 3만 명이 열악한 노동조건과
생활비 상승에 항의하며 봉기했다. 도살업자, 제화공, 시가
제조공, 태피스트리 제조공, 전신電信 노동자 등이 항쟁에 참여했으
며 철도 노동자들은 선로를 폭파하기도 했다. 경찰보다 시위대가 압

도적으로 많았기 때문에 부유층은 '백위군'을 결성해 노동자를 학살하기 시작했다. 250명이 살해된 뒤 항쟁은 잦아들었지만, 노동계급 운동은 계속해서 세를 키워갔다.

1972년 10월 22일 캐나다 브리티시컬럼비아주 밴쿠버의 페미니스트들이 캐나다서비스·사무직·소매노동조합Service, Office and Retail Workers' Union of Canada, SORWUC을 결성했다. 이들은 여성이 압도적으로 많은, 주변화된 저임금 부문에서 일하는 노동자들을 대변하고자 했다. 대기업 노동조합들은 우선순위에 두지 않는 부문이었다. 노동조합 간부는 노조 규약에서 정해진 최고임금 이상을 받지 않았고, 기층 조합원들이 단체협약 목표를 직접 결정했다. 이 노동조합은 또한 원주민 여성, 성노동자, 싱글맘의 권리에 집중했으며 어린이집 캠페인을 벌이고 임신중단권을 옹호했다. 이런 급진주의 때문에 고용주와 노동운동계 관료 양쪽 모두의 표적이 되었다. SORWUC는 1986년에 해산했다.

23 **1901년 10월 23일** 아르헨티나 로사리오의 한 제당공장이 파업을 하는 와중에 경찰이 아나키스트 이주 노동자 코스메 부디슬라비치Cosme Budislavich를 살해하자 노동자들이 총파업으로 대응했다.

1956년 10월 23일 헝가리에서 전국적인 항쟁이 일어나 수많은 사람이 노동자 평의회와 민병대를 조직하고는 자본주의로의 이행이 아닌 노동계급이 직접 통제하는 사회주의를 요구했다.

영국 공산당원이자 당 기관지 《데일리워커Daily Worker》 소속 기자였던 피터 프라이어Peter Fryer는 첫 번째 속보에서 다음과 같이 썼다.

11년간 공산당 지도자들이 끊임없이 저지른 오류와 국가보안경찰의 잔인한 탄압, 널리 퍼진 관료주의와 허술한 관리, 서투른 실수, 자의적인 방법과 거짓말 때문에 결국 나라 전체가 붕괴했다. 이 항쟁은 파시스트와 반동분자들이 조직한 반혁명이 아니

헝가리 부다페스트에서 파괴된 소련 탱크

다. 사회주의사회로 치장한 경찰의 독재―소련의 군사력으로 떠받치는 경찰의 독재―에 맞서 전체 인민이 들고일어난 봉기이며, 기층 공산당원들도 참여한 봉기다.

이런 끔찍한 사태를 낳은 책임은 오로지 지난 11년간 헝가리공산당을 이끈 이들에게 있다고 주저 없이 말하고 싶다. …… 그들은 유럽 인민민주주의의 독보적 본보기가 될 수 있었던 나라를 사회주의의 소름 끼치는 희화화로 바꿔놓았다. 그들이 기르고 훈련시킨 비밀경찰은 감히 불의에 맞서 목소리를 높인 모든 이―비공산주의자만이 아니라 공산주의자도―를 고문했다. 공포로 점철된 지난 며칠 동안 자신들이 보호해야 하는 인민들을 향해 총부리를 돌린 것은 바로 비밀경찰이었다.

프라이어의 기사는 게재되지 않았고, 항쟁은 이내 소련 탱크들에 진압되었다. 헝가리인 2만 명과 소련인 3500여 명이 사망했다.

24 **1975년 10월 24일** 아이슬란드 여성의 90퍼센트가 여남평등을 주장하며 총파업에 들어갔다. 일하는 여성들은 출근하지 않았고, 가정주부들은 식사 준비와 청소, 아이 돌보기를 거부했다. 오늘날 아이슬란드는 세계에서 성평등 수준이 가장 높은 국가이지만, 여전히 여성이 남성 임금의 80퍼센트만을 받는다는 점에서 차별은 계속되고 있으며 이에 대한 반대투쟁 또한 진행형이다.

2007년 10월 24일 볼리비아의 성노동자 3만 5000명이 경찰의 괴롭힘에 항의하기 위해 파업에 들어갔다고 《타임》이 보도했다. 전미성매매여성해방기구National Organization for the Emancipation of Women in a State of Prostitution, NOEWSP — 성노동자 노동조합 — 로 조직된 여성들은 경찰이 괴롭힘을 중단할 때까지 의무 성병 검사도 거부했다.

25 **1983년 10월 25일** 잉글랜드 헤이스코티지병원 노동자들이 다음 주로 예정된 폐업에 항의하며 병원을 점거했다. 노동자들은 정부가 굴복할 때까지 스스로 병원을 운영했다. 병원은 1990년대까지 운영되다가 사설 요양원으로 바뀌었다.

1983년 10월 25일 미국이 카리브해 섬나라 그레나다를 침공했다. 표면상 내세운 명분은 미국 시민을 보호한다는 것이었지만 실제로는 지역에 대한 지배권을 행사하기 위해서였다.

26 **1977년 10월 26일** 인도 칸푸르에 있는 스와데시면직공장 노동자 8000명이 경영진을 가둔 채 공장을 에워쌌다. 몇 주째 임금이 체불된 데 항의하는 행동이었다. 노동조합의 도움을 전혀 받지 못한 노동자들은 노조 지도자들을 구타했다. 뒤이어 가스통과 산성용액이 담긴 병을 공장 지붕 위에 쌓아놓고 전부 폭파해버리겠다고 위협했다. 54시간의 포위 끝에 노동자들은 체불임금을 받아냈다.

1983년 10월 26일 잉글랜드에 자리한 노스우드앤드피너코티지병원 노동자들이 폐업 계획에 항의하기 위해 병원을 점거했다. 노동자들은 점거 이튿날인 10월 27일부터 직접 병원을 운영했고, 결국 싸움에서 승리했다. 병원은 이후 25년간 계속 운영되었다.

1962년 10월 27일 쿠바 미사일 위기가 정점에 이르렀을 때 소련 잠수함 B-59의 부함장 바실리 아르히포프가 미국 군함을 향해 핵어뢰를 발사하라는 함장의 명령을 거부했다. 그가 명령을 따랐더라면 초강대국 간 최후의 핵전쟁이 벌어졌을 것이다.

미국 군함들은 잠수함이 핵무기를 탑재하고 있음을 알지 못한 채 잠수함이 부상하게 만들기 위해 근처에 폭뢰를 떨어뜨렸다. 모스크바와 무전이 끊긴 상태였던 소련 장교들은 3차대전이 시작됐다고 결론지었고, 두 장교가 "수면 위에 있는 군함들을 폭파하는 데" 동의했다. 세 장교가 만장일치로 동의해야 하는 발사조건

바실리 아르히포프, 1960년

은 아르히포프의 반대로 충족되지 않았다. 지금 우리가 이 이야기를 쓸 수 있는 건 아르히포프가 의견을 달리한 덕분이다.

1970년 10월 27일 리처드 닉슨 대통령의 공화당 행정부가 '마약과의 전쟁'의 일환으로 약물 오남용 예방통제 종합법을 통과시켰다. 닉슨의 보좌관 존 얼리크먼John Ehrlichman은 훗날 《하퍼스매거진》에 실린 댄 바움과의 인터뷰에서 다음과 같은 사실을 털어놓았다.

1968년 닉슨 선거운동과 그 후 닉슨의 백악관에는 두 적이 있었습니다. 반전운동을 벌이는 좌파와 흑인이었죠. 무슨 말인지 아시지요? 우리는 반전운동이나 흑인을 불법화할 수는 없다는 걸

알았지만, 대중으로 하여금 히피를 마리화나와, 흑인을 헤로인과 연결 짓게 하고 이 2가지를 중범죄로 만들면서 그 집단을 무너뜨릴 수 있었지요. 우리는 그들의 지도자들을 체포하고, 자택을 급습하고, 집회를 해산하고, 매일 저녁 뉴스를 통해 그들을 비난했습니다. 우리가 마약에 관해 거짓말을 하고 있다는 걸 알았냐고요? 물론입니다.

28 **1916년 10월 28일** 1차대전 중 오스트레일리아에서 징병제를 도입하는 데 대한 국민투표가 51퍼센트 대 49퍼센트의 근소한 차이로 부결되었다. 노동조합 지도자 출신인 노동당 총리 빌리 휴스Billy Hughes는 징병제를 도입하기 위해 정력적으로 움직였다. 그는 국민투표 부결의 책임을 세계산업노동자연맹으로 돌렸다.

세계산업노동자연맹은 징집과 전쟁에 반대하는 활동을 맹렬하게 펼쳤다. 휴스는 이 단체를 불법화하고 조합원과 활동가 다수를 체포·투옥하는 것으로 대응했다. 하지만 이듬해 진행된 2차 국민투표에서 징집안은 훨씬 큰 표차로 또다시 부결되었다. ◉19

시드니에서 열린 세계산업노동자연맹 집회, 1916년

2016년 10월 28일 모로코 리프 지역의 젊은 생선장수 무흐친 피크리 Mouhcine Fikri가 경찰에 생선을 압수당하는 과정에서 청소차에 깔려 사망했다. 피크리가 끔찍하게 죽는 모습을 촬영한 목격자들이 이를 온라인에 올리자 곳곳에서 분노가 치솟았다. 이틀 뒤 그의 장례식에는 수천 명이 참석했고, 카사블랑카, 마라케시, 라바트에서 시위행진이 벌어졌다. 이후 몇 달 동안 광범위하고 수준 높은 사회운동으로 발전하면서 시민들은 리프 지역의 항구적인 비상사태를 중단할 것과, 특히 여성을 위한 교육 개선, 보건의료 개선, 물가 안정, 토지개혁 등등의 수많은 개혁을 요구했다.

29 **1918년 10월 29일** 독일 해군 수병들이 한밤중에 북해에서 영국군을 공격하라는 지시를 거부했다. 5차례나 명령이 내려지고 항명한 병사 1000명이 체포됐지만 수병들은 계속해서 거부했다. 이후 며칠 동안 반란이 확산되어 제국 함대가 마비되고 혁명과 1차대전의 종식으로 이어졌다―반란 사태에 대한 공식적 설명에서는 이런 결과가 보통 생략된다.

반란을 일으킨 독일 병사들의 시위, 1918년 11월

1940년 10월 29일 프랑스에서 이란의 무슬림 외교관 압돌 호세인 사르다리가 비시 정부 관리들에게 편지를 보내 중앙아시아 출신 유대인(주구티Jugutis)은 엄밀히 따지면 나치 인종법상의 유대인이 아니라고 설득했다. 1943년 나치는 사르다리의 주장을 받아들여 주구티를 유대인에서 제외했다. 사르다리는 상관들의 동의를 받지 않은 채 유대인들에게 이란 여권을 발급하며 2000여 명이 비시 정권에서 탈출하는 것을 도왔다.

30 **1919년 10월 30일** 펜실베이니아시각장애인노동회관Pennsylvania Working Home for Blind Men에 사는 주민들이 임금인상을 요구하면서 다음 주에 파업에 들어가겠다고 경고했다. 시각장애인들은 빗자루, 거품기, 카펫 등의 제품을 만들었는데, 회관이 임금은 올려주지 않으면서 집세를 인상한 상태였다. 시각장애인들은 노동조합을 결성하고 미국노동총연맹에 가입했다. 고용주는 《뉴욕타임스》와의 인터뷰에서 시각장애인들이 "일반인들처럼 파업 열병에 걸렸다"고 말했다.

1944년 10월 30일 좌파세력인 그리스인민해방군Greek People's Liberation Army, GPLA이 테살로니키를 나치의 점령으로부터 해방했다. 일부 부대가 지난 새벽 발전소와 식품공장을 폭파하려던 나치의 시도를 저지한 한편, 다른 부대들은 후퇴하는 독일군을 공격했다. 오후 2시 무렵 해방이 마무리되었고, 파르티잔들은 거리행진을 시작했다. 이후 주민들이 모여 자치 정부 대표자를 뽑았다. 도시는 이듬해 2월까지 지역 공동체가 다스렸지만, 이후 우파 그리스 정부에 통치권이 넘어갔다. 점령 과정에서 테살로니키 전체 인구의 10퍼센트 및 유대인 인구의 96퍼센트, 산업의 90퍼센트가 사라졌다.

31 **1978년 10월 31일** 이란의 석유 노동자 3만 명이 파업에 돌입했다. 이 파업은 결국 이란혁명 초기의 여러 행동 중 하나가

그리스의 파르티잔들

되었다. 석유 노동자들뿐만 아니라 노동운동 및 여성운동 일반이 혁명에서 중요한 역할을 하게 되지만, 종교 근본주의자 아야톨라 호메이니의 추종자들에 짓밟혔다.

1986년 10월 31일 오스트레일리아 빅토리아주의 간호사 5000명이 작업을 중단하고 대규모 집회를 열어 다음 날부터 임금삭감에 항의하는 무기한 파업에 돌입하기로 의결했다. 파업의 규모는 계속 커졌고, 12월 19일에 이르러 정부는 결국 굴복했다.

11월

November

1954년 11월 1일 알제리인들이 프랑스 식민 지배에 맞서 반란을 일으키면서 알제리전쟁이 시작되었다. 프랑스군은 곳곳에서 대부분이 민간인인 수십만 명을 고문하고 살해하는 등 반란을 극도로 잔인하게 진압했다. 나중에 프랑스 준군사조직들이 전쟁에 가세하며 알제리 민간인을 테러 공격하고 살해했다. 프랑스에서는 경찰이 식민 지배에 항의하는 시위를 벌인 수십 명을 살해했다. 희생자는 대부분 프랑스에 거주하는 무슬림과 알제리인이었지만 프랑스 공산주의자도 몇 명 있었다. 하지만 반식민투쟁은 계속되었고, 알제리는 마침내 1962년 독립을 달성했다.

1972년 11월 1일 잉글랜드 러프버러에 자리한 맨스필드양말공장 Mansfield Hosiery Mills에서 일하는 인도계 노동자들이 백인 노동자만 가능한 승진에 대해 문제를 제기하는 것과 함께 임금인상을 요구하며 파업을 벌였다. 10월에 남녀 노동자들이 처음 파업에 들어갔을 때 전국양말·니트웨어노동조합National Union of Hosiery and Knitwear Workers, NUHKW은 지원을 거부했다. 결국 파업 노동자들이 조합 사무실을 점거하고 나서야 파업을 지원하고 나섰다. 하지만 노동조합은 여전히 백인 조합원들에 대한 파업 명령을 거부했다. 백인 노동자들은 어쨌든 인도계에 대한 차별에서 이득을 누리고 있었기 때문이다. 반면 이 지역의 아시아계 섬유 노동자들은 동맹파업을 벌였다. 노동자들이 사측의 양보를 얻어내면서 쟁의는 12월에 끝났다. 조사위원회가 작성한 보고서는 노동조합이 인종차별 관행에 공모하고 있음을 자세히 밝히면서 만약 노동조합이 이러한 차별을 그만두지 않으면 흑인과 아시아계 노동자들이 독자적인 노동조합을 결성하게 될 거라고 경고했다. ◉1

1912년 11월 2일 항쟁 과정에서 살인이 벌어진 그라보 학살 때문에 재판을 받던 파업 목재 노동자 수십 명이 모든 혐의에 대해 무죄판결을 받았다. 루이지애나주 그라보에 있는 한 공장 앞에 모인 목재노동자조합 소속 파업 노동자들에게 목재 회사 고용주들이 발포하면서 시작된 학살은 총격전으로 확대되며 4명이 사망하고 50명이 부상을 입는 결과를 낳았다. 무죄판결 4일 뒤 공장은 화재로 전소되었다. 공식 보고서는 방화가 아닌 사고라고 결론지었다.

1970년 11월 2일 배우이자 미군의 베트남전 참전 반대운동 지지자인 제인 폰다Jane Fonda가 캐나다에서 열린 전쟁에반대하는베트남전참전군인모임Vietnam Veterans Against the War, VVAW 행사에 참석하고 돌아오던 중 클리블랜드공항에서 체포되어 마약밀수 혐의로 기소되었다. 이튿날 폰다는 경찰관에게 발길질한 혐의로도 기소됐는데, 이때 도발적으로 주먹을 치켜들고 찍은 머그숏mugshot으로 유명세를 떨쳤다. 2건의 기소 모두 가짜였고—'마약'은 비타민이었다—, 결과적으로 둘 다 기각되었다. 폰다는 자신의 미군 반전운동 지지 활동이 커다란 영향을 미치자 명예를 실추시키기 위한 의도적인 기소였다고 확신했다.

폰다는 VVAW의 후원자였을 뿐만 아니라 '군대 엿 먹어라Fuck The Army, FTA' 투어의 주요한 조직자이자 참가자이기도 했다. 이 투어는 미군에게 오락을 제공하는 미군위문협회United Service Organizations, USO 순회공연의 대안으로 조직된 반전운동 맥락의 오락 행사였다. ◉ 10-11

3 **1970년 11월 3일** 전미농장노동조합의 캘리포니아 지역 사무소에서 폭탄이 터졌다. 전미농장노조—라틴계와 필리핀계 여성 노동자가 주축이다—는 트럭 운송 노조 팀스터노동조합과 관할 영역 분쟁을 벌이면서 몇 주째 파업을 벌이는 중이었다.

1979년 11월 3일 노스캐롤라이나주에서 그린즈버러 학살Greensboro massacre이 발생했다. 반KKK 집회에서 공산당원 4명을 포함한 반인종주의자 5명이 KKK와 미국나치당 성원들에게 살해되었다. 경찰은 집회 전부터 나치당과 협조하면서 반인종주의 시위 경로가 표시된 지도를 제공했다. 후에 전원 백인으로 구성된 배심원단은 살인자들에게 무죄평결을 내렸다.

4

1910년 11월 4일 프랑스의 몇몇 포도 재배업자들이 세금 납부를 중단하기로 결의했다. 이는 이듬해 벌어지는 샴페인 폭동의 전주곡이 된다. 포도 재배업자들은 샴페인 생산업체들이 유럽의 다른 지역에서 값싼 포도를 수입해 '샴페인'을 만들어 포도 가격을 떨어뜨리는 데 분노했다. 재배업자들은 정부에 샹파뉴 지역에서 나는 포도를 주재료로 샴페인을 만들도록 하는 법률을 제정하라고 요구했다.

몇 달 뒤인 1월 17일, 부글부글 끓던 불만은 다메리 마을의 재배업자들이 화물열차에 실린 수입 포도를 가로채 마른강에 던져버리면서 폭력 사태로 폭발했다. 재배업자들은 곧이어 '사기를 친다'고 여겨지는 한 생산업체의 창고를 습격하고 시청에 붉은 깃발을 내걸었다. 〈인터내셔널가〉가 울려 퍼지기도 한 시위는 전면적인 항쟁으로 확대되었다. 정부는 4000명의 병력을 보내 지역을 9개월간 점령하는 식으로 대응했지만, 다른 한편으로 시위대가 요구하는 법을 시행하기도 했다.

1913년 11월 4일 여성의 권리와 노동계급의 해방을 위해 싸우는 이스트런던여성참정권연맹East London Federation of Suffragettes, ELFS이 런던 빅토리아

민중군대 훈련을 그린 삽화

공원에서 처음으로 준군사조직 집회를 열고 총기훈련을 실시했다. 다음 날 연맹은 경찰의 탄압에 저항하기 위한 지역 민병대인 민중군대People's Army를 공식 창설했다. 좌파 공산주의자이자 유명한 여성참정권운동가 에멀라인 팽크허스트Emmeline Pankhurst의 딸인 실비아 팽크허스트가 이스트런던여성참정권연맹과 민중군대의 핵심 조직자였다.

5 **1843년 11월 5일** 카를로타 루쿠미Carlota Lucumí라는 한 여성 노예가 쿠바 마탄사스에서 봉기를 이끌었다. 카를로타와 동료들은 마체테[정글이나 산림에서 벌초 등을 위해 사용하는 넓고 두꺼운 칼]를 휘두르고 케틀드럼을 울리며 다른 노예들을 불러 모은 뒤 사탕수수 플랜테이션 농장의 노예주들을 살해하고 계속해서 이웃 플랜테이션 농장으로 이동하며 다른 노예들을 풀어주었다. 반란은 이듬해까지 지속되다가 당국에 의해 폭력 진압되었다. 카를로타는 말 네 필에 사지가 묶인 채 갈가리 찢어졌다. 1886년에 이르러 마침내 쿠바에서 노예제가 폐지되었다.

1916년 11월 5일 워싱턴주 시애틀의 세계산업노동자연맹 조합원 300여 명이 파업 노동자들을 지원하고 표현의 자유를 주장하기 위해 증기선 2척에 타고 에버렛에 온 뒤 최소한 5명의 조합원이 경찰과 회사 측 깡패들에게 살해당했다.

조합원 200여 명을 실은 베로나호 1척만이 에버렛의 부두에 도착했는데, 그들을 기다린 것은 경찰과 반노동조합 자경단원 200여 명이었다. 보안관 돈 맥레가 누가 지도자냐고 묻자 선상에 있던 조합원들은 "우리 모두가 지도자요"라고 대꾸했다. 잠시 뒤 노동조합과 무관한 승객과 선원들도 타고 있던 배에 격렬한 총격이 가해졌다(자경단원 2명이 동료들의 총에 등을 맞기도 했다). 혼란한 와중에 증기선은 방향을 돌려 다시 시애틀로 향했고 또 다른 증기선 칼리스타호에도 시애틀로 배를 돌리라고 조언했다. 시애틀에 도착하자마자 워블리[세계산업노동자연맹 조합원을 가리키는 약칭] 74명이 체포되어 재판에

세계산업노동자연맹 조합원 펠릭스 바란의 장례식

회부되었다. 6개월 뒤에 모두 무죄판결을 받았으며, 이는 노동조합에게 뜻깊은 승리였다. 🔊 16

6 **1913년 11월 6일** 남아프리카에서 인종차별적인 신분증 소지법에 대항하는 대규모 직접행동 캠페인이 벌어지는 가운데 파업 중인 인도인 광산 노동자들이 계약 노동자indentured laborer[일정 기간 계약을 맺고 인도에서 남아프리카로 이주한 하층 노동자. 계약 기간 동안은 거주지와 일터를 옮길 수 없어서 종속된 채 일했다] 출신에게 새로운 세금을 부과하는 데 항의하는 시위를 벌였다. 약 2000명의 광부가 행진에 나섰고, 일부 여성과 어린이도 동참했다. 모한다스 간디도 광산 노동자들의 행진 대열에 가담했다가 현장에서 체포되었다. 간디는 처음에 세금 반대운동이 백인들을 소외시킬 것을 우려해서 지지하지 않았지만, 노동계급의 불만을 외면할 수 없었다. 얼마 지나지 않아 해당 세법은 폐기되었다.

1986년 11월 6일 이란-콘트라 사건—미국이 이란에 무기를 판매한 대금으로 니카라과의 우파 준군사조직을 지원한 사건—이 처음으로 폭로되었다. 로널드 레이건 대통령은 "그런[미국이 이란에 무기를 팔았다는] 추측은 아무 근거가 없다"고 말했는데, 이는 물론 새빨간 거짓말이었다. 이 사건의 진실은 미국이 좌파 산디니스타Sandinista 정부를 전복하기를 원했고, 이에 따라 우파 콘트라 반군 암살대에 불법적으로 무기와 지원을 제공했다는 것이다. 이에 대한 대중적 반대 여론이 높아지자 의회는 결국 예산을 삭감했으나 레이건 행정부는 이스라엘을 거치는 방법을 이용해 엄밀히 따지면 적국인 이란에 계속해서 무기를 판매했다. CIA는 이 자금을 다시 콘트라 반군에 지원했다.

7 **1917년 11월 7일** 세계사에서 가장 중대한 사건으로 손꼽히는 러시아의 10월혁명이 시작되었다. 사회혁명당 지도자 알렉산드르 케렌스키가 구성한 정부가 재앙과도 같은 1차대전 참전을 계속하자 볼셰비키, 아나키스트, 사회혁명당 좌파가 정부를 전복했다. 그들은 페트로그라드(지금의 상트페테르부르크)의 핵심 시설을 장악한 뒤 마지막으로 겨울궁전으로 쳐들어갔다.

당시 사용되던 러시아 구력으로 10월에 일어났기 때문에 10월 혁명이라고 부른다.

1968년 11월 7일 파키스탄 라왈핀디의 경찰이 모하메드 아유브 칸의 독재에 반대하는 학생 집회에 발포해 3명이 사망했다. 이 탄압은 역풍을 일으켰고 전국 각지에서 반정부 시위가 일어났다. 노동계급 사람들은 버스와 기차를 탈 때 요금을 내지 않았고, 농민 항쟁이 시작됐으며, 산업 노동자들이 파업에 돌입했다. 이듬해 3월에 이르러 정부가 무너진 상태에서 1970년에 선거를 치르기로 합의되었다.

8 **1965년 11월 8일** 영국 노동당 총리 해럴드 윌슨이 식민지인 영국령 인도양 지역British Indian Ocean Territory, BIOT 수립을 승인했다. 차고스 군도Chagos Archipelago의 종족청소를 개시하는 첫 번째 행동이었다. 이후 몇 년간 차고스 주민 전체가 집에서 강제 퇴거되어 다시는

돌아가지 못했다. 외무부의 한 관리는 외교관 데니스 그린힐에게 다음과 같은 편지를 썼다. "우리는 이 문제를 강경하게 처리해야 합니다. 이번 조치의 목적은 암초 몇 개를 우리 수중에 계속 두는 것입니다. 갈매기들 말고는 어떤 토착 집단도 없어야 합니다." 그린힐이 맞장구를 쳤다. "새들하고 같이 타잔이나 프라이데이들도 보내버리죠." 주민들은 옷가방 하나만 챙긴 채 세이셸로 강제 이주를 당했고, 가축은 전부 살처분되었다. 이 종족청소의 목적은 영국 정부가 가장 큰 섬인 차고스를 연간 1달러만 받고 미군기지로 임대하기 위함이었다.

2004년 11월 8일 뉴칼레도니아의 니켈 제련소 노동자들이 앞선 파업으로 동료 2명이 해고된 데 항의하기 위해 파업에 들어갔다. 22일간 파업이 계속된 끝에 해고 노동자들이 복직되었다. 이 파업으로 회사는 4000만 달러의 비용을 치렀다.

9 **1918년 11월 9일** 혁명이 독일 전역을 휩쓸고 황제가 퇴위하는 가운데 독일 노동자들이 1차대전을 끝내기 위해 싸웠다. 반전 총파업으로 마비된 베를린 거리로 반란 수병과 병사, 노동자들이 쏟아져 나왔다. 독일 사회민주당 부의장 필립 슈나이더만Philipp Schneidermann은 감옥에서 나온 혁명적 사회주의자 카를 리프크네히트가 사회주의 공화국을 선포하려 한다는 정보를 입수했다. 슈나이더만은 허를 찔리기 전에 당 지도자 리프크네히트의 뜻을 거역하면서 의회 발코니에 나가 공화국 수립을 선포했다. 그날 저녁 사회민주당 지도부를 불신하는 베를린 대공장 노동자 수십 명이 의회를 점거했다. 이들은 이튿날 혁명 정부를 구성하기 위한 공장 평의회와 연대별 군인 평의회 선거를 치르겠다고 발표했다.

1988년 11월 9일 브라질 군경이 파업 노동자 3명을 살해하고 수십 명에게 부상을 입혔다. 나시오날제철 소속 노동자들은 임금인상과 정치적 신념을 이유로 해고된 노동자들의 복직을 요구하면서 파업을 벌이고 있었다. 살해당한 노동자는 19세 카를로스 아우구스투 바로 수와 22세 윌리엄 페르난지스 레이테, 27세 발미르 프레이타스 몬테이루였다. 탄압에도 불구하고 노동자들은 2주 넘게 연좌파업을 이어 갔다. 학살을 진두지휘한 것은 군사독재가 무너지고 새로 세워진 '민주' 정부였다.

10 **1970년 11월 10일** 푸에르토리코계 활동가단체 영로즈의 급진주의자들이 뉴욕시 사우스브롱크스에 있는 링컨병원을 장악했다. 사무직 노동자, 간호사, 의사 등이 포함된 600여 명이 간호사 주거동을 점거하는 데 가세해 뉴욕시 병원들에 만연한 노골적인 인명 경시를 규탄했다.

1995년 11월 10일 나이지리아의 오고니족 원주민 저술가이자 활동가, 환경운동가인 켄 사로위와Ken Saro-Wiwa를 비롯한 활동가 8명이 정부에 의해 교수형에 처해졌다. 사로위와는 석유 회사 로열더치셸Royal Dutch Shell이 원주민의 토지를 파괴하는 데 맞서 오고니족의 권리를 옹호하고 비폭력 저항을 조직하는 데 투신했다. 사로위와에 불리한 증언을 한 많은 증인은 훗날 증언을 철회하면서 정부나 셸에서 뇌물을 받고 위증을 했다고 실토했다. 사로위와는 교수형에 처한 9명의 활동가 중 첫 번째로 형이 집행되었다. 5차례에 걸친 시도 끝에 집행된 것이었다. 다른 희생자들의 이름은 바리보 베라, 새터데이 도비, 노르두 에아워, 대니얼 그부코, 폴 레베라, 펠릭스 누아테, 바리넴 키오벨, 존 크푸인이다. 사로위와는 다음과 같은 마지막 말을 남겼다. "주여 제 영혼을 받아주소서. 그러나 투쟁은 계속될 것입니다."

켄 사로위와 그림

1918년 11월 11일 스위스 전역에서 남녀 25만 명이 총파업에 들어갔다. 당시 다른 나라들에서 벌어진 혁명적 행동과 비교하면 총파업이 내건 요구는 비교적 온건했다. 비례대표제를 바탕으로 한 새로운 총선거 즉각 실시, 여성참정권 도입, 전국민 노동 의무, 주당 48시간 노동, 군대의 민주적 개혁, 충분한 식량 공급, 노인과 장애인을 위한 국민연금, 수출과 수입의 국가 독점[당시는 1차대전 종전 직후로 식량과 연료를 확보할 필요가 있었음을 유념해야 한다], 부유층의 국가채무 부담 등이었다. 다음 날, 파업 진압에 병력 9만 5000명이 투입되었고, 11월 13일 정부는 최후통첩을 발표했다. 이튿날 파업 지도자들은 상황이 더 이상 악화되는 걸 막기 위해 총파업을 중단하기로 결정했다. 그날 파업이 끝난 뒤, 그렌첸에서 군인들이 민간인 3명을 살해했다. 파업 직후 열린 군사재판은 주로 철도 노동자인 127명에게 징역형을 선고했다. 여성은 1971년까지 투표권을 얻지 못했다.

1948년 11월 11일 뉴욕시에서 한 달간의 살쾡이파업을 벌인 맥주 양조장 노동자들이 충분한 상하차 시간을 보장하지 않는 운송 차량 일정을 폐기하라는 요구를 관철했다. 나머지 3000명의 파업 노동자들(5개 소규모 맥주 회사는 이미 요구를 받아들였다)은 대규모 집회를 열어 그날 밤 자정에 파업을 끝내고 다음 날부터 작업에 복귀하기로 뜻을 모았다.

고용주들은 전미맥주노동조합United Brewery Workers, UBW을 상대로 수백만 달러의 소송을 제기했으나 취하했다. 노조는 어쨌든 파업을 비난하고 노동자들이 작업에 복귀하도록 명령하는 등 공작을 했기 때문이다. 노조 관리 에드워드 휼렛은 집회에서 떠들썩한 야유가 쏟아져서 두 번이나 연설 마이크를 넘길 수밖에 없었다.《뉴욕타임스》는 "국제적 노동조합의 관리에 대한 반감이 위협적일 정도로 높아져서 순찰 경관 6명이 옆방에서 달려 나와 그를 보호해야 했다"고 보도했다.

⚠ 1977년 11월 12일 영국 리즈, 요크, 브리스틀, 맨체스터, 뉴캐슬, 브라이튼, 런던에서 제1회 '밤을 되찾자Reclaim the Night' 행진이 벌어졌다. 지난 4월 30일 서독 각지의 도시에서 성추행에 항의하는 '밤을 되찾자' 행진이 여성들만 참여한 가운데 일사불란하게 열렸다는 소식에 고무된 리즈혁명적페미니스트그룹Leeds Revolutionary Feminist Group이 주최한 행사였다.

언론을 통해 '요크셔의 살인마'라는 이름이 붙은 연쇄살인범 피터 서트클리프Peter Sutcliffe는 1975년부터 1980년까지 리즈를 비롯한 요크셔 전역에서 여성 13명을 성폭행하고 살해했다. 이에 따라 요크셔에서는 '밤을 되찾자'가 특히 의미심장한 행사였다. 요크셔의 여성들은 경찰이 살인사건에 늑장 대응을 하고 언론은 제대로 보도조차 하지 않는 데 분노했다. 살해당한 피해자는 주로 성노동자였다. 젊은 여학생이 살해됐을 때에야 언론과 경찰은 각별한 관심을 기울이는 듯했다.

경찰은 당시 공식적으로 여성들에게 밤에 외출을 삼가라고 조언함으로써 사실상 통금을 내렸다. 밤에 외출할 수밖에 없는 야간조 여성 노동자나 성노동자에게는 정말이지 무용한 소리였다.

1984년 11월 12일 핵무기 반대 활동가 한 무리가 미주리의 핵미사일 격납고에 공기드릴로 구멍을 냈다. 11명의 자녀를 둔 헬렌 우드슨Helen Woodson을 비롯한 4명이 체포되어 가혹한 징역형을 선고받고 수감되었다. 우드슨은 27년을 교도소에서 보냈다.

1909년 11월 13일 브리스틀에서 여성참정권운동가 테리사 가넷Theresa Garnett이 내무부 장관 윈스턴 처칠을 말채찍으로 때리며 소리쳤다. "모욕당한 잉글랜드 여자들의 이름으로 채찍질을 받아라!" 가넷은 폭행 혐의로 체포됐지만, 법정에 나가고 싶지 않았던 처칠은 그를 고발하지 않았다. 이에 따라 가넷은 '치안방해죄'로 1개월 징역형을 살았다. 교도소에서 가넷은 다른 참정권운동가들과 함

테리사 가넷, 1909년

께 단식투쟁을 벌였고 교도관들은 강제로 음식을 먹였다. 가넷은 이에 항의해 감방에 불을 질러 징벌방으로 옮겨지기도 했다.

1974년 11월 13일 플루토늄공장 노동자이자 석유화학원자력노동조합 활동가인 캐런 실크우드Karen Silkwood가 자신이 일하는 공장에서 벌어지는 보건안전 위반사항에 관한 증거를 한 다발 가지고 《뉴욕타임스》 기자를 만나러 가던 도중 의문의 교통사고를 당해 사망했다. 증거 다발은 발견되지 않았고, 차량은 정면충돌 사고였음에도 뒤쪽이 부서진 채 페인트 자국이 묻어 있었다. 실크우드 지지자들은 다른 차량이 뒤에서 들이받은 게 아니냐는 의문을 제기했다. 또한 실크우드와 그가 사는 아파트는 플루토늄에 심각하게 오염된 상태였는데, 회사 측은 실크우드가 회사에 대한 중상모략으로 스스로 한 일이라고 주장했다. 유가족은 회사를 고소했고 140만 달러에 이르는 보상금을 받았다.

14

1917년 11월 14일 버지니아주 오코콴 강제노역소에서 '테러의 밤'이 시작되었다. 전국여성당National Women's Party, NWP 당원이 주축을 이룬 한 무리의 여성들이 같은 날 백악관 앞에서 여성의 투표권을 지지하며 시위를 벌이다가 체포된 상태였다. 교도관들은 구금 상태인 여성들을 고문하라는 명령을 받았고, 자정 직후인 11월 15일 참정권 활동가 수감자 33명이 잔인하게 구타와 학대를 당했다.

1973년 11월 14일 그리스의 아테네공과대학교 학생들이 군사독재에 항의하기 위해 파업을 벌였다. 학생들은 대학 안에 바리케이드를 세우고, 라디오방송국을 만들어 도시로 방송을 송출하면서 시민들에게 함께 싸우자고 호소했다.

11월 17일 이른 아침, 군 탱크 1대가 학생들을 쫓아내기 위해 학교 문을 부수고 진입했지만 결과적으로 봉기 규모를 더욱 키우기만 했다.

진압 과정에서 발생한 사망자 수에 대해서는 지금도 논란의 여지가 있으나 최소한 24명이 사망하고 수백 명이 부상을 당한 것으로 알려져 있다.

지금도 11월 17일은 그리스 교육제도상 국경일로 준수되며, 이날의 봉기는 1974년 그리스가 민주주의를 복원하는 과정에서 중요한 이정표 역할을 했다.

15 **1922년 11월 15일** 에콰도르 과야킬에서 총파업이 벌어지는 동안 노동자 300명에서 1000명이 국가에 학살당했다. 앞서 전력과 전차 부문 노동자들이 경제적 생활조건 악화에 항의하기 위해 파업을 벌이자 도시의 다른 노동자들도 합세한 참이었다. 파업 노동자들과 가족들은 11월 15일 평화 집회를 열기 위해 모였다. 아무 도발이 없었는데도 무장 군인과 경찰이 군중에 발포하며 수백 명이 사망했다.

2011년 11월 15일 볼리비아 트리니다드에서 장애인 한 무리가 정부에 장애인 지원을 늘리고 장애와 관련된 사회적 낙인문제를 해결하라고 촉구하기 위해 수도 라파스를 향해 행진을 시작했다. 행진 대열은 어린이를 포함해 200명으로 늘어났고 지지자 수천 명이 라파스에 모였다. 2012년 2월, 행진 대열이 라파스에 진입하자 전투경찰의 공격이 시작되었다. 행진의 여파로 궁지에 몰린 에보 모랄레스Evo Morales 대통령은 시위대의 요구 몇 가지를 받아들였다.

16 **1984년 11월 16일** 남아공 요하네스버그의 흑인 주민 2000명이 집세를 내지 않았다는 이유로 체포되었다. 주민들은 임대

사무실이 불타버렸기 때문에 집세를 낼 수 없었다고 진실을 주장했다. 그러나 경찰은 이를 부당한 변명으로 간주했다.

1989년 11월 16일 미국이 지지하는 엘살바도르 군부가 예수회 사제 6명과 가정부, 가정부의 딸을 살해했다. 정권은 사제들을 '전복세력'으로 간주했다. 군인들은 사제들을 살해한 뒤 좌파 게릴라의 소행인 것처럼 현장을 꾸몄다.

17 **1915년 11월 17일** 영국 글래스고의 가정주부와 노동자 수천 명이 집세 납부 거부자 2만 명을 지지하며 주 법원 앞으로 행진했다. 이 투쟁은 영국 전역에서 임대료 통제를 도입하는 결과로 이어졌다. 투쟁을 지켜본 [당시 노동운동가] 윌리 갤러처는 다음과 같이 말했다.

> 이른 아침부터 여성들이 주 법원이 자리한 시내까지 행진을 벌였다. …… 하지만 그들이 행진하던 바로 그 순간에도 강력한 증원군이 공장과 일터에서 달려오고 있었다. 멀리 서쪽의 댈뮤어, 동쪽의 파크헤드, 남쪽의 캐스카트, 북쪽의 하이드파크에서 거친 무명천 작업복 차림의 프롤레타리아 군대가 시내로 쳐들어왔다.

1983년 11월 17일 멕시코 치아파스주에서 사파티스타민족해방군 Zapatista Army of National Liberation, EZLN이 결성되었다. 창건자 6명 중 일부는 북부 도시 출신이었고 나머지는 치아파스 산악지대의 농촌 원주민사회 출신이었다. 11년 뒤 원주민이 주축을 이룬 3000여 명의 사파티스타 무장 성원들이 주의 상당한 지역을 장악하는 봉기를 일으키며 죄수들을 석방하고 경찰과 군 병영을 파괴했다. 멕시코군의 반격을 받은 게릴라들은 많은 지역의 통제권을 빼앗기고 라칸돈 밀림으로 후퇴했다.

이후 사파티스타는 수많은 자치 공동체를 세웠고 전체 인구가 30만 명에 이르렀다. 개인 물건 외에는 사적 소유를 폐지했고 토지를 공동소유했으며 작업장 또한 공동소유·운영했다. 학생을 성적으로 평가하지 않는 급진적이고 민주적인 학교를 세우고, 보편적인 보건의료 서비스를 만들어 공중보건을 크게 개선했으며 이에 따라 유아사망률이 감소했다. 또한 원주민과 여성, LGBT+의 권리를 강력하게 옹호했다.

1965년 11월 18일 '성차별주의sexism'라는 용어는 아마 프랭클린앤드마셜칼리지Franklin and Marshall College에서 열린 학생-교직원 포럼에서 폴린 M. 리트Pauline M. Leet가 처음 사용한 말일 것이다. 구체적으로는 리트의 포럼 발표문인 〈여성과 대학생〉에서 성차별주의라는 말이 등장하는데, 리트는 이를 인종주의racism와 비교해 정의하면서 다음과 같이 말했다.

> 만약 누군가 좋은 시를 쓰는 여성이 적기 때문에 여성을 완전히 배제해도 된다고 주장한다면 …… 인종주의자의 논리와 비슷한 논리를 구사하는 셈입니다—저는 그런 사람을 '성차별주의자'라고 부르겠습니다. …… 인종주의자와 성차별주의자는 둘 다 지금 일어나는 일들이 전혀 일어난 적이 없다는 듯이 행동하고, 무관한 요소를 참조해 다른 사람의 가치를 평가하고 결론을 내립니다.

1967년 11월 18일 베트남 주둔 미군에 고용된 한국 노동자들이 형편없는 식사에 불만을 표출하며 폭동을 일으켰다. 이들은 식탁을 뒤집어엎고, 미국인을 공격하고, 미국인 사업 관리자에게 얼마나 형편없는 음식인지 직접 먹어보라고 강요했다. 미국 민간인 1명이 한국인 3명을 총으로 쐈고 헌병이 몰려왔지만, 한국인 노동자들은 불도저와 트럭으로 반격하면서 트레일러와 건물을 들이받고 보트를 탈취했다. 파업과 폭동은 4일이 지나서야 진압되었다. ◉14

1915년 11월 19일 세계산업노동자연맹 조합원이자 작곡가인 스웨덴계 미국인 조 힐Joe Hill이 식품점 주인과 아들을 살해했다는 죄목으로 총살형을 당했다. 힐은 두 사람을 살해할 동기가 전혀 없었을 뿐만 아니라 범죄에 연루됐다는 직접적 증거도 없었다. 대다수 사학자들은 그가 살인을 저지르지 않았을 거라고 본다. 재판 과정에서는 그가 세계산업노동자연맹 조합원이라는 사실이 자주 거론되었다.

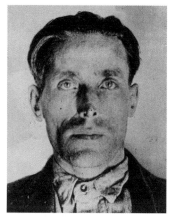

조 힐, 1915년

그는 평생 동안 〈노동조합이 힘이다There Is Power in a Union〉, 〈케이시 존스—노동조합 파업파괴자Casey Jones—the Union Scab〉, 〈목사와 노예The Preacher and the Slave〉('그림의 떡pie in the sky'이라는 표현의 기원이 된 노래) 등 수많은 곡을 만들었다.

그는 세계산업노동자연맹 지도자 빅 빌 헤이우드에게 보내는 마지막 편지에서 이렇게 말했다. "안녕 빌. 나는 충실한 반역자로 죽습니다. 애도하느라 시간을 허비하지 마십시오. 사람들을 조직하십시오." ◉6

1984년 11월 19일 멕시코 산후아니코에 있는 [멕시코 최대 석유 회사] 페멕스PEMEX의 석유탱크가 폭발해 500여 명이 사망하고 5000명이 화상을 입었다. 이는 세계 최악의 산업재해로 꼽힌다. 공장의 안전설비는 끔찍할 정도로 열악했지만, 회사는 이를 수리하려면 이윤이 줄어든다는 이유로 방치한 상태였다.

1913년 11월 20일 멕시코의 교사이자 명사수, 아나키스트인 마르가리타 오르테가Margarita Ortega가 빅토리아노 우에르타 정부에 의해 체포·수감되었다. 마르가리타와 그의 딸은 멕시코혁명에서 세력을 조직하고 싸우는 데 열중하고 있었다. 정부군에 체포된 마르가리타는 고문을 당했지만 동지들의 이름을 대는 것을 거부하며 소리쳤다. "겁쟁이들아! 네들이 내 살을 갈기갈기 찢고, 뼈를 부러뜨리고, 내 피를 전부 마신다 해도 내 동지의 이름은 하나도 알아낼 수 없을 것이다." 마르가리타는 3일 뒤 총살당했다.

1969년 11월 20일 아메리카 원주민 78명이 알카트라즈섬을 점령하고 아메리카 원주민 대학교 설립 등 권리 확대를 요구했다. 점령자들은 의회를 만들고 학교를 세웠으며, 자발적으로 모든 업무를 나누면서 주요한 모든 결정을 투표로 처리했다. 이들은 1971년 6월까지 버텼으나 당국은 어떤 요구도 받아들이지 않은 채 시위자들을 쫓아냈다. 하지만 이 행동은 세계 각지에 보도되었고, 아메리카 원주민운동의 새로운 물결을 일으키는 데 일조했다.

점령된 알카트라즈섬의 [미 연방 교도소] 표지판

1920년 11월 21일 아일랜드공화군Irish Republican Army, IRA 병사들이 영국군 정보장교로 의심되는 15명을 암살했다. 영국 식민 경찰은 이에 대한 보복으로 수천 명의 관중 속에서 게일식 축구[아일랜드 전통 스포츠]경기가 벌어지는 크로크파크 경기장에 쳐들어가 무차별 총격을 가했다. 선수 1명을 포함한 14명이 사망했다.

1922년 11월 21일 사포텍 메스티소 혈통의 멕시코 아나키스트 공산주의자 리카르도 플로레스 마곤이 캔자스의 레번워스 교도소에서 몇 달간 질병에 시달리며 방치된 끝에 사망했다. 마곤은 멕시코혁명과 멕시코 혁명운동의 손꼽히는 사상가이자, 아나키즘 정당인 멕시코자유당 당원이었다. 그는 또한 세계산업노동자연맹을 조직했으며 아나키스트 신문 《레헤네라시온》의 편집자로 일하기도 했다. 이 신문은 포르피리오 디아스의 독재에 맞서 노동자들을 일깨웠다. 수감 중 그는 미국 정부의 박해를 다음과 같이 설명했다. "나는 무시무시하게 작동하는 거대한 기계에 갇힌 채 피부가 갈가리 찢기고, 뼈가 박살이 났으며, 내 신음으로 가득 찬 공간에서 전율이 멈추지 않지만, 이 기계는 계속 나를 갈고, 갈고, 갈아댈 것이다."

22 **1919년 11월 22일** 루이지애나주의 도시 보걸루사에서 노동자 학살이 벌어졌다. 아프리카계 미국인 조직가 솔 다쿠스Sol Dacus가 그레이트서던목재사Great Southern Lumber Company의 대리인들에게 위협을 받자 미국노동총연맹의 지역대표를 포함한 백인 노동조합원들이 그를 옹호하고 나섰다. 그중 4명이 인종주의자 준군사조직에 살해되었다.

1968년 11월 22일 도쿄대학교 학생들이 지난 10월부터 동맹파업을 벌이며 점거한 야스다 강당 앞에서 대규모 시위가 벌어졌다. 의과대학생의 무급인턴제를 비롯한 여러 쟁점을 둘러싸고 장기간에 걸친 분쟁이 계속되는 와중에 벌어진 시위였다.

23 **1887년 11월 23일** 티보도 학살Thibodaux massacre이 벌어졌다. 루이지애나주의 흑인 사탕수수 노동자들은 현금 대신 전표로 지급되는 열악한 임금에 항의하기 위해 흑백 인종을 아우르는 노동기사단Knights of Labor union, K of L과 손잡고 월초부터 파업을 벌이는 중이었다. 전표는 회사 상점에서만 사용할 수 있었는데, 상점은 터무니없는 가격으로 생필품을 팔았다.

플랜테이션 농장주들은 첫 번째 한파가 닥치며 작물이 피해를 입게 되자 분노했다. 백인 파업파괴자 2명이 총에 맞아 부상을 입으면서 루이지애나 민병대는 '지역 유지' 무리의 지원을 받아 총격에 나섰다. 이 총격으로 일당 1달러를 요구하며 파업을 벌이던 비무장 흑인 사탕수수 노동자 가운데 최소 50명이 사망했고, 파업 지도자 2명은 린치를 당했다.

1969년 11월 23일 블랙팬서당 지도자 프레드 햄프턴이 평화와 자유를 위한 국제여성연맹Women's International League for Peace and Freedom, WILPF이 주최한 일리노이대학교 집회에서 발언했다. 참가자 가운데는 국제앰네스티의 공동설립자인 변호사 루이스 쿠트너Luis Kutner도 있었다. 햄프턴은 알지 못했지만, FBI 정보원이었던 쿠트너는 FBI 담당자에게 집회에 관해 보고했다. 쿠트너는 햄프턴이 "고함을 지르고 열변을 토했다"면서 "'자본주의 체제'의 성원"인 닉슨 대통령을 "죽여야 한다"고 목소리를 높였다고 주장했다. 그러면서 쿠트너는 햄프턴이 "연방 법률을 위반했을 수 있기 때문에" 이런 사실을 FBI에게 보고하는 것이라고 덧붙였다. 불과 며칠 뒤 FBI는 겨우 21세인 햄프턴을 살해했다.

24 **1995년 11월 24일** 프랑스의 노동자들이 복지·연금개혁에 반대하는 대규모 총파업에 들어갔다. 알랭 쥐페Alain Juppé 총리의 우파 정부가 유럽연합의 마스트리흐트조약에서 정해진 한도에 맞춰 예산 적자를 3퍼센트로 줄이기 위한 조치에 나서자 10월에 반대운동이 시작되었다. 가장 논쟁적인 조치는 공공 부문 연금을 삭감하는 것과 최소정년을 60세로 늘리는 것이었다. 일부 조직에서는 50세나 55세에도 정년퇴직이 가능하도록 허용했다. 거대한 파업의 물결이 교통, 공공설비, 광산, 은행, 보험사, 우체국을 강타하는 한편, 국가 전역에서 경찰과의 충돌이 벌어졌다. 12월에 이르러 정부는 연금삭감안을 폐기할 수밖에 없었다.

2010년 11월 24일 포르투갈 대부분의 지역이 20여 년 만에 벌어진 총파업으로 멈춰 섰다. 총파업은 긴축정책에 반대해 일어난 것이었

다. 교통, 제조업, 공공서비스가 특히 타격을 입었다. 집권 사회당이
제안한 긴축정책에는 공공 부문 임금동결과 함께 광범위한 민영화
가 포함되어 있었다.

1941년 11월 25일 슐루르프운동Schlurf movement의 성원인 오스트
리아 젊은이 3명이 히틀러유겐트 게시판을 파손한 혐의로
게슈타포에 체포되었다. 슐루르프는 나치즘과 군사주의, 인종주의,
노동윤리 등을 거부하는 오스트리아의 노동계급 젊은이를 지칭하는
표현이었다. 그들은 머리를 기르고 재즈와 스윙 음악을 들었다. 남자
들은 각진 더블재킷을 입고, 여자들, 일명 '슐루르프 고양이들'은 무
릎까지 오는 색색의 원피스를 입었다. 나치는 '슐루르프의 위협'을
박멸하는 운동을 벌였고 많은 슐루르프들이 거리에서 히틀러유겐트
와 싸웠다.

연합군이 승리한 뒤 새로 세워진 '민주' 정부도 노동규율과 권위
를 거부하는 젊은 노동자들을 '슐루르프'라고 비난했다. ◉4

⚠ **1960년 11월 25일** 미국이 지지하는 도미니카의 독재자 라파엘 트
루히요에 반대하는 활동을 하던 세 자매—파트리아 메르세데스 미
라발 레예스, 미네르바 미라발 레예스, 안토니아 마리아 테레사 미라
발 레예스—가 암살당했다. 세 자매는 파트리아가 목격한 학살사건
이 벌어진 날짜를 따 6월14일운동Agrupación Política 14 de Junio이라는 단체를
만들어 활동하고 있었다. 미네르바와 마리아 테레사는 투옥되어 강
간을 당하고 고문도 몇 차례 받았고, 남편들도 체포되어 고문을 받
았다. 하지만 끈질긴 저항에 트루히요는 한꺼번에 다 죽이기로 결정
했다.

1960년 5월 18일, 미네르바와 마리아 테레사가 남편들과 함께
도미니카의 국가 안보를 훼손한 혐의로 유죄판결에 3년 징역형을 선
고받았다. 이상한 과정 속에서 8월 9일, 미네르바와 마리아 테레사
가 트루히요의 명문 규정에 따라 석방되었다. 하지만 남편 둘은 계속

수감되었다. 겉으로는 트루히요가 자비를 베푸는 듯 보였지만, 사실은 군사정보국 비밀경찰이 두 사람을 암살하기 위해 계획한 과정의 일부였다.

11월 25일, 트루히요의 심복들이 자매들과 그들이 탄 지프를 모는 루피노 데 라 크루스를 멈춰 세웠다. 비밀경찰은 그들을 따로 분리한 뒤 몽둥이로 때려 죽였다. 그러고는 지프에 싣고 산악 도로로 달려가서는 벼랑으로 떨어뜨렸다. 사고로 위장하려는 시도였다. 유엔은 후에 이들 자매를 기리고자 11월 25일을 세계 여성 폭력 추방의 날로 지정했다.

26 **1926년 11월 26일** 영국에서 벌어진 전국적 탄광 파업이 패배로 끝나면서 광부 대표들이 남은 파업자들에게 작업에 복귀하라고 조언했다. 임금삭감과 노동시간 증가, 임금교섭에서의 노동조합 배제 등에 항의하며 5월 1일부터 시작된 파업이었다.

전국 노동조합 연맹체인 노동조합회의는 처음에 광부들을 지지하는 총파업을 소집했는데, 총파업이 성공을 거두었음에도 불구하고 지레 겁을 먹고는 아무 양보도 얻어내지 못한 채 파업을 철회했

영국 틸즐리의 파업 광부들, 1926년

다. 결국 광부들만 남아서 싸움을 이어갔다. 10월에 이르러 굶주림과 생활고 때문에 상당수의 파업 광부가 작업에 복귀했다.

1938년 11월 26일 에스파냐 내전의 난민인 바스크인 소년들로 이루어진 축구팀이 웨일스 폰티프리드에서 친선경기를 가졌다. 웨일스는 노동자·농민과 프란시스코 프랑코의 민족주의세력 사이에 벌어진 내전에서 도망친 많은 노동계급 자녀들을 반갑게 맞아들였다. 경기 입장권 수익은 난민 자녀들을 지원하는 기금으로 쓰였다.

27 **1835년 11월 27일** 마부馬夫 제임스 프랫James Pratt과 노동자 존 스미스John Smith가 성관계를 가졌다는 이유로 런던에서 교수형을 당했다. 두 사람은 영국에서 동성애 때문에 공식적으로 처형된 마지막 남자들이었다.

1868년 11월 27일 조지 커스터 장군이 지휘하는 미군 파견대가 잠자던 샤이엔족의 천막촌을 습격했다. 백기를 내걸고 지정 거주지에 있던 샤이엔족은 현지 요새의 사령관에게 안전을 보장받은 상태였다. 이른바 '워시타 전투'라 불리는 이 학살사건으로 마을이 파괴되었고, 평화를 추구했던 샤이엔족 추장 '블랙 케틀[검은 주전자]'을 비롯한 아메리카 원주민 103명이 사망했다.

워시타에서 커스터가 공격하는 장면을 그린 삽화

1971년 11월 28일 전투적 유대인 반파시스트들이 모인 62그룹62 Group 성원들이 잉글랜드 브라이턴의 로열파빌리언호텔에 모인 극우파 북부동맹Northern League 모임을 무산시켰다. 모임에는 국민전선 성원들뿐만 아니라 독일 나치 친위대 장교 출신들도 참석했다. 파시스트 몇 명이 병원에 실려 갔고, 반파시스트들은 연막탄을 터뜨리고 유유히 탈출했다. ⓐ 35-37

1985년 11월 28일 셸오일컴퍼니Shell Oil Company에서 다음과 같은 내용의 내부 문서가 돌았다.

> 지난 100년 동안 지구온난화가 진행되었다. 0.5도 온도가 상승한 것은 이산화탄소가 증가한 결과이며, 향후 40년간 1~2도가 더 올라갈 것이다. …… 이런 온도 상승은 지난 1000년간 일어난 어떤 변화보다도 크다. …… 지난 100년간 지구 평균해수면은 15센티미터 정도 상승했다. …… 2050년에 이르면 정확하지는 않아도 20~120센티미터 상승할 것이다.

이 문서는 1988년 셸이 온실효과에 관해 광범위하게 작성한 극비 내부 보고서의 일부였다. 이는 셸이 최소한 1981년부터 기후변화를 인지하고 있었다는 결정적인 증거다. 즉, 셸은 기후변화가 인간 때문이라는 것, 화석연료 연소가 주요한 원인이며 이대로 간다면 재앙과도 같은 결과가 발생할 수 있다는 사실을 알고 있었다. 그럼에도 불구하고 셸은 수십 년 동안 연구 결과를 은폐하면서 기후변화를 부정하는 가짜 공공연구를 후원했으며, 이산화탄소 배출을 제한하려는 정부의 모든 시도에 저항했다.

1830년 11월 29일 임금인상과 일자리 증대를 위해 싸우는 '스윙 대장' 농장 노동자들이 영국 도싯의 스투어프로보스트 마을에서 농장주와 경찰관을 공격했다. 그들 중 일부는 체포되어 샤프

츠베리로 이송됐지만, 지역의 스윙 동조자들이 죄수들을 풀어주었다. 밤이 지나기 전에 다른 다섯 마을에서 추가로 폭동이 일어났다.

'스윙 대장'은 노동자들이 고용주에게 요구 서한을 보낼 때 사용한 가공의 반란 지도자 이름이었다.

⚠ **1864년 11월 29일** 미군이 성조기를 내걸고 야영을 하는 샤이엔족과 아라파호족의 평화로운 모임을 공격하면서 샌드샛강 학살Sand Creek massacre이 벌어졌다.

앞서 미국은 샤이엔족과 아라파호족이 오늘날의 콜로라도, 네브래스카, 와이오밍, 캔자스에 걸친 넓은 땅을 소유한다는 것을 인정한 바 있었다. 하지만 그 지역에서 금이 발견되자 정착민들은 원주민의 땅을 침범했고, 정부는 원주민들에게 토지의 90퍼센트 이상을 포기하도록 하는 새로운 조약을 강요했다. 몇몇 추장들은 이런 조약을 배신으로 여기면서 무시했지만, '블랙 케틀'이 이끈 샤이엔족과 아라파호족은 평화에 대한 염원으로 조약에 서명했다.

원주민들은 이후 정부의 지시에 따라 라이언 요새로 갔고 다시 빅샌디샛강으로 옮겨 갔다. 지정된 미군 주둔지에 성조기와 항복을 뜻하는 백기를 내거는 등 미국 정부의 요구를 전부 따랐다. 그러나 전사들이 사냥을 나간 사이 800명에 이르는 군대가 원주민들을 공격했다. 군인들은 대부분 여성과 아이들인 비무장 원주민 170여 명을 고문하고 살해한 다음, 희생자들의 머리 가죽을 벗기고 팔다리를 잘랐다. 여성의 성기를 도려내 자기들 모자에 붙이기도 했다. 공격한 군인들 중에서는 9명에서 24명이 사망했다.

[훗날 샌드샛강 학살에 대한 의회조사에서 위험을 무릅쓰고 증언한] 로버트 벤트Robert Bent는 《뉴욕트리뷴New-York Tribune》을 통해 "강둑에 한 인디언 여자가 다리가 부러진 채 누워 있는 것을 보았다"며 "병사가 군도를 빼 들고 여자에게 다가갔다. 여자가 자기를 보호하려고 팔을 들자 병사가 칼을 휘둘러 팔을 잘랐다. 여자가 몸을 굴리면서 반대쪽 팔을 치켜들었으나 병사는 다시 칼을 휘둘러 나머지 팔까지 자른 다

음 죽이지 않고 자리를 떴다. 여자의 갈라진 배에서 떨어져 나온 태아가 그 옆에 누워 있었다"고 말했다.

한편, 어느 지역신문은 이 학살이 군인들의 "대단한 무공"이자 "영광스러운 승리"라고 치켜세웠다.

30 **1961년 11월 30일** 쿠바 프로젝트, 일명 몽구스 작전이 존 F. 케네디 대통령의 승인을 받았다. 피델 카스트로Fidel Castro가 이끄는 쿠바 공산당을 전복하려는 CIA의 비밀공작이었다. 이에 따라 CIA는 철도, 석유와 식량 저장고, 발전소, 제재소 등 쿠바의 여러 표적을 겨냥한 수차례의 테러 공격을 지휘했다. 몽구스 작전은 1962년 말에 공식적으로 종료됐지만, 미국 정부는 오늘날까지도 쿠바 경제에 대한 파괴 활동을 계속하고 있다.

1960년 11월 30일 바베이도스가 영국으로부터 독립을 선언했다. 1625년 에스파냐가 바베이도스 원주민들을 절멸한 뒤 영국은 섬 소유권을 주장했다. 1640년 사탕수수가 섬에 들어오며 영국은 플랜테이션 농장에서 일할 아프리카 출신의 노예 수만 명을 데려왔고, 이 노예들이 곧 인구의 대다수를 이루었다. 이들이 잇따라 반란을 일으키면서 결국 노예제도는 폐지됐지만, 영국의 지배는 계속되었다. 20세기에는 식민 당국의 진압에도 쉽게 잦아들지 않는 노동계급 소요의 물결이 전국 각지에서 일어났다.

12월

December

1

1919년 12월 1일 트리니다드토바고의 부두 노동자들이 파업을 벌이는 가운데 운영 중인 창고를 습격해 파업파괴자들을 쫓아내고 시내에서 행진을 벌이면서 회사들이 문을 닫았다. 공공 부문 노동자, 석탄 운반공, 인도인 농업 노동자 등도 파업에 들어가며 사실상 총파업이 벌어졌다. 식민 본국인 영국은 군대를 보내 파업 노동자 수십 명을 검거해 82명을 투옥하고 핵심 조직자 4명을 추방하는 식으로 대응했다. 정부는 또한 파업과 시위를 중단시키기 위해 엄격한 법을 제정했다. 그럼에도 부두 노동자들은 25퍼센트 임금인상을 쟁취했고, 다른 회사의 노동자들도 양보를 얻어냈다.

1955년 12월 1일 앨라배마주 몽고메리에서 흑인 민권운동가 로자 파크스가 백인 좌석이 만석이니 백인 승객에게 '유색인' 좌석을 양보하라는 버스 기사의 지시를 거부했다는 이유로 체포되었다. 파크스가 하루 일과를 끝내고 지친 상태였기 때문에 자리에서 일어나기를 거부했다는 대중적인 신화와 달리, 그녀는 사실 인종 분리에 맞서 격렬하게 싸우는 활동가였고 직접행동 훈련을 받은 바 있었으며, 백인

버스 승차 거부운동 중에 체포된 로자 파크스

을 위해 자리를 비우라는 요구를 거부했다는 이유로 체포된 다른 흑인 여성들을 지원하기 위한 모금 활동을 벌인 적이 있었다. 파크스는 나중에 속내를 털어놓았다. "내가 지친 것이라곤 양보하는 일뿐이었다." 인종차별 반대단체들은 파크스 사건을 계기로 도시 전역에서 버스 승차 거부운동을 조직했다. 이 운동은 민권운동에서 핵심적인 투쟁이 되었다.

2 ⚠ **1980년 12월 2일** 엘살바도르 내전 중, 정부의 지원과 함께 미국에서 훈련받은 우파 암살대가 미국에서 온 가톨릭 수녀 4명을 납치해 강간하고 살해했다. 20여 년 동안 이어진 내전에서 노동자와 농민조직은 물론이고 좌파 종교단체들도 잔인한 폭력에 시달렸다.

1984년 12월 2일 인도 보팔에 있는 유니언카바이드Union Carbide 화학공장에서 유독가스가 유출되어 500만 명이 피해를 입는 세계 최악의 산업재해가 발생했다. 수십만 명이 사망하거나 눈이 멀고 장애가 생겼다. 낡아빠진 공장에는 아무런 보건·안전설비가 없었다.

책임자인 최고경영자 워런 앤더슨Warren Anderson은 처벌받지 않았고, 유니언카바이드가 인도 정부에 지급한 보상금 4억 7000만 달러 가운데 극히 일부만 피해자와 유가족들에게 전달되었다. 평균 500달러 정도의 액수였다.

가스에 노출된 사람들은 지금도 이른 나이에 사망하고 있으며, 이들이 출산한 신생아의 기형, 암, 만성질환 발생률은 압도적으로 높다.

3 **1944년 12월 3일** 영국이 훈련과 장비를 제공한 그리스 경찰이 나치 부역자들과 함께 아테네의 반나치 시위대에 발포해 28명이 사망했다. 당시 미군과 영국군은 지켜보기만 했다. 그에 앞서 영국군은 군중을 해산하고자 시위대 위로 예광탄을 쏘았으나 허

사였다. 이런 공격은 반나치 파르티잔을 약화하기 위함이었다. 영국의 윈스턴 처칠 총리는 지난 3년간 영국 편에서 싸운 그리스 파르티잔 내에서 공산주의자들의 영향력이 지나치게 크다고 판단했다.

1946년 12월 3일 미국노동총연맹의 142개 지부가 여성 노동자 400명이 벌이는 파업을 지지하면서 연대파업에 들어가 10만 명이 넘게 참여한 거대한 파업의 물결이 일었다. 훗날 오클랜드 총파업이라 불리게 된 행동이었다.

현장에 있던 상선 선원 스탠 위어는 당시 상황을 다음과 같이 묘사했다.

밤이 되자 파업 노동자들은 약국과 시장을 빼고 모든 상점을 닫을 것을 지시했다. 술집은 문을 열어도 됐지만 맥주만 팔았고, 볼륨을 최대로 올린 주크박스를 인도에 내놓아 무료로 사용하게 했다. 건물마다 넘버원 히트곡이 울려 퍼졌다. "총 든 마누라, 그 총 내려놓지."[1943년 발표되어 빌보드 1위를 차지한 곡인 〈Pistol Packin' Mama〉의 한 구절] 54시간 동안 이어진 파업의 초반 24시간은 축제 같은 분위기였다. 수많은 남녀가 거리에서 쌍쌍으로 춤을 췄다. 참가자들은 역사를 만들고 있었고, 그 사실을 알고 즐기고 있었다.

파업 대열이 탄탄했는데도 미국노동총연맹 노동위원회는 12월 5일 아침 파업을 철회했다. 파업 중인 여성들이 어떤 양보도 얻지 못했는데도, 노동자들의 의견을 묻지도 않고 손을 뗀 것이다.

4 **1956년 12월 4일** 헝가리 부다페스트에서 노동자 통제로 운영되는 진정한 사회주의사회를 요구하는 전반적인 노동계급 봉기의 일환으로 여성 3만 명이 시위를 벌였다. 시위는 정확히 한 달전 소련군 Red Army이 부다페스트를 2차 공격하면서 사망한 사람들을

기리는 행동이었다. 2차 공격으로 반란은 사실상 종식된 상태였다. 시위에 참가한 여성 1명이 소련군의 총에 부상을 입었고, 다른 1명은 동료 시위자들 덕분에 연행을 모면했다. 행진에 참가하려 한 남성들은 시위 여성들에게 쫓겨났다.

1969년 12월 4일 FBI와 공조한 시카고 경찰이 블랙팬서당 지도자 프레드 햄프턴의 아파트를 급습해 침대에서 자고 있던 그를 살해했다. 그날 저녁 FBI 정보원은 햄프턴에게 접근해서 마약을 먹였고, 이후 요원들에게 햄프턴의 침대 위치를 알려주었다. 햄프턴은 임신 9개월째인 약혼자 데버라 존슨Deborah Johnson과 함께 자다가 습격을 당했다. 블랙팬서당의 동료 활동가 마크 클라크Mark Clark도 같은 공격으로 살해당했고, 다른 몇 명은 부상을 입었다.

겨우 21세이던 햄프턴은 유능하고 열정적이며 카리스마 넘치는 조직자로서 백인 노동계급에 상당한 영향력을 발휘하며 푸에르토리코인, 아메리카 원주민, 멕시코계, 중국계, 백인 급진주의자 등을 아우르는 '무지개 동맹Rainbow Coalition'을 형성하던 중이었다.

햄프턴과 클라크는 FBI 국장 J. 에드거 후버가 진행한 코인텔프로 작전의 가장 유명한 희생자로 꼽힌다. 이 작전은 무엇보다도 아프리카계 미국인들의 저항을 단합시킬 수 있는 "흑인 메시아의 등장을 가로막기" 위한 것이었다.

5 ⚠ **1955년 12월 5일** 로자 파크스가 백인 승객에게 자신이 앉아 있던 '유색인' 자리를 내주지 않았다는 이유로 체포된 지 4일 뒤, 몽고메리 버스 승차 거부운동이 시작되었다. 이는 인종평등뿐만 아니라 성폭력에 맞서는 흑인 여성들의 투쟁의 일환으로서도 민권운동의 중대한 순간이었다. 당시 주로 가사노동자인 아프리카계 미국인 여성들이 도시의 버스에서 성추행을 비롯한 성폭력을 당하는 일은 비일비재했다. 승차 거부운동이 폭발하기 전부터 여성 수십 명이 버스 기사의 추잡한 성적 욕설과 부적절한 신체 접촉, 성폭

력에 불만을 제기했다.

2008년 12월 5일 시카고의 리퍼블릭창호Republic Windows and Doors에서 일하는 노동자들이 보상 없는 정리해고에 맞서 연좌파업을 개시했다. 이 파업은 2008년 금융위기의 여파 속에 발생해 광범위한 지지를 받은 첫 번째 노동자투쟁이었다. 파업은 결국 보상 및 전 직원의 고용 유지라는 결과를 이끌어내며 끝났다.

6
1918년 12월 6일 이탈리아 타란토에 주둔하던 영국령 서인도 제도 연대 소속 흑인 병사들이 끔찍한 인종차별에 맞서 폭동을 일으켜 상관들을 공격했다. 폭동은 비록 무력 진압당했지만, 여기에 참가한 많은 병사는 후에 카리브해에 있는 고향으로 돌아가서도 식민 지배에 반대하는 노동자 소요에 가세했다.

1989년 12월 6일 캐나다의 몬트리올이공대학교에서 총기난사 사건이 일어나 대부분 공학 분야에서 공부하던 여성 14명이 사망했다. 25세의 총기난사범은 자신이 "페미니즘과 싸운다"고 주장하며 특히 여성을 겨냥했고, 28명에게 총격을 가한 뒤 자살했다. 피해자 중 4명은 남성이었다. 사망자는 준비에브 베르주롱, 엘렌 콜강, 나탈리 크로토, 바르바라 데뇨, 안마리 에드워드, 모드 아비에르니크, 마리즈 라가니에르, 마리즈 르클레르, 안마리 르메, 소니아 펠레티에, 미셸 리샤르, 아니 생아르노, 아니 튀르코트, 바르바라 클루츠니크비다예비츠 등이다. 캐나다는 이날을 여성 폭력에 반대하고 희생자를 추모하는 국경일로 기린다.

7
1959년 12월 7일 피지공화국Fiji의 석유 노동자들이 파업에 들어갔다. 도소매일반노동조합Wholesale and Retail Workers General Union, WRWGU이 벌인 이 파업은 피지인과 인도인을 주축으로 여러 종족 집단의 노동자들이 단합한 첫 번째 파업으로 유명하다. 석유 노동자들의 파업은 이에 대항해서 손잡은 영국 식민 정부와 피지의 전통적인 추장들 모두를 위협했다.

2006년 12월 7일 이집트 엘마할라엘쿠르바에 있는 미스르방직방적 Misr Spinning and Weaving 공장에서 일하는 여성 노동자 3000명이 상여금이 지급되지 않는 데 항의하며 작업장을 박차고 나왔다. 노동자들은 공장을 가로질러 행진하면서 구호를 외쳤다. "남자들은 어디 있나? 여자들은 여기 있다!" 파업에 합류하라고 남자들을 자극하는 구호였다. 인근 광장에 노동자 수천 명이 모이는 동안, 70명은 공장에 남아서 기계를 점거한 채 생산이 재개되는 것을 막았다. 노동자들은 전투경찰의 해산 시도에 저항하면서 점거를 계속했고, 4일 째에 접어들어 정부가 패배를 인정하면서 상여금을 지급하고 공장을 민영화하지 않겠다는 약속을 받아냈다. 이 파업을 계기로 전국 각지에서 연쇄 파업이 벌어졌다.

8 **1949년 12월 8일** 인도차이나에서 식민 전쟁이 벌어지는 동안 여러 항구에서 그 지역으로 가는 모든 화물의 운송을 막기로 하는 합의가 프랑스에서 열린 항만 노동자 회의에서 이루어졌다. 프랑스는 1946년 이래 베트남의 반식민운동과 전쟁을 벌이고 있었는데, 전쟁이 캄보디아와 라오스의 프랑스 보호령까지 확대된 상태였다.

지중해 연안에 있는 마르세유, 세트, 니스, 포르드북, 포르생루이, 포르방드르, 툴롱 등의 항구가 모두 봉쇄되었다. 전달에 항만 노동자들이 인도차이나로 향하는 선박 몽벨리아르호와 카프투란호의 선적을 거부한 행동에 이어 취해진 조치였다.

2008년 12월 8일 경찰이 15세 소년 알렉시스 그리고로풀로스 Alexis Grigoropoulos를 살해한 지 이틀 뒤, 그리스 전역에서 시위가 고조되며 전면적인 항쟁으로 치달았다. 항쟁이 광범위하게 확산되면서 곳곳에서 싸움이 벌어지자 결국 소년을 죽인 경찰관들이 수감되었다. 한 시사평론가는 다음과 같이 말했다.

아나키스트들 스스로도 사회의 수많은 부문에서 폭력이 고조되는 걸 보고 놀랐다. 불안감을 느낄 정도였다. 그전까지 매우 적극적으로 폭력을 행사하던 사람들이 이제는 깜짝 놀라서 사회를 불안한 눈으로 바라보고 있었다. 그들은 사회가 자신들을 훌쩍 넘어섰다고 느꼈다.

9 **1959년 12월 9일** 영국 정부가 영제국 시절 식민지에서 저지른 범죄에 관한 공식 기록을 파기하는 계획인 레거시 작전의 일환으로 비밀 제안서를 회람했다. 제안서는 문서철의 소각을 지시했는데, 이후 정부는 "문서들을 무거운 상자에 넣어서 해안에서 최대한 멀리 떨어진 바다로 가져가 수심이 아주 깊고 조류가 없는 물속에 가라앉혀야 한다"고 명령했다. 레거시 작전은 성공적으로 수행되었고, 영국의 끔찍한 식민 지배 유산은 자국 내에서 전혀 알려지지 않았다.

1987년 12월 9일 이스라엘의 점령에 대항하는 팔레스타인인들의 봉기가 시작되었다. 이 봉기는 훗날 1차 인티파다First Intifada라고 불리게 된다. 팔레스타인인들은 총파업에 참여하며 이스라엘 택시에 요금을 지불하는 것을 거부하고, 이스라엘 기관을 보이콧하고, 폭동을 일으켰다. 소요는 1990년대 초까지 계속되었다.

10 **1924년 12월 10일** 시카고의 군인 출신 우편 노동자 헨리 거버Henry Gerber가 미국 최초의 동성애자 권리단체인 인권협회Society for Human Rights를 창설했다. 몇 달 뒤 경찰이 거버를 비롯한 주요 회원들을 체포하면서 단체는 사라졌다.

1984년 12월 10일 광부들을지지하는레즈비언게이모임Lesbians and Gays Support the Miners, LGSM이 런던 캠던의 일렉트릭볼룸 공연장에서 자선공연을 열었다. 팝 밴드 브론스키 비트Bronski Beat를 내세운 이 공연은 대규모 광산 폐쇄에 맞서 몇 달째 파업을 벌이고 있는 광부들을 지원하기

온루인에 자리한 광부복지회관에 모인 LGSM 회원들

위한 것이었다. 이 공연으로 사우스웨일스의 파업 노동자들을 위한
기금이 5000파운드[약 800만 원]가 넘게 모였다.

LGSM은 지난해 열린 런던프라이드 시위 이후 만들어진 단체
로, 정부가 사실상 파업 광부들이 굶주림에 지쳐 작업에 복귀하게 만
들려고 기를 쓰는 가운데 광부들에게 절실하게 필요한 돈을 모으기
시작했다.

LGSM은 영국의 노동운동과 LGBT+운동을 하나로 묶고 노동운
동이 LGBT+의 권리를 지지하게 만드는 데 결정적인 역할을 했다.
◉ 27-29

11 ⚠ **1981년 12월 11일** 엘살바도르의 엘모소테에서 미국 로널
드 레이건 행정부의 지원을 받은 암살대가 1000명가량을 학
살했다. 희생자—절반이 어린이였다—대다수는 살해되기 전에 고
문을 당했고, 10세 소녀들까지 미국이 훈련한 병사들에게 강간을 당
했다. 암살대는 좌파 반란세력과 싸우고 있었지만, 엘모소테 마을 사
람들은 대체로 중립을 지키는 상태였다.

1983년 12월 11일 영국 그린햄 군사기지에 크루즈미사일이 반입되고 3주 뒤, 여성 5만 명이 기지를 에워싸고 항의 시위를 벌였다. 시위대는 군대의 이미지를 그대로 보여주겠다는 상징적 의미로 거울을 들었다. 시위가 마무리될 무렵 여성들은 기지 주변의 펜스를 잡아 뜯었고, 경찰이 수백 명을 체포했다.

12

1948년 12월 12일 영국군이 영제국 식민지 말라야[오늘날의 말레이시아]에서 벌어진 공산주의 반란을 진압하는 작전의 일환으로 무장하지 않은 마을 사람 24명을 학살했다. 바탕칼리 학살 Batang Kali massacre이라고 불리는 사건이다. 살인자 중 누구도 어떤 혐의로도 기소되지 않았다.

1969년 12월 12일 노동자와 학생들이 몇 달째 파업을 이어가던 중 밀라노 중심부에 있는 한 은행에서 폭탄이 터져서 16명이 사망하고 88명이 부상을 입었다. 이 사건은 처음에 원외 좌파의 소행으로 돌려져서 수많은 사람이 체포되었으며 아나키스트 철도 노동자 주세페 피넬리Giuseppe Pinelli가 경찰에 살해되기도 했다. 나중에 가서야 국가와 연합한 극우파의 소행으로 밝혀졌는데, 훗날 '긴장 전략'이라고 알려진 전복세력 단속의 일환이었다. 2001년에 이르러서야 파시스트 3명이 범인으로 투옥되었다.

13

1905년 12월 13일 헝가리의 급진적 농장 노동자 산도르 치즈머디어Sándor Csizmadia와 동료 몇 명이 농업노동조합Union of Rural Workers, URW을 결성했다. 조합은 빠르게 성장해서 2년도 되지 않아 625개 지부에 7만 5000명의 조합원을 두게 되었다. 이렇게 힘을 키운 일용직 노동자와 농장 하인들은 파업에 들어갔다. 정부는 4000명을 체포하고 파업자들에게 막대한 벌금을 부과했으며, 결국은 노동조합을 불법화하는 식으로 파업을 진압하려 했다.

1971년 12월 13일 오늘날의 나미비아에서 오밤보족 원주민 노동자

6000명이 아파르트헤이트 체제의 착취적인 강제 계약 노동제도에 반대하는 파업에 들어가면서 구내식당 불매운동을 개시했다. 정부는 백인 학생들과 다른 부족의 흑인 노동자들을 파업파괴자로 불러들이고 경찰을 배치하며 폭력 진압에 나섰지만 파업은 계속 확산되었다.

1월 3일에 이르러 많은 작업장과 모든 주요 광산에서 파업이 진행되었다. 그 시점에서 남아공 정부는 관련 제도를 개혁하는 데 동의했지만, 그럼에도 파업은 1월 21일까지 계속되었다. 결국 강제 계약 노동제도가 공식적으로 폐지되었고, 일자리를 선택하고 이직할 자유, 무상 의료보험 등의 주요한 요구가 관철되었다.

14 **1914년 12월 14일** 파업 광부와 그들의 부인과 자녀 2000여 명을 학살해 칠레 역사상 가장 유혈적인 학살로 꼽히는 산타마리아학교 학살의 주범인 로베르토 실바 레나르드Roberto Silva Renard 장군이 거리에서 안토니오 라몬 라몬Antonio Ramón Ramón의 칼에

안토니오 라몬 라몬의 머그숏

일곱 군데를 찔렸다. 라몬은 학살사건에서 형제를 잃은 에스파냐의 아나키스트였다. 레나르드는 칼을 맞고도 살아남았지만 장애를 얻었다. 노동자들은 라몬이 구금되자 그를 옹호하는 대중적 캠페인을 벌였다. 라몬은 5년 징역형을 살았다.

1951년 12월 14일 뉴욕시의 베이글 제빵사들이 파업에 들어가서 도시에 있는 34곳 베이글 빵집 중 32곳이 문을 닫았다. 일주일에 120만 개씩 공급되던 베이글이 더 이상 만들어지지 않으면서 빵집 선반에서 베이글이 동났고 《뉴욕타임스》는 이러한 사태를 '베이글 기근'이라고 이름 붙였다. 제빵사들은 1월에 고용주들과 합의에 도달했지

만, 베이글 운반 기사들은 파업을 이어갔다. 쟁의가 시작된 날로부터 7주 뒤, 파업 중 손해 본 임금을 보상하는 것으로 최종 합의를 이루었다.

1890년 12월 15일 수족 추장 시팅 불Sitting Bull[앉은 황소]이 사우스다코타주의 인디언 지정 거주지 스탠딩록Standing Rock에서 인디언 경찰에게 살해되었다. 인디언 중재자 제임스 매클로플린James

시팅 불, 1883년 무렵

McLaughlin은 백인 팽창주의의 종언을 예견하는 고스트댄스[유령춤]라는 영적 운동이 성장하는 것을 우려해 시팅 불을 체포하고자 경관 39명과 지원병 4명을 보냈다. 시팅 불이 경찰에 협조하기를 거부하자 그들은 완력을 사용했는데, 이에 그 자리에 모여 있던 군중이 분노하는 가운데 누군가 경찰에게 총을 쏘았다. 경찰은 보복이라도 하듯 시팅 불의 가슴과 머리에 총을 쏴서 살해했다. 곧바로 전투가 벌어져 마을 사람 7명과 경찰관 8명이 추가로 사망했다.

1912년 12월 15일 페루지역노동자연맹Federación Obrera Regional del Perú, FORP이 2차 총회를 열어 하루 최대 8시간 노동 요구안을 채택했다. 10월에 결성된 이 연맹에는 전기 노동자, 섬유 노동자, 일용직 노동자 노동조합뿐만 아니라 아나키스트 노동자단체 등 수많은 노동조합이 가입했다.

1871년 12월 16일 프랑스의 노동자와 병사들이 3개월간 파리를 장악하고 통치한 파리코뮌이 진압된 뒤 교사이자 혁명가인 루이즈 미셸이 재판을 받았다. 미셸은 정부를 전복하려 하고, 시민들에게 무장을 독려하고, 무기를 소지·사용한 것 등 여러 혐의로 기소되었다. 뉴칼레도니아섬으로의 유배형을 받은 미셸은 감옥선 철창에 갇혀 4개월을 보냈다. 국민적 영웅이 된 미셸은 1880년 마침내 사면되었다. 한 남자가 미셸을 암살하려 했을 때, 미셸은 법정에서 가해자를 옹호하면서 "저 사람은 사악한 사회 때문에 그릇된 길로 빠진 것"이라고 주장했다.

1910년 12월 16일 영국 런던 이스트엔드에서 하운즈디치 살인사건이 발생했다. 금은방 절도에 실패한 라트비아 출신 혁명가 무리가 경찰관 3명을 사살하고 2명에게 중상을 입힌 사건이다. 수사관들은 주빌리 스트리트에 있는 아나키스트 클럽에 주목했고, 이로 인해 이탈리아 출신 아나키스트 에리코 말라테스타가 부당하게 연루되었다.

이 사건은 경찰과 군인 수백명이 급진주의자들과 격전을 치른 저 유명한 시드니스트리트 포위전Siege of Sidney Street의 서곡이었다. 이러한 상황에서 검거망을 피한

도장공 피터, 1910년 무렵

라트비아 출신 혁명가 도장공 피터Peter the Painter는 이스트엔드 노동계급의 반영웅anti-hero이 되기도 했다.

⚠ **1933년 12월 17일** 1917년 혁명 직후인 1922년에 소련에서 비범죄화된 남성 간 성행위가 다시 불법화되었다. 당국은 동

성애가 서구 부르주아와 독일 파시스트의 영향을 받은 결과라고 주장했으며, 소비에트 공식 기관지 《프라우다》는 다음과 같은 구호로 끝나는 기사를 내보냈다. "동성애를 파괴하라, 그러면 파시즘이 사라질 것이니!" 1934년 초, 소련의 주요 도시에서는 게이 남성들이 대대적으로 검거되어 강제노동수용소gulag로 보내지기 시작했다.

이러한 법에 따라 투옥된 이들 중 한 사람인 발레리 클리모프 Valery Klimov는 자신과 같은 사람들이 어떤 대우를 받았는지에 관해 다음과 같은 기록을 남겼다.

눈앞에서 게이가 살해된 것만 10차례 정도 된다. 한 사람은 스베르들롭스크 교도소에서 맞아 죽었다. 우리 감방에 100명 정도가 있었는데, 서너 명이 매일같이 그를 강간하고 침대 밑으로 던져버렸다. 잔혹한 악몽이었다. 한번은 같은 감방에 있던 10명이 그를 강간하고 머리를 짓밟았다. 정말 미칠 지경이었다. 내 머리는 전부 허옇게 셌다. 그런 식으로 사람들은 제정신을 잃었다. 많은 이가 출소 뒤에도 회복되지 못했다.

여성 동성애는 금지되지 않았고 전형적으로 '남성적인' 일부 레즈비언은 군대에서 치켜세워지기도 했지만, 많은 레즈비언이 여전히 박해를 받았다. 학교나 직장에서 쫓겨나고, 괴롭힘을 당하고, 아이 양육권을 빼앗겠다고 위협을 받고, 정신병원에 갇혔다.

1970년 12월 17일 폴란드 그디니아에서 항만 노동자들이 물가 상승에 항의하는 시위를 벌이자 정부가 이를 진압하기 위해 군인들에게 발포 명령을 내렸다. 군대는 폭동을 막기 위해 사망자 수십 명을 야음夜陰을 틈타 묻어버렸다. 하지만 탄압은 성공을 거두지 못했고, 파업과 공장점거, 폭동이 전국을 휩쓸면서 정부는 결국 즉각 물러나야 했다.

18 **2010년 12월 18일** 튀니지의 노점상 모하메드 부아지지Mohamed Bouazizi가 분신한 뒤, 거리로 몰려나온 시위대가 결국 독재자 진 엘 아비딘 벤 알리Zine El Abidine Ben Ali를 몰아내고 훗날 아랍의 봄이라 불리는 항쟁을 벌였다.

2012년 12월 18일 시에라리온의 군대가 파업 중인 광부들에게 발포해 2명이 사망했다. 광부들은 외국인 소유의 다이아몬드 광산에서 상여금 미지급과 인종차별에 항의하고 노동조건 개선을 요구하며 파업을 벌이고 있었다. 총격 직후 경찰서 1곳이 불에 탔고, 지역의 택시 운전사들이 연대파업을 벌였다.

19 **1996년 12월 19일** 아일랜드에서 대규모의 수도요금 납부 거부운동이 벌어진 뒤, 환경부 장관이 1994년 더블린에서 도입된 추가 수도요금안을 철회하겠다고 발표했다. 지역별 그룹으로 뭉친 노동계급 주민들의 거부운동을 통해 주민의 50퍼센트 이상이 납부를 거부한 상태였다. 지역 당국은 주민들을 고소하고 수도를 끊으면서 납부를 강제하려 했다. 하지만 거부운동에 참여한 주민들은 단수에 저항하며 법원에서도 싸웠고, 결국 정부가 물러나게 만들었다.

2001년 12월 19일 아르헨티나의 노동자와 실업자들이 경제위기에 대한 대응으로 종종 폭력적인 시위와 거리 봉쇄, 공장점거를 벌였다. 이러한 운동이 내건 구호는 "전부 몰아내자!"였다. 정치인과 정부를 모조리 몰아내야 한다는 의미다. 정부의 폭력 진압으로 39명이 사망했지만, 마침내 페르난도 데 라 루아Fernando de la Rúa 대통령이 사임했다.

20 **1960년 12월 20일** 벨기에 전역의 지자체 노동자들이 노동자들의 구매력을 약화하는 새로운 법에 맞서 공식 파업에 나섰다. 다른 노동조합들이 대응 방안을 논의하는 가운데 유례없는 살쾡이파업이 전국을 휩쓸었다. 그 결과로 일어난 총파업은 1월 21일까지 계속되었다.

1970년 12월 20일 미군의 계속되는 점령에 항의하던 일본 오키나와 주민 5000명이 해가 떨어진 뒤 미군 헌병 수백 명과 충돌하면서 고자 폭동이 일어났다. 주민들은 미군 수십 명에게 부상을 입히고, 차를 불태우고, 가네다 공군기지의 건물 몇 채를 파손했다.

고자 폭동으로 파괴된 자동차들

21 **1848년 12월 21일** 조지아주 서배나에서 탈주 노예인 엘런Ellen Craft과 윌리엄 크래프트William Craft 부부가 성탄절 아침에 필라델 피아에 도착하는 증기선에 올랐다. 피부색이 밝은 엘런은 중산모자를 쓰고 크라바트cravat[넥타이처럼 목에 매는 천]를 해 백인 남성으로 변장하고는 윌리엄을 노예처럼 대동했다.

엘런과 윌리엄 크래프트 부부

1850년 탈주노예법이 통과되면서 북부에 있는 탈주 노예를 남부로 돌려보내기 시작하자 크래프트 부부는 영국으로 망명해 그곳에서 19년간 살았다. 영국에서 자녀 다섯을 두고 노예제 폐지 운동과 여성참정권투쟁에 참여한 부부는 남북전쟁 이후 미국으로 돌아왔다.

1907년 12월 21일 역사상 최악의 파업 노동자 학살사건인 산타마리아학교 학살이 발생했다. 칠레군은 2000명이 넘는 사람들을 살해했다. 이키케에 있는 산타마리아의 한 학교에서 천막을 치고 생활하던 파업 질산염 광부들과 그 부인, 자녀들이 몰살당했다. 한 아나키스트는 후에 학살의 주범인 장교를 암살하려 했다.

22 **1988년 12월 22일** 브라질의 고무 노동자이자 [농촌] 활동가이며 환경운동가, 원주민 권리운동가인 시쿠 멘지스Chico Mendes가 목축업자에게 암살당했다.

노동조합 고참 간부인 멘지스와 고무 노동자들은 아마존 열대우림을 보호하기 위해 정부에 삼림 파괴를 막을 수 있도록 보호구역을 지정하라고 요청했다. 카쇼에이라의 고무 노동자들은 보호구역의 일부를 매입한 목장주 다를리 아우베스 다 시우바가 들어오지 못하도록 바리케이드를 세웠다. 이후 멘지스는 다 시우바가 또 다른 지역에서 진행하는 벌목을 막기 위한 캠페인을 시작했을 뿐만 아니라 그가 다른 곳에서 저지른 것으로 추정되는 살인사건에 대한 영장을 받아내는 데도 성공했다. 멘지스는 영장을 경찰에 전달했지만, 경찰은 집행하지 않았다.

12월 22일 목요일 저녁, 자택에 있던 멘지스는 다 시우바의 아들에게 암살당했다. 그해 브라질에서 열아홉 번째로 살해된 농촌 활동가였다.

이 살인사건으로 다 시우바와 그의 아들, 그리고 그들의 직원 1명은 19년간 투옥되었고, 세

자택에서 아들 산디노와 함께 있는 시쿠 멘지스, 1988년

계적인 지지운동이 벌어진 뒤 '시쿠 멘지스 벌목 보호구역'이 만들어졌다. 이곳과 이후 설정된 다른 보호구역들의 총면적은 현재 3300만 에이커[약 13만 3546제곱킬로미터]에 이른다.

> 처음에 나는 고무나무를 구하기 위해 싸운다고 생각했고, 그다음에는 아마존 열대우림을 구하기 위해 싸운다고 생각했다. 이제 나는 인류를 위해 싸운다는 것을 깨달았다. ─시쿠 멘지스

1997년 12월 22일 멕시코 치아파스의 사파티스타 반군운동을 지지하는 원주민 45명이 평화의 기도 집회 중 준군사조직에 학살당했다. 준군사조직은 임신한 여자를 쏘고 배를 난도질하는 등 잔학행위를 서슴지 않았다. 정부군이 근처에 있었지만 개입하기는커녕 가톨릭 신자들이 살해당한 교회에서 그들의 피를 닦아내며 학살을 은폐하려 했다.

23 **1928년 12월 23일** 오스트레일리아의 판사 라이어널 오스카 루킨이 목재 노동자들의 임금을 인하하고 주당 노동시간을 44시간에서 48시간으로 늘려야 한다고 판결했다. 1월 3일, 목재 노동자들은 추가된 4시간의 작업을 거부하기로 의견을 모았다. 4주 뒤, 고용주들은 뉴사우스웨일스에 있는 70개 제재소에서 노동자 수천 명을 상대로 직장 폐쇄를 단행하며 노동자들의 작업거부에 보복했다. 노동자들은 파업으로 대응했고 이는 9개월 가까이 이어졌다.

고용주들은 노동자 부인들이 남편에게 압력을 가하도록 호소하려고 노력했다. 산업평화협회Industrial Peace Association, IPA는 간담회를 준비하며 여성들이 이 자리에 참석해서 "파업 때문에 무력한 아이들에게 잔인한 짓을 하게 되는 상황에 대해 항의할 것"을 호소했다. 그러나 간담회에 참석한 여성들은 〈연대여 영원하라〉를 목청껏 부르면서 발언자들의 목소리를 압도했다. 한 젊은 여성이 의자 위에 올라서서

외친 끝에 간담회는 서둘러 끝이 났다. "우리는 남편들의 파업을 방해하지 않습니다. 그러고 싶지 않다고요."

경찰과 정부의 탄압이 고조되는 가운데 결국 파업은 패배로 끝이 났다. 노동당 정부가 당선되면 결정이 취소될 것이라는 기대가 없지 않았다. 실제로 노동당이 압승을 거두기는 했지만, 작업에 복귀한 뒤에도 쟁의 중 해고된 파업 참가자의 대다수는 복직되지 않았다.

2013년 12월 23일 시티은행의 노동자 레넌 레이 브라운Lennon Ray Brown이 관리자로부터 불리한 업무 평가를 받았다는 이유로 시스템의 구성 파일을 삭제해 은행 전산망의 90퍼센트를 다운시켰다. 그는 "경영진이 계속 현장직원을 홀대하면 어떤 일이 생길 수 있는지"를 알리기 위해 이런 행동을 했다고 말했다. 시티은행은 경찰에 신고했고, 브라운은 21개월 징역형을 받았다.

24 **1913년 12월 24일** 미시간주 캘류멧에서 이탈리안홀 참사Italian Hall disaster, 일명 1913년 학살이라고 알려진 비극이 벌어졌다. 7월부터 파업 중이던 구리 광부의 부인들이 이탈리안홀에서 크리스마스 파티를 열었다. 그 후 정확히 어떤 일이 벌어졌는지는 논란의 여지가 있지만, 밤이 끝날 무렵 광부들의 자녀 59명을 포함한 73명이 사망했다. 혼잡한 건물에서 앞다퉈 도망치다가 계단에서 깔려 죽은 것이었다.

하원 소위원회에서 증언한 목격자 8명은 시민연맹Citizens' Alliance 배지를 단 남자가 "불이야"라고 외치자 사람들이 우르르 계단으로 몰려갔다고 설명했다. 시민연맹은 파업을 깨뜨리기 위해 고용주들과 협력하는 반노조 자경단이었다.

1983년 12월 24일 1972년과 1974년 광부 파업을 지지한 배우들로 구성된 팝 그룹 플라잉피켓츠Flying Pickets가 야주Yazoo(미국에서는 야즈Yaz로 알려졌다)의 곡 〈온리 유〉를 아카펠라 버전으로 리메이크해 영국 크리스마스 넘버원 싱글에 올랐다.

플라잉피켓츠는 전국 각지를 돌면서 노동자들의 피켓 시위에 연대한 파업 노동자들의 그룹이었다. 이러한 전술은 1974년 보수당 정부를 무너뜨리는 데 일조했다. 전투적 사회주의자들인 플라잉피켓츠는 이후 1984년 광부 파업 시기에 드랙스Drax 발전소에서 피케팅을 하면서 레코드레이블과 갈등을 겪었고, 일부 음반가게는 이들의 음반 판매를 거부하기도 했다.

25 **1522년·1831년·1837년 12월 25일** 1522년 크리스마스에 오늘날의 도미니카공화국 산토도밍고에 위치한 크리스토퍼 콜럼버스의 아들 디에고의 사탕수수 플랜테이션 농장에서 어느 무슬림이 이끄는 반란이 일어났다. 서아프리카에서 온 노예들을 포함해 사탕수수를 벨 때 쓰는 마체테로 무장한 반란자들은 식민 정착민들을 다수 죽이는 데 성공했지만 결국 진압되었다. 찾아낸 시신 15구 가운데 9구가 유럽인이었다. 반란자 다수는 가까스로 산악지대로 도망쳐 타이노족 사이에서 독자적인 공동체를 이루었다.

3세기 뒤인 1831년 같은 날, 자메이카의 노예들이 해방을 요구하며 파업에 들어갔다. 노예들이 무장 반란을 일으키자 영제국은 그 지역에서 노예제를 불법화했다.

다시 6년 뒤인 1837년 크리스마스에 플로리다의 세미놀 국가를 이루었던 아프리카인과 아메리카 원주민들이 자신들보다 압도적으로 강한 미국 침략군을 물리쳤다. 미군은 이들이 세미놀 국가로 초기에 이루었던 무지개 동맹을 깨부수고 아프리카인들을 다시 노예로 삼으려고 쳐들어온 길이었다.

1914년 12월 25일 1차대전 중 서부전선에서 대치 중이던 10만 명의 병력이 비공식적으로 휴전을 하면서 서로 싸우기를 거부했다. 독일 병사들이 〈고요한 밤〉을 비롯한 크리스마스 캐럴을 영어, 프랑스어, 독일어로 부르기 시작했다. 영국 병사들도 같이 노래를 불렀다. 이윽고 양쪽 군대가 천천히 참호에서 걸어 나와 무인지대에서 만났고, 서

휴전 중 대화를 나누는 영국군과 독일군

로 선물을 교환하고 어떤 곳에서는 축구를 하기도 했다. ⓢ 38

26 **1862년 12월 26일** 1862년 미국-다코타족전쟁 와중에 다코타족 38명의 교수형이 집행되면서 미국 역사상 가장 큰 규모의 처형이 이루어졌다. 아메리카 원주민에 대한 재판 중 일부는 채 5분도 걸리지 않았고, 에이브러햄 링컨 대통령이 직접 재판 서류를 검토하며 사형을 승인했다.

1904년 12월 26일 오늘날 아제르바이잔의 수도 바쿠에서 금속 노동자들이 하루 8시간 노동, 임금인상, 일요일 휴무 등 수많은 요구를 내걸고 파업에 들어갔다. 걸핏하면 시위가 벌어져 군경과 충돌하면서 5일 만에 핵심 산업인 석유를 비롯한 도시의 대다수 기업이 문을 닫았다.

지난해의 파업이 실패로 돌아간 것과 달리, 이번에는 노동자들이 1월 12일까지 버텼고, 결국 러시아제국 역사상 최초의 단체협약이 체결되었다. 특히 노동자들은 하루 9시간 노동, 매달 사흘의 휴무, 임금인상, 생활조건과 노동조건 개선 등을 확보했다.

27 **1797년 12월 27일** 영국 왕립 해군의 마리 앙투아네트호 수병들이 장교를 살해하고 카리브해의 프랑스 항구로 배를 몰고 갔다. 열악한 노동조건과 수병들 사이에서 고조된 노동계급 의식으로 영국 함대에서 잇따라 일어난 폭동의 일부였다.

난바 다이스케, 1923년

1923년 12월 27일 일본의 혁명가 난바 다이스케가 국가에 의해 살해당한 동지 고토쿠 슈스이, 오스기 사카에, 이토 노에의 복수를 위해 황태자 암살을 시도했다. 암살에 실패한 난바는 체포되어 사형을 선고받고 이틀 뒤 처형되었다.

28 **1907년 12월 28일** 뉴욕시의 1만 가구가 임대료 급등에 항의하며 집세 납부 거부운동에 들어갔다. 16세 섬유 노동자 폴린 뉴먼이 젊은 여공 400명을 모으고 가족들의 동참을 호소하면서 촉발된 행동이었다. 집주인들은 단수와 보복 퇴거로 반격했지만 사람들은 굳건히 버텼고, 1월 초에 이르러 2000가구가 집세 인하를 얻어냈다.

1973년 12월 28일 스카이랩4Skylab 4 우주정거장에서 몇몇 사학자들이 우주공간 최초의 파업이라고 일컫는 사태가 벌어졌다. 노동자들이 살인적인 작업 일정에 시달리자 제리 카Jerry Carr 지휘관은 지상통제소에 불만을 토로했다. "지구상에서라면 84일 동안 연속으로 하루에 16시간씩 일하는 일은 절대 없을 겁니다. 여기 우주공간에서도 그렇게 하기를 기대해서는 안 되지요." 비행사 윌리엄 포그William Pogue는 우주에 관해 숙고하면서 "별들과 저 아래에 있는 지구, 우리 자신을 공부할" 시간을 좀더 갖고 싶다고 말했다. 카는 결국 지상통제소에 전신을 보내 하소연했다. "우리는 휴식시간이 좀더 필요합니다. 빽빽

한 일정을 조금 줄여야 합니다. 밥 먹고 곧바로 훈련하고 싶지 않아요. 상황을 잘 관리할 필요가 있습니다." 12월 28일, 우주비행사들은 무전을 끄고 하루를 쉬면서 개인 업무를 처리하고, 나름의 속도로 실험을 진행했다. 24시간 뒤 지상통제사들도 타협에 동의했고 우주정거장 활동의 마지막 6주는 분위기가 한결 밝았다.

29 **1890년 12월 29일** 사우스다코타주 운디드니샛강 근처에서 미군 제7기병연대 병력이 라코타족 남녀노소 200명을 비롯해 자기 동료들의 일부까지 학살했다. 라코타족은 대부분 비무장 상태로 도망치는 중이었다. 군인 20여 명이 이 '용감한' 행동으로 명예훈장을 받았다.

1968년 12월 29일 10월부터 계속된 학생 파업과 점거 물결 때문에 난장판이 된 도쿄대학교가 결국 1969년 입학시험을 취소했다. 파업을 벌이는 학생들은 무급인턴제 및 교직원과 경찰의 협력을 둘러싸고 계속되는 충돌에서 파업에 반대하는 공산당 소속 학생들과 전투경찰에 맞서 치열하게 싸웠다.

30 **1930년 12월 30일** 에콰도르 북부의 고산지대 페시요Pesillo에 자리한 대농장에서 일하는 원주민 노동자들이 임금인상과 노동조건 개선을 요구하며 파업에 들어갔고, 인근의 다른 노동자들도 파업에 가세했다. 노동자들은 대농장 본관을 습격하고 현지 관리들을 내쫓았다. 정부는 군대를 보내 파업 지도자들을 검거하고 그들의 주택을 파괴했지만, 노동자들은 굳게 버텨서 양보를 얻어냈다. 이러한 노동자들의 행동은 무엇보다도 에콰도르 전역에서 농촌 시위의 물결이 촉발되는 데 일조했다.

1936년 12월 30일 미국 미시간주 플린트에 위치한 제너럴모터스 자동차공장에서 노동조합 탈퇴 지시를 거부한 검사관 3명을 전보 발령한 데 항의하는 노동자 50명이 살쾡이파업을 벌였다. 노동자들은 경영진이 생산시설을 다른 곳으로 이전할 준비를 하고 있음을 눈치챘고, 대부분 조합에 속하지 않은 노동자들이 공장을 점거하고 법원 명령과 경비원과 경찰의 폭력 진압에 맞서며 2월까지 버텼다. 회사가 결국 굴복하고 노동조합을 인정하게 되면서 노동자와 경영진 사이 힘의 균형이 결정적으로 바뀌었다. 파업 노동자들의 전투적 기상 및 로스코 밴 잰트Roscoe Van Zandt와 J. D. 돗슨J.D. Dotson 같은 흑인 노동자들의 참여에도 불구하고, 전미자동차노동조합이 체결한 협약에 따라 짐 크로법의 엄격한 작업장 인종 분리는 유지되었다.

31 **1912년 12월 31일** 세계산업노동자연맹이 조직한 뉴욕시 호텔 노동자들과 웨이터들의 파업이 시작되었다. 처음에는 노동조건이 특히 열악한 몇몇 호텔들만이 참여했다. 오후 11시가 막 지났을 때, 호텔애스터 앞에서 싸움이 벌어졌다. 사설탐정과 무장 경찰 25명이 파업 중인 웨이터 30명과 충돌했고, 웨이터들은 벽돌을 휘두르며 맞싸웠다. 파업은 1월에 총파업으로 확대되며 노동자들의 여러 요구가 제기되었다. 팁을 폐지하고 적정 임금으로 대체하라는 등의 요구였다. 고용주들로부터 이렇다 할 양보를 얻어내지 못한 채 1월 말에 파업이 끝났지만 이후 몇 차례 더 파업이 벌어지며 임금인상과 노동조건 개선을 얻어내는 데 성공했고, 이때의 성과는 오늘날까지도 어느 정도 이어지고 있다. ◉6

1969년 12월 31일 드와이트Dwight Armstrong와 칼 암스트롱Karl Armstrong 형제가 위스콘신주 매디슨 외곽에 있는 공항에서 세스나 쌍발기를 훔쳐 북쪽으로 53마일[약 85킬로미터]을 날아가 배저육군탄약공장Badger Army Ammunition Plant에 폭탄 3개를 떨어뜨렸다. 베트남전쟁에 항의하는 행동이었다. 이 공장은 형제의 삼촌이 일하다가 사고로 사망한 곳이기도 했다. 폭탄은 불발에 그쳤지만, 이는 베트남전쟁이 길어지는 가운데 미국을 뒤흔든 수많은 폭력적 반전 행동 중 하나였다. ◉14

감사의 말

우선 패트리언Patreon[미국의 후원 모금 사이트]의 우리 후원자들에게 말로 다 할 수 없는 감사를 드리고 싶다. 우리의 작업은 전적으로 patreon.com/workingclasshistory에 참여한 독자와 청취자들의 모금으로 이루어진 것이다. 그들의 도움이 없었더라면 이 책을 쓰거나 '노동계급의 역사' 프로젝트 전반을 운영하지 못했을 것이다.

또한 우리 프로젝트를 도와준 모든 사람, 이 책의 초고를 읽고 의견을 전해준 모든 이, 우리 팟캐스트에 출연해 이야기를 나누면서 영감을 준 모든 사람에게 감사하다는 말을 전하고 싶다.

다음의 사람들에게 특히 감사드린다(순서 없음). 매티 론, 라칸 부데이리, 린다 톨슨, 헤일리 프리얼, 로빈 카리나, 스티븐 존스, 서배스천 포레카, 징잉 왕, 네이선 길크리스트, 하 햄, 제프 갠디, 크리스틴, 비스와딥 다스굽타, 마이크 하먼, 일라이자 워멜, 존 셰퍼드, DD 존스턴, 베티나 에스카우리사, LD, 아르노, 브라이언 주발스키, 크리스틴 호미츠 화이트, 단, 에밀리아 레나 페르난데스, 루이스 개빈, 리지 데링턴, 마르티나 돔라도박, 에밀리 웹, 매튜 윌슨, 로드리고 코스타, 리트윅 카나, 마이클 라이언, 존 예이츠, 브라이언 레잉, 크리스 도지, 마이클 오스웰. 이 책의 출간을 제안하고 현실로 이뤄낸 PM프레스 출판사에도 감사드린다.

마지막으로 이 책을 구매함으로써 우리의 작업을 지원해준 당신께 감사드린다.

동료 노동자를 지키고 더 나은 세상을 만들기 위해 싸웠으나 역

사에 이름을 남기지 못한 이들에게 이 책을 바친다. 우리는 당신들이 어떤 사람이었는지 전혀 모르지만, 오늘 우리가 무엇을 가졌든 간에 어느 정도는 당신들 덕분이다.

옮긴이의 말

역사는 왕이나 여왕, 정치인이나 장군이 아니라 하루하루 노동하고 저항하고 투쟁하는 보통 사람들에 의해 만들어진다. 이런 시각에서 '노동계급의 역사'를 표방하는 이 책은 '과거의 오늘'이나 '역사 속 오늘'로 1년 365일 해당 날짜에 벌어진 두 사건을 짧게 소개하는 형식으로 구성되었다. 다만 여기서 다루는 '노동계급'은 그 범위가 무척 넓다. 전통적인 의미의 노동자만이 아니라 농민, 여성, 병사, 이민자, 유색인, LGBT+, 원주민, 식민지 주민 등 온갖 노동계급'들'이 시공간을 가로질러 등장한다. 노동계급, 아니 여러 노동계급들의 역사이며 아래로부터의 역사, 민중사라고 할 수 있다.

역사에 기록된 세계 최초의 파업이 벌어진 기원전 1157년(10월 13일 이집트)부터 최근까지, 지리적으로는 지구 구석구석에서 우주 정거장에 이르기까지 저항과 투쟁의 역사는 끝이 없다. 자본주의 초기부터 노동자들은 자생적인 조직을 이뤄 빼앗긴 권리와 정의, 자유를 찾기 위해 싸웠다. 노동시간 단축과 임금인상, 아동노동 금지, 노동조건 개선 등이 주요 요구였다. 이 책에서 '우리'라고 지칭하는 광의의 노동계급의 역사는 묵묵히 일한 역사인 동시에 끊임없이 저항하고 투쟁한 역사다. 가슴 벅찬 많은 승리가 있었고, 비참한 패배도 숱하게 많았다. 때로 저항세력이 폭력을 휘두르기도 했지만, 부와 권력을 가진 자들은 상상을 초월하는 학살극을 벌였다. 이 책에 '○○ 학살'이라는 이름으로 등장하는 사건만 해도 일일이 세기가 힘들 지경이다. 또한 이윤 극대화만을 추구하는 자본주의를 제어하지 못한 까닭에 공장 화재로 노동자 147명이 사망하기도 했고(1911년 3월 25

일 뉴욕), 유독가스 누출로 500만 명이 피해를 입기도 했다(1984년 12월 2일 인도 보팔). 불과 10년 전에도 의류공장 건물이 붕괴해서 노동자 1000여 명이 사망했다(2013년 4월 25일 방글라데시). 때로는 최소한의 안전과 생존 자체만을 위해서도 싸워야 했다.

노동시간 단축, 토요일 휴무, 산업안전, 고용안정, 삶의 질 향상, 차별 금지에서부터 민주주의와 복지국가에 이르기까지 오늘날 우리의 삶이 그나마 나아진 것은 보이지 않는 이처럼 오랜 투쟁의 역사가 있었기 때문이다. 주류 역사에서는 대부분 잊힌 역사이거나 의도적으로 삭제된 역사다. 고용주나 정부, 군경의 힘이 무한정 커 보일 때도 있지만, 이 책에 실린 숱한 사례에서 드러나듯 예상을 뒤엎고 순식간에 양보하거나 허망하게 무너지는 일도 적지 않다.

이 책은 노동계급의 영광스러운 승리의 역사만을 다루지 않는다. 마틴 루서 킹 주니어는 오로지 인종차별 반대투쟁의 상징으로 여겨지는 인물이지만 말년의 그는 베트남전쟁과 경제적 불평등에 주목했다. 이처럼 저항운동 진영에서 감추거나 무시한 역사에도 시선을 돌린다. 미국 민권운동에 한 획을 그은 몽고메리 버스 보이콧의 주역이 어째서 15세의 클로뎃 콜빈(1955년 3월 2일)이 아니라 로자 파크스(1955년 12월 1일)가 됐는지 그 이면까지 들여다본다. 과장되거나 영웅시된 역사가 아니라 있는 그대로의 역사를 알아야 제대로된 교훈으로 삼을 수 있기 때문이다.

워낙 많은 사건을 소개하는 책의 특성상 가장 기본적인 사실만을 무미건조하게 서술한다. 역사의 스냅숏 같은 사진과 이미지를 곁들인 서술을 통해 해당 사건의 개요를 알 수 있지만 자세한 내용과 역사적 배경을 알려면 다른 자료를 찾아 읽어야 한다. 안타깝게도 참고문헌에 정리된 출처와 자료들은 한국어로 번역된 게 턱없이 부족하기 때문에 별도의 인터넷 검색이나 관련 도서를 찾는 수고도 필요한 책이다. 그래도 오랜 역사, 그중에서도 최근 200여 년간 세계 곳곳에서 매일같이 벌어졌으나 거의 또는 전혀 알려지지 않은 '반란과 투쟁의 역사'를 한 권으로 훑어볼 수 있다는 점에서 이 책은 소중하다. 한국을 비롯한 세계 곳곳에서 과거 어느 때보다도 노동계급이 갈라져서 서로 경쟁하고 혐오하고 배척하는 오늘날, 연대의 역사를 읽는 일은 뜻깊은 경험이 될 것이다.

아르헨티나에서 우익 쿠데타가 일어나고,
뉴욕에서 액트업이 에이즈 환자들의 권리를 위해 시위를 벌인
2023년 3월 24일

유강은

참고문헌

1월

1804년 1월 1일 "Haitian independence 1804-1805," History of Haiti, 1492-1805, 2020
년 4월 14일 접속, https://library.brown.edu/haitihistory/11.html; CLR James, *The
Black Jacobins: Toussaint L'Ouverture and the San Domingo Revolution* (London:
Secker & Warburg, 1938)[한국어판: 시 엘 아르 제임스, 《블랙 자코뱅》, 우태정 옮김,
필맥, 2007], 2020년 4월 14일 접속, https://libcom.org/library/black-jacobins-
toussaint-louverture-san-domingo-revolution; Peter Hallward, "Haitian
Inspiration: On the bicentenary of Haiti's Independence," *Radical Philosophy*
123 (January-February 2004), 2020년 4월 14일 접속, https://libcom.org/library/
haitian-inspiration-on-bicentenary-haiti%E2%80%99s-independence; "US
Invasion and Occupation of Haiti, 1915-34," Office of the Historian, 2020년 4월 14
일 접속, https://history.state.gov/milestones/1914-1920/haiti; "France Urged to
Repay Haiti's Huge 'Independence Debt,'" BBC News, August 16, 2010, 2020년 4월
14일 접속, https://www.bbc.com/news/world-europe-10988938.

1994년 1월 1일 Editors, "Zapatista National Liberation Army," Encyclopaedia Britannica,
2020년 4월 14일 접속, https://www.britannica.com/topic/Zapatista-National-
Liberation-Army; John Vidal, "Mexico's Zapatista Rebels, 24 Years on and Defiant
in Mountain Strongholds," *Guardian*, February 17, 2018, 2020년 4월 14일 접속,
https://bit.ly/35nclAj.

1858년·1904년 1월 2일 Robert F. Grimmett, *Instances of Use of United States Armed
Forces Abroad, 1798-2008* (Collingdale, PA: Diane Publishing, 2010), 5, 8쪽;
"Revolution in Montevideo," *New York Times*, March 3, 1858, 1면.

1920년 1월 2일 Gregory Dehler, "Palmer Raids," Encyclopaedia Britannica, 2020년 4
월 14일 접속, https://www.britannica.com/topic/Palmer-Raids; Aleksandr
Vladimirovich Avakov, *Plato's Dreams Realized: Surveillance and Citizen Rights from
KGB to FBI* (New York: Algora, 2006), 36쪽.

1913년 1월 3일 Brendan Maslauskas Dunn, "In November We Remember: The
Centennial of the 1912 Little Falls Textile Strike," libcom.org, 2020년 4월 14일 접속,
https://bit.ly/3aQLHq0; "The Red Sweater Girls of 1912," *Little Falls Evening Times*,
June 20, 2011, 2020년 4월 14일 접속, https://upstateearth.blogspot.ca/2013/01/
the-red-sweater-girls-of-1912.html; Robert E. Snyder, "Women, Wobblies, and
Workers' Rights: The 1912 Textile Strike in Little Falls, New York," *New York History*
60, no. 1 (1979): 29~57쪽, 2020년 4월 14일 접속, www.jstor.org/stable/23169970.

1966년 1월 3일 "Jan. 3, 1966: Sammy Younge Jr. Murdered," Zinn Education Project, 2020년 4월 14일 접속, https://www.zinnedproject.org/news/tdih/sammy-younge-jr-murdered; "Samuel Younge Jr.," Encyclopedia of Alabama, 2020년 4월 14일 접속, http://www.encyclopediaofalabama.org/article/h-1669.

1917년 1월 4일 "Mass Strikes in Guyana, 1917," Guyana News and Information, 2020년 4월 14일 접속, https://libcom.org/history/mass-strikes-guyana-1917.

1938년 1월 4일 Richard Hart, "Labour Rebellions in the 1930s in the British Caribbean Region Colonies," libcom.org, 2020년 4월 14일 접속, https://bit.ly/2Yor3Lj.

1939년 1월 5일 Nick Heath, "Samuel Kaplan: Another Mysterious Disappearance in Spain," libcom.org, 2020년 4월 14일 접속, https://libcom.org/history/samuel-kaplan-another-mysterious-disappearance-spain; 2017년 1월 25일 나탈리노 카플란이 워킹클래스히스토리에 보낸 전자우편.

1960년 1월 5일 "Sabate Llopart, Francisco, 'El Quico,' 1915-1960," libcom.org, 2020년 4월 14일 접속, https://libcom.org/history/articles/1915-1960-francisco-sabate-llopart; Pedro Costa, "Sabaté, guerrillero de película," *El País*, January 17, 2010, 2020년 4월 14일 접속, https://elpais.com/diario/2010/01/17/eps/1263713210_850215.html.

1945년 1월 6일 Sybille Steinbacher, *Auschwitz: A History* (New York: HarperCollins, 2005), 155쪽; Harry Borden, *Survivor: A Portrait of the Survivors of the Holocaust* (New York: Hachette Book Group, 2017), 272쪽; 아우슈비츠박물관이 워킹클래스히스토리에 보낸 트윗, January 5, 2020; Auschwitz Museum tweet, 2020년 4월 14일 접속, https://twitter.com/auschwitzmuseum/status/1048962485016035335?lang=en; "The Revolt at Auschwitz Birkenau," Jewish Virtual Library, 2020년 4월 14일 접속, http://www.jewishvirtuallibrary.org/the-revolt-at-auschwitz-birkenau. 일부 자료에서는 이 사건이 1월 5일에 벌어졌다고 말하지만, 아우슈비츠박물관은 1월 6일이라고 확인해주었다.

2005년 1월 6일 "What 'Appen to South Africa? 1976-2005. Defiance to Apartheid, Neoliberalism, and Recuperators of Defiance," 2020년 4월 14일 접속, https://bit.ly/2KPQEF3; K.R. Gupta, Gunnar Lind Haase Svendsen and Prasenjit Maiti, eds., *Social Capital*, vol. 2 (New Delhi: Atlantic Publishers & Distributors, 2008), 190쪽; Patrick Bond, "Municipal Elections Won't Appease Furious South Africans," Z Commentaries, February 13, 2006, 2020년 4월 14일 접속, https://bit.ly/3bYxSXW; Reena Parikh, "The Commodification of Water in South Africa: A Case Study of Westcliff" (senior honors thesis, Durban Boston College, 2006), 2020년 4월 14일 접속, https://dlib.bc.edu/islandora/object/bc-ir:102232/datastream/PDF/view.

1913년 1월 7일 Franz Garcia, "A 100 años del logro de las 8 horas en el Callao (1913-2013)," anarkismo.net, February 27, 2013, 2020년 4월 14일 접속, https://www.anarkismo.net/article/24972.

1919년 1월 7일 John Raymond Hébert, "The Tragic Week of January, 1919, in Buenos Aires: Background, Events, Aftermath" (PhD diss., Georgetown University, 1972); Norberto Galasso, *Perón: Formación, ascenso y caída (1893-1955)* (Buenos Aires: Colihue, 2006), 56~59쪽; Dana Ward, "Timeline of Anarchism in Argentina," Anarchy Archives, 2020년 4월 14일 접속, http://dwardmac.pitzer.edu/Anarchist_Archives/worldwidemovements/argtimeline.html; "Bolsheviki Invade Argentina,"

Los Angeles Times, January 11, 1919; "Acts of Anarchy Continue," *News and Courier*, January 13, 1919.

1811년 1월 8일 "Dictionary of Louisiana Biography," Louisiana Historical Association, 2020년 4월 14일 접속, https://web.archive.org/web/20170421215417/http://www.lahistory.org/site18.php.

1896년 1월 8일 Maxine Molyneux, "No God, No Boss, No Husband: The World's First Anarcha-Feminist Group," *Latin American Perspective* 13, no 1 (Winter 1986): 119~145쪽, 2020년 4월 14일 접속, https://libcom.org/files/2633723.pdf.

1907년 1월 9일 "Río Blanco Strike," David G. LaFrance, Encyclopedia.com, updated March 5, 2020, 2020년 4월 14일 접속, https://bit.ly/3d6fzQL.

1973년 1월 9일 "Timeline of the 1973 Durban Strikes," South African History Online, 2020년 4월 14일 접속, https://www.sahistory.org.za/article/timeline-1973-durban-strikes.

1918년 1월 10일 Temma Kaplan, "Female Consciousness and Collective Action in Barcelona," *Signs* 7, no. 3 (Spring 1982): 545~566쪽, 2020년 4월 14일 접속, https://libcom.org/files/Barcelona%20Women's%20Protests_0.pdf.

1966년 1월 10일 "Jan. 10, 1966: Voting Rights Activist Vernon Dahmer Murdered," Zinn Education Project, 2020년 4월 15일 접속, https://www.zinnedproject.org/news/tdih/vernon-dahmer.

1912년 1월 11일 "Lawrence, MA Factory Workers Strike 'for Bread and Roses,' U.S. 1912," Global Nonviolent Action Database, 2020년 4월 15일 접속, https://bit.ly/2SsdEOD.

1998년 1월 11일 Chittaroopa Palit and Achin Vanaik, "Monsoon Risings," *New Left Review* 21, (May.June 2003), 2020년 5월 26일 접속, https://newleftreview.org/issues/II21.

1922년 1월 12일 Kit-ching Chan Lau, *China, Britain, and Hong Kong* (Hong Kong: Chinese University Press, 1990), 169~172쪽; "1922: The Hong Kong Strike," libcom.org, 2020년 4월 15일 접속, https://libcom.org/history/1922-the-hong-kong-strike.

1964년 1월 12일 Don Petterson, *Revolution in Zanzibar: An American's Cold War Tale* (New York: Basic Books, 2009); Ian Speller, "An African Cuba? Britain and the Zanzibar Revolution, 1964," *Journal of Imperial and Commonwealth History* 35, no. 2 (2007): 1~35쪽, 2020년 4월 15일 접속, https://bit.ly/35wXhWk; Timothy Parsons, *The 1964 Army Mutinies and the Making of Modern East Africa* (Santa Barbara, CA: Praeger Publishers, 2003), 107~110쪽.

1943년 1월 13일 "ГРОМОВА УЛЬЯНА МАТВЕЕВНА": Герой Советского Союза," 2020년 4월 15일 접속, http://moypolk.ru/soldiers/gromova-ulyana-matveevna/story. 몇몇 자료에는 울랴나 마트비이우나 흐로모바의 사망일이 1월 14일로 잘못 표시돼 있다.

1947년 1월 13일 Emily Kluver, "1947 Mombasa General Strike," libcom.org, 2020년 4월 15일 접속, https://libcom.org/history/1947-mombasa-general-strike.

1929년 1월 14일 "Riot at Port Adelaide," *Register News-Pictorial*, January 15, 1929, 9면, 2020년 4월 15일 접속, http://trove.nla.gov.au/newspaper/article/54251637.

1930년 1월 14일 Nigel Jones, "The Making of a Nazi Hero," *History Today* 63, no. 6 (June 2013), 2020년 4월 15일 접속, https://bit.ly/2YyjhPb; Daniel Siemens, *The Making of a Nazi Hero: The Murder and Myth of Horst Wessel* (London: I.B. Tauris, 2013), 3쪽.

1919년 1월 15일 Helmut Dietmar Starke, "Rosa Luxemburg," Encyclopaedia Britannica, 2020년 4월 15일 접속, https://www.britannica.com/biography/Rosa-Luxemburg.

1934년 1월 15일 Viscount Rothemere, "Hurrah for the Blackshirts!" *Daily Mail*, January 15, 1934; "Daily Mail," Media Bias/Fact Check, 2020년 4월 15일 접속, https://mediabiasfactcheck.com/daily-mail.

1973년 1월 16일 Ed Goddard, "Change Begins at Home: Student Struggles Around Living Conditions," libcom.org, February 6, 2011, 2020년 4월 15일 접속, https://libcom.org/library/change-begins-home-student-struggles-around-living-conditions.

1997년 1월 16일 Saira Menezes, "A Fatal Strike," *Outlook*, January 29, 1997, 2020년 4월 15일 접속, https://www.outlookindia.com/magazine/story/a-fatal-strike/202922; "3 Held for Dutta Samant's Murder," Rediff India Abroad, April 2005, 2020년 4월 15일 접속, https://www.rediff.com/news/2005/apr/10samant.htm.

1961년 1월 17일 Georges Nzongola-Ntalaja, "Patrice Lumumba: The Most Important Assassination of the 20th Century," *Guardian*, January 17, 2011, 2020년 4월 15일 접속, https://bit.ly/3bXU7gD.

1969년 1월 17일 Bruce A Dixon, "Why I Don't do Kwaanza," 2020년 4월 15일 접속, https://libcom.org/news/why-i-dont-do-kwaanza-bruce-dixon-23122014; Bob Pool, "Witness to 1969 UCLA Shootings Speaks at Rally," *Los Angeles Times*, January 18, 2008, 2020년 4월 15일 접속, https://www.latimes.com/archives/la-xpm-2008-jan-18-me-panthers18-story.html.

1958년 1월 18일 Chick Jacobs and Venita Jenkins, "The Night the Klan Met Its Match," *Fayetteville Observer*, January 18, 2008, 2020년 4월 15일 접속, https://charlotteaction.blogspot.com/2008/01/night-klan-met-its-match.html; Jefferson Currie II, "The Ku Klux Klan in North Carolina and the Battle of Maxton Field," *Tar Heel Junior Historian* 44, no. 1 (Fall 2004), 2020년 4월 15일 접속, https://bit.ly/2Ypvplc; "Bad Medicine for the Klan: North Carolina Indians Break up Kluxers' Anti-Indian Meeting," *Life*, April 15, 1958, 26~28쪽.

1977년 1월 18일 Sam Lowry, "1977: Egypt's Bread Intifada," libcom.org, December 29, 2009, 2020년 4월 15일 접속, https://libcom.org/history/1977-egypts-bread-intifada; Heba Abdel-Sattar, "36 Years After the 'Bread Uprising': Egypt's Struggle for Social Justice Lives On," January 18, 2013, 2020년 4월 15일 접속, https://bit.ly/2yZIsiT.

1915년 1월 19일 JayRaye, "We Never Forget: The Roosevelt Massacre of January 19, 1915," *Daily Kos*, January 26, 2015, 2020년 4월 15일 접속, https://bit.ly/2YtvjZY.

1984년 1월 19일 Nadir Bouhmouch, "The Rif and the Moroccan State's Economic Pressure Cooker," Counterpunch, July 14, 2017, 2020년 4월 15일 접속, https://bit.ly/2Yqzfup.

1900년 1월 20일 "Chinatown Fire of 1900," Hawaii History, 2020년 3월 12일 접속, http://www.hawaiihistory.org/index.cfm?fuseaction=ig.page&PageID=548; Rebecca Onion, "The Disastrous Cordon Sanitaire Used on Honolulu Chinatown in 1900," Slate, August 15, 2014, 2020년 3월 12일 접속, https://tinyurl.com/y93x6q6e; "The Chinatown Fires," Hawaii Digital Newspaper Project, 2020년 3월 12일 접속, https://tinyurl.com/ybfpnkhh; "Fighting The Plague," *Honolulu Advertiser*, January

24, 1900; Steve Benen, "Joining the Far-Right, Trump Takes Steps To Rebrand Coronavirus," MSNBC, March 17, 2020, 2020년 4월 5일 접속, https://tinyurl.com/y8alp7wp.

1964년 1월 20일 "British Troops Put Down Mutinies in Post-Colonial Kenya, Tanganyika and Uganda," libcom.org, July 8, 2018, 2020년 4월 15일 접속, https://bit.ly/3aZfBZ2; John D. Gerhart, "Tanganyika Embarrassed by Need for British Assistance; Calls for Pan-African Force to Aid in Future Crises," Harvard Crimson, March 10, 1964, 2020년 4월 15일 접속, https://www.thecrimson.com/article/1964/3/10/tanganyika-embarrassed-by-need-for-british; *Profile of the Labour Market and Trade Unions in Tanzania*, LO/FTF Council, April 2003, 2020년 4월 15일 접속. https://bit.ly/2StLumg.

1921년 1월 21일 Osvaldo Bayer, *Rebellion in Patagonia* (Oakland: AK Press, 2016). Jeremy Brecher, "The World War II and Post-War Strike Wave," libcom.org, 2020년 4월 15일 접속, https://libcom.org/history/world-war-ii-post-war-strike-wave.

1826년 1월 22일 Richard Steven Street, *Beasts of the Field: A Narrative History of California Farmworkers, 1769-1913* (Palo Alto, CA: Stanford University Press, 2004), 81쪽; "Proposed Finding against Acknowledgement of the Band of Juaneño Mission Indians Acjachemen Nation (Petitioner #84A)," Bureau of Indian Affairs, 132, 2020년 4월 15일 접속, https://www.bia.gov/sites/bia.gov/files/assets/as-ia/ofa/petition/084A_juajba_CA/084a_pf.pdf.

1969년 1월 22일 Martin Glaberman, "Black Cats, White Cats, Wildcats: Auto Workers in Detroit, 1969," 2020년 4월 15일 접속, https://libcom.org/library/black-cats-white-cats-wildcats-martin-glaberman.

1913년 1월 23일 "8000 Strike in Rochester," *New York Times*, January 24, 1913, 7면, 2020년 4월 15일 접속, https://nyti.ms/2Wg1Tf8; Joan M. Jensen, "The Great Uprising in Rochester," in Joan M. Jensen and Sue Davidson, eds., *A Needle, a Bobbin, a Strike: Women Needleworkers in America* (Philadelphia: Temple University Press, 1984), 94~113쪽, 2020년 4월 15일 접속, www.jstor.org/stable/j.ctv941x68.9.

1982년 1월 23일 "1982 South African Grand Prix Strike," libcom.org, 2020년 4월 15일 접속, https://libcom.org/library/1982-south-african-grand-prix-strike; "Formula 1 Drivers Strike," Motorsport Retro, August 2014, 2020년 4월 15일 접속, http://www.motorsportretro.com/2014/08/formula-1-drivers-strike.

1964년 1월 24일 "1964: British Troops Put Down Mutinies in Post-Colonial Kenya, Tanganyika and Uganda," libcom.org, 2020년 4월 15일 접속, https://tinyurl.com/ya2wsdrg.

1977년 1월 24일 Guillermo Altares, "The Night Spain's Transition to Democracy Nearly Derailed," *El País*, February 3, 2016, 2020년 4월 15일 접속, https://elpais.com/elpais/2016/02/03/inenglish/1454496288_346509.html; "María Luz Nájera murió alcanzada por un bote de humo antidisturbio," *El País*, January 25, 1977, 2020년 4월 15일 접속, https://elpais.com/diario/1977/01/25/espana/222994831_850215.html; "Mari Luz Nájera, Estudiante Asesinada Hace 40 Años," Federación De Republicanos, January 24, 2017, 2018년 4월 15일 접속, https://bit.ly/2WjeZIH.

1911년 1월 25일 "1911: Sugako Kanno, Radical Feminist," ExecutedToday.com, January 25, 2011, 2020년 4월 15일 접속, http://www.executedtoday.com/2011/01/25/1911-

sugako-kanno-radicalfeminist; Kanno Sugako, "Reflections on the Way to the Gallows," libcom.org, 2020년 4월 15일 접속, https://libcom.org/history/reflections-way-gallows.

2011년 1월 25일 Editors, "Egypt Uprising of 2011," Encyclopaedia Britannica, 2020년 4월 15일 접속, https://www.britannica.com/event/Egypt-Uprising-of-2011.

1932년 1월 26일 "The Rent Strikes in New York," *Radical America* 1, no. 3 (November-December 1967): 13~14쪽, 2020년 4월 15일 접속, https://libcom.org/library/radical-america-13-new-york-rent-strike.

1952년 1월 26일 Anne-Claire Kerboeuf, "The Cairo Fire of 26 January of 1952 and the Interpretations of History," in Arthur Goldschmidt, Amy J. Johnson, and Barak A. Salmoni, eds., *Re-Envisioning Egypt 1919-1952* (Cairo: American University in Cairo Press, 2005), 194~216쪽.

1918년 1월 27일 Victor Serge, "1918: The Proletariat's Democratic Revolution in Finland," libcom.org, 2020년 4월 15일 접속, https://libcom.org/library/1917-proletariats-democratic-revolution-finland; Tuomas Tepora, "Finnish Civil War 1918," International Encyclopedia of the First World War, updated October 8, 2014, 2020년 5월 29일 접속, https://encyclopedia.1914-1918-online.net/article/finnish_civil_war_1918.

1923년 1월 27일 Anarchist Federation, "Wilckens, Kurt Gustav, 1886-1923," libcom.org, 2020년 4월 15일 접속, https://libcom.org/history/wilckens-kurt-gustav-1886-1923.

1917년 1월 28일 "Jan. 28, 1917: The Bath Riots," Zinn Education Project, 2020년 4월 15일 접속, https://www.zinnedproject.org/news/tdih/bath-riots; John Burnett, "The Bath Riots: Indignity along the Mexican Border," NPR, January 28, 2006, 2020년 4월 3일 접속, https://www.npr.org/templates/story/story.php?storyId=5176177.

1946년 1월 28일 José Antonio Gutiérrez Danton, "1872-1995: Anarchism in Chile," libcom.org, 2020년 4월 15일 접속, https://libcom.org/history/articles/anarchism-in-chile; "27 De Enero De 1946: Matanza De Trabajadores En Plaza Bulnes (Reportaje a los sucesos en el diario vespertino 'La Hora' del 27 de Enero de 1946)," El Sindical, 2020년 4월 15일 접속, http://www.escuelasindical.org/blog/wp-content/uploads/2008/02/el-sindical-enero-2008.pdf.

1911년 1월 29일 Jim Miller, "The Magonista Revolt in Tijuana: A Prelude to the San Diego Free Speech Fight," libcom.org, 2020년 4월 15일 접속, https://libcom.org/library/magonista-revolttijuana-prelude-san-diego-free-speech-fight; Richard Griswold del Castillo, "The Discredited Revolution: The Magonista Capture of Tijuana in 1911," *San Diego Historical Society Quarterly* 26, no. 4 (Fall 1980), 2020년 4월 15일 접속, https://sandiegohistory.org/journal/1980/october/revolution.

1935년 1월 29일 Richard Hart, *Labour Rebellions in the 1930s in the British Caribbean* (London: Socialist History Society, 2002).

1965년 1월 30일 Simon Heffer, "The Dockers, Churchill and the War's Most Shameful Secret: Second World War Strikes Reveal Disgusting Lack of Patriotism," *Daily Mail*, January 29, 2015, 2020년 4월 15일 접속, http://dailym.ai/2KSvNkv; Rob Ray, "The Peccadilloes of Winston Churchill," libcom.org, August 12, 2008, 2020년 4월 15일 접속, https://libcom.org/blog/the-peccadillos-winston-churchill-12082008.

1968년 1월 30일 Julian E. Zelizer, "How the Tet Offensive Undermined American Faith in Government," *Atlantic*, January 2018, 2020년 4월 15일 접속, https://bit.ly/3bYAHs2.

1938년 1월 31일 "Emma Tenayuca and the 1938 Pecan Shellers' Strike," libcom.org, 2020년 4월 15일 접속, https://libcom.org/history/emma-tenayuca-1938-pecan-shellers-strike.

1957년 1월 31일 "Bagel Famine Threatens in City; Labor Dispute Puts Hole in Supply," *New York Times*, December 17, 1951, 1면; "Lox Strike Expert Acts to End the Bagel Famine," *New York Times*, December 18, 1951, 27면; "Return of the Bagel near As Drivers Settle Dispute," *New York Times*, February 7, 1952, 17면.

2월

1960년 2월 1일 Michael Ray, "Greensboro Sit-in," Encyclopaedia Britannica, 2020년 4월 15일 접속, https://www.britannica.com/event/Greensboro-sit-in.

2012년 2월 1일 Brent Latham, "The Politics Behind Egypt's Football Riot," ESPN, February 3, 2012, 2020년 2월 25일 접속, 2020년 4월 15일에는 접속되지 않음, https://archive.is/20150204113316/http://espn.com/sports/soccer/story/_/id/7532975/-politics-egypt-football-riot-brent-latham; Mohamed Fadel Fahmy, "Eyewitnesses: Police Stood Idle in Egypt Football Massacre," CNN, February 2, 2012, 2020년 4월 15일 접속, https://edition.cnn.com/2012/02/02/world/africa/egypt-soccer-deaths-color/index.html; "Egyptian Prosecutor Charges 75 Over Port Said Football Riot," *Guardian*, March 15, 2012, 2012년 4월 15일 접속, https://www.theguardian.com/world/2012/mar/15/egyptian-football-riot-75-charged.

1902년 2월 2일 Melinda Tria Kerkvliet, *Manila Workers Unions, 1900-1950* (Quezon City, PH: New Day, 1992), 7쪽; Dante G. Guevarra, *History of the Philippine Labor Movement* (Manila: Institute of Labor & Industrial Relations, Polytechnic University of the Philippines, 1991), 17~18쪽.

1988년 2월 2일 Newsdesk, "Activists Take Over London's Landmarks to Reclaim LGBT+ History," thegayuk, 2020년 4월 15일 접속, https://www.thegayuk.com/activists-take-over-londons-landmarks-to-reclaim-lgbt-history.

1988년 2월 3일 "1988: Nurses Protest for Better Pay," BBC Home, 2018년 4월 15일 접속, http://news.bbc.co.uk/onthisday/hi/dates/stories/february/3/newsid_2525000/2525639.stm; "U.K. Inflation Rate, £100 from 1988 to 1997," UK Inflation Calculator, 2020년 4월 15일 접속, https://www.officialdata.org/1988-GBP-in-1997.

1994년 2월 3일 "Guerra callejera en Ecuador," *El País*, February 2, 1994, 2020년 4월 15일 접속, https://elpais.com/diario/1994/02/03/internacional/760230020_850215.html.

1899년 2월 4일 "The Philippine-American War, 1899-1902," Office of the Historian, 2020년 4월 15일 접속, https://history.state.gov/milestones/1899-1913/war.

1924년 2월 4일 "KKK and IWW Wage Drawn Battle in Greenville," *Portland Press Herald*, February 5, 1924, 2020년 4월 15일 접속, https://libcom.org/history/1924-kkk-iww-wage-drawn-battle-greenville.

1885년 2월 5일 "Feb 5, 1885 CE: Belgian King Establishes Congo Free State," *National Geographic*, 2020년 3월 4일 접속, 2020년 4월 15일에는 접속되지 않음, https://www. nationalgeographic.org/thisday/feb5/belgian-king-establishes-congo-free-state; Adam Hochschild, "Leopold II," Encyclopaedia Britannica, 2020년 4월 15일 접속, https://www.britannica.com/biography/Leopold-II-king-of-Belgium; "The Establishment of the Congo Free State," This Week in History, 2020년 4월 15일 접속, https://sites.psu.edu/thisweekinhistory/2014/02/06/the-establishment-of-the-congo-free-state.

1981년 2월 5일 Susan Lochrie, "Greenock Jeans Factory Sit-in's Soundtrack," *Greenock Telegraph*, January 12, 2016, 2020년 4월 15일 접속, https://www. greenocktelegraph.co.uk/news/14197832.greenock-jeans-factory-sit-ins-soundtrack; Andy Clarke, "And the Next Thing, the Chairs Barricaded the Door: The Lee Jeans Factory Occupation, Trade Unionism and Gender in Scotland in the 1980s," 2020년 4월 15일 접속, https://bit.ly/2VW1BuN.

1916년 2월 6일 Alaister Sooke, "Cabaret Voltaire: A Night Out at History's Weirdest Nightclub," BBC Culture, 2020년 4월 15일 접속, https://bbc.in/2KVDu9k.

1919년 2월 6일 History Committee of the General Strike Committee, "The Seattle General Strike of 1919," libcom.org, March 2019, 2020년 4월 15일 접속, https://libcom.org/history/seattle-general-strike-1919; "Unionism in Butte Mines Contributes to City's Fascinating History," *Montana Standard*, 2020년 4월 15일 접속, https://bit.ly/35rWN3r; George Everett, "When Toil Meant Trouble: Butte's Labor Heritage," 2020년 4월 15일 접속, http://www.butteamerica.com/labor.htm.

1919년 2월 7일 Jay Brooks, "No Beer, No Work," Brookston Beer Bulletin, September 7, 2015, 2020년 4월 14일 접속, http://brookstonbeerbulletin.com/no-beer-no-work; "Labor and Beer," *New York Times*, February 13, 1919, 14면; "Allentown Bartenders Strike," *New York Times*, 10 July 1919, 36면.

1974년 2월 7일 "This Day in History," Now Grenada, April 15, 2019, 2020년 4월 15일 접속, http://www.nowgrenada.com/2019/01/this-day-in-history-34.

1517년 2월 8일 Marshall H. Saville, "The Discovery of Yucatan in 1517 by Francisco Hernandez De Cordoba," *Geographical Review* 6, no. 5 (November 1918): 436~448 쪽, 2020년 4월 15일 접속, https://www.jstor.org/stable/207701.

1968년 2월 8일 "Feb. 8, 1968: Orangeburg Massacre," Zinn Education Project, 2020년 4월 15일 접속, https://www.zinnedproject.org/news/tdih/orangeburg-massacre; Jim Morrill, "50 Years after 3 Students Died in SC Civil Rights Protest, Survivors Still Ask 'Why?'" *Charlotte Observer*, April 15, 2020, 2020년 4월 15일 접속, https://www.charlotteobserver.com/news/local/article198943934.html.

1912년 2월 9일 Working Class History, "The Bridport Wildcat Strike, 1912," libcom.org, February 15, 2016, 2020년 4월 15일 접속, https://libcom.org/history/bridport-wildcat-strike-1912.

1995년 2월 9일 "A Commune in Chiapas? Mexico and the Zapatista Rebellion, 1994-2000," *Aufheben* (Autumn 2000), 2020년 4월 15일 접속, https://libcom.org/library/commune-chiapas-zapatista-mexico; "Chase Mexican Memo Fallout Continues," UPI, February 15, 1995, 2020년 4월 15일 접속, https://bit.ly/2YqV5y3; Riordan Roett, "Mexico Political Update January 13, 1995: Chase Manhattan's Emerging

Markets Group Memo," 2020년 4월 15일 접속, http://www.realhistoryarchives. com/collections/hidden/chase-memo.htm.

1960년 2월 10일 Teresa Leonard, "February 1960 Sit-ins Move to Raleigh, NC," *News & Observer*, updated June 5, 2015, 2020년 4월 15일 접속, https://www.mcclatchydc. com/news/special-reports/polygraph-files/article24744823.html.

1979년 2월 10일 Jocelyn Sherman, "Rufino Contreras Asked for 'a More Just Share' of What He Produced; 39 Years Ago the Company Answered Him with Bullets," United Farm Workers, February 9, 2018, 2020년 4월 15일 접속, https://ufw.org/ rufino.

1967년 2월 11일 Hailey Branson-Potts, "Before Stonewall, There Was the Black Cat; LGBTQ Leaders to Mark 50th Anniversary of Protests at Silver Lake Tavern," *Los Angeles Times*, February 8, 2017, 2020년 4월 15일 접속, https://lat.ms/3f9loih; Mike Davis, "Riots Nights on Sunset Strip," *Labour/Le Travail* 59 (2007), 199.214, 2020년 5월 29일 접속, http://www.lltjournal.ca/index.php/llt/article/view/5499.

2004년 2월 11일 "Slovakia's Unemployed Riots of 2004," libcom.org, February 21, 2017, 2020년 4월 15일 접속, https://libcom.org/history/slovakias-unemployed-riots-2004.

1920년 2월 12일 "Recordando a Betsabé Espinoza," Revolucion Obrera, updated March 22, 2016, 2020년 4월 15일 접속, https://www.revolucionobrera.com/ emancipacion/recordando-a-betsabe-espinoza; Mireya Andrade, "Betsabé Espinosa: joven rebelde," Farianas, July 6, 2015, 2020년 4월 15일 접속, https://bit. ly/3daI5Se.

1978년 2월 12일 Lydia Bailey, "Maori New Zealanders Occupy Golf Course in Struggle for Tribal Lands, 1975-83," Global Nonviolent Action Database, February 9, 2013, 2020년 4월 19일 접속, https://bit.ly/2KQaTlZ.

1913년 2월 13일 "Mother Jones Biography," Biography.com, updated April 15, 2019, 2020년 4월 15일 접속, https://www.biography.com/people/mother-jones-9357488.

1951년 2월 13일 "The 1951 Waterfront Dispute," Ministry for Culture and Heritage, 2020년 4월 15일 접속, https://nzhistory.govt.nz/politics/the-1951-waterfront-dispute.

1874년 2월 14일 David Fieldhouse, "For Richer, for Poorer?" in P.J. Marshall, ed., *The Cambridge Illustrated History of the British Empire* (Cambridge: Cambridge University Press, 1996), 108~146, 400쪽; David Hall-Matthews, "Historical Roots of Famine Relief Paradigms: Ideas on Dependency and Free Trade in India in the 1870s," *Disasters*, September 1996, 216~230쪽; David Hall-Matthews, "Inaccurate Conceptions: Disputed Measures of Nutritional Needs and Famine Deaths in Colonial India," *Modern Asian Studies* 42, no. 6 (November 2008): 1~24쪽.

1939년 2월 14일 Richard Hart, *Labour Rebellions in the 1930s in the British Caribbean* (London: Socialist History Society, 2002); "Leonora," *Guyana Chronicle*, May 10, 2014, 2020년 4월 15일 접속, http://guyanachronicle.com/2014/05/10/leonora; "The Leonora Incident of 1939 Revisited," *Stabroek News*, February 25, 2010, 2018년 4월 15일 접속, https://www.stabroeknews.com/2010/features/02/25/the-leonora-incident-of-1939-revisited; Von Marco Freyer, "The Demerara Distilleries 2.0," Barrel-Aged-Mind, 2020년 4월 15일 접속, https://barrel-aged-mind.

blogspot.com/p/blog-page_5.html; Rakesh Rampertab, "Kowsilla: A Leonora Woman," Guyana under Siege, February 27, 2005, 2020년 4월 15일 접속, https://bit.ly/3feOBIA.

1851년 2월 15일 "Shadrach Minkins (d. 1875)," Encyclopedia of Virginia, 2020년 4월 15일 접속, https://www.encyclopediavirginia.org/Minkins_Shadrach_d_1875#contrib.

1913년 2월 15일 "IWW Yearbook: 1913," IWW History Project, 2020년 4월 15일 접속, http://depts.washington.edu/iww/yearbook1913.shtml.

1924년 2월 16일 Paul Williams, "Britain Facing Food Rationing as Dockers Strike," *Chicago Daily Tribune*, February 17, 1924, 3면; "1924 Cabinet Conclusion on a Dock Strike," National Archives, Cabinet Papers, 2020년 4월 15일 접속, https://tinyurl.com/yb2mxz92.

1937년 2월 16일 Martha Grevatt, "Immigrant Women Beat Cigar Company Bosses," libcom.org, 2020년 4월 15일 접속, https://libcom.org/history/immigrant-women-beat-cigar-company-bosses-martha-grevatt.

1964년 2월 17일 Rakesh Rampertab, "Kowsilla: A Leonora Woman," Guyana under Siege, February 27, 2005, 2020년 4월 15일 접속, http://www.guyanaundersiege.com/East%20Indian%20culture/Indian%20women/kowsilla/Kowsilla.htm.

1977년 2월 17일 Patrick Cuninghame, "'A Laughter That Will Bury You All': Irony as Protest and Language as Struggle in the Italian 1977 Movement," libcom.org, 2020년 4월 15일 접속, https://bit.ly/2zSIysX; Claudio Gori Giorgi, *Antonio Ruberti* (Rome: Sapienza Universita Editrice, 2015), 47쪽.

1946년 2월 18일 John Meyer, "The Royal Indian Navy Mutiny of 1946: Nationalist Competition and Civil-Military Relations in Postwar India," *Journal of Imperial and Commonwealth History* 45, no. 1 (December 13, 2016).

2010년 2월 18일 Gregor Gall, "Sex Work Organisation in the Global South," libcom.org, 2020년 4월 15일 접속, https://libcom.org/history/sex-work-organisation-global-south.

1927년 2월 19일 "Position at Shanghai," *Hansard*, February 21, 1927, 2020년 4월 15일 접속, http://hansard.millbanksystems.com/commons/1927/feb/21/position-at-shanghai.

1950년 2월 19일 Richard Hart, *Labour Rebellions in the 1930s in the British Caribbean* (London: Socialist History Society, 2002); Fitzroy Baptiste, "Gairy and the General Strike of 1951: As Gleaned from British and US Sources," 2002, 2020년 4월 15일 접속, http://www.open.uwi.edu/sites/default/files/bnccde/grenada/conference/papers/Baptiste.html; "Biography: Sir Eric Matthew Gairy," Government of Grenada, 2020년 4월 15일 접속, https://bit.ly/2zV15oF.

1834년 2월 20일 Ian Schlom, "The Struggle of the 'Mill Girls': Class Consciousness in Early 19th-Century New England," libcom.org, 2020년 4월 15일 접속, https://bit.ly/2StxYz0.

1990년 2월 20일 Elowyn Corby, "Coalminers Strike against Pittston Company in Virginia, 1989-1990," Global Nonviolent Action Database, 2020년 4월 15일 접속, https://bit.ly/2Sv916m.

1936년 2월 21일 "Chae-ho, Shin: Korea's Kotoku," Libero International 2 (1975), 2020년 4월 15일 접속, https://libcom.org/library/shin-chae-ho-koreas-k%C3%B5toku.

1965년 2월 21일 "Biography," MalcolmX.com, 2020년 4월 15일 접속, https://www.
malcolmx.com/biography; "Malcolm X: from Nation of Islam to Black Power
Movement," *Al Jazeera*, February 21, 2018, 2020년 4월 15일 접속, https://bit.
ly/2WyF5aP; "The Missing Malcolm: Manning Marable Interviewed by Simon J
Black," *International Socialist Review* 63, 2020년 4월 15일 접속, https://isreview.
org/issue/63/missing-malcolm.

1927년 2월 22일 "Chronology: The Pre-War Korean Anarchist Movement, Part 1," *Libero
International* 1 (January 1975), 2020년 4월 15일 접속, https://libcom.org/library/
chronology-pre-war-korean-anarchist-movement.

2018년 2월 22일 Michael Mochaidean, "How West Virginia Teachers Defied the State—
and Their Unions," Organizing Work, libcom.org, 2020년 4월 15일 접속, https://
libcom.org/library/how-west-virginia-teachers-defied-state-their-unions;
Jess Bidgood, "West Virginia Raises Teachers Pay to End Statewide Strike,"
New York Times, March 6, 2018, 2020년 4월 15일 접속, https://www.nytimes.
com/2018/03/06/us/west-virginia-teachers-strike-deal.html.

1910년 2월 23일 Angie Boehm, "Triangle Shirtwaist Factory Women Strike, Win Better
Wages and Hours, New York, 1909," Global Nonviolent Action Database, March 9,
2013, 2020년 4월 15일 접속, https://tinyurl.com/ybjvhpdc.

2004년 2월 23일 "Slovakia's Unemployed Riots of 2004," libcom.org, February 21,
2017, 2020년 4월 15일 접속, https://libcom.org/history/slovakias-unemployed-
riots-2004.

1912년 2월 24일 Danna Bell, "Children as Advocates: The Bread and Roses Strike of
1912," Library of Congress, December 2, 2014, 2020년 4월 15일 접속, https://bit.
ly/2VWC6cX; Christopher Klein, "The Strike That Shook America," History.com,
updated November 26, 2019, 2020년 4월 15일 접속, https://www.history.com/
news/the-strike-that-shook-america-100-years-ago.

1932년 2월 24일 Ivonne Trías, *Gerardo Gatti: revolucionario* (Montevideo, UY: Ediciones
Trilce, 2012), 15쪽; "Atemptat contra Luis Pardeiro (24 de febrer de 1932),"
ateneu llibertari estel negre, 2020년 4월 15일 접속, http://www.estelnegre.org/
documents/pardeiro/pardeiro.html.

1941년 2월 25일 Peter Cole, "Strike!!! Strike!!! Strike!!! On This Day in 1941 Dutch
Workers Said No to the Nazi Persecution of Dutch Jews," History News Network,
February 25, 2018, 2020년 4월 15일 접속, https://historynewsnetwork.org/
article/168353.

1986년 2월 25일 "The Fall of the Dictatorship," Philippines Official Gazette, 2020년 4
월 15일 접속, https://www.officialgazette.gov.ph/featured/the-fall-of-the-
dictatorship.

1860년 2월 26일 Jerry Rohde, "Genocide and Extortion," North Coast Journal, February
25, 2010, 2020년 4월 15일 접속, https://bit.ly/2YpOHXO; "From California.; The
Humboldt Butchery of Indian Infants and Women-Jacob Elyea Hanged Bogus
Mining Stories A Solid Ledge of Gold at Jacksonville Items About Town, & c.," *New
York Times*, April 12, 1860, 8면, 2020년 4월 15일 접속, https://nyti.ms/2StOz5O;
"California City Returns Island Taken from Native Tribe in 1860 Massacre,"
Guardian, October 21, 2019, 2020년 4월 15일 접속, https://bit.ly/2xwY9O6;

Benjamin Tarnoff, *The Bohemians: Mark Twain and the San Francisco Writers Who Reinvented American Literature* (New York: Penguin, 2014); Jack Norton, *Genocide in Northwestern California: When Our Worlds Cried* (San Francisco: Indian Historian Press, 1979), 82쪽.

1931년 2월 26일 Alex Wagner, "America's Forgotten History of Illegal Deportations," *Atlantic*, March 6, 2017, 2020년 4월 15일 접속, https://bit.ly/35x0SUk; "The Time a President Deported 1 Million Mexican-Americans for Stealing US Jobs," *Washington Post*, August 13, 2018, 2020년 4월 15일 접속, https://wapo.st/2WhSMe1; "February 26, 1931: La Placita Raid," Zinn Education Project, 2020년 4월 15일 접속, https://www.zinnedproject.org/news/tdih/la-placita-raid.

1943년 2월 27일 "The Rosenstrasse Demonstration, 1943," Holocaust Encyclopedia, 2020년 4월 15일 접속, https://encyclopedia.ushmm.org/content/en/article/the-rosenstrasse-demonstration-1943.

1973년 2월 27일 "Siege at Wounded Knee, 1973," libcom.org, 2020년 4월 15일 접속, https://libcom.org/history/1973-siege-at-wounded-knee; Emily Chertoff, "Occupy Wounded Knee: A 71-Day Siege and a Forgotten Civil Rights Movement," *Atlantic*, October 23, 2012, 2020년 4월 15일 접속, https://bit.ly/2ydjBbk.

1948년 2월 28일 Amma Fosuah Poku, "This Day in History: 28th February 1948," GhanaWeb, February 28, 2012, 2020년 4월 15일 접속, https://bit.ly/2VUVmHR; Nana Akwah, "Today in History—The Riots of 28th February 1948," GhanaWeb, February 28, 2013, 2020년 4월 15일 접속, https://bit.ly/2zT4uUT; "Sgt Adjetey, Cpl Attipoe, Pte Odartey ... February 28 Shooting Commemoration at Nationalism Park," February 26, 2012, Modern Ghana, 2020년 4월 15일 접속, https://bit.ly/2z5taJa; Nii-Ashitei Ashitey, "Martyrs of X'borg Crossrodas: Sgt. Adjetey, Cpl. Lamptey & Cpl. Attipoe," GhanaWeb, February 28, 2014 2020년 4월 15일 접속, https://bit.ly/2KTIMSS.

1969년 2월 28일 Linda Holden Givens, "Seattle Black Panther Party Protests Gun-Control Bill in Olympia on February 28, 1969," History Link, October 16, 2018, 2020년 4월 15일 접속, https://historylink.org/File/20649.

1864년 2월 29일 "Kate Mullany and the Collar Laundry Union," libcom.org, 2020년 4월 15일 접속, https://libcom.org/history/kate-mullany-collar-laundry-union.

2004년 2월 29일 "France Sends Police Force to Haiti," CNN, February 29, 2004, 2020년 4월 15일 접속, http://edition.cnn.com/2004/WORLD/europe/02/29/france.haiti.force.reut; Noam Chomsky, "Haiti: Democracy Restored," *Raven* 7, no, (Winter 1994): 295~320쪽, 2020년 4월 15일 접속, https://libcom.org/library/raven-28-chomsky-haiti.

3월

1919년 3월 1일 Editors, "March First Movement," Encyclopaedia Britannica, 2020년 4월 15일 접속, https://www.britannica.com/event/March-First-Movement; 박은식, 《한국독립운동지혈사》(서울: 소명출판, 2012).

1968년 3월 1일 Kelly Simpson, "East L.A. Blowouts: Walking Out for Justice in the

Classrooms," March 7, 2012, KCET, 2020년 4월 15일 접속, https://bit.ly/35tUltA; "The Walkout—How a Student Movement in 1968 Changed Schools Forever (Part 1 of 3)," United Way, February 26, 2018, 2020년 4월 15일 접속, https://bit. ly/2z7E8xK.

1921년 3월 2일 Steven Johns, "The Republic of Labin, 1921," libcom.org, 2020년 4월 15일 접속, https://libcom.org/history/republic-labin-1921; Riccardo Celeghini, "Balcani: 'La miniera è nostra!' Storia della Repubblica di Albona," East Journal, March 23, 2016, 2020년 4월 15일 접속, https://www.eastjournal.net/ archives/71072.

1955년 3월 2일 Gary Younge, "She Would Not Be Moved," *Guardian*, December 15, 2000, 2020년 4월 15일 접속, https://www.theguardian.com/theguardian/2000/dec/16/ weekend7.weekend12.

1816년 3월 3일 "[3 de marzo] Un día como hoy en 1816, Juana Azurduy junto a su ejército derrotó a las tropas españolas," Colombia Informa, March 3, 2016, 2020년 4월 15일 접속, https://bit.ly/3aZ97t8.

1959년 3월 3일 Wunyabari O. Maloba, *Mau Mau and Kenya: An Analysis of a Peasant Revolt* (Bloomington: Indiana University Press, 1993), 142~143쪽; Richard Toye, "Rhetoric and Imperial Decline: Arguing the Hola Camp Massacre of 1959," Imperial & Global Forum, May 19, 2014, 2020년 4월 15일 접속, https://bit. ly/2xpFjrY.

1919년 3월 4일 Phil Carradice, "The Kinmel Camp Riots of 1919," BBC Wales, March 4, 2012, 2020년 4월 15일 접속, http://www.bbc.co.uk/blogs/wales/entries/cfb526c8-186d-3afe-b3e0-095c8898f868.

1972년 3월 4일 Ken Weller, *The Lordstown Struggle and the Real Crisis in Production*, Solidarity Pamphlet 45, c.1973, 2020년 4월 15일 접속, https://libcom.org/library/ lordstown-struggle-kenweller; Agis Salpukas, "GM's Vega Plant Closed by Strike," *New York Times*, March 7, 1972, 42면. 윌러의 기사에서 인용하는 파업 시작 날짜는 부정확하다.

1943년 3월 5일 Tim Mason, *Nazism, Fascism and the Working Class* (Cambridge: Cambridge University Press, 1995), 8장; David Broder, "The Strike against Fear," *Jacobin*, March 5, 2018, 2020년 4월 15일 접속, https://www.jacobinmag. com/2018/03/italy-fascism-fiat-strike-pci.

1984년 3월 5일 Sam Lowry, "Notes on the Miners [sic] Strike, 1984-1985," libcom. org, 2020년 4월 15일 접속, https://libcom.org/library/notes-on-the-miners-strike-1984-1985; Jonathan Winterton and Ruth Winterton, *Coal, Crisis, and Conflict: The 1984-85 Miners' Strike in Yorkshire* (Manchester: Manchester Press, 1989), 67쪽; Mike Ironside and Roger V Seifert, *Facing Up to Thatcherism: The History of NALGO, 1979-1993* (Oxford: Oxford University Press, 2000), 171쪽; Seamus Milne, "A Generation on, the Miners' Strike Can Speak to Our Time," *Guardian*, March 12, 2009, 2020년 4월 15일 접속, https://www.theguardian.com/ commentisfree/2009/mar/12/miners-strike. 파업이 점진적으로 확산되었기 때문에 다른 자료들에서는 이따금 파업 개시일이 다른 날짜로 되어 있다. 3월 6일이 가장 흔하다.

1922년 3월 6일 Andrew Grant Wood, "Postrevolutionary Pioneer: Anarchist María Luisa

Marín and the Veracruz Renters' Movement," libcom.org, 2020년 4월 15일 접속, https://tinyurl.com/ya83nows.

1974년 3월 6일 "1974: Heath Calls Snap Election Over Miners," BBC Home, 2020년 4월 15일 접속, http://news.bbc.co.uk/onthisday/hi/dates/stories/february/7/ newsid_4054000/4054793.stm.

1860년 3월 7일 Howard Zinn, "The Lynn Shoe Strike—1860," libcom.org, 2020년 4월 15일 접속, https://libcom.org/history/1860-the-lynn-shoe-strike; "The Great New England Shoe Strike of 1860," New England Historical Society, 2020년 4월 15일 접속, http://www.newenglandhistoricalsociety.com/great-new-england-shoemakers-strike-1860; "1860 Showmakers [sic] Strike in Lynn," Massachusetts AFL-CIO, 2020년 4월 15일 접속, https://tinyurl.com/y9sqwscp; "Labor and Labor Organizations," Pictorial Americana, Library of Congress, 2020년 4월 15일 접속, https://www.loc.gov/rr/print/list/picamer/paLabor.html; "'We Are Not Slaves': Female Shoe and Textile Workers in Marblehead, Massachusetts, 1860," History Matters, 2020년 4월 15일 접속, http://historymatters.gmu.edu/d/6590. 몇몇 자료에서는 3월 8일이라고 날짜가 잘못돼 있다.

1932년 3월 7일 Fatimah Hameed, "Unemployed Detroit Auto Workers Conduct Hunger March to Protest Ford Motor Company's Policies, United States, 1932," Global Nonviolent Action Database, 2020년 4월 15일 접속, https://bit.ly/2ybySJK; "1932 Ford Hunger March Massacre," libcom.org, 2020년 4월 15일 접속, https://libcom.org/gallery/1932-ford-hunger-march-massacre.

1917년 · 1918년 3월 8일 Barbara Engel, "Subsistence Riots in Russia during World War I," *Journal of Modern History* 69 (December 1997): 696~721쪽, 2020년 4월 15일 접속, https://libcom.org/history/subsistence-riots-russia-during-world-war-i-barbara-engel; Temma Kaplan, "The Socialist Origins of International Women's Day," *Feminist Studies* 11, no. 1 (1985): 163~171쪽, 2020년 4월 15일 접속, https://libcom.org/files/International%20Women's%20Day.pdf.

1926년 3월 8일 "Police Wield Clubs on Fur Strike Mob," *New York Times*, March 9, 1926, 15면, 2020년 4월 15일 접속, https://timesmachine.nytimes.com/timesmachine/1926/03/09/99381113.html?pageNumber=15; "Agreement Reached to End Fur Strike," *New York Times*, June 11, 1926, 1면, 2020년 4월 15일 접속, https://nyti.ms/3c2qxGM; "Celebrate End of Fur Strike," *New York Times*, June 16, 1926, 52면, 2020년 4월 15일 접속, https://timesmachine.nytimes.com/timesmachine/1926/06/16/98482165.html?pageNumber=52.

1883년 3월 9일 Jayacintha Danaswamy, "Michel, Louise, 1830-1905," libcom.org, 2020년 4월 15일 접속, https://libcom.org/history/articles/1830-louise-michel.

1910년 3월 9일 Judith McDonough, "The Westmoreland County Coal Miners' Strike, 1910-11," libcom.org, 2020년 4월 15일 접속, https://libcom.org/history/westmoreland-county-coal-miners-strike-1910-11.

1906년 3월 10일 Véronique Laroche-Signorile, "Courrières: la catastrophe minière la plus meurtrière d'Europe (1906)," *Figaro*, March 9, 2016, 2020년 4월 15일 접속, https://bit.ly/3fakQsd.

1952년 3월 10일 Sam Dolgoff, *The Cuban Revolution: A Critical Perspective* (Montréal: Black Rose Books, 1996), 6장, 2020년 4월 15일 접속, https://libcom.org/library/

chapter-6-batista-era; "Memorandum by the Secretary of State to the President," US Office of the Historian, March 24, 1952, 2020년 4월 15일 접속, https://history. state.gov/historicaldocuments/frus1952-54v04/d327; "From the Archive, 11 March 1952: Batista's Revolution," *Guardian*, March 11, 2013, 2020년 4월 15일 접속, https://www.theguardian.com/theguardian/2013/mar/11/cuba-batista-fifth-revolution-1952; "Speech of Senator John F. Kennedy, Cincinnati, Ohio, Democratic Dinner," American Presidency Project, October 6, 1960, 2020년 4월 15일 접속, https://bit.ly/2KUK6Vu.

1845년 3월 11일 "Battle of Kororareka," Russell Museum, 2020년 4월 15일 접속, http://www.russellmuseum.org.nz/Kororareka_battle.htm.

1977년 3월 11일 "11 March 1977: Francesco Lorusso Is Murdered by Police," InfoAut, March 11, 2016, 2019년 4월 15일 접속, https://www.infoaut.org/english/11-march-1977-francesco-lorusso-is-murdered-by-police.

1912년 3월 12일 Sam Lowry, "The Lawrence Textile Strike, 1912," libcom.org, 2020년 4월 15일 접속, https://libcom.org/history/articles/lawrence-textile-strike-1912; "March 12, 1912: Bread and Roses Strike Is Successful," Zinn Education Project, 2020년 4월 15일 접속, https://www.zinnedproject.org/news/tdih/singing-strike.

1951년 3월 12일 Sam Lowry, "1951 Barcelona General Strike," libcom.org, 2020년 4월 15일 접속, https://libcom.org/history/1951-barcelona-general-strike; "Strike Position in Barcelona," *Cairns Post*, March 14, 1951, 1면, 2020년 4월 15일 접속, https://trove.nla.gov.au/newspaper/article/42681500.

1940년 3월 13일 "13 March 1940: Udham Singh Shot and Killed Michael O'Dwyer in Britain," Maps of India, 2020년 4월 15일 접속, https://bit.ly/3ffc1xd.

1945년 3월 13일 Vera Libera Arduino, Facebook, 2020년 4월 15일 접속, https://www. facebook.com/vera.libera.arduino; Miriam Mafai, *Pane nero: donne e vita quotidiana nella seconda guerra mondiale* (Milan: A. Mondadori, 1987), 252~253쪽; Tony De Nardo, "Una targa per ricordare la storia di Vera e Libera Arduino," CittAgora, July 17, 2018, 2020년 4월 15일 접속, https://tinyurl.com/y76adfhs; "Vera Arduino (Torino, 1926-1945)," Museo Torino, 2020년 4월 15일 접속, http://www.museotorino.it/view/s/f76a9a8d93fb4b77896e8bf26bc11269. 몇몇 자료에서 아르두이노 자매의 사형 집행 일시가 3월 12일로 되어 있는 점을 볼 때, 자정 직후에 형이 집행된 것으로 보인다.

1970년 3월 14일 Richard Linnett and Roberto Loiederman, *The Eagle Mutiny* (Annapolis, MD: Naval Institute Press, 2001); "E21-24: WCH Crime—The Columbia Eagle Mutiny" (podcast), *Working Class History*, 2020년 4월 15일 접속, https://workingclasshistory.com/2019/04/09/wch-crime-columbia-eagle-mutiny.

28. **2018년 3월 14일** "Suspects in Marielle Franco's Murder Have Ties to Bolsonaro Family," *Vice*, January 23, 2019, 2020년 4월 15일 접속, https://bit.ly/35u3d27; "Marielle Franco Murder: Two Rio Ex-Police Officers Held," BBC News, March 12, 2019, 2020년 4월 15일 접속, https://www.bbc.com/news/world-latin-america-47538871; "Marielle Franco Murder: Suspect Shot Dead by Police," BBC News, February 9, 2020, 2020년 4월 15일 접속, https://www.bbc.com/news/world-latin-america-51439016.

1908년 3월 15일 "Women Anarchists Have Become the Terror of World's Police,"

Rochester Democrat and Chronicle, March 15, 1908, 34면.

1917년 3월 15일 Leon Trotsky, *The History of the Russian Revolution*, vols. 1.3, Max Eastman, trans. (New York: Simon & Schuster, 1932), 2020년 4월 15일 접속, https://www.marxists.org/archive/trotsky/1930/hrr/index.htm; "The Centenary of the Abdication of Tsar Nicholas II of Russia," University of York, Department of History, March 27, 2017, 2020년 4월 15일 접속, https://www.york.ac.uk/history/news/news/2017/tsar-nicholas-ii.

1965년 3월 16일 "Mounted Officers in 'Bama Charge, Flail Demonstrators; Man Who Gave Order Apologizes," *Waco News-Tribune*, March 17, 1965, 1면; "Beat Alabama Marchers—Demonstrators Reach Capitol in Second Try," *Chicago Tribune*, March 17, 1965, 1면.

1979년 3월 16일 Michael Mehigan, Witness Statement, July 12, 1994, 2020년 4월 15일 접속, http://www.mcspotlight.org/people/witnesses/employment/mehigan.html.

1876년 3월 17일 Jerome A. Greene, *Lakota and Cheyenne: Indian Views of the Great Sioux War, 1876-1877* (Norman: University of Oklahoma Press, 1994); Brett French, "Battle of Powder River Was 1st of 3 That Cavalry Lost to the Indians in Montana," *Billings Gazette*, July 2, 2002, 2020년 4월 15일 접속, https://bit.ly/2KPXRoB.

1920년 3월 17일 Richard J. Evans, "The Life and Death of a Capital," *New Republic*, September 27, 2012, 2020년 4월 15일 접속, https://newrepublic.com/article/107689/abused-city-hitlers-berlin-thomas-friedrich; Gilles Dauvé and Denis Authier, *The Communist Left in Germany 1918-1921*, 12장, 2020년 4월 15일 접속, https://libcom.org/library/communist-left-germany-1918-1921.

1871년 · 1911년 3월 18일 Editors, "Commune of Paris 1871," Encyclopaedia Britannica, 2020년 4월 15일 접속, https://www.britannica.com/event/Commune-of-Paris-1871; "1871: The Paris Commune," libcom.org, 2020년 4월 15일 접속, https://libcom.org/history/articles/paris-commune-1871; Temma Kaplan, "The Socialist Origins of International Women's Day," *Feminist Studies* 11, no. 1 (1985): 163~171쪽, 2020년 4월 15일 접속, https://libcom.org/files/International%20Women's%20Day.pdf.

1970년 3월 18일 ShaKea Alston, "Feminist Sit-in at Ladies Home Journal, 1970," Global Nonviolent Action Database, May 25, 2015, 2020년 4월 19일 접속, https://bit.ly/2KPGjZA.

1969년 3월 19일 Donald E. Westlake, "In Anguilla It's the Spirit of '71," *New York Times*, May 23, 1971, 2020년 4월 15일 접속, https://tinyurl.com/y5g4kuxq; Charles Doane, "The Invasion of Anguilla," Wave Train, May 25, 2016, 2020년 4월 15일 접속, https://wavetrain.net/2016/05/25/the-invasion-of-anguilla-a-comedy-of-errors-caribbean-style; Taff Bowen, "Anguilla Police Unit 1969..." 2020년 4월 15일 접속, https://www.anguilla-beaches.com/anguilla-history-british-invasion.html; Arleen Webster, comment on WCH photo, March 19, 2019, 2020년 4월 15일 접속, https://www.facebook.com/workingclasshistory/photos/a.296224173896073/1089756174542865.

2019년 3월 19일 Damian Carrington, "School Climate Strikes: 1.4 Million People Took Part, Say Campaigners," *Guardian*, March 19, 2019, 2020년 4월 16일 접속, https://

tinyurl.com/y38afccl; "Events List," Fridays for Future, 2019년 8월 7일 접속, 2020
년 4월 16일에는 접속되지 않음, https://www.fridaysforfuture.org/events/list;
David Crouch, "The Swedish 15-Year-Old Who's Cutting Class to Fight the Climate
Crisis," *Guardian*, September 1, 2018, 2020년 4월 16일 접속, https://tinyurl.com/
yc8ys37g.

1927년 3월 20일 Siddharthya Swapan Roy, "The Lake of Liberation," *Outlook*, April 18,
2016, 2020년 4월 16일 접속, https://www.outlookindia.com/magazine/story/the-
lake-of-liberation/296954; Tejas Harad, "The Significance of Mahad Satyagraha:
Ambedkar's Protest March to Claim Public Water," Feminism in India, March 20,
2017, 2020년 4월 16일 접속, https://feminisminindia.com/2017/03/20/mahad-
satyagraha; Swapna H. Samel, "Mahad Chawadar Tank Satyagraha of 1927:
Beginning of Dalit Liberation under B.R. Ambedkar," *Proceedings of The Indian
History Congress* 60 (1999): 722~728쪽.

1975년 3월 20일 "40 años del 'Operativo Serpiente Colorada del Paraná,' El Terrorismo
de Estado antes del Golpe," la palabra caliente..., 2020년 4월 16일 접속, https://
tinyurl.com/ybojc8ca.

1937년 3월 21일 "The Ponce Massacre (1937)," Enciclopedia de Puerto Rico, 2020
년 4월 16일 접속, https://enciclopediapr.org/en/encyclopedia/the-ponce-
massacre-1937; "The Ponce Massacre, 1937," libcom.org, 2020년 4월 16일 접속,
https://libcom.org/history/ponce-massacre-1937.

1973년 3월 21일 Past Tense, "The Mental Patients Union, 1973," libcom.org, 2020년 4월
16일 접속, https://libcom.org/history/mental-patients-union-1973.

1986년 3월 22일 Clyde Haberman, "Filipino Strikers Picket US Bases," *New York Times*,
March 23, 1986, 2020년 4월 16일 접속, https://www.nytimes.com/1986/03/23/
world/filipino-strikers-picket-us-bases.html; Mark Fineman, "Filipino Pickets
Block Gates of US Naval Base," *Los Angeles Times*, March 23, 1986, 2020년 4월 16
일 접속, https://www.latimes.com/archives/la-xpm-1986-03-23-mn-5537-story.
html.

2009년 3월 22일 Taxikipali, "Prisoner Activists Death Sparks Uprising in Women's Prison
of Thebes, Greece," libcom.org, March 22, 2009, 2020년 4월 16일 접속, https://
tinyurl.com/y7qyk6em.

1931년 3월 23일 Abhishek Saksena, "12 Facts About Bhagat Singh That You Still Didn't
Know," *India Times*, December 19, 2017, 2020년 4월 16일 접속, https://tinyurl.com/
ycqfj7op; Jain Narain Sharma, "Mahatma Gandhi and Bhagat Singh: A Clash of
Ideology," 2020년 4월 16일 접속, https://www.mkgandhi.org/articles/gandhi_
bhagatsingh.html; "Remembering Shivaram Hari Rajguru on His Birthday," *India
Today*, August 24, 2015, 2020년 4월 16일 접속, https://tinyurl.com/ybre34kh; "The
24-Year-Old Martyr Who Gave Up His Life for India: Facts about Sukhdev Thapar
You Must Know," *India Today*, May 15, 2017, 2020년 4월 16일 접속, https://tinyurl.
com/y9vat2hu.

1944년 3월 23일 "Via Rasella," Resistenza Italiana, 2020년 4월 29일 접속, http://www.
storiaxxisecolo.it/Resistenza/resistenza3.htm; "Ardeatine Caves Massacre,"
Holocaust Encyclopedia, 2020년 4월 16일 접속, https://encyclopedia.ushmm.org/
content/en/article/ardeatine-caves-massacre.

1976년 3월 24일 Paul Hoeffel, "Junta Takes Over in Argentina," *Guardian*, March 25, 1976, 2020년 4월 16일 접속, https://tinyurl.com/y8rvlpb5.

1987년 3월 24일 "Homosexuals Arrested at AIDS Drug Protest," *New York Times*, March 25, 1987, 32면; "No More Business as Usual!" ACT UP Historical Archive, 2020년 5월 20일 접속, https://actupny.org/documents/1stFlyer.html.

1911년 3월 25일 "The 1911 Triangle Factory Fire," Cornell University, 2020년 4월 16일 접속, https://trianglefire.ilr.cornell.edu.

1969년 3월 25일 Aileen Eisenberg, "Pakistani Students, Workers, and Peasants Bring Down a Dictator, 1968-1969," Global Nonviolent Action Database, February 22, 2013, 2020년 4월 19일 접속, https://tinyurl.com/yab8ptnm.

1953년 3월 26일 "The Mau Mau Uprising, 1952-1956," South African History Online, 2020년 4월 16일 접속, https://www.sahistory.org.za/article/mau-mau-uprising; "Kenya: Mau Mau Outrage," Hansard 181 (HL Deb 31 March 1953), 370~373쪽, 2020년 4월 16일 접속, https://api.parliament.uk/historic-hansard/lords/1953/mar/31/kenya-mau-mau-outrage.

1978년 3월 26일 Robert Crabbe, "Fighting Rages Over Tokyo Airport," *Nashua Telegraph*, May 20, 1978, 2020년 4월 16일 접속, https://tinyurl.com/yaalky6s.

1942년 3월 27일 Larry Portis, *French Frenzies: A Social History of Popular Music in France* (College Station, TX: Virtualbookworm Publishing, 2004), 102쪽.

1943년 3월 27일 "De aanslag op het Amsterdamse bevolkingsregister," Verzets Resistance Museum, 2020년 4월 16일 접속, https://tinyurl.com/yxwvo39m; Chris Pasles, "O.C. Musical Pioneer Frieda Belinfante Dies at 90," *Los Angeles Times*, March 7, 1995, 2020년 4월 16일 접속, https://www.latimes.com/archives/la-xpm-1995-03-07-me-39790-story.html; "Willem Arondeus," Holocaust Encyclopedia, 2020년 4월 16일 접속, https://encyclopedia.ushmm.org/content/en/id-card/willem-arondeus.

1919년 3월 28일 "Red Scare (1919-1920)," Encyclopedia of Arkansas, 2020년 4월 16일 접속, https://encyclopediaofarkansas.net/entries/red-scare-4600.

1977년 3월 28일 Jason Schultz, "A Disgrace Before God: Striking Black Sanitation Workers vs. Black Officialdom in 1977 Atlanta," libcom.org, 2020년 4월 16일 접속, https://tinyurl.com/ybnemhkl.

1986년 3월 29일 "Weg met de Centrumpartij," Andere Tijden, 2020년 4월 16일 접속, https://anderetijden.nl/aflevering/274/Weg-met-de-Centrumpartij.

1988년 3월 29일 International Communist Current, "A History of Trade Unionism in the Philippines," libcom.org, 2020년 4월 16일 접속, https://libcom.org/history/history-trade-unionism-philippines.

1919년 3월 30일 Lucien van der Walt and the Bikisha Media Collective, "'Sifuna Zonke!': Revolutionary Syndicalism, the Industrial Workers of Africa and the Fight against Racial Capitalism, 1915-1921," SAASHA, February 24, 2012, 2020년 5월 26일 접속, https://saasha.net/2012/02/24/sifuna-zonke-bmc-undated/#more-248; "Campaign against Passes in Transvaal," African National Congress, 2018년 3월 30일 접속, 2020년 4월 16일에는 접속되지 않음, http://www.anc.org.za/content/campaign-against-passes-transvaal-1919.

1976년 3월 30일 "Remembering Land Day," BBC News, March 30, 2001, 2020년 4월 16

일 접속, http://news.bbc.co.uk/2/hi/middle_east/1250290.stm; Daniel Byman, *Keeping the Peace: Lasting Solutions to Ethnic Conflicts* (Baltimore: Johns Hopkins University Press, 2002), 132쪽; William Frankel, *Survey of Jewish Affairs* (Madison, NJ: Fairleigh Dickinson University Press, 1988), 40쪽; Yifat Holzman-Gazit, *Land Expropriation in Israel: Law, Culture and Society* (Farnham, UK: Ashgate Publishing, 2007), 140쪽.

1979년 3월 31일 Knight News Service, "San Francisco May Vote Out Vice Squad," *Lakeland Ledger*, October 29 1979, 2020년 4월 16일 접속, https://tinyurl.com/ybywtddt; Josh Sides, *Erotic City: Sexual Revolutions and the Making of Modern San Francisco* (Oxford: Oxford University Press, 2009), 162~165쪽; "SF Cops Who Assaulted Lesbians Are Suspended," *Advocate* 284 (January 1980): 9쪽; Paul Grabowicz, "Anti-Gay Sentiments Turn Violent in Aftermath of Moscone-Milk Killings," *Washington Post*, May 12, 1979, 2020년 4월 16일 접속, https://tinyurl.com/y9oqj6by.

2009년 3월 31일 Evan Johnston, "The Wonderful World of Bossnapping" (blog), May 1, 2016, 2020년 4월 16일 접속, https://evanjohnston.org/2016/05/01/the-wonderful-world-of-bossnapping.

4월

1649년 4월 1일 John Simkin, "Gerrard Winstanley and the Failed Digger Revolution," updated January 2020, Spartacus Educational, 2020년 4월 16일 접속, https://spartacus-educational.com/ExamECW6.htm.

1982년 4월 1일 "1982 Memo to Exxon Management About CO2 Greenhouse Effect," Climate Files, November 12, 1982, 2020년 4월 16일 접속, https://tinyurl.com/yam3jn9a; Dana Nuccitelli, "Two-Faced Exxon: The Misinformation Campaign against Its Own Scientists," *Guardian*, November 25, 2015, 2020년 4월 16일 접속, https://tinyurl.com/ybdlgu32; Benjamin Franta, "Shell and Exxon's Secret 1980s Climate Change Warnings," *Guardian*, September 19, 2018, 2020년 4월 16일 접속, https://tinyurl.com/yaxg22sh.

1920년 4월 2일 "Chronik 1920," Deutsches Historisches Museum, 2020년 4월 16일 접속, https://www.dhm.de/lemo/jahreschronik/1920.

1980년 4월 2일 "St Paul's Uprising, Bristol 1980," History Is Made at Night, December 17, 2020, 2020년 4월 16일 접속, http://history-is-made-at-night.blogspot.com/2010/12/st-pauls-uprising-bristol-1980.html; Laura Churchill, "The St Paul's Riot 37 Years On," Bristol Live, April 3, 2017, 2020년 4월 16일 접속, https://www.bristolpost.co.uk/news/bristol-news/st-pauls-riots-37-years-17634.

1948년 4월 3일 Governor of Jeju, "Jeju Uprising," April 3, 2001, New World Encyclopedia, 2020년 4월 16일 접속, https://www.newworldencyclopedia.org/entry/Jeju_Uprising; Brittany M. Dixon, "A Riot, a Rebellion, a Massacre: Remembering the 1948 Jeju Uprising" (research paper, Eastern Illinois University, 2017), 2020년 4월 16일 접속, https://www.eiu.edu/historia/Dixon2017.pdf.

1974년 4월 3일 "The Brockwell 3: A School Strike in 1974," Transpontine, November 29,

2010, 2020년 4월 16일 접속, https://transpont.blogspot.com/2010/11/brockwell-three-school-strike-in-1974.html; citing Robert Moore, *Racism and Black Resistance in Britain* (London: Pluto Press, 1975).

1935년 4월 4일 John Haag, "Fabian, Dora (1901-1935)," Encyclopedia.com, updated April 4, 2020, 2020년 4월 16일 접속, https://tinyurl.com/y8rff6pw; James J. Barnes and Patience P. Barnes, *Nazi Refugee Turned Gestapo Spy: The Life of Hans Wesemann, 1895-1971* (Santa Barbara, CA: Praeger Publishers, 2001), 93쪽.

1968년 4월 4일 Jeff Wallenfeldt, "Assassination of Martin Luther King Jr.," Encyclopaedia Britannica, updated April 15, 2020, 2020년 4월 16일 접속, https://www.britannica.com/topic/assassination-of-Martin-Luther-King-Jr; Bhaskar Sunkara, "Martin Luther King Was No Prophet of Unity. He Was a Radical," *Guardian*, January 21, 2019, 2020년 4월 16일 접속, https://tinyurl.com/yd4yz6vo; Peter Dreier and E.P. Clapp, "Martin Luther King Was a Democratic Socialist," Huffpost, January 18, 2016, 2020년 4월 16일 접속, https://tinyurl.com/yaav3n5e; Douglas Sturm, "Martin Luther King, Jr., as Democratic Socialist," *Journal of Religious Ethics* 18, no. 2 (Fall 1990): 79~105쪽; "What an Uncensored Letter to MLK Reveals," *New York Times*, November 16, 2014, 2020년 4월 16일 접속, https://tinyurl.com/ycl6gpqm.

1932년 4월 5일 Drew Brown, "Remembering the Time 10,000 Newfoundlanders Tried to Kill the Prime Minister," *Vice*, April 5, 2017, 2020년 4월 16일 접속, https://tinyurl.com/y8bcgnh9.

1971년 4월 5일 *Ceylon: The JVP Uprising of April 1971, Solidarity London Pamphlet* 42, 2020년 4월 16일 접속, https://libcom.org/files/Ceylon-solidarity-pamphlet.pdf; James P. Sterba, "Ceylon's Student Revolt: Years in the Planning Stage," *New York Times*, April 28, 1971, 14면; A. Sivanandan, "Ethnic Cleansing in Sri Lanka," Institute of Race Relations, July 9, 2009, 2020년 4월 8일 접속, http://www.irr.org.uk/news/ethnic-cleansing-in-sri-lanka; S. Arasaratnam, "The Ceylon Insurrection of April 1971: Some Causes and Consequences," *Pacific Affairs* 45, no. 3 (1972): 356~371쪽; Fred Halliday, "The Ceylonese Insurrection," *New Left Review* 69 (September-October 1971), 2020년 4월 9일 접속, https://newleftreview.org/issues/I69/articles/fred-halliday-the-ceylonese-insurrection; Rajesh Venugopal, "Sectarian Socialism: The Politics of Sri Lanka's Janatha Vimukthi Peramuna (JVP)," *Modern Asian Studies* 44, no. 3 (2010): 567~602쪽.

1871년 4월 6일 "Against the Logic of the Guillotine: Why the Paris Commune Burned the Guillotine and We Should Too," CrimethInc, 2020년 4월 16일 접속, https://tinyurl.com/yc8vebpr; Frank Jellinek, *The Paris Commune of 1871* (Vancouver, BC: Read Books, 2013), 227쪽; Franklin E. Zimring, *The Contradictions of American Capital Punishment* (Oxford: Oxford University Press, 2004), 33쪽; Robert Frederick Opie, *Guillotine: The Timbers of Justice* (Cheltenham, UK: History Press, 2013), 131쪽; Jörg Osterloh and Clemens Vollnhals, *NS-Prozesse und deutsche Öffentlichkeit: Besatzungszeit, frühe Bundesrepublik und DDR* (Göttingen, DE: Vandenhoeck & Ruprecht, 2013), 368쪽; John O. Koehler, *Stasi: The Untold Story of the East German Secret Police* (New York: Basic Books, 2008), 18쪽.

1968년 4월 6일 Karen Grigsby Bates, "Bobby Hutton: The Killing That Catapulted the Black Panthers to Fame," NPR, April 6, 2018, 2020년 4월 16일 접속, https://tinyurl.

com/yayfwqko.

1926년 4월 7일 Debbie Foulkes, "Violet Gibson (1876-1956) Shot Mussolini," Forgotten Newsmakers, May 17, 2010, 2020년 4월 16일 접속, https://tinyurl.com/y9b44u24; citing Frances Stonor Saunders, *The Woman Who Shot Mussolini* (New York: Metropolitan Books, 2010).

2010년 4월 7일 Jeewon Kim, "Danish Brewery (Carlsberg) Workers Strike for Beer Rights, 2010," December 9, 2010, Global Nonviolent Action Database, 2020년 4월 16일 접속, https://tinyurl.com/yaxvfnzv.

1929년 4월 8일 "88 Years Ago, Bhagat Singh and Batukeshwar Dutt Did Something 'to Make the Deaf Hear,'" *India Today*, April 8, 2017, 2020년 4월 16일 접속, https://tinyurl.com/ydf9c3xc.

1958년 4월 8일 Constance R. Sutton, "Continuing the Fight for Economic Justice: The Barbadian Sugar Workers' 1958 Wildcat Strike," libcom.org, 2020년 4월 16일 접속, https://tinyurl.com/ybo597fp.

1945년 4월 9일 "Elser, Georg, 1903-1945," libcom.org, 2020년 4월 16일 접속, https://libcom.org/history/elser-georg-1903-1945; "Georg Elser," Gedenkstätte Deutscher Widerstand, 2020년 4월 16일 접속, https://tinyurl.com/y83gggne.

1948년 4월 9일 Benny Morris, *1948: A History of the First Arab-Israeli War* (New Haven, CT: Yale University Press, 2008); Sherif Kana'ana and Nihad Zeitawi, *The Village of Deir Yassin*, Monograph no. 4, Destroyed Village Series (West Bank, PS: Birzeit University Press, 1988); Stefan Brooks, "Deir Yassin Massacre," in Spencer C. Tucker, ed., *The Encyclopedia of the Arab-Israeli Conflict: A Political, Social, and Military History* (Santa Barbara, CA: ABC-CLIO, 2008), 297쪽.

1919년 4월 10일 Peter E. Newell, *Zapata of Mexico* (Montréal: Black Rose Books, 1997 [1979]), 2020년 4월 16일 접속, https://libcom.org/files/Zapata-Peter-Newell.pdf.

1932년 4월 10일 Jeffrey Rossman, "Strikes against Stalin in 1930s Russia," *Russian Review* 56, no. 1 (January 1997): 44~69쪽, 2020년 4월 16일 접속, https://libcom.org/history/strikes-against-stalin-1930s-russia-jeffrey-rossman.

1945년 4월 11일 "Persecution of Homosexuals," United States Holocaust Memorial Museum, 2020년 4월 16일 접속, https://tinyurl.com/yaagxsxw; 워킹클래스히스토리와 미국 홀로코스트 기념박물관이 나눈 전자우편, April 23, 2019; *Handbook for Military Government in Germany*, Supreme Headquarters Allied Expeditionary Force Office of the Chief of Staff, 2020년 4월 16일 접속, https://tinyurl.com/ybq4ndjx; Craig Kaczorowski, "Paragraph 175," GLBTQ Archive, 2004, 2020년 4월 11일 접속, http://www.glbtqarchive.com/ssh/paragraph_175_S.pdf; W. Jake Newsome, "Homosexuals After the Holocaust: Sexual Citizenship and the Politics of Memory in Germany and the United States, 1945-2008" (PhD diss, University at Buffalo, 2016), 2020년 4월 20일 접속, https://www.une.edu/sites/default/files/homosexuals_after_the_holocaust.pdf; Florence Tamagne, "La déportation des homosexuels durant la Seconde Guerre mondiale," *Revue d'éthique et de théologie morale* 239 (May 2006): 77~104쪽, 2020년 4월 20일 접속, https://www.cairn.info/revue-d-ethique-et-de-theologie-morale-2006-2-page-77.htm; Samuel Clowes Huneke, "Gay Liberation Behind the Iron Curtain," *Boston Review*, April 18, 2019, 2020년 4월 20일 접속, https://bostonreview.net/

gender-sexuality/samuel-clowes-huneke-gay-liberation-behind-iron-curtain.

1972년 4월 11일 "The Common Front Strikes," Canadian Encyclopedia, updated December 15, 2013, 2020년 4월 16일 접속, https://www.thecanadianencyclopedia. ca/en/article/common-front-strikes; George "Mick" Sweetman, "1972: The Québec General Strike," libcom.org, 2020년 4월 16일 접속, https://libcom.org/ history/1972-the-quebec-general-strike.

1920년 4월 12일 John Dorney, "The General Strike and Irish Independence," libcom.org, June 6, 2013, 2020년 4월 16일 접속, https://libcom.org/files/TheGeneralStrikeand Irishindependence.pdf.

1927년 4월 12일 International Communist Current, "The Chinese Revolution 1925-1927," libcom.org, 2020년 4월 16일 접속, https://libcom.org/history/chinese-revolution-1925-1927; Arif Dirlik, *Anarchism in the Chinese Revolution* (Berkeley: University of California Press, 1991), 7장.

1916년 4월 13일 John Couzin, "The Fight for Freedom of Speech on Glasgow Green, 1916-1932," libcom.org, 2020년 4월 16일 접속, https://libcom.org/history/articles/ glasgow-green-free-speech-fight.

1919년 4월 13일 Kenneth Pletcher, "Jallianwala Bagh Massacre," Encyclopaedia Britannica, updated April 8, 2020, 2020년 4월 16일 접속, https://www.britannica. com/event/Jallianwala-Bagh-Massacre; "1919 Jallianwala Bagh Massacre," Discover Sikhism, 2020년 4월 16일 접속, http://www.discoversikhism.com/sikh_ genocide/1919_jallianwalla_bagh_massacre.html.

1816년 4월 14일 "Harrow [Chamberlaine's]," Legacies of British Slave Ownership, UCL, 2020년 4월 16일 접속, http://wwwdepts-live.ucl.ac.uk/lbs/estate/view/752; Donna Every, "The Bussa Rebellion and Vaucluse," July 28, 2016, 2020년 4월 16일 접속, https://donnaevery.com/bussa-rebellion-vaucluse; "Bussa's Rebellion," National Archives, 2020년 4월 16일 접속, http://www.nationalarchives.gov.uk/ education/resources/bussas-rebellion; "The Emancipation Wars," National Library of Jamaica, 2020년 4월 16일 접속, https://www.nlj.gov.jm/history-notes/ The%20Emancipation%20Wars.pdf.

1919년 4월 14일 D.R. O'Connor Lysaght, "The Story of the Limerick Soviet, 1919," libcom.org, 2020년 4월 16일 접속, https://libcom.org/library/1919-story-limerick-soviet.

1916년 4월 15일 "IWW Local Unions (Database)," IWW History Project, 2020년 4월 16일 접속, http://depts.washington.edu/iww/locals.shtml; Jane Street, "Letter on the IWW Domestic Workers Union, 1917," 2020년 4월 15일 접속, https://libcom.org/ history/letter-iww-domestic-workers-union-1917-jane-street.

1989년 4월 15일 George Katsiaficas, "The Chinese Democratic Uprising, 1989," libcom. org, 2020년 4월 16일 접속, https://libcom.org/history/chinese-democratic-uprising-1989; Anthony Tao, "No, 10,000 Were Not Killed in the 1989 Tiananmen Crackdown," SupChina, December 25, 2017, 2020년 4월 16일 접속, https:// supchina.com/2017/12/25/no-10000-not-killed-in-tiananmen-crackdown; Yueran Zhang, "The Forgotten Socialists of Tiananmen Square," *Jacobin*, June 4, 2019, 2020년 4월 16일 접속, https://tinyurl.com/y2xr8vhk.

1970년 4월 16일 Martin Glaberman, "Black Cats, White Cats, Wildcats," libcom.org,

2020년 4월 16일 접속, https://libcom.org/library/black-cats-white-cats-wildcats-martin-glaberman.

1979년 4월 16일 Margaret Randall, *Sandino's Daughters Revisited: Feminism in Nicaragua* (New Brunswick, NJ: Rutgers University Press, 1994), 243쪽.

1920년 4월 17일 John Dorney, "The General Strike and Irish Independence," libcom.org, June 6, 2013, 2020년 4월 16일 접속, https://libcom.org/files/TheGeneralStrikeand Irishindependence.pdf.

1976년 4월 17일 Kenan Malik, *From Fatwa to Jihad: The Rushdie Affair and Its Legacy* (London: Atlantic Books, 2017), 47~54쪽, 2020년 4월 16일 접속, https://libcom. org/history/here-stay-here-fight-kenan-malik; "E33-34: Asian Youth Movements in Bradford" (podcast), Working Class History, 2020년 4월 16일 접속, https:// workingclasshistory.com/2019/09/18/e28-29-asian-youth-movements-in-bradford.

1888년 4월 18일 Roland Oliver, "Some Factors in the British Occupation of East Africa, 1884-1894," *Uganda Journal* 15, no. 1 (March 1951): 49~64쪽; Jacob Kushner, "The British Empire's Homophobia Lives on in Former Colonies," *Atlantic*, May 24, 2019, 2020년 4월 16일 접속, https://www.theatlantic.com/international/ archive/2019/05/kenya-supreme-court-lgbtq/590014.

2001년 4월 18일 Hassan Berber, "'Ulach Smah' ('No Forgiveness')—the Algeria Insurrection, 2001," libcom.org, June 22, 2001, 2020년 4월 16일 접속, https:// libcom.org/library/algeria-2001-ulach-smah-no-forgiveness.

1943년 4월 19일 "Warsaw Ghetto Uprising," Holocaust Encyclopedia, 2019년 4월 16 일 접속, https://encyclopedia.ushmm.org/content/en/article/warsaw-ghetto-uprising.

1960년 4월 19일 Kyung Moon Hwang, "Remembering April 19, 1960 Student Revolution," *Korea Times*, April 16, 2014, 2020년 4월 16일 접속, http://www. koreatimes.co.kr/www/news/nation/2016/05/633_155532.html.

1853년 4월 20일 "Harriet Tubman Begins Working on the Underground Railroad," African American Registry, 2020년 4월 16일 접속, https://aaregistry.org/story/ harriet-tubman-starts-working-with-the-underground-railroad.

1914년 4월 20일 Sam Lowry, "The Ludlow Massacre, 1914," libcom.org, September 11, 2006, 2020년 4월 16일 접속, https://libcom.org/history/articles/ludlow-massacre-1914; Gregory Deheler, "Ludlow Massacre," Encyclopaedia Britannica, updated April 13, 2020, 2020년 4월 16일 접속, https://www.britannica.com/event/ Ludlow-Massacre.

1856년 4월 21일 Terry Irving, Terence H. Irving, and Rowan J. Cahill, *Radical Sydney: Places, Portraits and Unruly Episodes* (Sydney, AU: University of New South Wales Press, 2010), 62쪽; Editor, "History: First Eight-Hour Day with No Loss of Pay," *Socialist*, March 13, 2019, 2020년 4월 16일 접속, https://thesocialist.org.au/8-hour-day; "Eight Hour Day Monument," Monument Australia, 2020년 4월 16일 접속, https://tinyurl.com/ya8j37eu.

2007년 4월 21일 Joel Beinin, "Egyptian Workers and January 25th: A Social Movement in Historical Context," *Social Research* 79, no. 2 (Summer 2012): 323~348쪽; Hossam el-Hamalawy, "Egypt: Garment Workers' Sit-in Reaches 26th Day," libcom.org, 2020년 4월 16일 접속, https://tinyurl.com/yd83o9at.

1944년 4월 22일 Sarah Azaransky, *The Dream Is Freedom: Pauli Murray and the American Democratic Faith* (New York: Oxford University Press, 2001); Charles E. Cobb Jr., *On the Road to Freedom: A Guided Tour of the Civil Rights Trail* (Chapel Hill, NC: Algonquin Books of Chapel Hill, 2008), 2쪽; Gregory Hunter, "Howard University: 'Capstone of Negro Education' during World War II," *Journal of Negro History* 79, no. 1 (Winter 1994); Pauli Murray, "A Blueprint for First Class Citizenship," *Crisis* (1944): 358~359쪽; "Downtown, African-American Heritage Trail," Cultural Tourism DC, 2020년 4월 16일 접속, https://www.culturaltourismdc.org/portal/downtown-african-american-heritage-trail; "Sit-in Challenges Restaurant Segregation in Washington DC," Today in Civil Liberties History, 2020년 4월 16일 접속, http://todayinclh.com/?event=early-sit-in-washington-d-c-2; Kathryn Schulz, "The Many Lives of Pauli Murray," *New Yorker*, April 17, 2017, 2020년 4월 16일 접속, https://www.newyorker.com/magazine/2017/04/17/the-many-lives-of-pauli-murray; Pam McAllister, "Black Women Led Sit-ins in the 1940s," Activists with Attitude, February 6, 2015, 2020년 4월 16일 접속, http://activistswithattitude.com/black-women-led-sit-ins-in-the-1940s.

1993년 4월 22일 "Stephen Lawrence Murder: A Timeline of How the Story Unfolded," BBC News, April 13, 2018, 2020년 4월 16일 접속, https://www.bbc.com/news/uk-26465916; Rob Evans and Paul Lewis, "Police 'Smear' Campaign Targeted Steven Lawrence's Friends And Family," *Guardian*, June 24, 2013, 2020년 5월 19일 접속, https://www.theguardian.com/uk/2013/jun/23/stephen-lawrence-undercover-police-smears.

1951년 4월 23일 Lance Booth, "Overlooked No More: Barbara Johns, Who Defied Segregation in Schools," *New York Times*, May 8, 2019, 2020년 4월 16일 접속, https://www.nytimes.com/2019/05/08/obituaries/barbara-johns-overlooked.html; "The Prince Edward County School Strike, 1951," libcom.org, 2020년 4월 16일 접속, https://libcom.org/history/prince-edward-county-school-strike-1953.

1971년 4월 23일 "Veterans Discard Medals in War Protest at Capitol," *New York Times*, April 24, 1971, 2020년 4월 16일 접속, https://tinyurl.com/yao2l43w; "E10.11: The GI Resistance in Vietnam" (podcast), Working Class History, 2020년 4월 16일 접속, https://workingclasshistory.com/2018/08/06/e10-the-gi-resistance-in-vietnam-part-1.

1912년 4월 24일 Terry Randall, "RMS Olympic—Mutiny Over Titanic's Boat Situation," City of Southampton Society, 2020년 4월 16일 접속, http://coss.org.uk/The-Olympic-Mutiny.php; Hugh Brewster and Laurie Coulter, *882 1/2 Amazing Answers to Your Questions about the Titanic* (New York: Scholastic Paperbacks, 1999); Jason Ponic, "Whatever Happened to Olympic, Titanic's Sister?" Owlcation, updated January 29, 2020, 2020년 4월 16일 접속, https://owlcation.com/humanities/Whatever-Happened-to-Olympic-Titanics-Sister-Ship.

1954년 4월 24일 Caroline Elkins, *Imperial Reckoning: The Untold Story of Britain's Gulag in Kenya* (New York: Henry Holt, 2010).

1974년 4월 25일 Phil Mailer, *Portugal: The Impossible Revolution?* (Oakland: PM Press, 2012); Kenneth Maxwell, "Portugal's Revolution Began in the Army," *New York*

Times, May 18, 1975, 2020년 4월 16일 접속, https://tinyurl.com/y9eokk63.

2013년 4월 25일 "The Legacy of the Dead—the Savar Collapse, Part 2," libcom.org, 2020년 4월 16일 접속, https://libcom.org/news/legacy-dead-savar-collapse-part-2-24052013.

1797년 4월 26일 Alex Barker, "Mutiny in the Royal Navy at Spithead," *History Today* 47, no. 4 (April 1997), 2020년 4월 16일 접속, https://www.historytoday.com/alex-barker/mutiny-royal-navy-spithead; "Research Guide B8: The Spithead and Nore Mutinies of 1797," Royal Museums Greenwich, 2020년 4월 16일 접속, https://tinyurl.com/y8crwyc4; Conrad Gill, ed., *The Naval Mutinies of 1797* (Manchester: Manchester University Press, 1913); Ann Veronica Coats, *The Naval Mutinies of 1797: Unity and Perseverance* (Woodbridge, UK: Boydell & Brewer, 2011).

1982년 4월 26일 Anandi Ramamurthy, "Bradford 12: Self-Defense Is No Offence," libcom.org, 2020년 4월 16일 접속, https://libcom.org/history/bradford-12-self-defense-no-offence; "E33-34: Asian Youth Movements in Bradford" (podcast), Working Class History, 2020년 4월 16일 접속, https://workingclasshistory.com/2019/09/18/e28-29-asian-youth-movements-in-bradford.

1934년 4월 27일 José Antonio Gutiérrez Danton, "1872-1995: Anarchism in Chile," libcom.org, 2020년 4월 16일 접속, https://libcom.org/history/articles/anarchism-in-chile.

1981년 4월 27일 Stewart Bell, *Bayou of Pigs: The True Story of an Audacious Plot to Turn a Tropical Island into a Criminal Paradise* (New York: HarperCollins, 2014); "Wolfgang Droege White Supremacist Who Tried to Overthrow Dominica's Government Is Shot to Death," Dominican, April 5, 2005, 2020년 4월 16일 접속, http://www.thedominican.net/articles/droege.htm.

1945년 4월 28일 "1945: Italian Partisans Kill Mussolini," BBC Home, 2020년 4월 16일 접속, http://news.bbc.co.uk/onthisday/hi/dates/stories/april/28/newsid_3564000/3564529.stm; R.J.B. Bosworth, *Mussolini* (London: Arnold, 2002), 332~333쪽; Ray Moseley, *Mussolini: The Last 600 Days of Il Duce* (Dallas: Taylor World Publishing, 2004); Peter Neville, *Mussolini* (Milton Park, UK: Routledge, 2003), 194~195쪽.

1965년 4월 28일 "U.S. Troops Land in the Dominican Republic in Attempt to Forestall a 'Communist Dictatorship,'" History.com, 2020년 4월 16일 접속, https://www.history.com/this-day-in-history/u-s-troops-land-in-the-dominican-republic; "April 28, 1965: 2nd Time the US Invades Dominican Republic," Dominican Today, April 28, 2014, 2020년 4월 16일 접속, https://tinyurl.com/yap4zlsm.

1992년 4월 29일 Jeff Wallenfeldt, "Los Angeles Riots of 1992," Encyclopaedia Britannica, 2020년 4월 16일 접속, https://www.britannica.com/event/Los-Angeles-Riots-of-1992.

2020년 4월 29일 Michael Sainato, "Strikes Erupt as US Essential Workers Demand Protection Amid Pandemic," *Guardian*, May 19, 2020, 2020년 5월 19일 접속, https://tinyurl.com/ybjq93ee.

1963년 4월 30일 Madge Dresser, "Black and White on the Buses: The 1963 Colour Bar Dispute in Bristol," libcom.org, 2020년 4월 16일 접속, https://libcom.org/history/black-white-buses-1963-colour-bar-dispute-bristol.

1977년 4월 30일 "Why Reclaim the Night?" Reclaim the Night, 2020년 4월 16일 접속, http://www.reclaimthenight.co.uk/why.html.

5월

1886년 5월 1일 "May Day Strike of 1886," Ohio History Central, 2020년 4월 16일 접속, http://www.ohiohistorycentral.org/w/May_Day_Strike_of_1886; Jeremy Brecher, "Mayday, the 8-Hour Movement and the Knights of Labor," libcom.org, 2020년 4월 16일 접속, https://libcom.org/history/mayday-8-hour-movement-knights-labor-jeremy-brecher; Christopher Thale, "Haymarket and May Day," Encyclopedia of Chicago, 2020년 4월 16일 접속, http://www.encyclopedia.chicagohistory.org/pages/571.html; Sharon Smith, "The Legacy of Haymarket," *Socialist Worker*, January 28, 2011, 2020년 4월 16일 접속, https://socialistworker.org/2011/01/28/the-legacy-of-haymarket; Ryan Kilpatrick, "Explainer: International Workers Day—China's Favourite American Holiday," that's, April 30, 2019, 2020년 4월 16일 접속, https://tinyurl.com/yde2mnpt; "PBS Documentary on Haymarket Martyrs and the Origins of International Workers Day," Internet Archive, 2003, 2020년 4월 16일 접속, https://archive.org/details/Haymarket-Documentary.

1974년 5월 1일 Ron Ramdin, "The Imperial Typewriters Strike, 1974," libcom.org, 2020년 4월 16일 접속, https://libcom.org/history/imperial-typewriters-strike-1974-ron-ramdin.

3. **1967년 5월 2일** Andrew Anthony, "Black Power's Coolest Radicals (but also a Gang of Ruthless Killers)," *Guardian*, October 18, 2015, 2020년 4월 16일 접속, https://tinyurl.com/y7rh5mzv; David Emery, "Did the NRA Support a 1967 'Open Carry' Ban in California?" Snopes, 2020년 4월 16일 접속, https://www.snopes.com/fact-check/nra-california-open-carry-ban; "State Capitol March," PBS, June 23, 1967, 2020년 4월 16일 접속, http://www.pbs.org/hueypnewton/actions/actions_capitolmarch.html.

1968년 5월 2일 Dan Georgakas and Marvin Surkin, *Detroit, I Do Mind Dying: A Study in Urban Revolution* (Boston: South End Press, 1998).

1926년 5월 3일 libcom, "1926: British General Strike," libcom.org, 2020년 4월 16일 접속, https://libcom.org/history/articles/british-general-strike; "What Was the General Strike of 1926?" BBC News, June 19, 2011, 2020년 4월 16일 접속, https://www.bbc.com/news/uk-13828537.

1953년 5월 3일 Nick Heath, "After the Death of Stalin: The First Revolt—The Plovdiv Tobacco Workers' Strike, May 1953," libcom.org, 2020년 4월 16일 접속, https://tinyurl.com/y9wr88rh; Christian F. Ostermann and Malcolm Byrne, *Uprising in East Germany 1953: The Cold War, the German Question, and the First Major Upheaval Behind the Iron Curtain* (Budapest: Central European University Press, 2001), 86~89쪽.

1919년 5월 4일 Colin Everett, "Organised Labour in Brazil 1900-1937: From Anarchist Origins to Government Control," libcom.org, 2020년 4월 16일 접속, https://tinyurl.com/y8bg3uq2.

1961년 5월 4일 "Freedom Rides," Stanford University: The Martin Luther King, Jr. Research and Education Institute, 2020년 4월 16일 접속, https://kinginstitute. stanford.edu/encyclopedia/freedom-rides.

1906년 5월 5일 "1906 Cananea—Miners [sic] Strike," Historical Events of the International Revolutionary Movement, 2020년 4월 16일 접속, http://ciml.250x. com/archive/events/english/1906_mexico/1906_cananea_strike.html.

1970년 5월 5일 Zoe Altaras, "The May 1970 Student Strike at UW," Antiwar and Radical History Project—Pacific Northwest, 2020년 4월 16일 접속, https://depts. washington.edu/antiwar/may1970strike.shtml; Root & Branch, "No Class Today, No Ruling Class Tomorrow," libcom.org, 2020년 4월 16일 접속, https://libcom.org/ library/no-class-today-no-ruling-class-tomorrow-root-branch-1970.

1933년 5월 6일 Heike Bauer, *The Hirschfeld Archives: Violence, Death, and Modern Queer Culture* (Philadelphia: Temple University Press, 2017); "Institute for Sexual Science," Holocaust Teacher Resource Center, 2020년 4월 16일 접속, https:// www.holocaust-trc.org/homosexuals/institute-for-sexual-science; Lucy Diavolo, "LGBTQ Institute in Germany Was Burned Down by Nazis," *Teen Vogue*, September 20, 2017, 2020년 4월 16일 접속, https://www.teenvogue.com/story/ lgbtq-institute-in-germany-was-burned-down-by-nazis; Laura Darling, "Queer Women and AFAB People during the Holocaust," Making Queer History, April 22, 2016, 2020년 4월 16일 접속, https://tinyurl.com/y6ukma62; "Lesbians and the Third Reich," United States Holocaust Memorial Museum, 2020년 4월 16일 접속, https://encyclopedia.ushmm.org/content/en/article/lesbians-and-the-third- reich; Farah Naz Khan, "A History of Transgender Health Care," *Scientific American*, November 16, 2016, 2020년 5월 20일 접속, https://blogs.scientificamerican.com/ guest-blog/a-history-of-transgender-health-care; "Persecution of Homosexuals in the Third Reich," Holocaust Encyclopedia, 2020년 4월 16일 접속, https://tinyurl. com/ycgsbeye; 미국 홀로코스트 기념박물관에서 보낸 전자우편, April 23, 2019.

1937년 5월 6일 Augusta V. Jackson, "A New Deal for Tobacco Workers," *Crisis*, October 1938, 322~323쪽; Teresa Albano, "Today in Labor History: 400 Black Women Strike Over Wages, Conditions," People's World, May 6, 2013, 2020년 4월 16일 접속, https://tinyurl.com/y8ap84y8.

1912년 5월 7일 "Waiters' Strike Ill-Timed; Just When High Cost of Living Ruins Restaurants" *New York Times*, June 1, 1912, 2020년 4월 16일 접속, https:// tinyurl.com/ybqbxwlr; "Waiters Out in 17 More Places," *New York Times*, June 1, 1912, 2020년 4월 16일 접속, https://timesmachine.nytimes.com/timesmach ine/1912/06/01/100536445.pdf; "The Waiters' Strike," *New York Times*, June 1, 1912, 10면, 2020년 5월 20일 접속, https://timesmachine.nytimes.com/timesma chine/1912/06/01/100536538.html?pageNumber=10; "The Collapsing Strike," *New York Times*, June 4, 1912, 10면, 2020년 5월 20일 접속, https://timesmachine. nytimes.com/timesmachine/1912/06/04/100536997.html?pageNumber=10; "The First Contract," Hotel Workers, 2020년 4월 16일 접속, http://hotelworkers.org/ about/history/the-story-of-the-first-contract?p=3.

1980년 5월 7일 Jun Sung Park(박준성), "사북, 부마항쟁과 광주민중항쟁을 잇는 징검다리," Hadream, August 11, 2005, 2020년 4월 16일 접속, http://hadream.com/xe/

history/42507?ckattempt=3.

1928년 5월 8일 Leónidas Noni Ceruti, "A 87 años del asesinato de la obrera Luisa Lallana," ANRed, May 10, 2015, 2020년 4월 16일 접속, https://www.anred. org/2015/05/10/a-87-anos-del-asesinato-de-la-obrera-luisa-lallana; "Rosario Workmen Quit Long Strike," *New York Times*, August 24, 1929, 4면, 2020년 4월 16일 접속, https://timesmachine.nytimes.com/timesmachine/1929/08/24/91928120. html?pageNumber=4.

1942년 5월 8일 Ron Grossman, "The Birth of the Sit-in," *Chicago Tribune*, February 23, 2014, 2020년 4월 16일 접속, https://tinyurl.com/yc3dlbgk; "Jack Spratt Coffee Shop Sit-in," Chicago Time Machine, 2020년 4월 16일 접속, https://interactive. wttw.com/timemachine/jack-spratt-coffee-shop-sit; "CORE Leads Early Sit-in in Chicago," Today in Civil Liberties History, 2020년 4월 16일 접속, http://todayinclh. com/?event=core-leads-early-sit-in-in-chicago.

1914년 5월 9일 Steven Johns, "Violence in the Women's Suffrage Movement," libcom. org, 2020년 4월 16일 접속, https://libcom.org/history/violence-suffragette-movement.

1936년 5월 9일 WelcometoSpace, "The Bloody May of 1936 in Thessaloniki, Greece," libcom.org, 2020년 4월 16일 접속, https://libcom.org/history/bloody-may-1936-thessaloniki-greece; Neni Panourgia, *Dangerous Citizens: The Greek Left and the Terror of the State* (New York: Fordham University Press, 2009), 2장.

1920년 5월 10일 "Hands off Russia, 1919-1920," Hayes People's History, November 19, 2010, 2020년 5월 20일 접속, https://ourhistory-hayes.blogspot.com/2010/11/ hands-off-russia-1919-1920.html; "Dockers Boycott SS Jolly George, 1920," libcom.org, 2020년 4월 16일 접속, https://libcom.org/history/dockers-boycott-ss-jolly-george-1920; "The Jolly George Protest 1920," TUC History Online, 2020년 4월 16일 접속, https://tinyurl.com/y6whtz2o.

1941년 5월 10일 José Gotovitch and Paul Aron, eds., *Dictionnaire de la Seconde Guerre Mondiale en Belgique* (Brussels: André Versaille Éditeur, 2008), 220~221쪽.

1923년 5월 11일 Andrew Grant Wood, "Postrevolutionary Pioneer: Anarchist María Luisa Marín and the Veracruz Renters' Movement," libcom.org, 2020년 4월 15일 접속, https://tinyurl.com/ya83nows.

1972년 5월 11일 Paul Sharkey, ed., *The Federacion Anarquista Uruguaya: Crisis, Armed Struggle and Dictatorship, 1967-1985* (London: Kate Sharpley Library, 2009), 2020년 4월 16일 접속, https://libcom.org/files/FAU%20uruguay2.pdf.

1916년 5월 12일 Shane Hegarty and Fintan O'Toole, "Easter Rising 1916—the Aftermath: Arrests and Executions," *Irish Times*, March 24, 2016, 2020년 5월 29일 접속, https://tinyurl.com/y6om4v3b; Dermot McEvoy, "1916 Easter Rising Leader James Connolly Born on This Day in 1868," Irish Central, June 5, 2019, 2020년 5월 29일 접속, https://www.irishcentral.com/roots/history/easter-rising-leader-executed-in-1916-james-connolly.

1978년 5월 12일 David Vidal, "Thousands in Brazil Strike in Defiance of Military Regime," *New York Times*, May 24, 1978, 2020년 4월 16일 접속, https://tinyurl.com/y9oxq7s2; John Humphrey, "Autoworkers and the Working Class in Brazil," libcom.org, 2020년 4월 16일 접속, https://libcom.org/library/autoworkers-working-class-braziljohn-humphrey.

1968년 5월 13일 "General Strike Grips France," *Pittsburgh Post-Gazette*, May 13, 1968, 1 면.

1985년 5월 13일 William K. Stevens, "Police Drop Bomb on Radicals' Home in Philadelphia," *New York Times*, May 14, 1985, 2020년 4월 16일 접속, https://tinyurl. com/y8x2xejl; "MOVE Bombing 1985," libcom.org, 2020년 4월 16일 접속, https:// libcom.org/library/move-bombing-1985.

1913년 5월 14일 Mouvement Communiste and Kolektivně proti Kapitălu, "100 Years Ago: The Philadelphia Dockers Strike and Local 8 of the IWW," 2020년 4월 16일 접속, https://tinyurl.com/yaf9slsh.

1931년 5월 14일 Anders Sundstedt, "The Ådalen Shootings in Sweden, 1931," libcom. org, 2020년 4월 16일 접속, https://libcom.org/history/adalen-shootings-sweden-1931; Max Rennebohm, "Swedish Workers General Strike for Economic Justice, Power Shift (Ådalen) 1931," Global Nonviolent Action Database, 2020년 4월 16일 접속, https://tinyurl.com/ycp9dvnf.

1831년 5월 15일 "Heavy-Handed Policing: The Killing of Constable Culley," Open University, 2009, 2020년 4월 16일 접속, https://tinyurl.com/yclxkb3t; Tony Moore, *The Killing of Constable Keith Blakelock: The Broadwater Farm Riot* (Hook, UK: Waterside Press, 2015), 19~21쪽; "Today in London Legal History: A Jury Finds the Killing of a Copper to be 'Justifiable Homicide', 1833," Past Tense, May 15, 2017, 2020년 4월 16일 접속, https://tinyurl.com/y8gtv76v.

1950년 5월 15일 "The Nairobi General Strike, 1950: From Protest to Insurgency," in Andrew Burton, ed., *The Urban Experience in Eastern Africa c.1750-2000* (Nairobi, KE: British Institute in Eastern Africa, 2002), 2020년 4월 16일 접속, https://libcom. org/library/nairobi-general-strike-1950-protest-insurgency.

1934년 5월 16일 Jeremy Brecher, "The Minneapolis Teamsters Strike, 1934," libcom.org, 2020년 4월 16일 접속, https://libcom.org/history/minneapolis-teamsters-strike-1934-jeremy-brecher.

1967년 5월 16일 E30-31: The Hong Kong riots, 1967 (podcast), Working Class History, 2020년 4월 16일 접속, https://workingclasshistory.com/2019/07/15/e26-27-the-hong-kong-riots-1967; Benjamin Leung and Stephen Chiu, "A Social History of Industrial Strikes and the Labour Movement in Hong Kong, 1946-1989" (research paper, Social Sciences Research Centre, University of Hong Kong, 1991), 2020년 4월 16일 접속, https://hub.hku.hk/bitstream/10722/42557/1/03.pdf.

1949년 5월 17일 "Via Margotti Maria," Comune Ravenna, 2020년 4월 16일 접속, http:// extraweb.comune.ra.it/odonomastica/scheda.asp?CodTopon=1306; Flora Derounian, "How Women Rice Weeders in Italy Took on Fascism and Became Heroines of the Left," Conversation, March 7, 2018, 2020년 4월 16일 접속, https:// tinyurl.com/yamb67go.

1965년 5월 17일 "Bolivia DECRETO LEY No 7169 del 17 de Mayo de 1965," Derechoteca, 2020년 4월 16일 접속, www.derechoteca.com/gacetabolivia/decreto-ley-7169-del-17-mayo-1965; "Bolivia DECRETO LEY No 7170 del 17 de Mayo de 1965," Derechoteca, 2020년 4월 16일 접속, www.derechoteca.com/gacetabolivia/decreto-ley-7170-del-17-mayo-1965.

1968년 5월 18일 Lassou, "May 1968 in Senegal," libcom.org, 2020년 4월 16일 접속, https://libcom.org/library/may-1968-senegal.

1980년 5월 18일 George Katsiaficas, "The Gwangju Uprising, 1980," libcom.org, 2020년 4월 16일 접속, https://libcom.org/history/1980-the-kwangju-uprising.

1918년 5월 19일 Nick Heath, "1890-1924: Anarchism in Hungary," 2020년 4월 16일 접속, https://libcom.org/history/articles/hungary-anarchism-1890-1924; "Public Holidays Calendar 1918," Kalendar 365, 2020년 4월 16일 접속, https://kalender-365.de/public-holidays.php?yy=1918.

1935년 5월 19일 Richard Hart, *Labour Rebellions in the 1930s in the British Caribbean* (London: Socialist History Society, 2002); "Our History," Bustamante Industrial Trade Union, 2018년 2월 1일 접속, 2020년 4월 16일에는 접속되지 않음, http://bitujamaica.org/bitu-history.

1910년 5월 20일 Isaac Meyer, "The Great Treason Incident—Anarchism in Japan," libcom.org, 2020년 4월 16일 접속, https://libcom.org/blog/great-treason-incident-anarchism-japan-16082018.

1936년 5월 20일 Martha A. Ackelsberg, *Free Women of Spain* (Oakland: AK Press, 2005), 128쪽.

1941년 5월 21일 Anton Rønneberg, *Nationaltheatret gjennom femti år* (Oslo: Gyldendal, 1949) 382~387쪽; Egil Hjort-Jenssen, *Norsk skuespillerforbund gjennom 50 år 1898-1948* (Oslo: Gyldendal, 1948), 143~149쪽; Hans Fredrik Dahl, *Norsk krigsleksikon 1940-1945* (Oslo: Cappelen, 1995).

1979년 5월 21일 Kim Corsaro, "Remembering 'White Night'—San Francisco's Gay Riot," *San Francisco Bay Times*, May 18, 2006, 2020년 4월 16일 접속, https://tinyurl.com/ybat2fq3; Randy Shilts, *The Mayor of Castro Street: The Life and Times of Harvey Milk* (New York: St. Martin's Press, 1982); Fred Rogers, "Elephant Walk Took Brunt of Police Attack in the Castro," Uncle Donald's Castro Street, 2020년 4월 16일 접속, http://thecastro.net/milk/rogers.html; Mike Weiss, "Ex-Clerk Says He Destroyed White's Gun/Weapon Used in Assassinations Was Considered Missing," *San Francisco Gate*, January 24, 2003, 2020년 4월 16일 접속, https://tinyurl.com/y7rbf6ge; "Killer of Moscone, Milk Had Willie Brown on List," *San Jose Mercury News*, September 18, 1998, 1A면; Wallace Turner, "Ex-Official Guilty of Manslaughter in Slayings on Coast; 3,000 Protest," *New York Times*, May 22, 1979, 2020년 4월 16일 접속, https://tinyurl.com/y6wbgx6p; Chester Hartman, *City for Sale: The Transformation of San Francisco* (Berkeley: University of California Press, 2002), 233~237쪽; Cynthia Gorney, "The Legacy of Dan White," *Los Angeles Times*, January 4, 1984, 2020년 5월 20일 접속, https://tinyurl.com/yag9hap9.

1968년 5월 22일 Footballers' Action Committee, "Football to the Footballers!" libcom.org, 2020년 4월 17일 접속, https://libcom.org/library/football-footballers.

2006년 5월 22일 Kylin Navarro, "Oaxacan Teachers Strike against Governor, 2006," Global Nonviolent Action Database, November 1, 2010, 2020년 4월 17일 접속, https://nvdatabase.swarthmore.edu/content/oaxacan-teachers-strike-against-governor-2006.

1946년 5월 23일 Jon Garlock, "The 1946 General Strike of Rochester, New York," libcom.org, 2020년 4월 17일 접속, https://libcom.org/history/1946-general-strikerochester-new-york.

1969년 5월 23일 Antonius C.G.M. Robben, *Political Violence and Trauma in Argentina* (Philadelphia: University of Pennsylvania Press, 2010), 40쪽.

1919년 5월 24일 "Drumheller Coal Mining Strike of 1919," Alberta Culture and Tourism, 2020년 4월 17일 접속, https://tinyurl.com/ya8yu8kj; "Strikes—The Drumheller Strike of 1919," When Coal Was King, 2020년 4월 17일 접속, https://tinyurl.com/ya4qyh9t.

1990년 5월 24일 Ben Rosenfeld, "Federal Court Orders FBI To Turn Over Evidence for Independent Forensic Analysis in 1990 Judi Bari Car Bombing Case," Industrial Workers of the World, April 2, 2012, 2020년 4월 17일 접속, https://tinyurl.com/ya53lls8; "Judi Bari 1949-1997," Industrial Workers of the World, 2020년 4월 17일 접속, https://www.iww.org/history/biography/JudiBari/1.

1978년 5월 25일 "Occupation of Bastion Point Begins," New Zealand History, 2020년 4월 17일 접속, https://nzhistory.govt.nz/occupation-of-bastion-point-begins.

2020년 5월 25일 Evan Hill, Ainara Tiefenthäler, Christiaan Triebert, Drew Jordan, Haley Willis, and Robin Stein, "How George Floyd Was Killed in Police Custody," *New York Times*, May 31, 2020, 2020년 7월 3일 접속, https://www.nytimes.com/2020/05/31/us/george-floyd-investigation.html; Alisha Ebrahimji, "This Is How Loved Ones Want Us to Remember George Floyd," CNN, June 3, 2020, 2020년 7월 3일 접속, https://www.cnn.com/2020/05/27/us/george-floyd-trnd/index.html; Scottie Andrew, "Derek Chauvin: What We Know About the Former Officer Charged in George Floyd's Death," CNN, June 1, 2020, 2020년 7월 3일 접속, https://www.cnn.com/2020/06/01/us/derek-chauvin-what-we-know-trnd/index.html; Larry Buchanan, Quoctrung Bui, and Jugal K. Patel, "Black Lives Matter May Be the Largest Movement in US History," *New York Times*, July 3, 2020, 2020년 7월 3일 접속, https://www.nytimes.com/interactive/2020/07/03/us/george-floyd-protests-crowd-size.html; Dionne Searcey and John Eligon, "Minneapolis Will Dismantle Its Police Force, Council Members Pledge," *New York Times*, June 7, 2020, 2020년 7월 3일 접속, https://www.nytimes.com/2020/06/07/us/minneapolis-police-abolish.html.

1824년 5월 26일 "E32: The Pawtucket Mill Strike" (podcast), *Working Class History*, August 12, 2019, 2020년 4월 17일 접속, https://workingclasshistory.com/2019/08/12/e28-thepawtucket-mill-strike; Joey La Neve DeFrancesco, "Pawtucket, America's First Factory Strike," *Jacobin*, June 6, 2018, 2020년 4월 17일 접속, https://www.jacobinmag.com/2018/06/factory-workers-strike-textile-mill-women.

1944년 5월 26일 Ludivine Broch, *Ordinary Workers, Vichy and the Holocaust: French Railwaymen and the Second World War* (Cambridge: Cambridge University Press, 2016), 197쪽; "La grève générale à Marseille," *Bulletin international de discussion de la Gauche Communiste Italienne* 6 (June 1944), 2020년 4월 17일 접속, http://archivesautonomies.org/spip.php?article2096.

1919년 5월 27일 Steven Hirsch, "Anarcho-Syndicalism in Peru, 1905-1930," 2020년 4월 20일 접속, https://libcom.org/library/anarcho-syndicalism-peru-1905-1930-steven-hirsch.

2004년 5월 27일 "'Leaded/Unleaded'—the Story of the 2004 Beirut General Strike
Now Online," libcom.org, 2020년 4월 17일 접속, https://libcom.org/news/article.
php/beirut-general-strike-2004-dvd-0106; "Lebanese Soldiers Surrounded the
Burned Building of the Labour Ministry" (photo), Reuters, May 27, 2004, 2020
년 4월 17일 접속, https://pictures.reuters.com/archive/LEBANON-PROTEST-
RP4DRIHVEKAA.html; Nada Raad, "Beirut Makes Final Preparations to Host OPEC
Summit," *Daily Star Lebanon*, June 2, 2004, 2020년 4월 17일 접속, https://tinyurl.
com/yd2tgje3; "'Five Dead' in Lebanon Protests," BBC News, May 27, 2004, 2020년
4월 17일 접속, http://news.bbc.co.uk/2/hi/middle_east/3753913.stm.

1913년 5월 28일 Mouvement Communiste and Kolektivně proti Kapitǎlu, "100 Years
Ago: the Philadelphia Dockers Strike and Local 8 of the IWW," libcom.org, 2020년
4월 16일 접속, https://tinyurl.com/yaf9slsh.

1936년 5월 28일 Shane Bentley, "France: 'Everything Is Possible': The June 1936 Strike
Wave," *Green Left* 673 (November 1993), 2020년 4월 17일 접속, https://www.
greenleft.org.au/content/france-everything-possible-june-1936-strike-wave.

1969년 5월 29일 James P. Brennan, "Córdobazo," Encyclopedia.com, updated April
15, 2020, 2020년 4월 17일 접속, https://www.encyclopedia.com/humanities/
encyclopedias-almanacs-transcripts-and-maps/cordobazo-el; James P.
Brennan, "Working Class Protest, Popular Revolt and Urban Insurrection in
Argentina: The 1969 Cordobazo," libcom.org, 2020년 4월 17일 접속, https://tinyurl.
com/y7xseztw.

1972년 5월 29일 Mamta Rajawat, *Encyclopaedia of Dalits in India* (Bangaluru, IN: Anmol
Publications, 2004), 325쪽.

1925년 5월 30일 Editors, "May Thirtieth Incident," Encyclopaedia Britannica,
2020년 4월 17일 접속, https://www.britannica.com/event/May-Thirtieth-
Incident; International Communist Current, "The Chinese Revolution 1925-
1927," libcom.org, 2020년 4월 16일 접속, https://libcom.org/history/chinese-
revolution-1925-1927.

1969년 5월 30일 Nelson M. Pierre, "Curaçao Uprising May 30th 1969," Colors, May 2014,
2020년 4월 17일 접속, http://www.colorszine.com/2014_05/Curacao-Uprising.
html.

1831년 5월 31일 "1831: Merthyr Tydfil Uprising," libcom.org, 2020년 4월 17일 접속,
https://libcom.org/library/1831-merthyr-tydfil-uprising; "Merthyr Rising Marked
in Town 183 Years after Historic Event," BBC News, May 31, 2014, 2020년 4월 17일
접속, https://www.bbc.com/news/uk-wales-south-east-wales-27648283.

1921년 5월 31일 Tulsa Race Riot: A Report by the Oklahoma Commission to Study the
Tulsa Race Riot of 1921, February 28, 2001, 2020년 4월 17일 접속, https://tinyurl.
com/y7qotkpt; B.C. Franklin, "The Tulsa Race Riot and Three of Its Victims,"
Smithsonian, August 22, 1931, 2020년 4월 17일 접속, https://nmaahc.si.edu/
object/nmaahc_2015.176.1; Tim Madigan, *The Burning: Massacre, Destruction,
and the Tulsa Race Riot of 1921* (New York: St Martin's Press, 2001); "Survivors of
Infamous 1921 Tulsa Race Riots Still Hope for Justice," Al Jazeera, July 19, 2014,
2020년 4월 17일 접속, https://tinyurl.com/yaq85jj9.

6월

1926년 6월 1일 Neville Green, *The Forrest River Massacres* (Fremantle, AU: Fremantle Arts Centre Press, 1995).

1971년 6월 1일 Ernest Dowson, "1971: Via Tibaldi Occupation," libcom.org, 2020년 4월 17일 접속, https://libcom.org/history/articles/via-tibaldi-occupation; "1970 L'occupazione di via Tibaldi (fotografie di Walter Buonfino)," Radio Rock Revolution Anni 70, December 2, 2014, 2020년 4월 17일 접속, https://tinyurl.com/yaufsoj2.

1863년 6월 2일 Earl Conrad, "Harriet Tubman," *Commonwealth*, July 10, 1863, 2020년 4월 17일 접속, http://www.harriettubman.com/tubman2.html; "The Combahee Ferry Raid," Smithsonian, 2020년 4월 17일 접속, https://nmaahc.si.edu/blog/combahee-ferry-raid.

1975년 6월 2일 Mathieu Lilian, "An Unlikely Mobilization: The Occupation of Saint-Nizier Church by the Prostitutes of Lyon," *Revue française de sociologie* 42, no. 1 (2001): 107~131쪽, 2020년 4월 17일 접속, https://libcom.org/files/article_rfsoc_0035-2969_2001_sup_42_1_5416.pdf.

1943년 6월 3일 Anarchist Federation, "The Zoot Suit as Rebellion," *Organise!* 82 (Summer 2014), 2020년 6월 6일 접속, http://libcom.org/history/zoot-suit-rebellion; "June 3, 1943: The Zoot Suit Riots," Zinn Education Project, 2020년 6월 6일 접속, https://www.zinnedproject.org/news/tdih/zoot-suit-riots; Marisa Gerber, "Zoot Suit Riots: After 75 Years, LA Looks Back on a Violent Summer," *Los Angeles Times*, June 4, 2019, 2020년 4월 17일 접속, https://tinyurl.com/tznju6p.

2016년 6월 3일 Andrew Das, "Judge Rules US Women's Soccer Team Can't Strike Before Olympics," *New York Times*, June 4, 2016, 2020년 4월 17일 접속, https://tinyurl.com/ydgnfguf.

1950년 6월 4일 "E35-37: The 43 Group" (podcast), Working Class History, February 17, 2020, 2020년 7월 3일 접속, https://workingclasshistory.com/2020/02/17/e35-37-the-43-group; Steve Silver, "From Anti-Fascist to Cold War," *Searchlight*, February 2002, 2020년 7월 3일 접속, http://stevesilver.org.uk/from-anti-fascist-war-to-cold-war.

1976년 6월 4일 Vivek Chaudhary, "How London's Southall Became 'Little Punjab,'" *Guardian*, April 4, 2018, 2020년 4월 17일 접속, https://www.theguardian.com/cities/2018/apr/04/how-london-southall-became-little-punjab; Kavita Puri, "The Pool of Blood That Changed My Life," *Three Pounds in My Pocket*, BBC Radio 4, August 5, 2015, 2020년 4월 17일 접속, http://www.bbc.com/news/magazine-33725217; Ken Roe, "Dominion Cinema," Cinema Treasures, 2020년 4월 17일 접속, http://cinematreasures.org/theaters/21203.

1981년 6월 5일 Steven C. McKay, *Satanic Mills or Silicon Islands? The Politics of High-Tech Production in the Philippines* (Ithaca, NY: Cornell University Press, 2018), 135쪽; Anil Verma, Thomas A. Kochan, and Russell D. Lansbury, *Employment Relations in the Growing Asian Economies* (New York: Routledge, 2005), 207쪽; International Communist Current, "A History of Trade Unionism in the Philippines," libcom.org, 2020년 4월 16일 접속, https://libcom.org/history/history-trade-unionism-philippines.

1996년 6월 5일 Lydia Bailey and Rebecca Contreras, "Texans Defend Sierra Blanca Community against Nuclear Waste Disposal 1996-1998," Global Nonviolent Action Database, 2020년 4월 17일 접속, https://tinyurl.com/y963cmmm.

1966년 6월 6일 "James Meredith and the March against Fear," National Archives, 2020년 4월 17일 접속, https://www.archives.gov/research/african-americans/black-power/sncc/march-against-fear.

1988년 6월 6일 Scott Kraft, "2 More Die as Blacks End S. Africa Strike," *Los Angeles Times*, June 9, 1988, 2020년 4월 17일 접속, http://articles.latimes.com/1988-06-09/news/mn-6249_1_south-africa-s-economy; "7 Killed in S Africa during General Strike," *Chicago Tribune*, June 8, 1988, 4면.

1968년 6월 7일 Jessica Siegel, "Ford Female Employees Win Strike for Equal Pay, Dagenham, England, 1968," Global Nonviolent Action Database, March 15, 2013, 2020년 4월 19일 접속, https://tinyurl.com/ybkz3ar7.

1972년 6월 7일 Kamran Asdar Ali, "Strength of the Street: Karachi 1972," libcom.org, 2020년 4월 17일 접속, https://libcom.org/library/strength-street-karachi-1972.

1961년 6월 8일 Mark Trainer, "Joan Trumpauer Mulholland: Civil Rights Hero," Share America, February 9, 2017, 2020년 4월 17일 접속, https://share.america.gov/joan-mulholland-civil-rights-hero.

2017년 6월 8일 United Voices of the World, Facebook, June 8, 2017, 2020년 4월 17일 접속, https://tinyurl.com/y8kphwqx; Louisa Acciari and Davide Però, "On The Frontline: Confronting Precariousness, Outsourcing And Exploitation—Lessons From The LSE Cleaners," Discover Society, December 6, 2017, 2020년 4월 17일 접속, https://tinyurl.com/y7oo2s65.

1910년 6월 9일 "Rebelion De Valladolid 'Primera Chispa De La Revolucion Mexicana' 4 De Junio De 1910," Yucatan Government General Archive, 2020년 4월 17일 접속, https://tinyurl.com/y9pb5q4g.

1944년 6월 9일 Alan Riding, "Upheaval in the East; Where Nazis Took Fierce Revenge, French Hatred for Germans Recedes," *New York Times*, March 7, 1990, 2020년 4월 17일 접속, https://tinyurl.com/y8zmj35l; Headsman, "1944 Johanna Kirchner," Executed Today, June 9, 2012, 2020년 4월 17일 접속, http://www.executedtoday.com/2012/06/09/1944-johanna-kirchner.

1918년 6월 10일 Lucien van der Walt and the Bikisha Media Collective, "'Sifuna Zonke!': Revolutionary Syndicalism, the Industrial Workers of Africa and the Fight against Racial Capitalism, 1915-1921," SAASHA, February 24, 2012, 2020년 4월 16일 접속, https://saasha.net/2012/02/24/sifuna-zonke-bmc-undated.

1973년 6월 10일 Edward Hudson, "Gravediggers Union Ends 27-Day Strike," *New York Times*, July 7, 1973, 1면, 2020년 4월 17일 접속, https://tinyurl.com/yc9tvgvx.

1914년 6월 11일 "Suffragettes in Abbey," *Argus (Melbourne)*, June 13, 1914, 21면; "Suffragettes in Abbey," *Daily Telegraph*, June 12, 1914.

1972년 6월 11일 "Women's Liberation in Japan," Getty Images, 2020년 4월 17일 접속, https://tinyurl.com/yc7xf8uo; Daniel Hurst, "'They Stole My Life Away': Women Forcibly Sterilised by Japan Speak Out," *Guardian*, April 3, 2018, 2020년 4월 17일 접속, https://tinyurl.com/ydalgqdw.

1963년 6월 12일 David Stout, "Byron De La Beckwith Dies; Killer of Medgar Evers Was 80," *New York Times*, January 23, 2001, 2020년 4월 17일 접속, https://tinyurl.com/y8fugozh.

1966년 6월 12일 Aaron Fountain, "US Latino Urban Riots," libcom.org, June 13, 2016, 2020년 4월 17일 접속, https://libcom.org/history/us-latino-urban-riots.

1953년 6월 13일 Ben Fenton, "MoD 'Refusing to Release File on Massacre of Kenyans,'" *Telegraph*, July 10, 2006, 2020년 4월 17일 접속, https://tinyurl.com/ydecyjpc; David Anderson, Huw Bennett, and Daniel Branch, "A Very British Massacre," *History Today* 56-58 (August 2006): 20~22쪽, 2020년 4월 17일 접속, https://www.historytoday.com/archive/very-british-massacre.

1973년 6월 13일 Iain McIntyre, "1973: Broadmeadows Ford Workers' Strike," in *Disturbing the Peace: Tales from Australia's Rebel History* (Melbourne: Homebrew Books, 2005), 35~41쪽, 2020년 4월 17일 접속, https://libcom.org/history/articles/broadmeadows-ford-workers-strike-1972.

1381년 6월 14일 Sylvia Federico, "The Imaginary Society: Women in 1381," *Journal of British Studies* 40, no. 2 (2001): 159~183쪽; Ben Johnson, "Wat Tyler and the Peasants Revolt," Historic UK, 2020년 4월 17일 접속, https://www.historic-uk.com/HistoryUK/HistoryofEngland/Wat-Tyler-the-Peasants-Revolt; Editors, "Peasants Revolt," Encyclopaedia Britannica, 2020년 4월 17일 접속, https://www.britannica.com/event/Peasants-Revolt; Paul Foot, "'This Bright Day of Summer': The Peasants' Revolt of 1381," Marxist Internet Archive, June 1981, 2020년 4월 17일 접속, https://www.marxists.org/archive/foot-paul/1981/06/1381.html; Editors, "Wat Tyler," Encyclopaedia Britannica, 2020년 4월 17일 접속, https://www.britannica.com/biography/Wat-Tyler.

1991년 6월 14일 Noëmi Landolt and Anja Suter, "Frauenstreik 2011: Die Transparente könnten noch immer dieselben sein," *Wochenzeitung*, June 9, 2011, 2020년 4월 17일 접속, https://www.woz.ch/-1c51; "Vor 25 Jahren: Der Frauenstreiktag vom 14. Juni 1991," Schweizerisches Sozialarchiv, 2020년 4월 17일 접속, https://tinyurl.com/y966l9a3; "Zweiter landesweiter Frauenstreik am 14. Juni 2019," Eidgenössische Kommission für Frauenfragen, 2020년 4월 17일 접속, https://tinyurl.com/yapk3qxc.

1960년 6월 15일 Keiji Hirano, "Legacy of 1960 Protest Movement Lives On," *Japan Times*, June 11, 2010, 2020년 4월 17일 접속, https://tinyurl.com/yb39xn4e.

1990년 6월 15일 Jono Shaffer and Stephen Lerner, "25 Years Later: Lessons from the Organizers of Justice for Janitors," TalkPoverty, June 16, 2015, 2020년 4월 17일 접속, https://tinyurl.com/y95no2fz.

1531년 6월 16일 Karl Marx, *Capital*, vol. 1, (Moscow: Progress Publishers, 1965), 28장, 2020년 4월 17일 접속, https://libcom.org/history/bloody-legislation-against-expropriated; Frank Aydelotte, *Elizabethan Rogues and Vagabonds* (Oxford: Clarendon Press, 1913), 2020년 4월 17일 접속, https://archive.org/details/cu31924027958150.

1976년 6월 16일 "1976: The Soweto Riots," libcom.org, 2020년 4월 17일 접속, https://libcom.org/history/1976-the-soweto-riots; "The June 16 Soweto Youth Uprising," South African History Online, 2020년 4월 17일 접속, https://www.sahistory.org.za/

article/june-16-soweto-youth-uprising.

1937년 6월 17일 Katia Landau, "Stalinism in Spain (1938)," *Revolutionary History* 1, no. 2 (Summer 1988), 2020년 4월 17일 접속, https://www.marxists.org/history/etol/document/spain/spain08.htm.

1971년 6월 17일 "The Kelly's Bush Green Ban, 1971," libcom.org, 2020년 4월 17일 접속, https://libcom.org/history/articles/kellys-bush-green-ban; Verity Burgmann, "A Perspective on Sydney's Green Ban Campaign, 1970-74," IWW Environmental Unionism Caucus, June 7, 2013, 2020년 4월 17일 접속, https://tinyurl.com/yaaoctpz.

1935년 6월 18일 Sam Lowry, "The Battle of Ballantyne Pier, 1935," libcom.org, 2020년 4월 17일 접속, https://libcom.org/history/1935-battle-ballantyne-pier; John Mackie, "This Week in History: 1935—the Battle of Ballantyne Pier," *Vancouver Sun*, June 19, 2015, 2020년 4월 17일 접속, https://tinyurl.com/yac4c5h4.

1943년 6월 18일 "1943: Maria Kislyak, Honeytrapper," Executed Today, June 18, 2017, 2020년 4월 17일 접속, http://www.executedtoday.com/2017/06/18/1943-maria-kislyak-honeytrapper; "The Execution of Women by the Nazis during World War II," Capital Punishment UK, 2020년 4월 17일 접속, http://www.capitalpunishmentuk.org/nazi.html.

1937년 6월 19일 Richard Hart, *Labour Rebellions in the 1930s in the British Caribbean* (London: Socialist History Society, 2002); "Trinidad Leaseholds," Grace's Guide to British Industrial History, 2020년 4월 17일 접속, https://www.gracesguide.co.uk/Trinidad_Leaseholds.

1937년 6월 19일 Benjamin Blake, "The Women's Day Massacre," Western Reserve Historical Society, 2020년 4월 17일 접속, https://academic.csuohio.edu/clevelandhistory/Issue3/articles/steelpage6content.htm; Benjamin St. Angelo, "How Labor Disputes Led to Violence: Personalities, Paternalism, and Power at Republic Steel in Youngstown, Ohio: 1937," (research paper, Ohio State University, December 2017), 2020년 4월 17일 접속, https://tinyurl.com/ycuqd6ct.

1905년 6월 20일 Fatimah Hameed, "1905: Swedish Workers Threaten General Strike against War with Norway," Global Nonviolent Action Database, February 22, 2013, 2020년 4월 17일 접속, https://bit.ly/2wMiwX1.

1967년 6월 20일 Dave Zirin, "June 20, 1967: Muhammad Ali Convicted for Refusing the Vietnam Draft," Zinn Education Project, 2020년 4월 17일 접속, https://tinyurl.com/yaypkqgu; Martin Waldron, "Clay Guilty in Draft Case; Gets Five Years in Prison," *New York Times*, June 21, 1967, 1면.

1919년 6월 21일 "Fighting the Good Fight: Winnipeg General of 1919," Canadian Public Health Association, 2020년 4월 17일 접속, https://www.cpha.ca/fighting-good-fight-winnipeg-general-strike-1919.

1964년 6월 21일 "Murder in Mississippi," PBS, American Experience, 2020년 4월 17일 접속, https://www.pbs.org/wgbh/americanexperience/features/freedomsummer-murder.

1908년 6월 22일 Janet Hunter, ed., *Concise Dictionary of Modern Japanese History* (Berkeley: University of California Press, 1984), 175쪽.

1941년 6월 22일 Dragutin Pavličević, *Povijest Hrvatske* (Zagreb, HR: Naklada Pavičić,

2007), 441~442쪽.

1950년 6월 23일 Paul Smith, *Unionization and Union Leadership: The Road Haulage Industry* (London: Routledge, 2016 [2001]); "London Meat Distribution (Strike)," Hansard 477, cc257-60, July 4, 1950, 2017년 4월 17일 접속, http://hansard. millbanksystems.com/commons/1950/jul/04/london-meat-distribution-strike; "The Labour Government vs the Dockers 1945-1951," *Solidarity Pamphlet* 19, 2020 년 4월 17일 접속, https://libcom.org/library/labour-party-dockers-1945-1951-solidarity.

1980년 6월 23일 Keith Adams, "Archive: Tea-break Strike Ends," AROnline, July 3, 1980, 2020년 4월 17일 접속, https://www.aronline.co.uk/archive/archive-tea-break-strike-ends.

1976년 6월 24일 Nick Palazzo, "Polish Workers Strike, Stop Price Increases, 1976," Global Nonviolent Action Database, February 24, 2013, 2020년 4월 17일 접속, https://nvdatabase.swarthmore.edu/content/polish-workers-strike-stop-price-increases-1976; Radio Free Europe, "Poznan 1956 and Radom 1976," libcom.org, 2020년 4월 17일 접속, https://libcom.org/library/poznan-1956-radom-1976.

1980년 6월 24일 "Amplio eco de la huelga general en El Salvador," El País, June 26, 1980, 2020년 4월 17일 접속, http://elpais.com/diario/1980/06/26/internacional/330818419_850215.html.

1876년 6월 25일 Gregory J.W. Urwind, "Battle of the Little Bighorn," Encyclopaedia Britannica, 2020년 4월 17일 접속, https://www.britannica.com/event/Battle-of-the-Little-Bighorn; "Battle of the Little Bighorn," History.com, 2020년 4월 17일 접속, https://www.history.com/topics/native-american-history/battle-of-the-little-bighorn.

1878년 6월 25일 "1878: The Great Kanak Rebellion," Découvrir la Nouvelle-Calédonie, archived September 28, 2019, 2020년 3월 4일 접속, https://tinyurl.com/ybkoqq7e; "The Rebel France Could Not Crush," *Guardian*, April 25, 2017, 2020년 4월 17일 접속, https://tinyurl.com/lnyu9ya.

1950년 6월 26일 "Cultural Cold War: Origins of the Congress for Cultural Freedom, 1949-50," Central Intelligence Agency, archived June 16, 2006, 2020년 4월 17 일 접속, https://web.archive.org/web/20060616213245/http://cia.gov/csi/studies/95unclass/Warner.html.

1993년 6월 26일 C.J. Hawking, "Staley's Legacy of Struggle, Lessons of Defeat," Solidarity, 2020년 4월 17일 접속, https://solidarity-us.org/atc/61/p774; Louis Uchitelle, "800 Workers Locked Out by Staley," *New York Times*, June 29, 1993, 2020년 4월 17일 접속, https://tinyurl.com/y9cm5qou; "Union Leaders Give Up on Caterpillar Strike," *New York Times*, December 4, 1995, 2020년 4월 17일 접속, https://www.nytimes.com/1995/12/04/us/union-leaders-give-up-on-caterpillar-strike.html; "Bridgestone-Firestone Strike Is Called Off," *New York Times*, May 24, 1995, 2020년 4월 17일 접속, https://www.nytimes.com/1995/05/24/us/bridgestone-firestone-strike-is-called-off.html.

1905년 6월 27일 "Minutes of the IWW Founding Convention," Industrial Workers of the World, 2020년 4월 17일 접속, https://www.iww.org/history/founding.

1936년 6월 27일 "Decree on the Prohibition of Abortions. June 27, 1936," in J. Meisel and E.S. Kozera, eds., *Materials for the Study of the Soviet System* (Ann Arbor: G. Wahr, 1953), 2020년 4월 17일 접속, https://www.revolutionarydemocracy.org/archive/abort.htm.

1969년 6월 28일 "E25-26: The Stonewall Riots and Pride at 50" (podcast), *Working Class History*, April 17, 2020, 2020년 4월 17일 접속, https://workingclasshistory.com/2019/05/13/e21-22-the-stonewall-riots-and-pride-at-50; Dennis Eskow, "Stonewall Inn Is Raided by the Police," *New York Daily News*, June 29, 1969, 1면, 2020년 5월 20일 접속, https://www.nydailynews.com/new-york/stonewall-riot-place-1969-article-1.2267954; David Carter, *Stonewall: The Riots That Sparked the Gay Revolution* (New York: Griffin Publishers, 2010); Jonathan Ned Katz, "Stonewall Riot Police Reports," Out History, updated June 11, 2019, 2020년 5월 26일 접속, http://outhistory.org/exhibits/show/stonewall-riot-police-reports/contents/fowler.

1976년 6월 28일 Edgar Rodrigues, "Elena Quinteros, 1945-1976," libcom.org, 2020년 4월 17일 접속, https://libcom.org/history/elena-quinteros-1945-1976; "¿Quién fue Elena Quinteros?" Telenoche, July 17, 2019, 2020년 4월 17일 접속, https://www.telenoche.com.uy/nacionales/%C2%BFquien-fue-elena-quinteros.

1892년 6월 29일 Eric Foner and John A. Garraty, *The Reader's Companion to American History* (Boston: Houghton Mifflin Harcourt Publishing, 1991); "The Strike at Homestead Mill," PBS, American Experience, 2020년 4월 17일 접속, https://www.pbs.org/wgbh/americanexperience/features/carnegie-strike-homestead-mill.

1936년 6월 29일 Rick Smith Show, "Organizing in the Mines," Daily Kos, June 29, 2015, 2020년 4월 17일 접속, https://www.dailykos.com/stories/2015/6/29/1397574/-Organizing-in-the-Mines; Yolanda Alaniz and Megan Cornish, *Viva la Raza: A History of Chicano Identity and Resistance* (Seattle: Red Letter Press, 2008), 102쪽.

1977년 6월 30일 "The Cycle of Struggle 1973 to 1979 in India," GurgaonWorkersNews 60 (November 2013), 2020년 4월 17일 접속, https://libcom.org/history/cycle-struggle-1973-1979-india.

2013년 6월 30일 Evan Johnston, "The Wonderful World of Bossnapping" (blog), May 1, 2016, 2020년 4월 16일 접속, https://evanjohnston.org/2016/05/01/the-wonderful-world-of-bossnapping.

7월

1944년 7월 1일 Piero Gleijeses, *Shattered Hope: The Guatemalan Revolution and the United States, 1944-1954* (Princeton, NJ: Princeton University Press, 1991), 25쪽.

2012년 7월 1일 Adam Ford, "Huge Protests Force Chinese Government Retreat Over Pollution," Commune, 2020년 4월 17일 접속, https://tinyurl.com/yb6du4gg; Tania Branigan, "Anti-Pollution Protesters Halt Construction of Copper Plant in China," *Guardian*, July 3, 2012, 2020년 4월 17일 접속, https://www.theguardian.com/world/2012/jul/03/china-anti-pollution-protest-copper.

1902년 7월 2일 Stephen Kinzer, "The US Conquest of the Philippines, 1898-1902," libcom.org, 2020년 4월 17일 접속, https://libcom.org/history/us-conquestphilippines-1898-1902; "Philippine-American War," Newspapers.com, 2020년 4월 17일 접속, https://www.newspapers.com/topics/american-imperialism/philippine-american-war.

1986년 7월 2일 "5 Killed in Chile on the First Day of General Strike," *New York Times*, July 3, 1986, 2020년 4월 17일 접속, https://tinyurl.com/y7zr7nzs.

1981년 7월 3일 Jay Dyer, "Skinheads, Asians Battle in London," UPI, July 3, 1981, 2020년 4월 17일 접속, https://www.upi.com/Archives/1981/07/03/Skinheads-Asians-battle-in-London/3055362980800; R.W. Apple Jr., "Neo-Nazis Accused in London Riots," *New York Times*, July 5, 1981, 3면, 2020년 4월 17일 접속, https://www.nytimes.com/1981/07/05/world/neo-nazis-accused-in-london-riots.html; "Short Hot Summer 1981" (blog), History Is Made at Night, July 11, 2011, 2020년 4월 17일 접속, https://tinyurl.com/y9o35ljf.

1988년 7월 3일 "The Forgotten Story of Iran Air flight 655," *Washington Post*, October 16, 2013, 2020년 4월 17일 접속, https://tinyurl.com/ya45ljt8; Soapy, "A Look at Lockerbie: Iran Flight 655," libcom.org, 2020년 4월 17일 접속, https://libcom.org/blog/road-lockerbie-iran-flight-655-10012016.

1776년 7월 4일 Howard Zinn, "A People's History of the American Revolution," libcom.org, 2020년 4월 17일 접속, https://libcom.org/history/peoples-history-american-revolution.

1998년 7월 4일 Lynda Edwards, "Death in the Desert," *Orlando Weekly*, June 17, 1999, 2020년 4월 17일 접속, http://www.orlandoweekly.com/orlando/death-in-the-desert/Content?oid=2263332.

1888년 7월 5일 "Strike of Bryant and May's Match Girls," *Reynolds Newspaper*, July 8, 1888, 2020년 4월 17일 접속, https://www.bl.uk/collection-items/newspaper-article-reporting-the-match-girls-strike; John Simkin, "The 1888 London Matchgirls Strike," 2020년 4월 17일 접속, https://spartacus-educational.com/TUmatchgirls.htm.

1934년 7월 5일 Jeremy Brecher, "The Dock Workers Strike and San Francisco General Strike, 1934," libcom.org, 2020년 4월 17일 접속, https://tinyurl.com/ycfyk2fv.

1934년 7월 6일 Richard Hart, *Labour Rebellions in the 1930s in the British Caribbean* (London: Socialist History Society, 2002).

1992년 7월 6일 "Marsha P. Johnson" (obituary), *New York Times*, March 8, 2018, 2020년 4월 17일 접속, https://www.nytimes.com/interactive/2018/obituaries/overlooked-marsha-p-johnson.html; Gillian Brockwell, "The Transgender Women at the Heart of the Stonewall Riots Were Pushed Out of the Gay Rights Movement. Now They Are Getting a Statue in New York," *Washington Post*, June 12, 2019, 2020년 4월 17일 접속, https://tinyurl.com/ybe9hjyp; Shayna Jacobs, "Exclusive: DA Reopens Unsolved 1992 Case Involving the 'Saint of Gay Life,'" *New York Daily News*, December 16, 2012, 2020년 4월 17일 접속, https://tinyurl.com/yblq3fc8; *Frameline Voices—Pay It No Mind: The Life and Times of Marsha P. Johnson*, YouTube, November 29, 2012, 2020년 4월 17일 접속, https://www.youtube.com/watch?v=Bo0nYv9QIj4; "Episode 11: Marsha P. Johnson & Randy Wicker" (podcast), 2019년 8월 11일 접속, https://makinggayhistory.com/podcast/episode-11-johnson-wicker.

1912년 7월 7일 "Site of Grabow Riot/Beauregard Regional Airport," Clio, 2020년 4월 17일 접속, https://www.theclio.com/web/entry?id=48463; "July 7, 2012:1912 Grabow Riot Centennial Observation," Friends of DeRidder Army Air Base, 2020년 4월 17일 접속, https://tinyurl.com/y7wgrfcj; W.T. Block, "'Leather Britches' Smith and the Grabow Riot," Calcasieu Parish, 2020년 4월 17일 접속, http://theusgenweb.org/la/calcasieu/block/leatherbritches.html.

1999년 7월 7일 Mark Metcalf, "The Dahl Jenson Strike, 1999," Revolutions per Minute, 2020년 4월 17일 접속, https://libcom.org/history/articles/dahl-jenson-strike-1999.

1876년 7월 8일 "July 8, 1876: Hamburg Massacre," Zinn Education Project, 2020년 4월 17일 접속, https://www.zinnedproject.org/news/tdih/hamburg-massacre; "After Slavery: Hamburg Massacre," Lowcountry Digital History Initiative, 2020년 4월 17일 접속, http://ldhi.library.cofc.edu/neatline/show/after-slavery-hamburg-massacre.

1968년 7월 8일 Dan Georgakas and Marvin Surkin, Detroit, *I Do Mind Dying: A Study in Urban Revolution* (Boston: South End Press, 1998).

1919년 7월 9일 "Allentown Bartenders Strike," *New York Times*, July 10, 1919, 36면; "No Beer, No Work," Brookston Beer Bulletin, September 7, 2015, 2020년 4월 17일 접속, http://brookstonbeerbulletin.com/no-beer-no-work.

1959년 7월 9일 Asher Schechter, "Wadi Salib Riots," *Ha'aretz*, June 16, 2013, 2020년 4월 17일 접속, https://www.haaretz.com/jewish/1.5280465; William Parry, "Palestinian Homes Abandoned in Nakba Attest to History of Haifa's Wadi Salib Neighborhood," *Washington Report on Middle East Affairs*, January–February 2016, 28~29쪽, 2020년 4월 17일 접속, https://tinyurl.com/ycl7dl8e.

1914년 7월 10일 "Daring Outrage at Perth," *Glasgow Herald*, July 11, 1914, 14면.

1985년 7월 10일 "The Bombing of the Rainbow Warrior," Greenpeace International, 2020년 4월 17일 접속, https://tinyurl.com/yas99d5m.

1917년 7월 11일 Colin Everett, "Organized Labor in Brazil 1900-1937: From Anarchist Origins to Government Control," libcom.org, 2020년 4월 16일 접속, https://tinyurl.com/y8bg3uq2.

1937년 7월 11일 Miyamoto Masao, "The Japanese Man Who Died on the Spanish Front," *Sennaciulo* 57, no. 2 (February 1986), 2020년 4월 17일 접속, https://libcom.org/library/japanese-who-died-spanish-front-miyamoto-masao.

1917년 7월 12일 Fred Watson, "Still on Strike! Recollections of a Bisbee Deportee," *Journal of Arizona History* 18 (Summer 1977): 171~184쪽, 2019년 8월 11일 접속, http://www.library.arizona.edu/exhibits/bisbee/docs/jahwats.html.

1921년 7월 12일 Silvio Antonini, *Faremo a fassela gli Arditi del Popolo* (Viterbo, IT: Edizioni Sette Città, 2010).

1948년 7월 13일 Justin McCurry, "Japan Apologises to Victims of Forced Sterilisation," *Guardian*, April 24, 2019, 2020년 4월 17일 접속, https://tinyurl.com/y54p6ftt; Daniel Hurst, "Victims of Forced Sterilisation in Japan to Receive Compensation and Apology," *Guardian*, March 18, 2019, 2020년 4월 17일 접속, https://tinyurl.com/y2hq2ent; Andrew Gordon, ed., *Postwar Japan as History* (Berkeley: University of California Press, 1993), 306쪽; Yoshio Sugimoto, *An Introduction to Japanese*

Society (Cambridge: Cambridge University Press, 2014), 167쪽; Masae Kato, Women's Rights? The Politics of Eugenic Abortion in Modern Japan (Amsterdam: Amsterdam University Press, 2009), 243쪽.

1976년 7월 13일 Paul Sharkey, ed., The Federacion Anarquista Uruguaya: Crisis, Armed Struggle and Dictatorship, 1967-85 (London: Kate Sharpley Library, 2009), 2020년 4월 16일 접속, https://libcom.org/files/FAU%20uruguay2.pdf.

1970년 7월 14일 Alfonso A. Narvaez, "Young Lords Seize Lincoln Hospital Building," New York Times, July 15, 1970, 2020년 4월 17일 접속, https://tinyurl.com/y7cdawe8; "July 14, 1970: Young Lords Occupied Lincoln Hospital," Zinn Education Project, 2020년 4월 17일 접속, https://www.zinnedproject.org/news/tdih/young-lords.

2011년 7월 14일 Uri Gordon, "Israel's 'Tent Protests': The Chilling Effect of Nationalism," Social Movement Studies Journal of Social, Cultural and Political Protest 11, nos. 3.4 (2012), 2020년 4월 17일 접속, https://tinyurl.com/ych92jpc; "A Short Guide to Israel's Social Protest," Ha'aretz, July 11, 2012, 2020년 4월 17일 접속, https://www.haaretz.com/a-short-guide-to-the-social-protest-1.5265752.

1971년 7월 15일 Christopher Perkins, United Red Army on Screen: Cinema, Aesthetics and The Politics of Memory (Houndmills, UK: Palgrave Macmillan, 2015).

2009년 7월 15일 "S Africa Strike Hits Stadium Work," BBC News, July 8, 2009, 2017년 4월 17일 접속, http://news.bbc.co.uk/1/hi/world/africa/8140433.stm.

1977년 7월 16일 Steven Johns, "The Great Northampton General Hospital Lie in 1977," libcom.org, 2020년 4월 17일 접속, https://libcom.org/history/1977-great-northampton-general-hospital-lie.

1978년 7월 16일 Catrin Nye and Sam Bright, "Altab Ali: The Racist Murder that Mobilised the East End," BBC News, May 4, 2016, 2020년 4월 17일 접속, https://www.bbc.co.uk/news/uk-england-london-36191020; Kenneth Leech, Brick Lane 1978: The Events and Their Significance, 2020년 4월 17일 접속, https://libcom.org/files/Brick-Lane-1978.pdf.

1936년 7월 17일 "Illustrated Timeline of the Spanish Civil War (in-depth)," University of Warwick, 2020년 4월 17일 접속, http://www2.warwick.ac.uk/services/library/mrc/explorefurther/digital/scw/more/timeline; Adam Hochschild, "How Texaco Helped Franco Win the Spanish Civil War," Mother Jones, March 29, 2016, 2020년 4월 17일 접속, https://www.motherjones.com/politics/2016/03/texaco-franco-spanish-civil-war-rieber; Anthony Beevor, The Battle for Spain: The Spanish Civil War 1936-1939 (London: Weidenfeld & Nicolson, 2006)[한국어판: 안토니 비버, 《스페인 내전》, 김원중 옮김, 교양인, 2009]

1978년 7월 17일 Kenneth Leech, Brick Lane 1978: The Events and Their Significance, 2020년 4월 17일 접속, https://libcom.org/files/Brick-Lane-1978.pdf.

1917년 7월 18일 Colin Everett, "Organised: Labour in Brazil 1900-1937: From Anarchist Origins to Government Control," libcom.org, 2020년 4월 16일 접속, https://tinyurl.com/y8bg3uq2.

1969년 7월 18일 William "Preacherman" Fesperman, "Young Patriots at the United Front Against Fascism Conference, 1969" (speech), July 18-21, 1969, 2020년 4월 17일 접속, https://libcom.org/history/young-patriots-united-front-against-fascism-conference-1969; James Tracy, "Revolutionary Hillbilly: An Interview with Hy Thurman of the Young Patriots Association" (blog), 2020년 4월 17일 접속, https://tinyurl.com/yczrbuq4.

1958년 7월 19일 Matthew Heck, "Wichita Students Sit-in for US Civil Rights, 1958," Global Nonviolent Action Database, September 12, 2011, 2020년 4월 17일 접속, https://nvdatabase.swarthmore.edu/content/wichita-students-sit-us-civil-rights-1958.

1984년 7월 19일 "How 11 Striking Irish Workers Helped to Fight Apartheid," *Irish Times*, December 6, 2013, 2020년 4월 17일 접속, https://tinyurl.com/y78pvum5; "This Day 30 Years Ago the Dunnes Stores Anti-Apartheid Strike Began," thejournal.ie, July 19, 2014, 2020년 4월 17일 접속, https://www.thejournal.ie/30-years-dunnes-stores-strike-1579724-Jul2014.

1943년 7월 20일 Chris Webb, *Sobibor Death Camp: History, Biographies, Remembrance* (New York: Columbia University Press, 2017), ix쪽; Stanislaw Smajzner, "Extracts from the Tragedy of a Jewish Teenager," Holocaust Education & Archive Research Team, 2020년 4월 17일 접속, http://www.holocaustresearchproject.org/ar/sobibor/smajzner2.html; "Jewish Revolts and Uprisings in the Lublin District," 2020년 4월 17일 접속, http://chelm.freeyellow.com/revolts.html. 몇몇 자료에서는 7월 27일에 탈옥사건이 벌어졌다고 주장하지만 잘못된 정보로 보인다.

1979년 7월 20일 "As Clinton Contemplates Clemency for Leonard Peltier, a Debate between the FBI and Defense Attorneys," Democracy Now!, December 11, 2000, 2020년 4월 17일 접속, https://www.democracynow.org/2000/12/11/as_clinton_contemplates_clemency_for_leonard; Resolution on the Case of Leonard Peltier, European Parliament, 2020년 4월 17일 접속, https://web.archive.org/web/20070520182106/http://users.skynet.be/kola/epres2.htm; "Quick Facts: Case of Leonard Peltier," Free Leonard, 2020년 4월 17일 접속, http://www.freeleonard.org/case/index.html; Peter Matthiessen, *In the Spirit of Crazy Horse* (New York: Penguin Books, 1992 [1983]), 2020년 5월 14일 접속, https://leonardpeltiersymposium.files.wordpress.com/2017/01/matthiessen-1992-in-the-spirit-of-crazy-horse-c.pdf.

1921년 7월 21일 Andrea Ventura, *I Primi Antifascisti* (Sestri Levante, IT: Gammarò Editori, 2010).

1945년 7월 21일 "The 1945 Laundry Strike," Irish Women Workers Union, 2020년 4월 17일 접속, https://womenworkersunion.ie/history/the-1945-laundry-strike.

1920년 7월 22일 "Chile: Anarchism, the IWW and the Workers Movement," *Rebel Worker*, 2020년 4월 17일 접속, https://libcom.org/files/Chile.pdf.

2005년 7월 22일 Hannah Jones, "Tonga Public Servants General Strike, 2005," Global Nonviolent Action Database, April 11, 2020, 2020년 4월 19일 접속, https://nvdatabase.swarthmore.edu/content/tongan-public-servants-strike-higher-wages-2005.

1918년 7월 23일 libcom, "1918: Rice Riots and Strikes in Japan," libcom.org, August 15, 2007, 2020년 4월 17일 접속, https://libcom.org/library/1918-rice-riots-strikes-japan.

1967년 7월 23일 Tabitha C. Wang, "The Detroit Riot (1967)," Black Past, July 3, 2008, 2020년 4월 17일 접속, https://tinyurl.com/ybh7fgge; Traqina Quarks Emeka,

"Detroit Riot of 1967," Encyclopaedia Britannica, 2020년 4월 17일 접속, https://www.britannica.com/event/Detroit-Riot-of-1967.

1777년 7월 24일 Barbara Clark Smith, "Food Rioters and the American Revolution," libcom.org, 2020년 4월 17일 접속, http://libcom.org/history/food-rioters-american-revolution-barbara-clark-smith.

2009년 7월 24일 "Chinese Workers Beat Capitalist to Death," libcom.org, 2020년 4월 17일 접속, https://libcom.org/news/workers-beat-capitalist-death-26072009; Sky Canaves and James T. Areddy, "Murder Bares Worker Anger Over China Industrial Reform," *Wall Street Journal*, July 31, 2009, 2020년 4월 17일 접속, https://www.wsj.com/articles/SB124899768509595465.

1867년 7월 25일 Karl Marx, *Capital*, vols. 1-3 (Moscow: Progress Publishers, 1965), 2020년 4월 17일 접속, https://libcom.org/library/capital-karl-marx.

1972년 7월 25일 Jean Heller, "Syphilis Victims in US Study Went Untreated for 40 Years," *New York Times*, July 26, 1972, 1면, 2020년 4월 18일 접속, https://tinyurl.com/ybnfbhge.

1937년 7월 26일 Richard Hart, *Labour Rebellions in the 1930s in the British Caribbean* (London: Socialist History Society, 2002).

1950년 7월 26일 "The No Gun Ri Massacre, 1950," Zinn Education Project, 2020년 4월 18일 접속, http://libcom.org/history/no-gun-ri-massacre-1950.

1816년 7월 27일 Adam Wasserman, "The Negro Fort Massacre," libcom.org, 2020년 4월 18일 접속, https://libcom.org/history/negro-fort-massacre.

1933년 7월 27일 George Lakey and Olivia Ensign, "Cuban General Strike, 1933," Global Nonviolent Action Database, June 15, 2011, 2020년 4월 19일 접속, https://nvdatabase.swarthmore.edu/content/cubans-general-strike-overthrow-president-1933.

1915년 7월 28일 Robert Fatton Jr., "Killing Haitian Democracy," *Jacobin*, July 2015, 2020년 4월 18일 접속, https://www.jacobinmag.com/2015/07/monroe-doctrine-1915-occupation-duvalier.

1932년 7월 28일 Mickey Z, "The Bonus Army," Zinn Education Project, 2020년 4월 18일 접속, https://www.zinnedproject.org/materials/bonus-army; "July 28, 1932: Bonus Army Attacked," Zinn Education Project, 2020년 4월 18일 접속, https://www.zinnedproject.org/news/tdih/bonus-army-attacked; Andrew Glass, "Bonus Army Expelled," Politico, July 28, 2015, 2020년 4월 18일 접속, https://www.politico.com/story/2015/07/this-day-politics-july-28-1932-120658.

1910년 7월 29일 "The Slocum Massacre, 1910," Zinn Education Project, 2020년 4월 18일 접속, https://libcom.org/history/slocum-massacre-1910.

1962년 7월 29일 "1962: Violence Flares at Mosley Rally," BBC, 2020년 5월 28일 접속, http://news.bbc.co.uk/onthisday/hi/dates/stories/july/31/newsid_2776000/2776295.stm; "Mosley Tries Again (1962)" (video), British Pathé, April 13, 2014, 2020년 5월 28일 접속, https://www.youtube.com/watch?v=RRS4NR_BZ1w.

1766년 7월 30일 Pablo Velasco, "1766: The Real Del Monte Miners' Strike," libcom.org, 2020년 4월 18일 접속, https://libcom.org/history/1766-the-real-del-monte-miners-strike; Allana Akhtar, "The GM Auto Workers Strike Is Entering into Its 4th

Week. Here Are 10 of the Most Impactful Strikes in History—for Better or Worse," Business Insider, October 7, 2019, 2020년 4월 18일 접속, https://tinyurl.com/y8g82wxu.

1913년 7월 30일 Temma Kaplan, "The Socialist Origins of International Women's Day," *Feminist Studies* 11, no. 1 (1985): 163~171쪽, 2020년 4월 15일 접속, https://libcom.org/files/International%20Women's%20Day.pdf.

1922년 7월 31일 Giordano Bruno Guerri, *Fascisti* (Milan: Mondadori Editore, 1995), 89쪽.

1945년 7월 31일 The Labour Government vs the Dockers 1945-1951, *Solidarity Pamphlet* 19 (Spring 1965), 2020년 4월 18일 접속, https://libcom.org/library/labour-party-dockers-1945-1951-solidarity; Geoff Ellen, "Labour and Strike-Breaking 1945-1951," *International Socialism Journal* 2, no. 24 (summer 1984): 45~73쪽, 2020년 4월 18일 접속, https://www.marxists.org/history/etol/newspape/isj2/1984/isj2-024/ellen.html.

8월

1917년 8월 1일 "The Man That Was Hung," *International Socialist Review* (September 1917), 2020년 4월 18일 접속, https://libcom.org/library/man-was-hung; Rory Carroll, "The Mysterious Lynching of Frank Little: Activist Who Fought Inequality and Lost," *Guardian*, September 21, 2016, 2020년 4월 18일 접속, https://tinyurl.com/jrjx59s.

1938년 8월 1일 William J Puette, "The Hilo Massacre, 1938," Center for Labor Education & Research, 1988, 2020년 4월 18일 접속, https://libcom.org/history/hilo-massacre-1938; "Hilo Massacre," University of Hawaii, 2020년 4월 18일 접속, http://www.hawaii.edu/uhwo/clear/Pubs/HiloMassacre.html.

1944년 8월 2일 Helena Kubica and Piotr Setkiewicz, "The Last Stage of the Functioning of the Zigeunerlagerin the Birkenau Camp (May-August, 1944)," *Memoria* 10 (July 2018), 2020년 4월 18일 접속, https://view.joomag.com/memoria-en-no-10-july-2018/0531301001532506629/p6?short; "16 May: Romani Resistance Day," Romedia Foundation, May 16, 2016, 2020년 4월 18일 접속, https://romediafoundation.wordpress.com/2016/05/16/16-may-romani-resistance-day.

1980년 8월 2일 Fiona Leney, "The Terror Trial That Won't Grow Cold," *Independent*, October 10, 1993, 2020년 4월 18일 접속, https://tinyurl.com/yd6qxzej; "Bologna Blast Leaves Dozens Dead," BBC Home, 2020년 4월 18일 접속, http://news.bbc.co.uk/onthisday/hi/dates/stories/august/2/newsid_4532000/4532091.stm.

1492년 8월 3일 Howard Zinn, "Columbus, the Indians and the 'Discovery' of America," libcom.org, 2020년 4월 18일 접속, https://libcom.org/history/columbus-indians-discovery-america; "Columbus and His Voyages," Cornell University Library, 2020년 4월 18일 접속, https://olinuris.library.cornell.edu/columbia-or-america/columbus.

1929년 8월 3일 Stromberg v. California, 283 U.S. 359 (1931) No. 584, United States Supreme Court, 2020년 4월 18일 접속, https://caselaw.findlaw.com/us-supreme-court/283/359.html; "Stromberg Arrested for Violating California Red Flag

Law," Today in Civil Liberties History, 2020년 4월 18일 접속, http://todayinclh.
com/?event=stromberg-arrested-for-violating-california-red-flag-law; *The
California Red Flag Case* (New York: American Civil Liberties Union, 1930), 2020년 4
월 18일 접속, http://debs.indstate.edu/a505c3_1930.pdf.

2011년 8월 4일 (Chile) Jonathan Franklin, "Chile Student Protests Explode into
Violence," *Guardian*, August 5, 2011, 2020년 5월 20일 접속, https://www.
theguardian.com/world/2011/aug/05/chile-student-protests-violence; "Bases
Para un Acuerdo Social por la Educación Chilena," *El Chileno*, 2020년 5월 20일 접속,
https://tinyurl.com/y89mj7kb; "Gobierno Regional detalla importante paquete
de medidas educacionales," Ministerio de Educación, August 18, 2011, 2020년 5월
20일 접속, https://tinyurl.com/y9r2ocbb.

2011년 8월 4일 (UK) "Man Killed in Shooting Incident Involving Police Officer,"
Telegraph, August 4, 2011, 2020년 4월 18일 접속, https://tinyurl.com/yayeeh26;
"Mark Duggan's Family Have Little Confidence in Police Probe, Court Hears,"
Guardian, December 12, 2011, 2020년 4월 18일 접속, https://www.theguardian.
com/uk/2011/dec/12/mark-duggan-family-police-court.

1964년 8월 5일 Edward J. Marolda, *The Approaching Storm* (Washington, DC: Naval
History and Heritage Command Department of the Navy, 2009), 68~80쪽, 2020
년 4월 18일 접속, https://tinyurl.com/y78uyswm; "Week of August 4," United
States of America Vietnam War Commemoration, 2020년 4월 18일 접속, https://
www.vietnamwar50th.com/education/week_of_august_4; "Secret War in Laos,"
Legacies of War, 2020년 4월 18일 접속, http://legaciesofwar.org/about-laos/
secret-war-laos.

1981년 8월 5일 Andrew Glass, "Reagan Fires 11,000 Striking Air Traffic Controllers,"
Politico, August 5, 1981, 2020년 4월 18일 접속, https://tinyurl.com/y7cvtkty; A.E.
Martinez, "Lessons of the Air Traffic Controllers Strike 1981," Ideas and Action,
August 25, 2014, 2020년 4월 18일 접속, http://ideasandaction.info/2014/08/
lessons-air-traffic-controllers-strike-1981.

1945년 8월 6일 "1945: US Responses to the Atomic Bombing of Hiroshima and
Nagasaki," libcom.org, 2020년 4월 18일 접속, https://libcom.org/history/1945-us-
responses-atomic-bombing-hiroshima-nagasaki; Gar Alperovitz, *The Decision to
Use the Atomic Bomb* (New York: Vintage, 1996).

1970년 8월 6일 Jim Hill, "Yippie-Dee-Doo-Dah, Part 1: When the Yippies Invaded
Disneyland," Huffpost, April 8, 2011, 2020년 4월 18일 접속, http://www.
huffingtonpost.com/jim-hill/yippies-disneyland_b_917731.

1842년 8월 7일 "The General Strike of 1842," Chartist Ancestors, 2020년 4월 18일 접속,
http://www.chartistancestors.co.uk/general-strike-1842.

1900년 8월 7일 W. Dirk Raat, "Flores Magon, Ricardo," Texas State Historical
Association, 2020년 4월 18일 접속, https://tshaonline.org/handbook/online/
articles/ffl28; Kevan Aguilar, "Ricardo Flores Magón & the Ongoing Revolution,"
Oxford Research Encyclopedia of Latin America, 2020년 4월 18일 접속, https://
tinyurl.com/yae8vsen.

1845년 8월 8일 "Inclosure Act 1845," legislation.gov.uk, 2020년 4월 18일 접속, http://
www.legislation.gov.uk/ukpga/Vict/8-9/118/introduction; "Enclosing the Land,"

4

Parliament.uk, 2020년 4월 18일 접속, https://tinyurl.com/y8zyt4pb.

1936년 8월 8일 "Spanish Civil War: Chronology," Spartacus Educational, 2020년 4월 18일 접속, https://spartacus-educational.com/SPAchronology.htm; John F. Coverdale, *Italian Intervention in the Spanish Civil War* (Princeton, NJ: Princeton University Press, 1975), 91쪽.

1956년 8월 9일 M Bahati Kuumba, "'You've Struck a Rock,' Gender and Transformation in the US and South Africa," libcom.org, 2020년 4월 18일 접속, https://tinyurl.com/y7umto6a; Meruschka Govender, "Women's Day: Remembering 9th August 1956," Mzansi Girl, 2017년 8월 7일 접속, 2020년 4월 18일에는 접속되지 않음, http://www.mzansigirl.com/womens-day-remembering-9-august-1956.

1970년 8월 9일 Robin Bunce and Paul Field, "Mangrove Nine: The Court Challenge against Police Racism in Notting Hill," *Guardian*, November 29, 2010, 2020년 4월 18일 접속, https://www.theguardian.com/law/2010/nov/29/mangrove-nine-40th-anniversary; Anne-Marie Angelo, "The Black Panthers in London, 1967-1972: A Diasporic Struggle Navigates the Black Atlantic," *Radical History Review* 103 (Winter 2009), 2020년 4월 18일 접속, https://tinyurl.com/y9gt88ec.

1956년 8월 10일 M. Bouraib, "Attentat de la rue de Thèbes du 10 aout 1956: L'abject terrorisme des Ultras," *El Moudjahid*, August 11, 2013, 2020년 4월 18일 접속, http://www.elmoudjahid.com/fr/mobile/detail-article/id/44679; Florence Beauge, "50 ans après: les survivants du 'nettoyage d'Alger,'" *Le Monde*, January 29, 2007, 2020년 4월 18일 접속, https://tinyurl.com/ybx99pjn; John LeJeune, "Revolutionary Terror and Nation-Building: Frantz Fanon and the Algerian Revolution," *Journal for the Study of Radicalism* 13, no. 2 (Fall 2019): 1~44쪽; Donald Reid, *Germaine Tillion, Lucie Aubrac, and the Politics of Memories of the French Resistance* (Newcastle, UK: Cambridge Scholars Publishing, 2009), 69쪽.

2005년 8월 10일 "Strikes and Legislation Timelines," Striking Women, 2020년 4월 18일 접속, http://www.leeds.ac.uk/strikingwomen/strikes.

1965년 8월 11일 Jill A. Eddy, "Watts Riots of 1965," Encyclopaedia Britannica, 2020년 4월 18일 접속, https://www.britannica.com/event/Watts-Riots-of-1965; Learning Network, "Aug. 11, 1965 Riots in the Watts Section of Los Angeles," *New York Times*, August 11, 2011, 2020년 4월 18일 접속, https://tinyurl.com/ycn3v2ts.

1984년 8월 11일 Elli Narewska, "Jean Stead and the Women of the Miners' Strike," *Guardian*, June 2, 2014, 2020년 4월 18일 접속, https://tinyurl.com/y7ebwlxb; "'Women against Pit Closures' during the 1984-85 British Miners' Strike," libcom.org, 2020년 4월 18일 접속, https://libcom.org/history/women-against-pit-closures-during-1984-85-british-miners-strike.

1937년 8월 12일 Nick Heath, "August 12, 1937: Killing Day at Tobolsk," libcom.org, 2020년 4월 18일 접속, https://libcom.org/history/august-12th-1937-killing-day-tobolsk; Editors, "Great Purge," Encyclopaedia Britannica, 2020년 4월 18일 접속, https://www.britannica.com/event/Great-Purge.

2017년 8월 12일 "Violent White Supremacist Rally in Charlottesville Ends in Murder," Unicorn Riot, August 12, 2017, 2020년 4월 18일 접속, https://unicornriot.ninja/2017/violent-white-supremacist-rally-charlottesville-ends-murder; Mitch Smith, "James Fields Sentenced to Life in Prison for Death of Heather Heyer in

Charlottesville," *New York Times*, June 28, 2019, 2020년 4월 18일 접속, https://www.nytimes.com/2019/06/28/us/james-fields-sentencing.html.

1973년 8월 13일 Earl Caldwell, "2 Virgin Islands Jurors Charge Pressure for Slayings Verdict," *New York Times*, August 15, 1973, 15면, 2020년 4월 18일 접속, https://timesmachine.nytimes.com/timesmachine/1973/08/15/90466084. html?pageNumber=15; Peter Kerr, "New York-Bound Flight Hijacked to Cuba by Convicted Murderer," *New York Times*, January 1, 1985, 1면, 2020년 4월 18일 접속, https://timesmachine.nytimes.com/timesmachine/1985/01/01/186833. html?pageNumber=1; Sean Pennington, "Cuban Diary: Fountain Valley Killer LaBeet Alive and Well in Cuba," St. Croix Source, April 23, 2015, 2020년 4월 18일 접속, https://tinyurl.com/yc357bh9.

1977년 8월 13일 libcom group, "1977: The Battle of Lewisham," libcom.org, September 10, 2006, 2020년 4월 18일 접속, https://libcom.org/history/1977-the-battle-of-lewisham; Mark Townsend, "How the Battle of Lewisham Helped to Halt the Rise of Britain's Far-Right," *Guardian*, August 13, 2017, 2020년 4월 18일 접속, https://tinyurl.com/y6uv5ejm.

1889년 8월 14일 "The Great London Dock Strike, 1889," libcom.org, 2020년 4월 18일 접속, https://libcom.org/history/1889-the-great-london-dock-strike; Louise Raw, *Striking a Light: The Bryant and May Matchwomen and their Place in History* (New York: Continuum, 2011).

1943년 8월 14일 "Danh nhân lịch sử.: Nguyên An Ninh," TaiLieu, 2020년 4월 18일 접속, http://tailieu.vn/doc/danh-nhan-lich-su-nguyen-an-ninh-897574.html.

1947년 8월 15일 Editors, "Independence Day," Encyclopaedia Britannica, 2020년 4월 18일 접속, https://www.britannica.com/topic/Independence-Day-Indian-holiday; Joseph McQuade, "The Forgotten Violence That Helped India Break Free from Colonial Rule," *Independent*, November 10, 2016, 2020년 4월 18일 접속, https://tinyurl.com/yby5flkn; Sarah Ansari, "How the Partition of India Happened—and Why Its Effects Are Still Felt Today," *Independent*, August 11, 2017, 2020년 4월 18일 접속, https://tinyurl.com/ybqkmnr2.

1961년 8월 15일 Robert F. Williams, *Negroes with Guns* (Detroit: Wayne State University Press, 1962), 2020년 4월 18일 접속, https://libcom.org/history/negroes-guns-robert-f-williams; Truman Nelson, "People with Strength: The Story of Monroe, North Carolina" (1962), in *Robert and Mabel Williams Resource Guide* (San Francisco: Freedom Archives, 2005), 38, 55~59쪽; "Charges Dropped against Williams," *Star News*, January 17, 1976, 2면.

1819년 8월 16일 "E15: The Peterloo Massacre with Mike Leigh" (podcast), Working Class History, November 7, 2018, 2020년 7월 3일 접속, https://workingclasshistory. com/2018/11/07/e15-the-peterloo-massacre-with-mike-leigh; "History of the Peterloo Massacre, 1819," Peterloo Memorial Campaign, 2020년 7월 3일 접속, https://libcom.org/history/history-peterloo-massacre-1819; Percy Bysshe Shelley, "The Masque of Anarchy" (1819), 2020년 7월 3일 접속, https://libcom.org/library/masque-anarchy-percy-bysshe-shelley.

2012년 8월 16일 Mouvement Communiste and Kolektivně proti Kapitálu, "South Africa: The Partial Re-emergence of Workers Autonomy," Letter no. 37 (May 2013), 2020

년 4월 18일 접속, https://tinyurl.com/yaf9slsh; Sipho Hlongwane, "Marikana
Commission: NUM in a Deep Hole Over the Fight That Started It All," Daily
Maverick, February 1, 2013, 2020년 4월 18일 접속, https://tinyurl.com/yd6g7pja.

1795년 8월 17일 Gert Oostindie, "Slave Resistance, Colour Lines, and the Impact of the
French and Haitian Revolutions in Curaçao," in Gert Oostindie and Wim Klooster,
eds., *Curaçao in the Age of Revolutions, 1795-1800* (Leiden, NL: Brill, 2011), 1~22쪽.

1987년 8월 17일 "1987: The Great Workers Struggle," libcom.org, August 18, 2008, 2020
년 4월 18일 접속, https://libcom.org/history/1987-the-great-workers-struggle;
Berch Berberoglu, *The Political Economy of Development: Development Theory and
the Prospects for Change in the Third World* (New York: State University of New York
Press, 1992), 63쪽.

1812년 8월 18일 "18th August 1812: Food Riots in Leeds Headed by 'Lady Ludd' —
Similar Scenes in Sheffield," Luddite Bicentenary, August 18, 2012, 2020년 5월 28
일 접속, https://ludditebicentenary.blogspot.com/2012/08/18th-august-1812-
food-riots-in-leeds.html.

1823년 8월 18일 "Demerara Rebellion 1823," Black Past, June 25, 2017, 2020년 4월 18
일 접속, http://www.blackpast.org/gah/demerara-rebellion-1823; Colleen A.
Vaconcellos, "Demerara Revolt," Encyclopedia.com, updated April 14, 2020, 2020
년 4월 18일 접속, https://tinyurl.com/ya7dx68k.

1936년 8월 19일 James Badcock, "Spanish Poet Lorca Was 'Killed on Official Orders'
After the Outbreak of Spanish Civil War," *Telegraph*, April 23, 2015, 2020년 4월 18일
접속, https://tinyurl.com/k32ft27.

1953년 8월 19일 "CIA Confirms Role in 1953 Iran Coup," National Security Archive,
August 19, 2013, 2020년 4월 18일 접속, https://nsarchive2.gwu.edu/NSAEBB/
NSAEBB435; Stephen Kinzer, "The Iranian Coup, 1953," libcom.org, 2020년 4월 18
일 접속, https://libcom.org/history/iranian-coup-1953.

1948년 8월 20일 Olivia Ensign, "Zanzibar Workers General Strike in Zanzibar City,
Tanzania, 1948," Global Nonviolent Action Database, March 28, 2010, 2020년 4월
19일 접속, https://tinyurl.com/y7zx2d3l.

1976년 8월 20일 "E1: The Grunwick Strike, 1976" (podcast), Working Class History,
February 28, 2018, 2020년 4월 18일 접속, https://workingclasshistory.
com/2018/02/28/episode-1-the-grunwick-strike-1976; Bethan Bell and Shabnam
Mahmood, "Grunwick Dispute: What Did the 'Strikers in Saris' Achieve?" BBC
News, September 10, 2016, 2020년 4월 18일 접속, https://www.bbc.com/news/uk-
england-london-37244466.

1831년 8월 21일 Howard Zinn, *A People's History of the United States: 1492-Present* (New
York: Harper & Row, 2009 [1980]), 9장, 2020년 4월 18일 접속, https://libcom.org/
library/peoples-history-of-united-states-howard-zinn; "Nat Turner's Revolt
1831," Encyclopedia Virginia, updated June 18, 2019, 2020년 4월 18일 접속,
https://www.encyclopediavirginia.org/Revolt_Nat_Turner_s_1831.

1981년 8월 21일 Susan Lochrie, "Greenock Jeans Factory Sit-in's Soundtrack,"
Greenock Telegraph, January 12, 2016, 2020년 4월 18일 접속, https://www.
greenocktelegraph.co.uk/news/14197832.greenock-jeans-factory-sit-ins-
soundtrack; Andy Clarke, "'And the Next Thing, the Chairs Barricaded the Door':

The Lee Jeans Factory Occupation, Trade Unionism and Gender in Scotland in the 1980s," 2020년 4월 18일 접속, https://tinyurl.com/y9swpsv7.

1943년 8월 22일 Cormac Ó Gráda, "Making Famine History," *Journal of Economic Literature* 45, no. 1 (2007): 5~38쪽, 2020년 4월 18일 접속, https://papers.ssrn.com/sol3/papers.cfm?abstract_id=2764326; Bard Wilkinson, "Churchill's Policies to Blame for Millions of Indian Famine Deaths Study Says," CNN, March 29, 2019, 2020년 4월 18일 접속, https://www.cnn.com/2019/03/29/asia/churchill-bengal-famine-intl-scli-gbr/index.html; Tom Heyden, "The 10 Greatest Controversies of Winston Churchill's Career," BBC News, January 26, 2015, 2020년 4월 18일 접속, https://www.bbc.com/news/magazine-29701767; Philip Hensher, "*Churchill and Empire*, by Lawrence James—a Review," *Spectator*, July 2013, 2020년 4월 18일 접속, https://www.spectator.co.uk/2013/07/churchill-and-empire-by-lawrence-james-a-review; "In Conversation to Leo Amery, Secretary of State for India," in John Barnes and David Nicholson, eds., *Leo Amery: Diaries* (London: Hutchinson, 1988), 832쪽.

1947년 8월 22일 Makhan Singh, "Jomo Kenyatta, Post-War Labour Party, Strikes and the Pass System," libcom.org, 2020년 4월 18일 접속, https://tinyurl.com/y8xxlp64.

1851년 8월 23일 "1851: Sydney Sailors Riot," Radical Tradition, libcom.org, 2020년 4월 18일 접속, https://libcom.org/history/1851-sydney-sailors-riot.

1966년 8월 23일 "The Wave Hill Walk-Off, 1966-1975," libcom.org, 2020년 4월 18일 접속, https://libcom.org/history/wave-hill-walk-1966-1975; "Wave Hill Walk-Off," National Museum of Australia, 2020년 4월 18일 접속, https://www.nma.gov.au/defining-moments/resources/wave-hill-walk-off.

1800년 8월 24일 "Gabriel's Rebellion," Virginia Historical Markers, 2020년 4월 18일 접속, http://www.markerhistory.com/tag/gabriels-rebellion.

2011년 8월 24일 Randy Woods and Matt Craze, "Thousands of Chileans Protest for Education, Labour Reforms," Bloomberg, August 25, 2011, 2020년 4월 18일 접속, https://tinyurl.com/yaoj6wjz.

1921년 8월 25일 "E7: The West Virginia Mine Wars, 1902-1922," (podcast), Working Class History, June 9, 2018, 2020년 4월 18일 접속, https://workingclasshistory.com/2018/06/09/wch-e7-the-west-virginia-mine-wars-1902-1922; "Battle of Blair Mountain 1921 Photo Gallery," libcom.org, 2020년 4월 18일 접속, https://libcom.org/gallery/battle-blair-mountain-1921-photo-gallery; "Battle of Blair Mountain: Topics in Chronicling America," Library of Congress, 2020년 4월 18일 접속, https://www.loc.gov/rr/news/topics/blair.html.

1944년 8월 25일 "1939-1945: Spanish Resistance in France," libcom.org, 2020년 4월 18일 접속, https://libcom.org/history/1939-1945-spanish-resistance-in-france. 이 문서에 기록된 날짜는 정확하지 않다. Alberto Fernández, *La España de los maquis* (Mexico City: Ediciones ERA, 1971), 2020년 4월 18일 접속, https://tinyurl.com/ycg68e35; Steven Johns, "The Whitewashing of French Forces in the Liberation of Paris," libcom.org, August 24, 2016, 2020년 4월 18일 접속, https://libcom.org/history/whitewashing-french-forces-liberation-paris-steven-johns.

1919년 8월 26일 "Fannie Sellins Historical Marker," ExplorePAhistory.com, 2020년 4월 18일 접속, https://explorepahistory.com/hmarker.php?markerId=1-A-244.

1930년 8월 26일 "Mob Violence," *Advertiser*, August 27, 1930, 2020년 4월 18일 접속, http://trove.nla.gov.au/newspaper/article/30504075.

1889년 8월 27일 David Rosenberg, "The Rebels Who Brought London to a Standstill," Jewish Chronicle, March 19, 2015, 2020년 4월 18일 접속, https://www.thejc. com/culture/books/the-rebels-who-brought-london-to-a-standstill-1.65742; "The Significance of the Great Dock Strike of 1889," London Agora, October 23, 2013, 2020년 4월 18일 접속, http://londonagora.blogspot.com/2013/10/the-significance-of-great-dock-strike.html.

1974년 8월 27일 "40th Anniversary of Joan Little's Pivotal Murder Acquittal" (video), CBS News, August 14, 2015, 2020년 4월 18일 접속, https://www.cbsnews.com/ video/40th-anniversary-of-joan-littles-pivotal-murder-acquittal; Angela Davis, "Joan Little: The Dialectics of Rape," *Ms*, 2018년 8월 27일 접속, 2020년 4월 18일에는 접속되지 않음, http://www.msmagazine.com/spring2002/davis.asp.

1830년 8월 28일 Marjorie Bloy, "Rural Unrest in the 1830s: The 'Swing' Riots," A Web of English History, 2020년 4월 18일 접속, http://www.historyhome.co.uk/peel/ ruralife/swing.htm.

1968년 8월 28일 Lorraine Perlman and Fredy Perlman, "Chicago 1968," *Black and Red* 2 (October 1968), 2020년 4월 18일 접속, https://libcom.org/history/chicago-1968; Herbert Hill, *Black Labor and the American Legal System: Race, Work, and the Law* (Madison: University of Wisconsin Press, 1985), 331~332쪽.

1979년 8월 29일 Steven Johns, "The Occupation of the Swedish National Board of Health and Welfare, 1979," libcom.org, 2020년 4월 18일 접속, https://tinyurl.com/ y7z6ojrr; "Socialstyrelsen klassar homosexualitet som friskt," Levandehistoria, 2020년 4월 18일 접속, https://tinyurl.com/ydb2mtsn; "- Jag kan inte jobba idag. Jag är homo," QX, March 24, 2009, 2020년 4월 18일 접속, https://www.qx.se/ samhalle/9784/jag-kan-inte-jobba-idag-jag-ar-homo.

1997년 8월 29일 Lily Burana, "What It Was Like to Work at the Lusty Lady, a Unionized Strip Club," *Atlantic*, August 31, 2013, 2020년 4월 18일 접속, https://tinyurl.com/ y9ypg79t; Yin Xiao, "San Francisco Strippers Win Right to Form Union 1996-1997," Global Nonviolent Action Database, March 30, 2017, 2020년 4월 18일 접속, https:// tinyurl.com/ya6ry7fu.

1908년 8월 30일 Brian Kelly, "Birmingham District Coal Strike of 1908," libcom.org, 2020년 4월 18일 접속, https://libcom.org/history/birmingham-district-coal-strike-1908.

1979년 8월 30일 "Jean Seberg: Screen Icon and Black Panther Supporter," libcom. org, July 12, 2007, 2020년 4월 18일 접속, https://libcom.org/library/jean-seberg-screen-icon-black-panther-supporter; Allan M. Jalon, "A Faulty Tip, a Ruined Life and Hindsight," *Los Angeles Times*, April 14, 2002, 2020년 5월 19일 접속, https:// www.latimes.com/archives/la-xpm-2002-apr-14-lv-bellows_side14-story. html; Sara Jordan-Heintz, "Jean Seberg Would Have Turned 80 This Week," *Times-Republican*, November 11, 2018, 2020년 4월 18일 접속, https://tinyurl.com/ y7bw5ma9.

1942년 8월 31일 George Kieffer, "General Strike against Military Conscription in German-Occupied Luxembourg, 1942," libcom.org, 2020년 4월 18일 접속, https://

libcom.org/library/1942-luxembourg-post-office-strike.

1944년 8월 31일 "Ποιος σκότωσε τη Μαρία Δημάδη," agrinionews.gr, September 6, 2014, 2020년 4월 18일 접속, https://bit.ly/2KcSCyZ.

9월

1939년 9월 1일 Nikola Budanovic, "Defence of the Polish Post Office in Danzig," warhistoryonline.com, 2020년 4월 18일 접속, https://libcom.org/history/defence-polish-post-office-danzig; "Controversial Museum Planned in Poland at Site of First Nazi Invasion," DW, September 1, 2009, 2020년 4월 18일 접속, https://tinyurl.com/y8kxolxn.

2007년 9월 1일 Robert Evans, "Military Scientists Tested Mustard Gas on Indians," *Guardian*, September 1, 2007, 2020년 4월 18일 접속, https://www.theguardian.com/uk/2007/sep/01/india.military.

1962년 9월 2일 "Mosley Gets Rough House (1962)," British Pathé, April 13, 2014, 2020년 4월 18일 접속, https://www.youtube.com/watch?v=Y-Ef3WYWJYc; "III. Behind the Race Laws," Searchlight, 2020년 4월 18일 접속, http://www.searchlight.org.uk/ross/racelaws.html.

2005년 9월 2일 Michael Kunzelman, "Ex-Cops Go to Prison in Post-Katrina Killing," Associated Press, March 31, 2011, 2020년 4월 18일 접속, https://tinyurl.com/ycukcsqw.

1791년 9월 3일 Constitution of 1791, September 3, 1791, 2020년 4월 18일 접속, https://tinyurl.com/y9k2rgj3.

1934년 9월 3일 Jeremy Brecher, "The US National Textile Workers' Strike, 1934," libcom.org, 2020년 4월 18일 접속, https://libcom.org/history/us-national-textile-workers-strike-1934-jeremy-brecher.

1919년 9월 4일 Alessandro Portelli, *They Say in Harlan County: An Oral History* (Oxford: Oxford University Press, 2012), 180쪽; Federal Writers' Project, *The WPA Guide to West Virginia: The Mountain State* (San Antonio, TX: Trinity University Press, 2013), 91쪽; Melissa Walker, *All We Knew Was to Farm: Rural Women in the Upcountry South, 1919-1941* (Baltimore: Johns Hopkins University Press, 2002), 215쪽.

2005년 9월 4일 "Ex-Officers Sentenced in Post-Katrina Shootings," *New York Times*, April 5, 2012, 2020년 4월 18일 접속, https://www.nytimes.com/2012/04/05/us/5-ex-officers-sentenced-in-post-katrina-shootings.html.

1911년 9월 5일 Dave Marson, "Children's Strikes in 1911," libcom.org, 2020년 4월 18일 접속, https://libcom.org/history/childrens-strikes-1911.

1917년 9월 5일 "1917 Raids on the Socialist Party and the IWW," *International Socialist Review* 17, no. 4 (October 1917): 205~209쪽, 2020년 4월 18일 접속, https://libcom.org/history/1917-raids-socialist-party-iww.

1921년 9월 6일 "Dail Eireann Halts Cork Harbor," *New York Times*, September 7, 1921, 2020년 4월 18일 접속, https://tinyurl.com/yck9w94a.

1966년 9월 6일 Nikos Konstandaras, "The Truth Behind the Assassination of the South African PM," *Nation*, August 16, 2019, 2020년 4월 18일 접속, https://www.

thenation.com/article/hendrik-verwoerd-assassination-dimitri-tsafendas; "Dimitri Tsafendas," South African History Online, 2020년 4월 18일 접속, https://www.sahistory.org.za/people/dimitritsafendas; David Beresford, "Dimitri Tsafendas," *Guardian*, October 11, 1999, 2020년 4월 18일 접속, https://www.theguardian.com/news/1999/oct/11/guardianobituaries.davidberesford; Gerry Loughran, "South Africa Hero Who Changed Course of Apartheid but Got No Reward," *Daily Nation*, September 7, 2016, 2020년 4월 18일 접속, https://tinyurl.com/y7qve927; Danny Morrison, "The Life of Dimitri Tsafendas" (blog), 2020년 4월 18일 접속, http://www.dannymorrison.com/wp-content/dannymorrisonarchive/144.htm; Niren Tolsi, "Tsafendas: Setting the Record Straight," New Frame, September 10, 2018, 2020년 4월 18일 접속, https://www.newframe.com/tsafendas-setting-record-straight.

1934년 9월 7일 Communist Party of Great Britain, *Drowned in a Sea of Working Class Activity*, September 9th, (London: CPGB, 1934).

1977년 9월 7일 "The Cycle of Struggle 1973 to 1979 in India," GurgaonWorkersNews 60 (November 2013), 2020년 4월 17일 접속, https://libcom.org/history/cycle-struggle-1973-1979-india.

1941년 9월 8일 Tore Pryser, "Melkestreiken," in Hans Fredrik Dahl, Guri Hjeltnes, Berit Nøkleby, Nils Johan Ringdal, and Øystein Sørensen, eds., *Norsk krigsleksikon 1940-45* (Oslo: Cappelen, 1995); Per Voksø, *Krigens Dagbok* (Oslo: Det Beste, 1984), 165~166쪽; "Norge i krigen 1939-1945," 2020년 4월 18일 접속, https://web.archive.org/web/20110525024739/http://mediabase1.uib.no/krigslex/l/l3.html.

1972년 9월 8일 Henry P. Leifermann, "A Sort of Mutiny: The Constellation Incident," *New York Times*, February 18, 1973, 2020년 4월 18일 접속, https://www.nytimes.com/1973/02/18/archives/the-constellation-incident-a-sort-of-mutiny.html.

1739년 9월 9일 Editors, "Stono Rebellion," Encyclopaedia Britannica, 2020년 4월 18일 접속, https://www.britannica.com/event/Stono-rebellion.

1945년 9월 9일 Martin Hart-Landsberg, *Korea: Division, Reunification, and U.S. Foreign Policy* (New York: Monthly Review Press, 1998)[한국어판: 마틴 하트-랜즈버그, 《이제는 미국이 대답하라》, 신기섭 옮김, 당대, 2000]

1897년 9월 10일 Paul A. Shackel, "How a 1897 Massacre of Pennsylvania Coal Miners Morphed from a Galvanizing Crisis to Forgotten History," *Smithsonian Magazine*, March 13, 2019, 2020년 4월 18일 접속, https://tinyurl.com/ya2uysdc; Kenneth C. Wolensky, "Freedom to Assemble and the Lattimer Massacre of 1897," *Pennsylvania Legacies* 8, no. 1 (May 2008): 24~31쪽.

1962년 9월 10일 Chana Kai Lee, *For Freedom's Sake: The Life of Fannie Lou Hamer* (Urbana: University of Illinois Press, 2000), 34쪽; "Fannie Lou Hamer: Papers of a Civil Rights Activist, Political Activist and Woman," Archives Unbound, 2020년 5월 19일 접속, https://tinyurl.com/ybp7966w.

1973년 9월 11일 "Chile Dictatorship Victim Toll Bumped to 40,018," CBC, August 18, 2011, 2020년 4월 18일 접속, https://tinyurl.com/yae76yl5; Jonathan Franklin, "Chilean Army Admits 120 Thrown into Sea," *Guardian*, January 9, 2001, 2020년 4월 8일 접속, https://www.theguardian.com/world/2001/jan/09/chile.pinochet; "Ex-Army Chief Juan Emilio Cheyre Admits Chile Adoption," BBC News, August

20, 2013, 2020년 4월 18일 접속, https://www.bbc.com/news/world-latin-america-23770222; Marianela Jarroud, "Children Stolen by Chilean Dictatorship Finally Come to Light," Inter Press Service, December 31, 2014, 2020년 4월 18일 접속, https://tinyurl.com/ycavgofk; Sarah Malm, "The Stolen Children: 'Hundreds' of Babies Were Taken from Their Mothers to Be Adopted in Sweden through an Agency Later Run by the Man Readying Himself to Become Prime Minister," *Daily Mail*, January 2, 2019, 2020년 4월 18일 접속, https://bit.ly/34OvYXe; Peter Kornbluh, *The Pinochet File: A Declassified Dossier on Atrocity and Accountability* (New York: New Press, 2003), 169~170쪽, Comisión Nacional sobre Prisión Politica y Tortura, *Informe de la Comisión Nacional sobre Prisión Politica y Tortura (Valech I)* (Santiago, CL: Ministerio del Interior, 2005); Editors, "Augusto Pinochet," Encyclopaedia Britannica, 2020년 4월 18일 접속, https://www.britannica.com/biography/Augusto-Pinochet; James Petras and Steve Vieux, "The Chilean 'Economic Miracle': An Empirical Critique," *Critical Sociology* 17, no. 2 (July 1990): 57~72쪽; Pointblank, "Strange Defeat: the Chilean Revolution, 1973," libcom.org, 2020년 4월 18일 접속, https://libcom.org/library/strange-defeat-chilean-revolution-1973-pointblank.

2017년 9월 11일 "We Are Being Oppressed, Taxi Hailing Apps Drivers Say," *Daily Nation*, September 11, 2017, 2020년 4월 18일 접속, https://tinyurl.com/y8k7undr; "Uber Drivers in Kenya on Indefinite Strike," libcom.org, 2020년 4월 18일 접속, https://libcom.org/news/uber-drivers-kenya-indefinite-strike-21092017; Benjamin Muriuki, "Digital Taxi Operators to Begin Strike Today," Citizen Digital, July 15, 2019, 2020년 4월 18일 접속, https://citizentv.co.ke/news/digital-taxi-operators-to-begin-strike-today-263902.

1945년 9월 12일 Martin Hart-Landsberg, *Korea: Division, Reunification, and U.S. Foreign Policy* (New York: Monthly Review Press, 1998).

1969년 9월 12일 John Lauritsen, "The First Gay Liberation Front Demonstration," GayToday.com, 2020년 4월 18일 접속, http://gaytoday.com/viewpoint/011904vp.asp.

1911년 9월 13일 Dave Marson, "Children's Strikes in 1911," libcom.org, 2020년 4월 18일 접속, https://libcom.org/history/childrens-strikes-1911.

1971년 9월 13일 "1971: The Attica Prison Uprising," libcom.org, September 10, 2006, 2020년 4월 18일 접속, https://libcom.org/history/1971-the-attica-prison-uprising; Larry Getlen, "The True Story of the Attica Prison Riot," *New York Post*, August 20, 2016, 2020년 4월 18일 접속, https://nypost.com/2016/08/20/the-true-story-of-the-attica-prison-riot.

1960년 9월 14일 Larry Devlin, *Chief of Station Congo: Fighting the Cold War in a Hot Zone* (New York: Public Affairs, 2007); Agence France-Presse, "Apology for Lumumba Killing," *New York Times*, February 6, 2002, 2020년 4월 18일 접속, https://tinyurl.com/y8psk456; "Memorandum for the Record," National Security Archive, February 14, 1972, 2020년 4월 18일 접속, http://www.gwu.edu/~nsarchiv/NSAEBB/NSAEBB222/top06.pdf.

1989년 9월 14일 Youth Greens, *Anarchism and AIDS Activism* (Minneapolis: Youth Green Clearinghouse, nd), 2020년 4월 18일 접속, https://libcom.org/files/Anarchism_

and_AIDS_Activism_Reduced.pdf; "ACTUP Capsule History 1989," ACT UP Historical Archive, 2020년 4월 18일 접속, https://actupny.org/documents/cron-89.html; Paul Finkelman, *Encyclopedia of American Civil Liberties: A-F* (Milton Park, UK: Taylor & Francis, 2006), 26쪽.

1845년 9월 15일 "Pittsburgh Women in Organized Labor @ Pitt Archives: the Early Years," University of Pittsburgh, 2020년 4월 18일 접속, https://pitt.libguides.com/ pittsburghwomen_organizedlabor/early_history; Erik Loomis, "This Day in Labor History: September 15, 1845," Lawyers, Guns & Money, September 15, 2017, 2020년 4월 18일 접속, https://www.lawyersgunsmoneyblog.com/2017/09/day-labor-history-september-15-1845; "Allegheny Cotton Mill Strikes Historical Marker," ExplorePAhistory.com, 2020년 4월 18일 접속, http://explorepahistory.com/ hmarker.php?markerId=1-A-BD.

1954년 9월 15일 Crawford Morgan, "Excerpts of Congressional Testimony," Abraham Lincoln Brigade Archives, 2020년 4월 18일 접속, https://tinyurl.com/y7s2mdcc.

1923년 9월 16일 Patricia Morley, *The Mountain Is Moving: Japanese Women's Lives* (Vancouver: University of British Columbia Press, 1999), 19쪽; Anarchist Federation, "Noe, Ito, 1895-1923," *Organize!* 59, 2020년 4월 18일 접속, https:// libcom.org/history/articles/1895-1923-ito-noe.

1973년 9월 16일 Adam Augustyn, "Victor Jara," Encyclopaedia Britannica, 2020년 4월 18 일 접속, https://www.britannica.com/biography/Victor-Jara; "Victor Jara Killing: Nine Chilean Ex-Soldiers Sentenced," BBC News, July 4, 2018, 2020년 4월 18일 접속, https://www.bbc.com/news/world-latin-america-44709924; "Victor Jara: Military Officers Sentenced in Chile for 1973 Death," *Guardian*, July 3, 2018, 2020 년 4월 18일 접속, https://tinyurl.com/y7qwkcjv; J. Patrice McSherry, "!Compañero Víctor Jara Presente!," *Jacobin*, November 11, 2019, 2020년 5월 19일 접속, https:// www.jacobinmag.com/2019/11/victor-jara-chile-protests-songs-salvador-allende.

1849년 9월 17일 "How Did Harriet Tubman Escape?" Harriet Tubman Historical Society, 2020년 4월 18일 접속, http://www.harriet-tubman.org/escape; "Short Biography," Harriet Tubman Historical Society, 2020년 4월 18일 접속, http://www.harriet-tubman.org/shortbiography; Kate Clifford Larson, *Bound for the Promised Land: Harriet Tubman, Portrait of an American Hero* (New York: Ballantine Books, 2004).

1922년 9월 17일 Cathal Brennan, "The Postal Strike of 1922," libcom.org, 2020년 4월 18 일 접속, https://libcom.org/history/postal-strike-1922.

1963년 9월 18일 "10,000 in Jakarta Attacked and Burned British Embassy," *New York Times*, September 19, 1963, 2020년 4월 18일 접속, https://tinyurl.com/yd5nay48.

1974년 9월 18일 Victoria Aldunate Morales, "En Memoria de Flora Sanhueza Rebolledo: 'Ni dios ni patron ni marido,'" El Desconcierto, May 7, 2018, 2020년 4월 18일 접속, https://tinyurl.com/y9bfxfvf.

1793년 9월 19일 Bob Corbett, "The Haitian Revolution, Part II," Webster University, 2020 년 4월 18일 접속, http://faculty.webster.edu/corbetre/haiti/history/revolution/ revolution2.htm.

2007년 9월 19일 Prol-Position, "Occupied Bike Factory in Germany, 2007," *Wildcat* 79 (Winter 2007), 2020년 4월 18일 접속, https://libcom.org/history/occupied-bikefactory-germany-2007; "First 'Strike Bikes' Roll Out of Occupied German Factory," DW, October 22, 2007, 2020년 4월 18일 접속, https://www.dw.com/en/first-strike-bikes-roll-out-of-occupied-german-factory/a-2835642.

1763년 9월 20일 Anne Commire and Deborah Klezmer, *Women in World History: A Biographical Encyclopedia* (Waterford, CT: Yorkin Publications, 2002).

1898년 9월 20일 Edgar Rodrigues, "A History of the Anarchist Movement in Brazil," Kate Sharpley Library, 2020년 4월 18일 접속, https://www.katesharpleylibrary.net/vq84ck.

1945년 9월 21일 Jeremy Brecher, "The World War II and Post-War Strike Wave," libcom. org, 2020년 4월 18일 접속, https://libcom.org/history/world-war-ii-post-war-strike-wave.

1976년 9월 21일 "This Was Not an Accident. This Was a Bomb," *Washington Post*, September 20, 2016, 2020년 4월 18일 접속, http://www.washingtonpost.com/sf/national/2016/09/20/this-was-not-an-accident-this-was-a-bomb.

1912년 9월 22일 "La Casa del Obrero Mundial," Historia Sindical, updated December 13, 2012, 2019년 9월 3일 접속, 2020년 4월 18일에는 접속되지 않음, http://www.conampros.gob.mx/historiasind_03.html; "Anarcho-Syndicalists in the Mexican Revolution: The Casa del Obrero Mundial," libcom.org, 2020년 4월 18일 접속, https://libcom.org/history/anarcho-syndicalists-mexican-revolution-casa-del-obrero-mundial.

1918년 9월 22일 Tico Jossifort, "The Revolt at Radomir," *Revolutionary History* 8, no. 2 (2002), 2020년 4월 18일 접속, https://tinyurl.com/ya8h2cwf.

1945년 9월 23일 Ngo Van Xuyet, "1945: The Saigon Commune," libcom.org, 2020년 4월 18일 접속, https://libcom.org/history/articles/saigon-commune-1945.

1969년 9월 23일 Robert Lumley, *States of Emergency: Cultures of Revolt in Italy from 1968 to 1978* (London: Verso, 1990), 2020년 4월 18일 접속, https://bit.ly/3bmylTn.

1934년 9월 24일 Howard A Dewitt, "The Filipino Labor Union: The Salinas Lettuce Strike of 1934," *Amerasia* 5, no. 2 (1978): 1~21쪽.

2003년 9월 24일 Conal Urquhart, "Israeli Pilots Refuse to Fly Assassination Missions," *Guardian*, September 25, 2003, 2020년 4월 18일 접속, https://www.theguardian.com/world/2003/sep/25/israel.

1968년 9월 25일 Linda Holden Givens, "Seattle Black Panther Party Protests Gun-Control Bill in Olympia on February 28, 1969," History Link, October 16, 2018, 2020년 4월 18일 접속, https://historylink.org/File/20649.

2005년 9월 25일 Gregor Gall, *Sex Worker Unionization: Global Developments, Challenges and Possibilities* (London: Palgrave Macmillan, 2016), 7장, 2020년 4월 18일 접속, https://libcom.org/history/sex-work-organisation-global-south.

1919년 9월 26일 Peter Arshinov, *History of the Makhnovist Movement, 1918-1921* (Detroit: Black & Red, 1974), 2020년 4월 19일 접속, https://libcom.org/history/history-makhnovist-movement-1918-1921-peter-arshinov.

1955년 9월 26일 Antonio Tellez, *Sabate: Guerrilla Extraordinary* (London: Davis-Poynter Publishers, 1974), 2020년 4월 19일 접속, https://libcom.org/history/sabate-guerrilla-extraordinary-antonio-tellez.

1915년 9월 27일 "Hellraisers Journal: 5,000 Chicago Garment Workers on Strike, 30,000

More Will Soon Be Called Out," Daily Kos, September 28, 2015, 2020년 4월 19일 접속, https://tinyurl.com/y9hxycyo; "1915: Clothing Workers Strike on S Green Street," Homicide in Chicago 1870-1930, 2020년 4월 19일 접속, http://homicide.northwestern.edu/historical/timeline/1915/73.

1917년 9월 27일 "Industrial Workers of Africa (IWA)," South African History Online, 2019년 7월 16일 접속, 2020년 4월 19일에는 접속되지 않음, https://www.sahistory.org.za/organisations/industrial-workers-africa-iwa.

1975년 9월 28일 Jenny Bourne, "The 1975 Spaghetti House Siege: Making Rhetoric Real," *Race & Class* 53, no. 2 (October 2011): 113쪽, 2020년 4월 19일 접속, http://libcom.org/history/1975-spaghetti-house-siege-making-rhetoric-real-jenny-bourne; "1975: London's Spaghetti House Siege Ends," BBC Home, 2020년 4월 19일 접속, http://news.bbc.co.uk/onthisday/hi/dates/stories/october/3/newsid_4286000/4286414.stm.

1991년 9월 28일 Bharat Dogra, "Remembering Shankar Guha Niyoga, The Legendary Labour Leader of Chhattisgarh," Wire, September 28, 2016, 2020년 4월 19일 접속, https://thewire.in/labour/shankar-guha-niyogi; V. Venkatesan, "A Verdict and Some Questions," *Frontline* 22, no. 5 (February-March 2005), 2020년 5월 20일 접속, https://tinyurl.com/ya3j2yaj.

1920년 9월 29일 "Jose Domingo Gomez Rojas (1896-1920)," Memoria Chilena, 2020년 4월 19일 접속, http://www.memoriachilena.gob.cl/602/w3-article-3476.html.

2007년 9월 29일 Ed Goddard, "Mahalla Strikers Score Victory," libcom.org, September 29, 2007, 2020년 4월 19일 접속, https://libcom.org/news/mahalla-strikers-score-victory-29092007; Joel Beinin, "The Militancy of Mahalla al-Kubra," Middle East Report Online, September 29, 2007, 2020년 4월 19일 접속, https://merip.org/2007/09/the-militancy-of-mahalla-al-kubra.

1918년 9월 13일 Christian Koller, "Labour, Labour Movements, Trade Unions and Strikes (Switzerland)," updated October 29, 2015, International Encyclopedia of the First World War, 2020년 4월 19일 접속, https://tinyurl.com/y8qbokng.

1919년 9월 30일 Nan Elizabeth Woodruff, "The Forgotten History of America's Worst Racial Massacre," *New York Times*, September 30, 2019, 2020년 4월 19일 접속, https://www.nytimes.com/2019/09/30/opinion/elaine-massacre-1919-arkansas.html; "Elaine Massacre of 1919," Encyclopedia of Arkansas, updated May 11, 2019, 2020년 4월 19일 접속, https://encyclopediaofarkansas.net/entries/elaine-massacre-of-1919-1102.

10월

1935년 10월 1일 Richard Hart, *Labour Rebellions in the 1930s in the British Caribbean* (London: Socialist History Society, 2002).

1946년 10월 1일 "The Koreas," Lumen: Boundless World History, 2020년 4월 19일 접속, https://courses.lumenlearning.com/boundless-worldhistory/chapter/the-koreas.

1937년 10월 2일 Marlon Bishop and Tatiana Fernandez, "80 Years On, Dominicans and

Haitians Revisit Painful Memories of Parsley Massacre," NPR, October 7, 2017, 2020년 4월 19일 접속, https://tinyurl.com/yb93muws.

1968년 10월 2일 "La noche más triste de Tlatelolco, 2 de Octubre de 1968," Posta, October 2, 2017, 2020년 4월 19일 접속, https://tinyurl.com/y82vswrx; "Mexico's 1968 Massacre: What Really Happened?" NPR, December 1, 2008, 2020년 4월 19일 접속, https://www.npr.org/templates/story/story.php?storyId=97546687; Kate Doyle, "Tlatelolco Massacre: U.S. Documents on Mexico and the Events of 1968," National Security Archive Electronic Briefing Book 99 (October 10, 2003), 2020년 4월 19일 접속, https://nsarchive2.gwu.edu/NSAEBB/NSAEBB99.

1935년 10월 3일 Editors, "Italo-Ethiopian War," Encyclopaedia Britannica, 2020년 4월 19일 접속, https://www.britannica.com/event/Italo-Ethiopian-War-1935-1936.

1952년 10월 3일 Caroline Elkins, *Imperial Reckoning: The Untold Story of Britain's Gulag in Kenya* (New York: Henry Holt, 2010).

1936년 10월 4일 Harriet Sherwood, "'I'd Do It All Over Again': Last Hurrah for the Veterans of Cable Street," *Guardian*, September 25, 2016, 2020년 4월 19일 접속, https://tinyurl.com/jka5kv2; "The Battle of Cable Street: 80 Years On," Hope Not Hate, October 4, 2016, 2019년 7월 29일 접속, http://www.cablestreet.uk.

1939년 10월 4일 Paul Avrich, *Anarchist Voices: An Oral History of Anarchism in America* (Oakland: AK Press, 2005), 175~188쪽; Attilio Bortolotti and Rossella Di Leo, "Between Canada and the USA: A Tale of Immigrants and Anarchists," Bollettino Archivio G. Pinelli 24 (December 2004), 2020년 4월 19일 접속, https://www.katesharpleylibrary.net/8pk1h4; Vivian Gornick, *Emma Goldman: Revolution as a Way of Life* (New Haven, CT: Yale University Press, 2011), 137~138쪽.

1789년 10월 5일 "Women's March to Versailles 1789," French Revolution II, 2020년 4월 19일 접속, https://tinyurl.com/y9zsmkr4; Jennifer Llewellyn and Steve Thompson, "The October March on Versailles," Alpha History, July 27, 2018, 2020년 4월 19일 접속, https://alphahistory.com/frenchrevolution/october-march-on-versailles.

1945년 10월 5일 "Strikers during the Conference of Studio Unions Strike against all Hollywood Studios, Los Angeles, October 19, 1945," UCLA, 2020년 4월 19일 접속, https://tinyurl.com/y86hl5bs; "From the Archives: Hollywood's Bloody Friday," *Los Angeles Times*, October 3, 2019, 2020년 4월 19일 접속, https://tinyurl.com/yaf9h8od.

1976년 10월 6일 Michael Peel, "Students Defy Thai Rulers to Mark Thammasat University Massacre," *Financial Times*, October 4, 2016, 2020년 4월 19일 접속, https://www.ft.com/content/244a9ea8-8a00-11e6-8cb7-e7ada1d123b1; "Thailand 1976 Massacre Anniversary: Lynching Photo Both Dark Mark and Blind Spot for Thais," *Indian Express*, December 11, 2019, 2020년 4월 19일 접속, https://tinyurl.com/y99l2op6.

1985년 10월 6일 "What Caused the Tottenham Broadwater Farm Riot?" BBC News, March 3, 2014, 2020년 4월 19일 접속, https://www.bbc.com/news/uk-england-london-26362633.

1944년 10월 7일 Marcus Bennett, "Life in the Century's Midnight," *Jacobin*, 2020년 4월 19일 접속, https://tinyurl.com/y9d5q8t6; "Sonderkommando Revolt—Auschwitz-Birkenau: 7 October 1944," Holocaust Education and Archive Research Team, 2020

년 4월 19일 접속, http://www.holocaustresearchproject.org/revolt/sonderevolt. html; Auschwitz Museum tweet, October 7, 2019, 2020년 4월 19일 접속, https:// twitter.com/AuschwitzMuseum/status/1181096658156826624.

1985년 10월 7일 "The Victoria Nurses' Strike, 1985," libcom.org, 2020년 4월 19일 접속, https://libcom.org/history/articles/victoria-nurses-strike-1985; Liz Ross, "Dedication Doesn't Pay the Rent—The 1986 Victorian Nurses Strike," Australian Society for the Study of Labour History: Canberra, updated 2012, 2020년 4월 19일 접속, https://tinyurl.com/y7xe5ke4.

1967년 10월 8일 Patricia G. Steinhoff, "Memories of New Left Protest, 2013," *Contemporary Japan* 25, no. 2 (August 2013): 127~165쪽, 2020년 4월 19일 접속, https://www.degruyter.com/downloadpdf/j/cj.2013.25.issue-2/cj-2013-0007/cj-2013-0007.pdf; Patricia G. Steinhoff, "Student Protest in the 1960s," *Social Science Japan* 15 (March 1999).

1970년 10월 8일 *The Angry Brigade 1967-1984: Documents and Chronology* (London: Elephant Editions, 1985 [1978]), 2020년 4월 19일 접속, https://libcom.org/history/angry-brigade-documents-chronology.

1912년 10월 9일 Brendan Maslauskas Dunn, "In November We Remember: The Centennial of the 1912 Little Falls Textile Strike," *Industrial Worker* 109, no. 9 (November 2012), 2020년 4월 19일 접속, https://tinyurl.com/y9pmnfnb; "The Red Sweater Girls of 1912," *Little Falls Evening Times*, June 20, 1911, 2020년 4월 19일 접속, https://upstateearth.blogspot.com/2013/01/thered-sweater-girls-of-1912. html.

1945년 10월 9일 Richard Cleminson, "Spanish Anti-Fascist 'Prisoners of War' in Lancashire, 1944-46," *International Journal of Iberian Studies* 22, no. 3 (December 2009), 2020년 4월 19일 접속, https://libcom.org/history/spanish-anti-fascist-prisoners-war-lancashire-1944-46; "Spanish Nationals (Detention)," Hansard 414 cc47-8W, October 9, 1945, 2020년 4월 19일 접속, http://hansard.millbanksystems. com/written_answers/1945/oct/09/spanish-nationals-detention.

1947년 10월 10일 Aurora Muñoz, "French West African Rail Workers Strike for Benefits, 1947-1948," Global Nonviolent Action Database, November 12, 2009, 2020년 4월 19일 접속, https://tinyurl.com/y8cpmfrj.

1971년 10월 10일 Richard Boyle, *GI Revolts: The Breakdown of the US Army in Vietnam* (San Francisco: United Front Press, 1973), 2020년 4월 19일 접속, https://libcom. org/history/gi-revolts-breakdown-us-army-vietnam; S. Brian Wilson, *Don't Thank Me for My Service* (Atlanta, GA: Clarity Press, 2018 [1980]), 328쪽.

1972년 10월 11일 Mark Jones, "Hostage Stand-Off at the DC Jail, October 11, 1972," Boundary Stones, October 15, 2018, 2020년 4월 19일 접속, https://blogs.weta.org/ boundarystones/2018/10/15/hostage-standoff-dc-jail-october-11-1972; Michael Buchanan, "October 11, 1972, Inmates Riot Over Conditions at Washington DC Jail—Today in Crime History," DeThomasis & Buchanan, October 11, 2011, 2018 년 10월 11일 접속, 2020년 4월 19일 접속되지 않음, http://reasonabledoubt.org/ criminallawblog/entry/october-11-1972-inmates-riot-over-conditions-at-washington-dc-jail-today-in-crime-history; "Rebellion against System: DC Jail 1972," Washington Area Spark, 2020년 4월 19일 접속, https://www.flickr.com/

photos/washington_area_spark/sets/72157627531793620.

1972년 10월 11일 David Wilma, "Chicano Activists Occupy Abandoned School in Seattle, Which Will Become El Centro, on October 11, 1972," History Link, August 2, 2000, 2020년 4월 19일 접속, http://www.historylink.org/File/2588; "El Centro de la Raza: News Coverage," Seattle Civil Rights & Labor History Project, 2020년 4월 19일 접속, https://depts.washington.edu/civilr/mecha_news_centro.htm; Madeline Ostrander and Valerie Schloredt, "1972-74: Native Activists Fight for Their Rights to Fish," *Seattle Met*, November 21, 2017, 2020년 4월 19일 접속, https://tinyurl.com/y8u322b8.

1925년 10월 12일 J.A. Zumoff, "The 1925 Tenants' Strike in Panama: West Indians, the Left, and the Labor Movement," *The Americas* 74, no. 4 (October 2017): 513~554쪽, 2020년 4월 19일 접속, https://bit.ly/2Ke0Jeu; "Panama Tenants Revolt," Juan Manuel Pérez, Encyclopedia.com, updated March 15, 2020, 2020년 4월 19일 접속, https://tinyurl.com/y9ltryva.

1972년 10월 12일 Earl Caldwell, "Kitty Hawk Back at Home Port; Sailors Describe Racial Conflict," *New York Times*, November 29, 1972, 2020년 4월 19일 접속, https://tinyurl.com/yadxjdmj; "Some Very Unhappy Ships," *New York Times*, November 12, 1972; Mark D. Faram, "Race Riot at Sea—1972 Kitty Hawk Incident Fueled Fleet-Wide Unrest," *Navy Times*, February 28, 2017, 2020년 4월 19일 접속, https://tinyurl.com/yarzwphv.

기원전 1157년 10월 13일 Joshua J. Mark, "The First Labor Strike in History," Ancient History Encyclopedia, July 4, 2017, 2020년 4월 19일 접속, https://www.ancient.eu/article/1089; William F. Edgerton, "The Strikes in Ramses III's Twenty-Ninth Year," *Journal of Near Eastern Studies* 10, no. 3 (1951), 137~145쪽; The Little Egyptologist tumblr, November 14, 2019, 2020년 2월 19일 접속, https://tinyurl.com/y9zozbjt.

1970년 10월 13일 Linda Charlton, "FBI Seizes Angela Davis in Motel Here," *New York Times*, October 14, 1970, 2020년 4월 19일 접속, http://movies2.nytimes.com/books/98/03/08/home/davis-fbi.html; Sean Peterson, "Angela Davis and the Marin County Courthouse Incident," Black Power in American History, 2020년 4월 19일 접속, https://tinyurl.com/ybur3svu.

1973년 10월 14일 "1973: Thai Army Shoots Protesters," BBC Home, 2020년 4월 19일 접속, http://news.bbc.co.uk/onthisday/hi/dates/stories/october/14/newsid_2534000/2534347.stm; Giles Ji Ungpakorn, "The 14 October 1973 Thai Uprising," Uglytruth-Thailand, October 14, 2014, 2020년 4월 19일 접속, https://uglytruththailand.wordpress.com/2014/10/14/the-14th-october-1973-uprising.

1977년 10월 14일 "Anita Bryant's Pie to the Face" (video), NBC Universal Archives, June 9, 2014 [October 14, 1977], 2020년 4월 19일 접속, https://www.youtube.com/watch?v=5tHGmSh7f-0; Cliff Jahr, "Anita Bryant's Startling Reversal," *Ladies Home Journal*, December 1980, 60~68쪽; Tyler Ward, "Florida Gay Rights Activists Boycott Orange Juice, 1977-1980," Global Nonviolent Action Database, 2020년 4월 19일 접속, https://tinyurl.com/y7uovltz.

1964년 10월 15일 Ian Cobain, "Britain's Secret Wars," *Guardian*, September 8, 2016, 2020년 4월 19일 접속, https://www.theguardian.com/uk-news/2016/sep/08/britains-secret-wars-oman; "Politics in America," *Congressional Quarterly* (1969),

53쪽; "Oman—Mortality rate," Index Mundi, 2020년 5월 15일 접속, https://www.indexmundi.com/facts/oman/mortality-rate.

1966년 10월 15일 Garrett Albert Duncan, "Black Panther Party," Encyclopaedia Britannica, updated April 2, 2020, 2020년 4월 19일 접속, https://www.britannica.com/topic/Black-Panther-Party; Richard Kreitner, "October 15, 1966: The Black Panther Party Is Founded," *Nation*, October 15, 2015, 2020년 4월 19일 접속, https://www.thenation.com/article/october-15-1966-the-black-panther-party-is-founded; "Oct 15, 1966: Black Panther Party Founded," Zinn Education Project, 2020년 4월 19일 접속, https://www.zinnedproject.org/news/tdih/black-panther-founded; Salamishah Tillet, "The Panthers' Revolutionary Feminism," *New York Times*, October 2, 2015, 2020년 4월 19일 접속, https://tinyurl.com/ybm52ock.

1859년 10월 16일 Howard Zinn, *A People's History of the United States: 1492.Present* (New York: Harper & Row, 2009 [1980]), 9장, 2020년 4월 18일 접속, https://libcom.org/library/peoples-history-of-united-states-howard-zinn; "John Brown's Harpers Ferry Raid," American Battlefields Trust, 2020년 4월 19일 접속, https://www.battlefields.org/learn/topics/john-browns-harpers-ferry-raid; Eugene L Meyer, "Five Black Men Raided Harpers Ferry with John Brown. They've Been Forgotten," *Washington Post*, October 13, 2019, 2020년 4월 19일 접속, https://tinyurl.com/y9xqkthr.

1968년 10월 16일 Tommie Smith, *Silent Gesture* (Philadelphia: Temple University Press, 2007); Andrew Webster, "Finally, the Real Story about Peter Norman and the Black Power Salute," *Sydney Morning Herald*, October 20, 2018, 2020년 4월 19일 접속, https://tinyurl.com/yafyfxf8; James Montague, "The Third Man: The Forgotten Black Power Hero," CNN, April 25, 2012, 2020년 4월 19일 접속, https://tinyurl.com/y7uwfmca. 몇몇 자료는 시간대 때문에 10월 17일로 표시되어 있다. 멕시코시티에서는 그 날짜가 10월 16일이었다.

1950년 10월 17일 Carl R. Weinberg, "Salt of the Earth: Labor, Film, and the Cold War," *OAH Magazine of History* 24, no. 4 (October 2010): 41~45쪽; Ronald Young, "Salt of the Earth Strike," Encyclopedia.com, updated April 17, 2020, 2020년 4월 19일 접속, https://tinyurl.com/y9djct59.

1961년 10월 17일 Tahar Hani, "The Paris Massacre That Time Forgot, 51 Years On," France 24, October 17, 2012, 2020년 4월 19일 접속, https://tinyurl.com/ybkpwlh2; "Le 17 octobre 1961, la réalité d'un massacre face à un mensonge d'Etat," *Le Monde*, October 16, 2001, 2020년 4월 19일 접속, https://tinyurl.com/yd3srddv.

1931년 10월 18일 Eve Rosenhaft, "Beating the Fascists? The German Communists and Political Violence 1929-1933," libcom.org, 2018년 4월 19일 접속, https://tinyurl.com/y9phomq5.

1948년 10월 18일 A. H. Raskin, "Talk Fails to End Beer Drivers' Row," *New York Times*, October 19, 1948, 17면.

1920년 10월 19일 "Chronology: The Pre-War Korean Anarchist Movement, Part 1," Libero International 1 (January 1975), 2020년 4월 15일 접속, https://libcom.org/library/chronology-pre-war-korean-anarchist-movement.

1920년 10월 19일 Edward Crouse, "Upheld by Force: Sylvia Pankhurst's Edition of 1920" (undergraduate thesis, Columbia University, April 4 2018), 4쪽, 2020년 4월

19일 접속, https://history.columbia.edu/wp-content/uploads/sites/20/2016/06/Crouse-Edward-Thesis.pdf.

1877년 10월 20일 David Fieldhouse, "For Richer, for Poorer?" in P.J. Marshall, ed., *The Cambridge Illustrated History of the British Empire* (Cambridge: Cambridge University Press, 1996), 108~146쪽; *Imperial Gazetteer of India*, vol. 3 (Oxford: Clarendon Press, 1907), 488쪽, 2020년 4월 19일 접속, https://archive.org/details/in.ernet.dli.2015.207356/page/n3/mode/2up; David Hall-Matthews, "Historical Roots of Famine Relief Paradigms: Ideas on Dependency and Free Trade in India in the 1870s," *Disasters* 20, no. 3 (1996): 216~230쪽; David Hall-Matthews, "Inaccurate Conceptions: Disputed Measures of Nutritional Needs and Famine Deaths in Colonial India," *Modern Asian Studies* 42, no. 1 (2008): 1~24쪽; Mike Davis, *Late Victorian Holocausts* (London: Verso, 2001)[한국어판: 마이크 데이비스, 《엘니뇨와 제국주의로 본 빈곤의 역사》, 정병선 옮김, 이후, 2008], 400쪽; Adam Jones, *Genocide: A Comprehensive Introduction* (London: Routledge, 2016), 2장.

1952년 10월 20일 David Anderson, "Smallholder Agriculture in Colonial Kenya: The Official Mind and the Swynnerton Plan," *African Affairs* 87, no. 348 (July 1988); Caroline Elkins, *Imperial Reckoning: The Untold Story of Britain's Gulag in Kenya* (New York: Henry Holt, 2010); "The Mau Mau Uprising, 1952-1956," South African History Online, 2020년 4월 19일 접속, https://www.sahistory.org.za/article/mau-mau-uprising.

1935년 10월 12일 Richard Hart, *Labour Rebellions in the 1930s in the British Caribbean* (London: Socialist History Society, 2002).

1970년 10월 21일 Sonni Efron, "Japan OKs Birth Control Pill After Decades of Delay," *Los Angeles Times*, June 3, 1999, 2020년 4월 19일 접속, http://articles.latimes.com/1999/jun/03/news/mn-43662; Masimi Itō, "Women of Japan Unite: Examining the Contemporary State of Feminism," *Japan Times*, October 3, 2015, 2020년 4월 19일 접속, https://tinyurl.com/y8bbmukq; Oguma Eiji, "Japan's 1968: A Collective Reaction to Rapid Economic Growth in an Age of Turmoil," *The Asia-Pacific Journal* 13, no. 12/1 (March 2015), 2020년 4월 19일 접속, http://apjjf.org/2015/13/11/Oguma-Eiji/4300.html.

1905년 10월 22일 José Antonio Gutiérrez Danton, "1872-1995: Anarchism in Chile," libcom.org, 2020년 4월 16일 접속, https://libcom.org/history/articles/anarchism-in-chile.

1972년 10월 22일 Julia Smith, "An 'Entirely Different' Kind of Union: The Service, Office, and Retail Workers Union of Canada (SORWUC), 1972-1986," *Labour/Le Travail* 73 (2014), 2020년 4월 19일 접속, https://bit.ly/2YtKJNN.

1901년 10월 23일 Léonidas "Noni" Ceruti, "Maldita esa maldita costumbre de matar," La Izquierda Diario, October 20, 2017, 2020년 4월 19일 접속, http://www.laizquierdadiario.com/Maldita-esa-maldita-costumbre-de-matar.

1956년 10월 23일 Peter Fryer, *Hungarian Tragedy* (London: New Park Publications, 1986 [1957]), 2020년 4월 19일 접속, https://libcom.org/library/hungarian-tragedy-peter-fryer; Andy Anderson, *Hungary '56* (Oakland: AK Press, 2002 [1964]), 2020년 4월 19일 접속, https://libcom.org/library/hungary-56-andy-anderson; "1956: Hungarians Rise Up against Soviet Rule," BBC Home, 2020년 4

월 19일 접속, http://news.bbc.co.uk/onthisday/hi/dates/stories/october/23/ newsid_3140000/3140400.stm.

1975년 10월 24일 "Iceland: Women Strike," *New York Times*, October 25, 1975, 2020 년 4월 19일 접속, https://www.nytimes.com/1975/10/25/archives/iceland-women-strike.html; Kirstie Brewer, "The Day Iceland's Women Went on Strike," BBC News, October 23, 2015, 2020년 4월 19일 접속, https://www.bbc.com/news/ magazine-34602822.

2007년 10월 24일 Gregor Gall, *Sex Worker Unionization: Global Developments, Challenges and Possibilities* (London: Palgrave Macmillan, 2016), 7장, 2020년 4월 18일 접속, https://libcom.org/history/sex-work-organisation-global-south.

1983년 10월 25일 "Hayes Cottage Hospital Occupation, 1983," Hayes People's History, November 27, 2006, 2020년 4월 19일 접속, https://ourhistory-hayes.blogspot. com/search?q=Hayes+Cottage+hospital+occupation.

1983년 10월 25일 "Invasion of Grenada," *New York Times*, October 26, 1983, 2020년 4월 19일 접속, https://tinyurl.com/ycxkhb5v; Ronald H. Cole, *Operation Urgent Fury: Grenada* (Washington, DC: Joint History Office, Office of the Chairman of the Joint Chiefs of Staff, 1997), 2020년 4월 19일 접속, https://tinyurl.com/y7ve2f5m; "1983: US Troops Invade Grenada," BBC Home, 2020년 4월 19일 접속, http://news.bbc. co.uk/onthisday/hi/dates/stories/october/25/newsid_3207000/3207509.stm.

1977년 10월 26일 Dilip Bobb, "Swadeshi Cotton Mills in Kanpur Explodes in an Unprecedented Paroxysm of Violence," *India Today*, October 30, 2014, 2020년 4 월 19일 접속, https://tinyurl.com/y7zsctjf; "India: Leaflet on 1977 Swadeshi Mill Police Firing in Kanpur," South Asia Citizens Web, October 10, 2007, 2020년 4월 19 일 접속, http://www.sacw.net/article2320.html; "The Cycle of Struggle 1973 to 1979 in India," GurgaonWorkersNews 60 (November 2013), 2020년 4월 17일 접속, https://libcom.org/history/cycle-struggle-1973-1979-india.

1983년 10월 26일 Tony Ellis, "The Northwood and Pinner Community Hospital—a Potted History," *Northwood Residents' Association Newsletter* 151 (October 2011): 13쪽, 2020년 4월 19일 접속, https://www.northwoodresidents.co.uk/images/ stories/DocsLink/Newsletters/oct11.pdf; "The Northwood and Pinner Hospital Occupation, 1983," libcom.org, 2020년 4월 19일 접속, https://libcom.org/history/ northwood-pinner-hospital-occupation-1983.

1962년 10월 27일 Nicola Davis, "Soviet Submarine Officer Who Averted Nuclear War Honoured with Prize," *Guardian*, October 27, 2017, 2020년 4월 19일 접속, https:// tinyurl.com/yd6b8qa5; Robert Krulwich, "You (and Almost Everyone You Know) Owe Your Life to This Man," *National Geographic*, March 24, 2016, 2020년 4월 19일 접속, https://tinyurl.com/y8kngdc4.

1970년 10월 27일 Public Law 91-513-Oct. 27, 1970, goveinfo.gov, 2020년 4월 19일 접속, https://www.govinfo.gov/content/pkg/STATUTE-84/pdf/STATUTE-84-Pg1236.pdf; Tom LoBianco, "Report: Aide Says Nixon's War on Drugs Targeted Blacks, Hippies," CNN, March 24, 2016, 2020년 4월 19일 접속, https://tinyurl.com/ ybp22w2d.

1916년 10월 28일 "Conscription Referendums, 1916 and 1917," National Archives of Australia, 2017, 2018년 11월 19일 접속, 2020년 4월 19일에는 접속되지 않음, http://

www.naa.gov.au/collection/fact-sheets/fs161.aspx; "E19: The IWW in Australia" (podcast), *Working Class History*, January 28, 2019, 2020년 4월 19일 접속, https://workingclasshistory.com/2019/01/28/e19-the-iww-in-australia.

2016년 10월 28일 Nadir Bouhmouch, "The Rif and the Moroccan State's Economic Pressure Cooker," Counterpunch, July 14, 2017, 2020년 4월 19일 접속, https://tinyurl.com/y8ycwv39; "La mort d'un vendeur de poissons dans une opération de police choque le Maroc," *Le Monde*, October 30, 2016, 2020년 4월 19일 접속, https://tinyurl.com/ycaqob67.

1918년 10월 29일 Gabriel Kuhn, *All Power to the Councils! A Documentary History of the German Revolution of 1918-1919* (Oakland: PM Press, 2012), 3쪽.

1940년 10월 29일 "Abdol Hossein Sardari (1895-1981)," Holocaust Encyclopedia, 2020년 4월 19일 접속, https://www.ushmm.org/wlc/en/article.php?ModuleId=10007452.

1919년 10월 30일 "Working Home Blind Threaten to Strike; Inmates of Pennsylvania Institution Demand More Pay for Making Brooms," *New York Times*, October 31, 1919, 3면, 2020년 4월 19일 접속, https://nyti.ms/2VY4dsp.

1944년 10월 30일 Annette B. Fromm, "Hispanic Culture in Exile: Sephardic Life in the Ottoman Balkans," in Zion Zohar, ed., *Sephardic and Mizrahi Jewry: From the Golden Age of Spain to Modern Times* (New York: New York University Press, 2005), 162쪽; Evangelos Kofos, "The Impact of the Macedonian Question on Civil Conflict in Greece, 1943-1949," in John O. Iatrides and Linda Wrigley, eds., *Greece at the Crossroads: The Civil War and Its Legacy* (University Park: Pennsylvania State University Press, 1995), 288쪽.

1978년 10월 31일 "Key Moments in Iran 1979 Islamic Revolution," Associated Press, February 11, 2019, 2020년 4월 19일 접속, https://www.apnews.com/3c3e6ec74762 40978080842a0329bcee; Misagh Parsa, *Democracy in Iran: Why It Failed and How It Might Succeed* (Cambridge, MA: Harvard University Press, 2016), 76쪽.

1986년 10월 31일 Liz Ross, "Dedication Doesn't Pay the Rent—The 1986 Victorian Nurses Strike," Australian Society for the Study of Labour History: Canberra, updated 2012, 2020년 4월 19일 접속, https://tinyurl.com/y7xe5ke4.

11월

1954년 11월 1일 "Algerian War of Independence from France Begins," *Guardian*, November 2, 2015, 2020년 4월 19일 접속, https://tinyurl.com/ycwb6xy2; "The Algerian War of Independence Begins," South African History Online, 2020년 4월 19일 접속, https://www.sahistory.org.za/dated-event/algerian-war-independence-begins.

1972년 11월 1일 Bennie Bunsee, "Women in Struggle: The Mansfield Hosiery Strike," *Spare Rib* 21 (1974), 2020년 4월 19일 접속, https://libcom.org/library/women-struggle-mansfield-hosiery-strike; Peter Braham, Ali Rattansi, and Richard Skellington, eds., *Racism and Antiracism: Inequalities, Opportunities and Policies* (Thousand Oaks, CA: SAGE Publications, 1992); "Mansfield Hosiery Mills Ltd," National Archives, 2020년 4월 19일 접속, http://discovery.nationalarchives.gov.

uk/details/r/5726a3db-0e77-4eec-aba0-6abe3008d85f.

1912년 11월 2일 "Site of Grabow Riot/Beauregard Regional Airport," Clio, 2020년 4월 17일 접속, https://www.theclio.com/web/entry?id=48463; "1912 Grabow Riot Centennial Observation," July 7, 2012, Friends of DeRidder Army Air Base, 2020년 4월 17일 접속, https://tinyurl.com/y7wgrfcj; W.T. Block, "'Leather Britches' Smith and the Grabow Riot," Calcasieu Parish, 2020년 4월 17일 접속, http://theusgenweb.org/la/calcasieu/block/leatherbritches.html.

1970년 11월 2일 "Jane Fonda Accused of Smuggling," *New York Times*, November 4, 1970, 2020년 4월 19일 접속, https://www.nytimes.com/1970/11/04/archives/jane-fonda-accused-of-smuggling.html; Jane Fonda, "Mug Shot," JaneFonda.com, March 26, 2009, 2020년 4월 19일 접속, https://www.janefonda.com/mug-shot; "Jane Fonda 11/70," Smoking Gun, January 1, 2001, 2020년 4월 19일 접속, http://www.thesmokinggun.com/mugshots/celebrity/hollywood/jane-fonda-1170-0; Mackenzie Wagoner, "Jane Fonda's 1970 Mugshot Started a Beauty Revolution 47 Years Ago Today," *Vogue*, November 3, 2017, 2020년 4월 19일 접속, https://www.vogue.com/article/jane-fonda-hair-mugshot-1970-klute-anniversary-vietnam-war; Nikola Budanovic, "Jane Fonda Said about the Infamous Hanoi Jane Photo: 'I Made a Huge Mistake,'" War History Online, September 6, 2016, 2020년 4월 19일 접속, https://tinyurl.com/y99rcwzl.

1970년 11월 3일 "Hollister Office Dynamited," *El Macriado* 4, no. 10 (November 1970): 14쪽, 2020년 4월 19일 접속, https://tinyurl.com/yag25phl.

1979년 11월 3일 Rebecca Boger, Cat McDowell, and David Gwynn, "The Greensboro Massacre," UNC Greensboro, 2020년 4월 19일 접속, http://libcdm1.uncg.edu/cdm/essay1979/collection/CivilRights.

1910년 11월 4일 Francois Bonal, "Revolution in the Vineyards," Grand Marques & Maisons de Champagne, 2020년 4월 19일 접속, https://tinyurl.com/y7c9e9wd; "La Révolte des vignerons en 1911 à Cumières," Cumieres, 2020년 4월 19일 접속, https://www.cumieresenchampagne.com/historique/revolte-de-1911; Don and Petie Kladstrup, *Champagne* (New York: HarperCollins, 2006) 129~151쪽; "We Buy Fake Champagne and the Vineyards Revolt," *New York Times*, February 12, 1911, 51면, 2020년 4월 19일 접속, https://timesmachine.nytimes.com/timesmachine/1911/02/12/issue.html.

1913년 11월 4일 Rosemary Taylor, *In Letters of Gold: The Story of Sylvia Pankhurst and the East London Federation of the Suffragettes in Bow* (London: Stepney Books, 1993), 22쪽; "Sylvia Pankhurst and the East London Suffragettes," Inspiring City, November 25, 2015, 2020년 5월 29일 접속, https://tinyurl.com/yb4f7x6l.

1843년 11월 5일 Jae Jones, "Carlota: Enslaved African Woman Leader of the 1843 Slave Rebellion Who Used a 'Machete' as Weapon," Black Then, November 14, 2018, 2020년 4월 19일 접속, https://tinyurl.com/ycyfygqp; Myra Ann Houser, "Avenging Carlota in Africa: Angola and the Memory of Cuban Slavery," Ouachita Baptist University, January 2, 2015, 4~6쪽, 2020년 4월 19일 접속, https://scholarlycommons.obu.edu/cgi/viewcontent.cgi?article=1041&context=articles.

1916년 11월 5일 Margaret Riddle, "Everett Massacre (1916)," History Link, December 18, 2011, 2020년 4월 19일 접속, http://www.historylink.org/File/9981; Walt Crowley,

"Five IWW Members and Two Deputies Die in Gunbattle Dubbed the Everett Massacre on November 5, 1916," History Link, March 1, 2003, 2020년 4월 19일 접속, https://www.historylink.org/File/5326.

1913년 11월 6일 "Gandhi and the Passive Resistance Campaign 1907-1914," South African History Online, 2020년 4월 19일 접속, http://www.sahistory.org.za/article/gandhi-and-passive-resistance-campaign-1907-1914.

1986년 11월 6일 "The Iran-Contra Affairs," Understanding the Iran-Contra Affair, 2020년 4월 19일 접속, https://bit.ly/2WgM6Ng; Daniel Pipes, "Breaking the Iran/Contra Story," Daniel Pipes Middle East Forum, Spring 1987, 2020년 4월 19일 접속, http://www.danielpipes.org/13852/breaking-the-iran-contra-story; "News Summary: Friday, November 1986," New York Times, November 7, 1986, 2020년 4월 19일 접속, https://www.nytimes.com/1986/11/07/world/news-summary-friday-november-7-1986.html; "Iran-Contra Affair," Encyclopaedia Britannica, 2020년 4월 19일 접속, https://www.britannica.com/event/Iran-Contra-Affair; Noam Chomsky, "The Contra War in Nicaragua," libcom.org, 2020년 4월 19일 접속, https://libcom.org/history/1970-1987-the-contra-war-in-nicaragua.

1917년 11월 7일 The Learning Network, "Nov. 7, 1917: Russian Government Overthrown in Bolshevik Revolution," New York Times, November 7, 2011, 2020년 4월 19일 접속, https://nyti.ms/2KTs5Hi; "Timeline of the Russian Revolution," British Library, 2020년 4월 19일 접속, https://www.bl.uk/russian-revolution/articles/timeline-of-the-russian-revolution.

1968년 11월 7일 Aileen Eisenberg, "Pakistani Students, Workers and Peasants Bring Down a Dictator, 1968-1969," Global Nonviolent Action Database, February 22, 2013, 2020년 4월 19일 접속, https://bit.ly/2zNvMvH.

1965년 11월 8일 Dr. Paul Monaghan, "Britain's Shame: The Ethnic Cleansing of the Chagos Islands," Politics First, April 23, 2016, 2020년 5월 28일 접속, https://tinyurl.com/y9q3t49g.

2004년 11월 8일 William Lawrence, "New Caledonia Strike to Reinstate Fired Workers, 2005," Global Nonviolent Action Database, March 28, 2011, 2020년 4월 19일 접속, https://bit.ly/3bY4hhb; "Strike Action Hits Output at New Caledonia's SLN Nickel Plant," RNZ, November 9, 2005, 2020년 4월 19일 접속, https://bit.ly/2VTeUMA.

1918년 11월 9일 "Long Live the Republic—November 9, 1919," DW, November 16, 2009, 2020년 4월 19일 접속, https://www.dw.com/en/long-live-the-republic-november-9-1918/a-4746952; Gilles Dauvé and Denis Authier, The Communist Left in Germany 1918-1921, 12장, 2020년 4월 15일 접속, https://libcom.org/library/communist-left-germany-1918-1921; Ralf Hoffrogge, Working-Class Politics in the German Revolution: Richard Müller, the Revolutionary Shop Stewards and the Origins of the Council Movement (Leiden, NL: Brill, 2014), 61~79쪽.

1988년 11월 9일 William Pedreira, "Massacre de Volta Redonda completa 26 anos," CUT Brasil, November 7, 2014, 2020년 4월 19일 접속, https://www.cut.org.br/noticias/memoriade-luta-e-resistencia-1cbc; "29 anos do Massacre de Volta Redonda," Sindicato dos Portuários do Rio de Janeiro, November 9, 2017, 2020년 4월 19일 접속, http://portuariosrio.org.br/29-anos-do-massacre-de-volta-redonda.

1970년 11월 10일 Alfonso A. Narvaez, "Young Lords Seize Lincoln Hospital Building,"

New York Times, July 15, 1970, 2020년 4월 19일 접속, https://nyti.ms/3bVHRxh; "Palente! A Brief History of the Young Lords," libcom.org, 2020년 4월 19일 접속, https://libcom.org/library/palante-brief-history-young-lords.

1995년 11월 10일 Editors, "Ken Saro Wiwa," Encyclopaedia Britannica, 2020년 4월 19일 접속, https://www.britannica.com/biography/Ken-Saro-Wiwa; Jon Entine, "Seeds of NGO Activism: Shell Capitulates in Saro-Wiwa Case," NGO Watch, June 18, 2009, 2020년 4월 19일 접속, https://bit.ly/2z4UEPq; Frank Aigbogun, "It Took Five Tries to Hang Saro Wiwa," *Independent*, November 13, 1995, 2020년 4월 19일 접속, https://bit.ly/2Wmcp4J; Salil Tripathi, "Praise the Lord and Buy Insurance," *Index on Censorship* 34, no. 4 (November 2005): 188~192쪽.

1918년 11월 11일 Christian Koller, "Labour, Labour Movements, Trade Unions and Strikes (Switzerland)," International Encyclopedia of the First World War, October 30, 2015, 2020년 4월 19일 접속, https://libcom.org/history/world-war-i-struggles-switzerland.

1948년 11월 11일 A.H. Raskin, "Beer Flows Again as Strike Is Ended," *New York Times*, November 12, 1948, 1, 4면.

1977년 11월 12일 "Why Reclaim the Night?" Reclaim the Night, 2020년 4월 16일 접속, http://www.reclaimthenight.co.uk/why.html; Laura Mackenzie, "Leeds Women Marched through Streets to 'Reclaim the Night,'" *Guardian*, December 6, 2010, 2020년 4월 19일 접속, https://www.theguardian.com/leeds/2010/dec/06/leeds-reclaim-the-night-women-march.

1984년 11월 12일 Philip Berrigan and Elizabeth McAlister, *The Time's Discipline: The Beatitudes and Nuclear Resistance* (Eugene, OR: Wipf & Stock Publishers, 2010 [1989]), 256쪽; "Letters from Prison," *Peace*, December 1985, 5쪽, 2020년 4월 19일 접속, http://peacemagazine.org/archive/v01n9p05.htm.

1909년 11월 13일 Anny Cullum, "Theresa Garnett vrs. Winston Churchill," Bristol Radical History Group, 2020년 4월 19일 접속, http://www.brh.org.uk/site/articles/theresa-garnette-vrs-winston-churchill; Lucienne Boyce, *The Bristol Suffragettes* (Bristol, UK: SilverWood, 2013), 35쪽.

1974년 11월 13일 Jennifer Latson, "The Nuclear-Safety Activist Whose Mysterious Death Inspired a Movie," *Time*, November 13, 2014, 2020년 4월 19일 접속, http://time.com/3574931/karen-silkwood; Richard L Rashke, *The Killing of Karen Silkwood: The Story Behind the Kerr-McGee Plutonium Case* (Ithaca, NY: Cornell University Press, 2000).

1917년 11월 14일 "'Night of Terror': The Suffragists Who Were Beaten and Tortured for Seeking the Vote," *Washington Post*, November 10, 2017, 2020년 4월 19일 접속, https://wapo.st/2KQydQr; "Nov. 15, 1917: Suffragists Beaten and Tortured in the 'Night of Terror,'" Zinn Education Project, 2020년 4월 19일 접속, https://www.zinnedproject.org/news/tdih/suffragists-beaten-and-tortured.

1973년 11월 14일 "November 17, 1973, Uprising of the Polytechnic," *Greek City Times*, November 17, 2018, 2020년 4월 19일 접속, https://greekcitytimes.com/2018/11/17/november-17-1973-uprising-of-the-polytechnic/?amp; "Οι 24 νεκροί του Πολυτεχνείου: Τα σημεία που έχασαν την ζωή τους σε χάρτη," News 24 7, 2020년 4월 19일 접속, https://www.news247.gr/ereyna-aytoi-einai-oi-

24-nekroi-toy-polytechneioy.7533202.html; "1973: Army Deposes Hated Greek President," BBC Home, 2020년 4월 19일 접속, http://news.bbc.co.uk/onthisday/hi/dates/stories/november/25/newsid_2546000/2546297.stm.

1922년 11월 15일 Proletarios Revolucionarios, "[Ecuador] November 15: Class War, Memory War!" Třídni Válka # Class War # Guerre de Classe, November 2014, 2020년 4월 19일 접속, https://www.autistici.org/tridnivalka/ecuador-november-15-class-war-memory-war; Ronn F. Pineo, "Guayaquil General Strike 1922," Encyclopedia.com, updated March 9, 2020, 2020년 4월 19일 접속, https://bit.ly/3d54VcX.

2011년 11월 15일 Nick Palazzolo, "Disabled Bolivians March to La Paz, 2011-2012," Global Nonviolent Action Database, April 10, 2013, 2020년 4월 19일 접속, https://bit.ly/2xvQr6U.

1984년 11월 16일 "South Africa: Now and Then," libcom.org, 2020년 4월 19일 접속, libcom.org/library/south-africa-now-then.

1989년 11월 16일 "Nov. 16, 1989: Jesuit Scholars/Priests and Staff Massacred in El Salvador," Zinn Education Project, 2020년 4월 19일 접속, https://www.zinnedproject.org/news/tdih/scholars-priests-killed; "6 Priests Killed in a Campus Raid in San Salvador," *New York Times*, November 17, 1989, 2020년 4월 19일 접속, https://nyti.ms/3aWnI8E.

1915년 11월 17일 Anarchist Federation, "1915: The Glasgow Rent Strike," libcom.org, 2020년 4월 19일 접속, https://libcom.org/history/1915-the-glasgow-rent-strike; Brenda Grant, "A Woman's Fight: The Glasgow Rent Strike 1915" (honours thesis, University of the Highlands and Islands, 2018), 2020년 4월 19일 접속, https://bit.ly/35mnTJo; "Mary Barbour," Their Names Will Be Remembered for Evermore, 2020년 4월 19일 접속, https://www.firstworldwarglasgow.co.uk/index.aspx?articleid=11384.

1983년 11월 17일 "EZLN: 35 Anniversary of Its Foundation in a Chiapas Rainforest," telesurtv. net, November 17, 2018, 2020년 4월 19일 접속, https://bit.ly/2WgVv7r; "A Commune in Chiapas? Mexico and the Zapatista Rebellion, 1994-2000," *Aufheben* 9 (Autumn 2000), 2018년 4월 19일 접속, https://libcom.org/library/commune-chiapas-zapatista-mexico; "Zapatistas on Gay Rights: 'Let Those Who Persecute Be Ashamed!'" *Green Left* 368, July 21, 1999, 2020년 4월 19일 접속, https://www.greenleft.org.au/content/zapatistas-gay-rights-let-those-who-persecute-be-ashamed.

1965년 11월 18일 "Feminism Friday: The Origins of the Word 'Sexism'" (blog), Finally, a Feminism 101 Blog, October 19, 2007, 2020년 4월 19일 접속, https://bit.ly/2KOtbEb; F. Shapiro, "Historical Notes on the Vocabulary of the Women's Movement," *American Speech* 60, no. 1 (Spring 1985): 3~16쪽.

1967년 11월 18일 Shelby L. Stanton, *The Rise and Fall of an American Army: U.S. Ground Forces in Vietnam 1965-1973* (New York: Ballantine Books, 2003), 215~216쪽.

1915년 11월 19일 "1915: The Murder of Joe Hill," libcom.org, 2020년 4월 19일 접속, https://libcom.org/history/1915-the-murder-of-joe-hill; William Adler, *The Man Who Never Died: The Life, Times and Legacy of Joe Hill, American Labour Icon* (London: Bloomsbury Publishing, 2011).

1984년 11월 19일 "PEMEX LPG Terminal, Mexico City, Mexico. November 19, 1984," Health and Safety Executive, 2020년 4월 20일 접속, http://www.hse.gov.uk/comah/sragtech/casepemex84.htm.

1913년 11월 20일 Olga Alicia Aragón Castillo, "Merecen tres revolucionarias ser rescatadas del olvido," *La Jornada*, November 22, 2009, 27, 2020년 4월 20일 접속, https://www.jornada.com.mx/2009/11/22/estados/027n2est; Anarchist Federation, "Ortega, Margarita, ?-1914," *Organise!* 51, 2020년 4월 20일 접속, https://libcom.org/history/articles/-1914-margarita-ortega.

1969년 11월 20일 "Nov. 20, 1969: Alcatraz Occupation," Zinn Education Project, 2020년 4월 20일 접속, https://www.zinnedproject.org/news/tdih/alcatraz-occupation.

1920년 11월 21일 John Dorney, "Today in Irish History, Bloody Sunday, 21 November 1920," The Irish Story, November 21, 2011, 2020년 4월 20일 접속, https://bit.ly/3bVxTMl.

1922년 11월 21일 Alan MacSimóin, "Magon, Ricardo Flores, 1873-1922," libcom.org, 2020년 4월 20일 접속, https://libcom.org/history/magon-ricardo-flores-1873-1922; Andrew Grant Wood, "Death of a Political Prisoner: Revisiting the Case of Ricardo Flores Magón," University of Tulsa, 2005, 2020년 4월 20일 접속, https://projects.ncsu.edu/project/acontracorriente/fall_05/Wood.pdf; David Poole, ed., *Land and Liberty: Anarchist Influences in the Mexican Revolution* (Montréal: Black Rose, 1977), 5쪽.

1919년 11월 22일 "Nov. 22, 1919: Bogalusa Labor Massacre," Zinn Education Project, 2020년 4월 20일 접속, https://www.zinnedproject.org/news/tdih/bogalusa-labor-massacre; Josie Alexandra Burks, "Bloody Bogalusa and the Fight for a Bi-Racial Lumber Union: A Study in the Burkean Rebirth Cycle" (master's thesis, University of Alabama, 2016), 2020년 4월 20일 접속, https://ir.ua.edu/bitstream/handle/123456789/2580/file_1.pdf.

1968년 11월 22일 Oguma Eiji, "Japan's 1968: A Collective Reaction to Rapid Economic Growth in an Age of Turmoil," *Social Science Japan* 13, no. 12 (March 2015), 2020년 4월 20일 접속, https://apjjf.org/2015/13/11/Oguma-Eiji/4300.html.

1887년 11월 23일 Stephen Kliebert, "The Thibodaux Massacre, 1887," libcom.org, 2020년 4월 19일 접속, https://libcom.org/library/us-thibodaux-massacre-1887; Calvin Schermerhorn, "The Thibodaux Massacre Left 60 African Americans Dead and Spelled the End of Unionized Farm Labor in the South for Decades," *Smithsonian Magazine*, November 21, 2017, 2020년 4월 19일 접속, https://bit.ly/2zR4LaT.

1969년 11월 23일 Chicago FBI DOJ memo: NW 55176 DocId: 32989646, United States Department of Justice, December 4, 1969, 191, 2020년 4월 20일 접속, https://www.archives.gov/files/research/jfk/releases/docid-32989646.pdf#page=191; Wolfgang Saxon, "Luis Kutner, Lawyer Who Fought for Human Rights, Is Dead at 84," *New York Times*, March 4, 1993, 2020년 4월 20일 접속, https://nyti.ms/3faHYH0.

1995년 11월 24일 Sam Lowry, "The French Pensions Strike, 1995," libcom.org, April 12, 2007, 2020년 4월 19일 접속, https://libcom.org/history/french-pensions-strikes-1995; Dong Shin You, "French Public Sectors Strike against the Juppe Plan 1995," Global Nonviolent Action Database, 2020년 4월 20일 접속, https://

bit.ly/2KTfXGc; Martin Schludi, *The Reform of Bismarckian Pension Systems* (Amsterdam: Amsterdam University Press, 2005), 200~204쪽; Glenn Hubbard and Tim Kane, *Balance: The Economics of Great Powers From Ancient Rome to Modern America* (New York: Simon & Schuster, 2013), 204쪽.

2010년 11월 24일 G. Keeley, "General Strike Brings Portugal to Standstill as Bailout Fears Grow," *Times*, November 25, 2010, 2020년 4월 20일 접속, https://bit.ly/2VTATTG; "Portugal Readies Austerity Measures," *New York Times*, March 8, 2010, 2020년 5월 18일 접속, https://www.nytimes.com/2010/03/09/business/global/09escudo.html.

1941년 11월 25일 Alexander Mejstrik, "Urban Youth, National-Socialist Education and Specialised Fun: The Making of the Vienna Schlurfs 1941-1944," in Axel Schildt and Detlef Siegfried, eds., *European Cities, Youth and the Public Sphere in the Twentieth Century* (London: Routledge, 2016); Anarchist Federation, "The Schlurfs—Youth against Nazism," Winter 2008, libcom.org, 2020년 4월 20일 접속, https://libcom.org/history/schlurfs-%E2%80%93-youth-against-nazism; "E4: Anti-Nazi Youth Movements in World War II" (podcast), *Working Class History*, April 4, 2018, 2020년 4월 20일 접속, https://bit.ly/2yklzq7.

1960년 11월 25일 Larry Rohter, "Santo Domingo Journal—The Three Sisters Avenged—A Dominican Drama," *New York Times*, February 15, 1997, 2020년 4월 20일 접속, https://www.nytimes.com/1997/02/15/world/the-three-sisters-avenged-a-dominican-drama.html; Luigi Morris, "The Mirabal Sisters and the International Day for the Elimination of Violence against Women," *Left Voice*, November 25, 2017, 2020년 4월 19일 접속, https://bit.ly/2YqXt.

1926년 11월 26일 Central Department of Research and Survey, National Council of the Churches of Christ in the United States of America, "End of the British Mine Strike," *Information Service* 6, no 3 (January 1927): 3쪽; "The 1926 General Strike and the Defeat of the Miners," Spartacus Educational, 2020년 4월 20일 접속, https://spartacus-educational.com/ExamIR23.htm.

1938년 11월 26일 "Association Football Match," ticket, Aid for Spain Committee—Pontypridd, 1938; Richard Burton Archives tweet, June 15, 2018, 2020년 4월 20일 접속, https://twitter.com/SwanUniArchives/status/1007552303099011073.

1835년 11월 27일 Frank Ryan, "Pratt and Smith—The Last UK Men Hanged for Sodomy," Peter Tatchell Foundation, 2020년 4월 20일 접속, https://www.petertatchellfoundation.org/pratt-smith-last-uk-men-hanged-for-sodomy; "The Execution of James Pratt and John Smith," British Library, 2020년 4월 19일 접속, https://www.bl.uk/collection-items/the-execution-of-james-pratt-and-john-smith.

1868년 11월 27일 "Colonel George Custer Massacres Cheyenne on Washita River," History.com, November 16, 2009, 2020년 4월 20일 접속, https://www.history.com/this-day-in-history/custer-massacres-cheyenne-on-washita-river; "Washita Battlefield," National Park Service, 2020년 4월 20일 접속, https://www.nps.gov/waba/learn/historyculture/index.htm.

1971년 11월 28일 Dave Hann, *Physical Resistance: A Hundred Years of Anti-Fascism* (UK: Zero, 2013); "A History of the 62 Group," libcom.org, 2020년 5월 20일 접속, https://

libcom.org/history/history-62-group.

1985년 11월 28일 "1988 Shell Confidential Report: 'The Greenhouse Effect,'" ClimateFiles, 2020년 4월 20일 접속, http://www.climatefiles.com/shell/1988-shell-report-greenhouse; Benjamin Franta, "Shell and Exxon's Secret 1980s Climate Change Warnings," *Guardian*, September 19, 2018, 2020년 4월 20일 접속, https://bit.ly/2yiUnIs.

1830년 11월 29일 Stuart Booth, "Captain Swing Was Here!" libcom.org, March 19, 2017, 2020년 4월 20일 접속, https://libcom.org/history/captain-swing-was-here.

1864년 11월 29일 Helen Hunt Jackson, "Helen Hunt Jackson's Account of Sand Creek" (1881), 2020년 4월 20일 접속, https://bit.ly/2YpvZPT; Helen Hunt Jackson, *A Century of Dishonor: A Sketch of the United States Government's Dealings with Some of the Indian Tribes* (New York: Indian Head Books, 1994 [1889]), 344쪽; Dee Brown, *Bury My Heart at Wounded Knee: An Indian History of the American West* (New York: Holt, Rinehart & Winston, 1970)[한국어판: 디 브라운, 《나를 운디드니에 묻어 주오》, 최준석 옮김, 길, 2016], 91쪽.

1961년 11월 30일 Jacinto Valdés-Dapena Vivanco, *Operation Mongoose: Prelude of a Direct Invasion on Cuba* (Barcelona: Ruth, 2016); Nora Gamez Torres, "The CIA Offered Big Bucks to Kill Cuban Communists. For Fidel Himself? Just Two Cents," *Miami Herald*, October 27, 2017, 2020년 5월 20일 접속, https://www.miamiherald.com/news/nation-world/world/americas/cuba/article181288881.html; Jane Franklin, *Cuba and the U.S. Empire: A Chronological History* (New York: NYU Press, 2016), 45쪽.

1966년 11월 30일 "Barbados Independence Celebrations," Go Barbados, 2020년 4월 20일 접속, https://barbados.org/indepen.htm; CR Sutton, "Continuing the Fight for Economic Justice: The Barbados Sugar Workers' 1958 Wildcat Strike," in C.R. Sutton, ed., *Revisiting Caribbean Labour: Essays in Honour of O. Nigel Bolland* (Kingston, JM: Ian Randle Publishers, 2005).

12월

1919년 12월 1일 Keith Look, "T&T's First General Strike," *Hold the Fort* 6, no. 2 (June 1988), 2020년 4월 20일 접속, http://www.workersunion.org.tt/our-history/historical-documents-1/1919-general-strike.

1955년 12월 1일 Editors, "Rosa Parks," Encyclopaedia Britannica, 2020년 4월 20일 접속, https://www.britannica.com/biography/Rosa-Parks; Bahati Kuumba, "'You've Struck a Rock,' Gender and Transformation in the US and South Africa" *Gender & Society* 16, no. 4 (August 2002), 2020년 4월 19일 접속, 504~523쪽, https://libcom.org/files/You've%20Struck%20a%20Rock.pdf; Dara Lind, "This 50-Year-Old Article Shows How the Myth of Rosa Parks Was Made," Vox, December 1, 2016, 2020년 4월 19일 접속, https://www.vox.com/2015/12/2/9834798/rosa-parks-tired-civil-rights.

1980년 12월 2일 Larry Rohter, "4 Salvadorans Say They Killed US Nuns on Order of Military," *New York Times*, April 3, 1998, 2020년 4월 20일 접속, https://nyti.

ms/3dbMKlJ.

1984년 12월 2일 Luke David, "Night of the Gas: Bhopal India," *New Internationalist* (December 2002), 2020년 4월 20일 접속, https://libcom.org/library/night-gas-bhopal-india; Alan Taylor, "Bhopal: The World's Worst Industrial Disaster, 30 Years Later," *Atlantic*, December 2, 2014, 2020년 4월 20일 접속, https://bit.ly/35orF4Z.

1944년 12월 3일 Ed Vulliamy and Helena Smith, "Athens 1944: Britain's Dirty Secret," *Guardian*, November 30, 2014, 2020년 4월 20일 접속, https://bit.ly/3aXp4jw; Stephen Pritchard, "The Readers' Editor on ... Athens, 1944," *Observer*, March 28, 2015, 2020년 4월 20일 접속, https://www.theguardian.com/media/2015/mar/28/readers-editor-on-athens-44-british-army.

1946년 12월 3일 Stan Weir, "The Oakland General Strike," libcom.org, 2020년 4월 20일 접속, https://libcom.org/library/oakland-general-strike-stan-weir; Philip J. Wolman, "The Oakland General Strike of 1946," *Southern California Quarterly* 57, no. 2 (1975): 147~178쪽, 2020년 4월 19일 접속, https://www.jstor.org/stable/41170592.

1956년 12월 4일 Andy Anderson, *Hungary 56*, (London: Solidarity, 1964), 21장, 2020년 4월 19일 접속, https://libcom.org/library/Hungary5621; "Hungarian Women Defy Russian Tanks to March on Budapest," 2020년 4월 20일 접속, https://www.theguardian.com/world/2015/dec/05/hungary-russia-invasion-1956-budapest.

1969년 12월 4일 FBI Chicago Illinois Memo #60604, US Department of Justice, December 8, 1969, in SSC Request 8/20/75 Part II Item 3, 200~202쪽, 2020년 4월 20일 접속, https://www.archives.gov/files/research/jfk/releases/docid-32989646.pdf; "The FBI Sets Goals for COINTELPRO," HERB: Social History for Every Classroom, 2020년 4월 20일 접속, https://herb.ashp.cuny.edu/items/show/814; Jakobi Williams, *From the Bullet to the Ballot: The Illinois Chapter of the Black Panther Party and Racial Coalition Politics in Chicago* (Chapel Hill: University of North Carolina Press, 2013).

1955년 12월 5일 Daniel Maguire, "More Than a Seat on the Bus," We Are History, December 1, 2015, 2020년 4월 20일 접속, http://werehistory.org/rosa-parks; "Montgomery Bus Boycott," Martin Luther King, Jr. Research and Education Institute, 2020년 4월 20일 접속, https://kinginstitute.stanford.edu/encyclopedia/montgomery-bus-boycott.

2008년 12월 5일 Jessica Siegel, "Chicago Workers Sit-in, Gain Benefits after Factory Shutdown, 2008 (Republic Windows and Doors)," Global Nonviolent Action Database, February 21, 2013, 2020년 4월 20일 접속, https://bit.ly/2VZ9wb7.

1918년 12월 6일 Steven Johns, "The British West Indies Regiment Mutiny, 1918," libcom.org, August 7, 2013, 2020년 4월 20일 접속, https://libcom.org/history/british-west-indies-regiment-mutiny-1918; Richard W.P. Smith, "The British West Indies Regiment Mutiny at Taranto and Multicultural Memories of the First World War," in *Voices of the Homes Fronts*, National Archives, United Kingdom, updated December 13, 2018, 2020년 4월 20일 접속, http://research.gold.ac.uk/25273.

1989년 12월 6일 "The Montreal Massacre," CBC Digital Archives, December 6, 1989, 2020년 4월 20일 접속, https://bit.ly/2WjiIWv.

1959년 12월 7일 William Lawrence, "Fijian Oil Industry Workers Strike for Higher Wages and Benefits, 1959," Global Nonviolent Action Database, November 24, 2010, 2020년 4월 20일 접속, https://bit.ly/2SrWJf8.

2006년 12월 7일 "Egyptian Textile Workers Confront the New Economic Order," Middle East Research and Information Project, 2020년 4월 20일 접속, https://merip.org/2007/03/egyptian-textile-workers-confront-the-new-economic-order.

1949년 12월 8일 "Marseille Dockers Refuse to Load Arms Headed to Saudi Arabia," libcom.org, June 18, 2019, 2020년 4월 20일 접속, https://libcom.org/news/marseille-dockers-refuse-load-arms-headed-saudi-arabia-18062019.

2008년 12월 8일 A.G. Schwarz, T. Sagris, and Void Network, *We Are an Image from the Future: The Greek Revolt of December 2008* (Oakland: AK Press, 2010), 3장, 2020년 4월 20일 접속, https://bit.ly/2VWoT3G.

1959년 12월 9일 Ian Cobain, Owen Bowcott, and Richard Norton-Taylor, "Britain Destroyed Records of Colonial Crimes," *Guardian*, April 18, 2012, 2020년 4월 20일 접속, https://www.theguardian.com/uk/2012/apr/18/britain-destroyed-records-colonial-crimes.

1987년 12월 9일 Edward Said, "Intifada and Independence," in Zachary Lockman and Joel Beinin, eds., *Intifada: The Palestinian Uprising Against Israeli Occupation* (Cambridge, MA: South End Press, 1989) 5쪽; "Behind the 21st Century Intifada," *Aufheben* 10 (2002), 2020년 4월 20일 접속, https://libcom.org/library/21st-century-intifada-israel-palestine-aufheben.

1924년 12월 10일 Carl Nash, "Gay and Lesbian Rights Movements," Encyclopedia of Chicago, 2020년 4월 20일 접속, http://www.encyclopedia.chicagohistory.org/pages/508.html; "Henry Gerber House National Historic Landmark," National Park Service, 2020년 4월 20일 접속, https://www.nps.gov/articles/henry-gerber-house-national-historic-landmark.htm.

1984년 12월 10일 "Bronski Bash Nets £5,000 for Miners," *Capital Gay*, December 14, 1984, 1면, 2020년 4월 20일 접속, https://twitter.com/LGSMpride/status/1014042459012255744/photo/1; Colin Clews, "1984. Lesbians and Gays Support the Miners. Part One," Gay in the 80s, 2020년 4월 20일 접속, https://www.gayinthe80s.com/2012/09/1984-lesbians-and-gays-support-the-miners-part-one/3.

1981년 12월 11일 Tim Golden, "Salvador Skeletons Confirm Reports of Massacre in 1981," *New York Times*, October 22, 1992, 2020년 4월 20일 접속, https://nyti.ms/2SsSRdx.

1983년 12월 11일 "Your Greenham Chronology," YourGreenham.co.uk, 2020년 4월 20일 접속, https://bit.ly/2yiLONN.

1948년 12월 12일 Mark Townsend, "Revealed: How Britain Tried to Legitimise Batang Kali Massacre," *Guardian*, May 6, 2012, 2020년 4월 20일 접속, https://www.theguardian.com/world/2012/may/06/britain-batang-kali-massacre-malaysia; "Settle Massacre Case, Britain Told," Condemning Batang Kali Massacre, 2020년 4월 20일 접속, https://batangkalimassacre.wordpress.com.

1969년 12월 12일 "1969-?: The Strategy of Tension in Italy," libcom.org, September 17, 2006, 2020년 4월 20일 접속, https://libcom.org/history/articles/strategy-of-tension-italy; Philip Willan, "Three Jailed for 1969 Milan Bomb," *Guardian*, July 2,

2001, 2020년 4월 20일 접속, https://www.theguardian.com/world/2001/jul/02/
philipwillan.

1905년 12월 13일 Nick Heath, "1890-1924: Anarchism in Hungary," libcom.org,
September 13, 2006, 2020년 4월 20일 접속, https://libcom.org/history/articles/
hungary-anarchism-1890-1924.

1971년 12월 13일 Max Rennebohm, "Ovambo Migrant Workers General Strike for
Rights, Namibia: 1971-72," Global Nonviolent Action Database, October 18, 2009,
2020년 4월 20일 접속, https://bit.ly/3f8nvCJ.

1914년 12월 14일 "Entre el dolor y la ira. La venganza de Antonio Ramón Ramón," 2020
년 4월 20일 접속, https://bit.ly/3bWYY1t.

1951년 12월 14일 "Bagel Famine Threatens in City; Labor Dispute Puts Hole in Supply,"
New York Times, December 17, 1951, 1면; "Lox Strike Expert Acts to End the Bagel
Famine," *New York Times*, December 18, 1951, 27면; "Return of the Bagel Near as
Drivers Settle Dispute," *New York Times*, February 7, 1952, 17면.

1890년 12월 15일 Robert M. Utley, *The Last Days of The Sioux Nation* (New Haven, CT:
Yale University Press, 2004), 158~160쪽; "Sitting Bull Killed by Indian Police,"
History.com, 2020년 4월 20일 접속, https://www.history.com/this-day-in-history/
sitting-bull-killed-by-indian-police.

1912년 12월 15일 Steven Hirsch, "Anarcho-Syndicalism in Peru, 1905-1930," 2020
년 4월 20일 접속, https://libcom.org/library/anarcho-syndicalism-peru-1905-
1930-steven-hirsch; Ángel Cappalletti, *Anarchism in Latin America*, Gabriel
Palmer-Fernández, trans., (Oakland: AK Press, 1990), 131쪽; Steven Hirsch,
"Peruvian Anarcho-Syndicalism: Adapting Transnational Influences and Forging
Counterhegemonic Practices, 1905-1930," in Steven Hirsch and Lucien Van Der
Walt, eds., *Anarchism and Syndicalism in the Colonial and Postcolonial World, 1870-
1940* (Leiden, NL: Brill, 2010).

1871년 12월 16일 Jayacintha Danaswamy, "Michel, Louise, 1830-1905," Workers
Solidarity Movement, 2020년 4월 20일 접속, https://libcom.org/history/michel-
louise-1830-1905; "Louise Michel Biography," International Institute of Social
History, 2020년 4월 20일 접속, http://www.iisg.nl/collections/louisemichel/
biography.php.

1910년 12월 16일 Pauls Bankovskis, "Peter the Painter (Janis Zhaklis) and the Siege of
Sidney Street," Bulletin of the Kate Sharpley Library 50-51, (July 2007), 2020년 4
월 20일 접속, https://www.katesharpleylibrary.net/rjdgpg; Pietro Di Paola, *The
Knights Errant of Anarchy: London and the Italian Anarchist Diaspora (1880-1917)*
(Liverpool: Liverpool University Press, 2013), 115~116쪽.

1933년 12월 17일 Slava Mogutin, "Gay in the Gulag," *Index on Censorship* 24, no. 1 (1995),
2020년 4월 20일 접속, http://slavamogutin.com/gay-in-the-gulag; Resource
Information Center, "Russia: Information on the Treatment of Homosexuals in
Russia, Including Imprisonment and Involuntary Medical Treatment, and the
Situation of HIV-Positive Citizens of Russia," United States Bureau of Citizenship
and Immigration Services, 2020년 4월 20일 접속, https://www.refworld.org/
docid/3df0ba597.html; Professor Igor Kon, "Soviet Homophobia," gay.ru, 1998,
2020년 4월 20일 접속, http://www.xgay.ru/english/history/kon/soviet.htm; Dan

Healey, *Homosexual Desire in Revolutionary Russia: The Regulation of Sexual and Gender Dissent* (Chicago: University Of Chicago Press, 2001).

1970년 12월 17일 "1970-71: Uprising in Poland," libcom.org, October 31, 2008, 2020년 4월 20일 접속, https://libcom.org/history/1970-71-uprising-poland; "1970 Gdynia Massacre of 42 Workers Remembered," Radio Poland, December 17, 2012, 2020년 4월 20일 접속, http://archiwum.thenews.pl/1/9/Artykul/121690.

2010년 12월 18일 "Tunisia: People Power Overthrows Dictator Ben Ali," Workers Solidarity Movement, January 14, 2011, 2020년 4월 20일 접속, http://www.wsm.ie/c/tunisia-people-power-overthrows-dictator-ben-ali; Kamal Eldin Osman Salih, "The Roots and Causes of the 2011 Arab Uprisings," *Arab Studies Quarterly* 35, no. 2 (2013): 184~206쪽, 2020년 4월 20일 접속, https://pdfs.semanticscholar.org/79bb/74a0476dda6d03e2879ba6e5370662a30c82.pdf.

2012년 12월 18일 "Sierra Leone Koidu Mine: Foreigners 'Holed Up' After Clashes," BBC News, December 19, 2012, 2020년 4월 20일 접속, https://www.bbc.co.uk/news/world-africa-20781940.

1996년 12월 19일 "1993-1996: The Dublin Fight against Water Charges," Workers Solidarity Movement, 2020년 4월 20일 접속, https://libcom.org/history/articles/dublin-water-charge-campaign-1996; Maol Muire Tynan, "Cabinet Set to Abolish Water Charges," *Irish Times*, December 19, 1996, 2020년 4월 20일 접속, https://www.irishtimes.com/news/cabinet-set-to-abolish-water-charges-1.117314.

2001년 12월 19일 "Picket and Pot Banger Together—Class Recomposition in Argentina?" *Aufheben* 11, 2020년 4월 20일 접속, https://libcom.org/library/argentina-aufheben-11; Jonathan Gilbert, "Debt Crisis: the Cost of Default—Rioting, Sieges and Death," *Telegraph*, June 14, 2012, 2020년 4월 20일 접속, https://bit.ly/2VXTj5V.

1960년 12월 20일 Maurice Brinton, "Belgian General Strike Diary, 1960," libcom.org, 2020년 4월 20일 접속, https://libcom.org/history/belgian-general-strike-diary-1960-maurice-brinton.

1970년 12월 20일 Jon Mitchell, "Military Policeman's 'Hobby' Documented 1970," *Japan Times*, December 17, 2011, 2020년 4월 20일 접속, https://bit.ly/3da3NVA.

1848년 12월 21일 Magnus Magnusson, *Fakers, Forgers & Phoneys* (Edinburgh, SL: Mainstream Publishing, 2006), 231쪽; Marion Smith Holmes, "The Great Escape from Slavery of Ellen and William Craft," *Smithsonian Magazine*, June 16, 2020, 2020년 4월 20일 접속, https://bit.ly/3d9YPbf.

1907년 12월 21일 José Antonio Gutiérrez Danton, "1872-1995: Anarchism in Chile," libcom.org, 2020년 4월 16일 접속, https://libcom.org/history/articles/anarchism-in-chile; "Chile: The Siege of Santa Maria de Iquique—A People's Cantata," Smithsonian Folkways, 2020년 4월 20일 접속, https://s.si.edu/2ybwlPJ.

1988년 12월 22일 Olivia Ensign, "Brazilian Rubber Tappers Campaign against Deforestation of the Brazilian Rainforest Region, 1977-1988," Global Nonviolent Action Database, February 28, 2010, 2020년 4월 20일 접속, https://bit.ly/2StmHid; A Revkin, *The Burning Season: The Murder of Chico Mendes and the Fight for the Amazon Rainforest* (Washington, DC: Island Press, 2004).

1997년 12월 22일 "A Commune in Chiapas? Mexico and the Zapatista Rebellion, 1994-

2000," *Aufheben* 9 (Autumn 2000), 2018년 4월 19일 접속, https://libcom.org/
library/commune-chiapas-zapatista-mexico; Martin O Neill, "The 'Low-Intensity
War' against Autonomy in Mexico (Part Three)," libcom.org, 2020년 4월 20일 접속,
https://bit.ly/2VXR0iY; Andrew Kennis, "Ten Years Later, It's Time to Recognize the
U.S. Government's Responsibility for Acteal," Narco News Bulletin, December 30,
2007, 2020년 4월 20일 접속, https://www.narconews.com/Issue48/article2948.
html; Marc Lacey, "10 Years Later, Chiapas Massacre Still Haunts Mexico," *New
York Times*, December 23, 2007, 2020년 4월 20일 접속, https://www.nytimes.
com/2007/12/23/world/americas/23acteal.html.

1928년 12월 23일 Diane van den Broek, "The 1929 Timber Workers Strike: The Role
of Community and Gender," School of Industrial Relations and Organisational
Behaviour, 1995, 2020년 4월 20일 접속, http://wwwdocs.fce.unsw.edu.au/
orgmanagement/WorkingPapers/WP104.pdf.

2013년 12월 23일 Steven Johns, "Revenge of a Citibank Worker,"libcom.org, 2020년
4월 20일 접속, https://libcom.org/news/revenge-citibank-worker-01082016;
"Former Citibank Employee Sentenced to 21 Months in Federal Prison for
Causing Intentional Damage to a Protected Computer," Department of Justice
US Attorney's Office North District of Texas, July 25, 2016, 2020년 4월 20일 접속,
https://bit.ly/3aZ78oR.

1913년 12월 24일 "The Christmas Eve Calumet Massacre, 1913," libcom.org, December
22, 2014, 2020년 4월 20일 접속, https://libcom.org/history/christmas-eve-
calumet-massacre-1913; Brandon Weber, "When 59 Children Died on Christmas
Eve 1913, the World Cried with the Town of Calumet, Michigan," Upworthy,
December 18, 2019, 2020년 4월 20일 접속, https://bit.ly/3bYsJiC; Conditions in the
Copper Mines of Michigan: Hearings before a Subcommittee of the Committee
on Mines and Mining, House of Representatives, Sixty-Third Congress, Second
Session, Pursuant to H. Res. 387, a Resolution Authorizing and Directing the
Committee on Mines and Mining to Make an Investigation of Conditions in the
Copper Mines of Michigan, United States Congress House Committee on Mines
and Mining (Washington, DC: Government Printing Office, 1914), 2020년 4월 20일
접속, https://catalog.hathitrust.org/Record/011597245.

1983년 12월 24일 "Every Official Christmas Number 1 Ever," Official Charts, 2020년 4월
20일 접속, http://www.officialcharts.com/chart-news/every-official-christmas-
number-1-ever-__3618; Anthony Hayward, "Brian Hibbard Obituary," *Guardian*,
June 19, 2012, 2020년 5월 27일 접속, https://www.theguardian.com/music/2012/
jun/19/brian-hibbard; "The Flying Pickets' Taste of Fame," Wales Online, April 12,
2009, 2020년 5월 20일 접속, https://www.walesonline.co.uk/news/wales-news/
flying-pickets-taste-fame-2111239.

1522년 · 1831년 · 1837년 12월 25일 Andrew Lawler, "Muslims Were Banned from the
Americas as Early as the 16th Century," *Smithsonian Magazine*, February 7, 2017,
2020년 4월 20일 접속, https://bit.ly/2StIaYu; "Spanish Rule: 1492-1697," History of
Haiti 1492-1805, 2020년 4월 20일 접속, https://library.brown.edu/haitihistory/1sr.
html; Samuel Momodu, "The Baptist War (1831-1832)," Black Past, July 22, 2017,
2020년 4월 20일 접속, https://www.blackpast.org/global-african-history/baptist-

war-1831-1832; "1831 the Jamaica Slave Rebellion," libcom.org, 2020년 4월 20
일 접속, https://libcom.org/history/1831-jamaica-slave-rebellion; "Case Study 4:
Jamaica (1831)—the Rebellion," Abolition Project, 2020년 4월 20일 접속, http://
abolition.e2bn.org/resistance_54.html; William Katz, "Dec. 25, 1837: Seminole
Anticolonial Struggle," 2020년 4월 20일 접속, https://www.zinnedproject.org/
news/tdih/seminole-anti-colonial-struggle; William Katz, "Battle of Lake
Okeechobee (1837)," Black Past, February 3, 2014, 2020년 4월 20일 접속, https://
www.blackpast.org/african-american-history/battle-lake-okeechobee-1837;
Raymond K. Bluhm, "Battle of Lake Okeechobee," Encyclopaedia Britannica,
2020년 4월 20일 접속, https://www.britannica.com/event/Battle-of-Lake-
Okeechobee.

1914년 12월 25일 Steven Johns, "The Christmas Truce, 1914," libcom.org, December
22, 2014, 2020년 4월 20일 접속, https://libcom.org/history/christmas-truce-
1914-steven-johns; Mike Dash, "World War I: 100 Years Later: The Story of the
WWI Christmas Truce," *Smithsonian Magazine*, December 23, 2011, 2020년 4월
20일 접속, https://www.smithsonianmag.com/history/the-story-of-the-wwi-
christmas-truce-11972213.

1862년 12월 26일 Dee Brown, *Bury My Heart at Wounded Knee: An Indian History of the
American West* (New York: Holt, Rinehart & Winston, 1970), 59~61쪽.

1904년 12월 26일 "Baku Strikes," Great Soviet Encyclopedia (1979), 2020년 4월 20
일 접속, https://encyclopedia2.thefreedictionary.com/Baku+Strikes; Henry
Reichman, *Railwaymen and Revolution: Russia, 1905* (Berkeley: University of
California Press, 1987), 134쪽; Rosa Luxemburg, *The Complete Works of Rosa
Luxemburg: Political Writings 1—On Revolution, 1897-1905*, vol. 3 (London: Verso,
2019), 41쪽. 12월 13일은 구력이다.

1797년 12월 27일 William Clowes, *The Royal Navy: A History from the Earliest Times to
1900*, vol. 4 (London: S. Low Marston, Co., 1897), 549쪽, 2020년 4월 20일 접속,
https://archive.org/details/royalnavyhistory04clow/page/n8/mode/2up.

1923년 12월 27일 Philippe Pelletier, "Anarcho-Syndicalism in Japan: 1911 to 1934,"
Editions CNT-RP/Nautilus, 2001, 2020년 4월 20일 접속, http://libcom.org/
history/anarcho-syndicalism-japan-1911-1934-philippe-pelletier; Richard H.
Mitchell, "Japan's Peace Preservation Law of 1925: Its Origins and Significance,"
Monumenta Nipponica 28, no. 3 (Autumn 1973): 317~345쪽.

1907년 12월 28일 "A Teenager Leads the Great Rent Strike of 1907," Ephemeral New
York, June 21, 2014, 2020년 4월 20일 접속, https://bit.ly/2Yq1U2H; David B Green,
"This Day in Jewish History: 1907: Teenage Girl Leads Rent Strike in N.Y.," *Ha'aretz*,
December 26, 2014, 2020년 4월 20일 접속, https://www.haaretz.com/jewish/1907-
teenage-girl-leads-rent-strike-in-n-y-1.5352480.

1973년 12월 28일 Michael Hiltzik, "The Day When Three NASA Astronauts Staged a
Strike in Space," *Los Angeles Times*, December 28, 2015, 2020년 4월 20일 접속,
https://lat.ms/2VVxXpx; Erik Loomis, "This Day in Labor History: December 28,
1973," 2020년 4월 20일 접속, http://www.lawyersgunsmoneyblog.com/2015/12/
this-day-in-labor-history-december-28-1972.

1890년 12월 29일 Dee Brown, *Bury My Heart at Wounded Knee: An Indian History of* the *American West* (New York Holt, Rinehart & Winston, 1970), 439~448쪽; Myles Hudson, "Wounded Knee Massacre," Encyclopaedia Britannica, 2020년 4월 20일 접속, https://www.britannica.com/topic/Wounded-Knee-Massacre.

1968년 12월 29일 Patricia G. Steinhoff, "Student Protest in the 1960s," *Social Science Japan* 15 (March 1999).

1930년 12월 30일 Marc Becker, "Una Revolución Comunista Indígena: Rural Protest Movements in Cayambe, Ecuador," *Rethinking Marxism* 10, no. 4 (1998): 34~51쪽; Marc Becker, "Comunas and Indigenous Protest in Cayambe, Ecuador," *Americas* 55, no. 4 (April 1999): 531~559쪽, 2020년 4월 20일 접속, https://bit.ly/2xKXlVU.

1936년 12월 30일 Jeremy Brecher, "The Flint Sit-down Strike, 1936-1937," libcom.org, 2020년 4월 20일 접속, https://libcom.org/history/flint-sit-down-strike-1936-1937-jeremy-brecher; "Sit-down Strike Begins in Flint," History.com, updated December 27, 2019, 2020년 4월 20일 접속, https://www.history.com/this-day-in-history/sit-down-strike-begins-in-flint; "Subject Focus: Remembering the Flint Sit-down," Walter P. Reuther Library, December 17, 2010, 2020년 4월 20일 접속, https://reuther.wayne.edu/node/7092; Martha Grevatt, "Strategic Roles of Black Workers, Women in Flint Sit-down Strike," *Workers World*, March 10, 2007, 2020년 7월 3일 접속, https://www.workers.org/2007/us/flint-0315.

1912년 12월 31일 "Waiters Attack the Hotel Astor," *New York Times*, January 1, 1913, 1쪽; "Waiters in a Riot around Hotel Astor," *New York Times*, January 9, 1913, 1면; "Plan Strike for Thursday," *New York Times*, January 13, 1913, 3면; "Leader Ettor's Speech," *New York Times*, January 14, 1913, 16면.

1969년 12월 31일 "3 Bombs Are Found at Wisconsin Plant," *New York Times*, January 7, 1970, 2020년 4월 20일 접속, https://nyti.ms/35qTcTB; Margalit Fox, "Dwight Armstrong, Who Bombed a College Building in 1970, Dies at 58," *New York Times*, June 27, 2010, 2020년 4월 20일 접속, https://www.nytimes.com/2010/06/27/us/27armstrong.html; Michael Fellner, "The Untold Story: After 15 Years, Karl & Dwight Armstrong Reveal the Drama Behind the Anti-Vietnam War Bombings in Madison," 2019년 7월 9일 접속, 2020년 4월 20일에는 접속되지 않음, https://news.google.com/newspapers?id=M2MaAAAAIBAJ&sjid=bSoEAAAAIBAJ&pg=4997%2C1353813.

사진 저작권과 출처

1월

34쪽 사파티스타 여성들, 2018년 ©Global Justice Now Flickr(CC BY-SA 2.0). https://
www.flickr. com/photos/wdm/41047778152

34쪽 엘리스섬에서 국외 추방을 기다리는 급진주의자들, 1920년 1월 3일 ©Corbis
Images for Education. Wikimedia Commons

35쪽 새미 연지 주니어 징집 사진, 1964년 ©United States Navy. Wikimedia Commons

37쪽 알라 게르트네르, 1943년 Wikimedia Commons

40쪽 로렌스 파업 노동자들의 도심 행진, 1912년 ©Lawrence History Center Photograph
Collection. Wikimedia Commons

42쪽 로자 룩셈부르크, 1900년 무렵 Wikimedia Commons

43쪽 브뤼셀에서 파트리스 루뭄바, 1960년 ©Herbert Behrens. Nationaal Archief

44쪽 럼비족 주민들이 헤이스 연못에서 백인우월주의자들과 대치 중인 모습 ©Bill Shaw.
State Archives of North Carolina

49쪽 로체스터에서 파업 중인 의류 노동자들, 1913년 Albert R Stone Collection 제공

51쪽 간노 스가코, 1910년 이전 Wikimedia Commons

51쪽 2011년 이집트 타흐리르광장에서 기도하는 시위대 ©Lilian Wagdy from Flickr(CC
by SA 2.0). https://www.flickr.com/photos/lilianwagdy

55쪽 민족해방전선의 게릴라, 1966년 Wikimedia Commons

2월

59쪽 2018년에 촬영한 그린즈버러 울워스 간이식당 ©bobistraveling from Flickr(CC by
SA 2.0). https://www.flickr.com/photos/ bobistraveling/42234330014

60쪽 이사벨로 데 로스 레예스, 일시 미상 Wikimedia Commons

61쪽 전쟁 첫날 필리핀 사상자들 ©US Army. Wikimedia Commons

62쪽 1904년 은살라 ©Alice Harris/John Hobbis Harris. Wikimedia Commons

67쪽 에바 리커드, 1979년 ©Nambassa Trust and Peter Terry, www.nambassa.com.
Wikimedia Commons

67쪽 마더 존스, 1924년 ©Library of Congress

69쪽 기근에 시달리는 사람들이 모여 있는 거리 풍경, 1874년 ©Penny Illustrated

73쪽 맬컴 엑스, 1964년 ©Library of Congress, New York World-Telegram & Sun
Collection

75쪽 파업 노동자와 그 자녀들을 진압하는 경찰 ©Ernest Collier, 《Collier's Weekly》
78쪽 로젠슈트라세 시위 기념 조각상 Ingeborg Hunzinger 작품, 사진 ©Manfred Brückels(CC by SA 3.0). Wikimedia Commons

3월

84쪽 클로데트 콜빈, 1953년 ©Visibility Project. Wikimedia Commons
85쪽 홀라 학살 생존자 왐부구 와 니잉이, 2018년 ©Hellen Masido. Museum of British Colonialism
86쪽 로즈타운 제너럴모터스의 공장 노동자들, 1970년 ©Walter P. Reuther Library, Archives of Labor and Urban Affairs, Wayne State University
89쪽 상트페테르부르크에서 시위를 벌이는 러시아 여성들, 1917년 3월 8일 ©State Museum of Political History of Russia. Wikimedia Commons
90쪽 루이즈 미셸, 1871년 Wikimedia Commons
92쪽 코로라레카 플래그스태프힐에서 호네 헤케가 영국 국기를 내리는 장면 ©Arthur David McCormack. Wikimedia Commons
94쪽 앨빈 글랫카우스키, 1975년 무렵 ©Alvin Glatkowski
96쪽 카프 쿠데타 당시 베를린의 해군 여단, 1920년 3월 ©Bondesarchiv, Bild 119-1983-0012(CC-BY-SA 3.0)
97쪽 파리코뮌 당시의 바리케이드 Wikimedia Commons
99쪽 스웨덴 의사당 앞의 그레타 툰베리 ©Anders Hellberg(CC BY-SA 4.0)
102쪽 바가트 싱, 1929년 Wikimedia Commons
103쪽 공격 이후 친위대 사상자들의 모습 Wikimedia Commons
105쪽 빌럼 아론되스, 1943년 Marco Entrop/Het Verzetsmuseum Amsterdam 제공, Wikimedia Commons

4월

114쪽 마틴 루서 킹 주니어, 워싱턴D.C., 1963년 ©National Archives(CC by SA 2.0). https://www.flickr.com/photos/usnationalarchives/5102447354
116쪽 단두대 철거 장면을 그린 판화 Wikimedia Commons
117쪽 바이올렛 깁슨에 대한 경찰 기록 Italian Ministry of the Interior 제공, Wikipedia
120쪽 에밀리아노 사파타, 1914년 ©Gustavo Casasola. Wikimedia Commons
123쪽 바베이도스에 있는 노예해방 조각상 ©Dogfacebob. Wikimedia Commons
128쪽 해리엇 터브먼, 1885년 무렵 ©Horatio Seymour Squyer. Wikimedia Commons
130쪽 만년의 폴리 머리 ©University of North Carolina at Chapel Hill. Wikimedia Commons

5월

139쪽 월터 크레인이 그린 헤이마켓 열사들, 1894년 Wikimedia Commons

6월

찾아보기

441

ㄴ

ㄷ

ㅊ

ㅋ

노동계급 세계사

초판 1쇄 펴낸날 2023년 5월 1일
지은이 워킹클래스히스토리
옮긴이 유강은
펴낸이 박재영
편집 이정신·임세현·한의영
마케팅 신연경
디자인 조하늘
제작 제이오
펴낸곳 도서출판 오월의봄
주소 경기도 파주시 회동길 363-15 201호
등록 제406-2010-000111호
전화 070-7704-5240
팩스 0505-300-0518
이메일 maybook05@naver.com
트위터 @oohbom
블로그 blog.naver.com/maybook05
페이스북 facebook.com/maybook05
인스타그램 instagram.com/maybooks_05

ISBN 979-11-6873-053-3 03900

만든 사람들
편집 한의영
디자인 조하늘